Der Zweite Weltkrieg und der Vernichtungsfeldzug der Nationalsozialisten haben tiefe Spuren im europäischen Gedächtnis hinterlassen. In diesem Buch wird erstmals untersucht, wie die Erfahrung von Krieg, Kollaboration, Komplizenschaft und Verfolgung zwischen den Generationen weitergegeben wird und welche Gestalt die Kriegserinnerung heute in verschiedenen europäischen Ländern annimmt.
Dabei wird zum einen deutlich, dass das Bild von den deutschen Wehrmachtssoldaten in den untersuchten Ländern positiver ist, als es aus deutscher Sicht zu erwarten wäre. Zugleich wird aber überraschend klar, wie sehr der Antisemitismus das Geschichtsbewusstsein auch der Angehörigen der Nachkriegsgenerationen bis heute prägt.
Insgesamt zeigt das Buch am Beispiel von Dänemark, Deutschland, Holland, Kroatien, Norwegen, der Schweiz und Serbien, welche Rolle Krieg und Besatzung heute für ein europäisches Gedächtnis spielen.

Harald Welzer, geboren 1958, Sozialpsychologe, Direktor des Center for Interdisciplinary Memory Research am Kulturwissenschaftlichen Institut in Essen und Forschungsprofessor für Sozialpsychologie an der Universität Witten/Herdecke.
Veröffentlichungen u. a.: »Das soziale Gedächtnis« (als Hg.); »Opa war kein Nazi. Nationalsozialismus und Holocaust im Familiengedächtnis« (zus. mit S. Moller u. K. Tschuggnall, 2002); »Das kommunikative Gedächtnis. Eine Theorie der Erinnerung« (2002); »Täter. Wie aus ganz normalen Menschen Massenmörder werden« (2005).

Unsere Adressen im Internet: www.fischerverlage.de
www.hochschule.fischerverlage.de

Der Krieg der Erinnerung

Holocaust, Kollaboration und Widerstand im europäischen Gedächtnis

Mit Beiträgen von
Natalija Bašić, Lars Breuer, Nicole Burgermeister,
Olaf Jensen, Claudia Lenz, Hans Marks,
Isabella Matauschek, Sabine Moller, Friederike Pfannkuche
und Harald Welzer

Herausgegeben von
Harald Welzer

Unter Mitarbeit von Christian Gudehus

Fischer Taschenbuch Verlag

Die Zeit des Nationalsozialismus
Eine Buchreihe
Herausgegeben von Walter H. Pehle

Originalausgabe
Veröffentlicht im Fischer Taschenbuch Verlag
einem Unternehmen der S. Fischer Verlag GmbH,
Frankfurt am Main, Juli 2007

Satz: ottomedien, Weiterstadt
Druck und Bindung: Druckerei C. H. Beck, Nördlingen
Printed in Germany
ISBN 978-3-596-17227-6

Inhalt

Harald Welzer und Claudia Lenz

Opa in Europa

Erste Befunde einer vergleichenden Tradierungsforschung

Das dritte Jahrtausend begann in Europa mit einer wahren Memorymania. Auf einer internationalen Konferenz in Stockholm wurde unter Teilnahme fast aller westlicher Regierungschefs, wie die Frankfurter Allgemeine Zeitung schrieb, eine neue Zivilreligion begründet, die aus der Erinnerung an den Holocaust normative Regeln für die Zukunft zu schöpfen beabsichtigt. Dieser Gründungsakt einer transnationalen Erinnerungskultur fiel in den meisten europäischen Ländern mit einer neuen Geschichtsbesessenheit zusammen, in deren Zentrum der Holocaust, der Zweite Weltkrieg, die Vertreibungen und schließlich auch die Kollaboration stehen. Der Generationenroman erlebt eine europäische Renaissance, Geschichtsfeatures haben ebenso Hochkonjunktur wie die Figur des Zeitzeugen, und derzeit werden sogar ganze Generationen neu erfunden, wie die der »Kinder des Weltkriegs«, die heute ältere Herrschaften sind und sich auf die Suche nach den Ursachen ihrer »frühen Traumatisierungen« machen. Bei alldem hat sich ein Kult des Leidens und der Opferschaft zu etablieren begonnen, der offenbar Ansprüche an eine *eigene,* dann also wieder nationale Erinnerung am besten zu begründen scheint.
In diesem Spannungsfeld universalistischer und nationaler Erinnerungen ist Erinnerungspolitik zu einem immer wichtigeren politischen Handlungsfeld geworden. Bezugnahmen auf gefühlte und reale Vergangenheiten haben weitreichende Folgen für die Begründung kultureller und sozialer Zugehörigkeiten und wirken sich auf die Verhandlung politischer Positionen und Optionen aus. Zudem ergibt sich die Frage, ob so etwas wie ein »europäisches Gedächtnis« zwingend für einen gelingenden Integrationsprozess ist oder ob das künftige

Europa ohne eine solche mentale Gemeinschaftsstiftung auskommt bzw. auskommen muss, weil seine Erinnerungslandschaft zu heterogen und pluralistisch ist. Vor diesem Hintergrund hat das Forschungsprojekt »Vergleichende Tradierungsforschung«[1] generationelle und intergenerationelle Vergangenheitsbezüge und Tradierungsprozesse in ausgewählten europäischen Ländern untersucht. In Norwegen, Dänemark, Holland, Kroatien und Serbien wurden Mehrgenerationeninterviews und Familiengespräche sowie generationell zusammengestellte Gruppendiskussionen durchgeführt; in der Schweiz bisher nur Gruppendiskussionen.[2]

Nach wie vor kommt dem Zweiten Weltkrieg bzw. der deutschen Besatzung in den meisten europäischen Ländern eine herausragende Bedeutung zu, wenn es darum geht, die eigene Identität und den daran gebundenen Wertekonsens zu bestimmen. Die Hervorbringung, Aufrechterhaltung, Fortschreibung, aber auch Veränderung von Lesarten der Vergangenheit wird zum einen durch Institutionen des kulturellen Gedächtnisses bestimmt, findet andererseits aber auch in der kommunikativen Praxis des Alltags statt. Dabei hat die in Deutschland durchgeführte Untersuchung »Opa war kein Nazi«[3] zum einen gezeigt, dass die Erinnerungspraktiken und -inhalte der offiziellen Erinnerungs- und Gedenkkultur auf der einen und der privaten Erinnerungspraxis auf der anderen Seite erheblich auseinanderklaffen können. Zugleich ist klar geworden, dass die Bedeutung der Weitergabe von Vergangenheitsvorstellungen durch direkte Kommunikation, etwa in der Familie, gegenüber den Effekten pädagogischer Geschichtsvermittlungen bislang erheblich unterschätzt wurde. Was in der Familie beiläufig und absichtslos, aber emotional nah und damit immer auch als etwas vermittelt wird, was mit der eigenen Identität zu tun hat, kann völlig andere Vorstellungen erzeugen als das, was über dieselbe historische Zeit in der Schule als Wissen vermittelt wird – und es kann für die Geschichts*deutung* wirksamer sein. Wir haben diese Diskrepanz metaphorisch als Unterschied von »Album« und »Lexikon« bezeichnet, wobei deutlich ist, dass die emotional grundierte Vergangenheitsdarstellung des Albums zugleich auch eine Grenze der schulischen und außerschulischen Wissensvermittlung markiert. Man könnte sagen,

dass sich der Gebrauch des Geschichtswissens nach Deutungsrahmen bestimmt, die jenseits des Geschichtsunterrichts entstanden sind, oder, wie es einer unserer damaligen Befragten aus der Enkelgeneration formulierte: »Das Normale halt bekommen wir an der Schule, und die Beispiele dafür, die hört man dann bei der Oma.«
Der Befund der deutschen Untersuchung, dass öffentliche Erinnerungskultur auf der einen Seite und familiäre Tradierung auf der anderen Seite in der Bundesrepublik erheblich auseinanderklaffen, sorgte für einige Aufregung und beträchtlichen Alarmismus. Hatte der Geschichtsunterricht, hatten alle erinnerungspolitischen Bemühungen der vergangenen Jahrzehnte versagt? Nein. Die meisten der Befragten aus den neuen und alten Bundesländern verfügen über ein ausgeprägtes Wissen hinsichtlich der Verantwortlichkeit Deutschlands für die Verbrechen des Zweiten Weltkrieges und den Mord an den europäischen Juden – und dies gilt insbesondere für die jüngeren Generationen. Wenn es jedoch um die eigenen Eltern bzw. Großeltern geht, ist die überwiegende Mehrheit der Ansicht, dass ihre direkten Verwandten nicht an diesen Verbrechen beteiligt waren, sondern dass sie, im Gegenteil, oft sogar Widerstand geleistet hätten. Diese auf den ersten Blick widersprüchlichen Bestandteile von Geschichtsbewusstsein bilden zwei Seiten derselben Medaille: Denn gerade wenn das Wissen über eine verbrecherische Vergangenheit und einen Massenmord ausgeprägt ist, der sich in einer historischen Epoche abgespielt hat, die sich mit der Lebenszeit der eigenen Angehörigen überschneidet, wirft das die Frage auf, welchen Ort man der Großmutter oder dem Großvater in diesem Universum des Schreckens zuweisen kann. Die familiären Loyalitätsverpflichtungen, mehr noch aber die eigenen Identitätsbedürfnisse bieten nur eine Lösung für dieses Problem: Der Opa und die Oma bekommen die Rolle der guten Deutschen zugewiesen, jener verschwindend wenigen also, die in Zeiten des Grauens die Fahne der Menschlichkeit hochgehalten haben. Das geschieht gerade deswegen, *weil* die Geschichtsaufklärung so gut funktioniert hat; pädagogisch ist offensichtlich nur nicht damit gerechnet worden, dass Geschichtswissen, zumal wenn es normativ so hoch aufgeladen ist wie im Fall von Nationalsozialismus und Holocaust, nach Kriterien

angeeignet wird, die viel mehr mit den Notwendigkeiten der eigenen Identitätsbildung zu tun haben als mit der Objektivität dessen, was tatsächlich geschehen ist.

Aber der Alarmismus war auch deshalb unangebracht, weil das moralische Ziel des Geschichtsunterrichts über das »Dritte Reich« insofern als erreicht gelten kann, als ja keineswegs »Nazis« als Vorbildfiguren betrachtet werden, sondern im Gegenteil diejenigen, die in Opposition zum Nationalsozialismus standen oder gar im Widerstand waren. Wenn Letzteres auf den eigenen Opa nicht zutrifft, dann werden seine Erzählungen so umgedeutet, dass er am Ende wenigstens als Held des alltäglichen, unauffälligen, vielleicht aber desto honorigeren Widerstands im »Dritten Reich« dastehen kann. Manche Oma und mancher Opa, könnte man vermuten, fühlte sich nach unserer Studie in ganz neuem Licht betrachtet.

Dieser Befund, dass das deutsche Familiengedächtnis von einer deutlichen Tendenz zu einer »kumulativen Heroisierung« gekennzeichnet ist, hat nun aber auch eine Reihe von Fragen aufgeworfen: Ist die Lücke, die zwischen offiziellem und privatem Gedächtnis klafft, etwas spezifisch Deutsches, ein nachhaltiges Ergebnis der verbrecherischen Vergangenheit, die sich allenfalls in privater Aneignung positiv wenden lässt? Oder findet sich dieses Auseinanderfallen privater und öffentlicher Lesarten der Geschichte auch in anderen Ländern? Und ist das Heroisierungsbedürfnis in Bezug auf die eigenen Großeltern spezifisch für den Umgang mit der problematischen deutschen Vergangenheit? Oder schlagen sich in diesem Befund eher universale psychologische Merkmale von Generationenverhältnissen nieder?

Vergleichende Tradierungsforschung

Das Projekt zur vergleichenden Tradierungsforschung hat deshalb auf der Grundlage von Familiengesprächen, Mehrgenerationeninterviews und Gruppendiskussionen untersucht, welche Rolle Bezugnahmen auf Ereignisse der Vergangenheit in den Wahrnehmungen und Deutungen der Befragten in den jeweiligen Generationen spielen. Unter Ver-

gleichsgesichtspunkten liegt dabei besonderes Augenmerk auf der Bedeutung, die der Kriegs- bzw. Besatzungszeit innerhalb der Geschichtsschreibung und Geschichtskultur in den untersuchten Ländern jeweils zukommt. Zugleich wird untersucht, ob und inwieweit sich die intergenerationellen Auseinandersetzungs-, Identifikations- bzw. Abgrenzungsprozesse in Bezug auf die Vergangenheit ähneln. Im Unterschied zur deutschen Studie wird nun auch die Generationsspezifität von Vergangenheitsdeutungen berücksichtigt, indem zusätzlich zu der Familienstichprobe eine nach Alterskohorten differenzierte Stichprobe von Gruppendiskussionen erhoben und ausgewertet wird.
Die Ziele des international vergleichenden Projekts lagen also zunächst in der Identifizierung unterschiedlicher Bezugnahmen auf die Geschichte des Zweiten Weltkrieges und der deutschen Besatzung. Vor diesem Hintergrund lässt sich auch skizzieren, welchen Einfluss solche Bezugnahmen auf die Wahrnehmung aktueller gesellschaftlicher und politischer Probleme und Debatten haben, und wie sie etwa in die Bewertungen politischer Optionen und Entscheidungen (zum Beispiel im Zusammenhang des Irakkrieges) eingehen. Grundsätzlich kann mit dem Material der vorliegenden Studie auch der Raum zwischen den emotiven und kognitiven Dimensionen des Geschichtsbewusstseins ausgemessen und – vor dem Hintergrund des Vergleichs der kommunikativen Tradierungsprozesse in den einbezogenen Ländern – auch über die Chancen und Hindernisse für ein »europäisches Gedächtnis« spekuliert werden.

Transnationale Erinnerungen

Fragen der Tradierung von Geschichte und die Konstruktion von Vergangenheitsbildern haben offenbar stets eine wichtige Rolle für die Selbstvergewisserung von Individuen, gesellschaftlichen Gruppen, Institutionen von Herrschaft, Staaten und Nationen gespielt. Dies wird besonders in Umbruchzeiten deutlich, wenn Herrschaftsansprüche und Mechanismen zur Herrschaftsstabilisierung aus neu oder wieder »erfundenen Traditionen« begründet und mit einer neu konstruierten Geschichte abgesichert werden.[4] Gegenwärtig lassen sich zwei scheinbar gegenläufige, einander jedoch bedingende und prägende Tendenzen beobachten: erstens eine Neuverhandlung und Neubestimmung nationaler Geschichtserzählungen sowie zweitens die Öffnung nationaler Geschichtsschreibung hin zu einer transnationalen bzw. globalisierten Perspektive.[5]

Gegenwärtig gehört die Neubewertung der Vergangenheit des Zweiten Weltkriegs, der Besatzungszeit, der Kollaboration und des Widerstands zu den zentralen Themen öffentlicher Diskurse in allen europäischen Gesellschaften. Der Umstand, dass alle westeuropäischen Gesellschaften inzwischen Einwanderungsgesellschaften sind, bringt auch die Notwendigkeit der Entwicklung einer transnationalen Erinnerungskultur mit sich. Die osteuropäischen Gesellschaften haben als Transformationsgesellschaften per se erhebliche Selbstvergewisserungsbedürfnisse und sind auf der Suche nach einer integrativen Geschichte, wobei es bemerkenswerterweise hauptsächlich Opfernarrative sind, die diese Suche anzuleiten scheinen.[6] In den westeuropäischen Gesellschaften, die ihrem Selbstverständnis nach nicht von ähnlich tief greifenden Transformationen gekennzeichnet sind wie die Gesellschaften Osteuropas, scheint das erhöhte Bedürfnis nach Selbstvergewisserung über die Vergangenheit eher die Folge einer tiefen Unsicherheit in Bezug auf die Zukunft zu sein.

In diesem unübersichtlichen erinnerungskulturellen Gefüge bilden sich auch *transnationale Erinnerungsräume*[7] heraus, was auf die folgenreichen Wirkungen horizontaler Europäisierungsprozesse verweist.[8] Der Nationalstaat kann dabei nicht mehr der selbstverständliche Referenzpunkt von Geschichtsschreibung und Geschichtskultur sein, weil er den Identitäts- und Selbstvergewisserungsbedürfnissen von Schülerinnen und Schülern aus ganz unterschiedlichen Herkunftsländern nicht entspricht. Für Jugendliche mit Einwanderungshintergrund bieten die schulische und mediale Vermittlung nationaler Geschichtskultur wenig, um ein Zugehörigkeit stiftendes Geschichtsbewusstsein entstehen zu lassen.[9] Hier sind neue, integrierende Wege der Geschichtsvermittlung gefragt. Zum anderen wird auf die »Globalisierung der Erinnerung« und die Konsequenzen der europäischen

Integration für Geschichtskulturen und -vermittlung hingewiesen. Nationale Geschichtsbilder und -mythen verlieren zunehmend ihre integrierende Kraft für die Mitglieder der europäischen Gesellschaften und sie vermögen keine neue Identität in einer zusammenwachsenden Welt zu schaffen. Mediale Bilder und Repräsentationen gehen in eine internationale Ikonografie des Holocaust ein, der über nationale Geschichtskulturen hinweg zum gemeinsamen Referenzpunkt wird. Der Holocaust wird zuweilen als neuer »negativer Gründungsmythos« Europas bezeichnet. Die erwähnte Holocaust-Konferenz im Jahr 2000 unter Teilnahme der meisten europäischen Regierungschefs stellte gleichsam den offizielle Beglaubigungsakt dieser Gründungserzählung einer europäischen Erinnerungskultur dar. Inwieweit die damit gesetzte offizielle Lesart der Geschichte freilich im kommunikativen Gedächtnis der privaten Erinnerungsräume adaptiert wird, ist derzeit noch eine offene Frage.

Kollektives und kommunikatives Gedächtnis

Maurice Halbwachs hat in den dreißiger Jahren den Begriff des »kollektiven Gedächtnisses« geprägt.[10] Aleida und Jan Assmann haben diesen Begriff weiter differenziert, indem sie zwischen »kommunikativem« und »kulturellem« Gedächtnis unterscheiden. Als »kulturelles Gedächtnis« bezeichnen sie diejenigen Objekte und Rituale, in denen sich solche Strategien mit einer gewissen Dauer manifestieren. Das »kommunikative Gedächtnis« stellt demgegenüber auf der Ebene des alltäglichen Gebrauchs von Erinnerungen nicht nur die Kriterien dafür bereit, was aufbewahrt und was vergessen werden soll, sondern wird bereits dort wirksam, wo Ereignisse wahrgenommen werden.[11] Verschiedene Studien haben gezeigt, dass auch autobiographische Erinnerungen in äußerst starkem Maße von den narrativen Mustern abhängen, die in bestimmten Gesellschaften als »sinnvoll« gelten.[12] Die Stimmigkeit und Gültigkeit von individuellen Erinnerungen werden beständig intersubjektiv geprüft und angepasst – auch wenn das nur sehr selten die Schwelle des Bewusstseins erreicht.

Das »kommunikative Gedächtnis« lebt in der interaktiven Praxis von Individuen und Gruppen. Es ist im Vergleich zum »kulturellen« so etwas wie das Kurzzeitgedächtnis der Gesellschaft, da es an die Existenz der lebendigen Träger und Kommunikatoren von Erfahrung gebunden ist und etwa 80 Jahre, also drei bis vier Generationen, umfasst.[13] Während das »kommunikative Gedächtnis« durch Alltagsnähe gekennzeichnet ist, zeichnet sich das »kulturelle Gedächtnis« durch Alltagsferne aus. Es stützt sich auf Fixpunkte, die nicht mit der Gegenwart mitwandern, sondern als schicksalhaft und bedeutsam markiert werden und durch »kulturelle Formung (Texte, Riten, Denkmäler) und institutionalisierte Kommunikation (Rezitation, Begehung, Betrachtung) wachgehalten« werden.[14] Das »kommunikative Gedächtnis« bezeichnet demgegenüber die eigensinnige Verständigung der Wir-Gruppenmitglieder darüber, was sie für ihre eigene Vergangenheit halten. Es ist ein lebendiges Gedächtnis, dessen Wahrheitskriterien an die Identitätsbedürfnisse von Individuen und Wir-Gruppen gebunden sind.

Öffentliches und privates Erinnern

Von besonderer Bedeutung für das Zusammenspiel von kommunikativem und kulturellem Gedächtnis ist die Tatsache, dass Individuen stets unterschiedlichen »Erinnerungsmilieus« angehören, wie sie durch Familien, lokale Gemeinschaften, Interessengruppen, pädagogische Rahmenvorgaben und nicht zuletzt durch die Massenmedien geschaffen werden. Dabei wird deutlich, dass es sowohl bewusste als auch unbewusste Tradierungen von Geschichte in all diesen Erinnerungsmilieus gibt. In Familien und kleinräumigen Erinnerungsgemeinschaften sind es offenbar gerade nicht die großen Erzählungen, sondern die kleinen, profanen Geschichten über partikulare Ereignisse und persönliche Erlebnisse, aus denen das gemeinsame Gedächtnis gebildet ist und in denen es sich tradiert.[15] Die entsprechenden Episoden und Geschichten, die oft en passant im Rahmen anderer Zusammenhänge erzählt werden, fungieren als Bausteine einer erinnernden sozialen Kommunikation, die der gemeinsamen Aufrechterhaltung des Gedächtnisses der Erinnerungsgemeinschaft dient.[16] In diesem Sinne kann man soziale Gruppen selbst als Gedächtnissysteme verstehen, die in der Kommunikation ihrer Mitglieder ein »transaktives Gedächtnis« bilden, in dem jedes einzelne Mitglied als interner Speicher und die anderen Gruppenmitglieder als externe Speicher fungieren.[17]

Die Familie stellt als Erinnerungsgemeinschaft ein Relais zwischen biographischem Erinnern auf der einen und öffentlicher Erinnerungskultur sowie offiziellen Geschichtsbildern[18] auf der anderen Seite dar. Das heißt, familiäre Selbstverständnisse, Loyalitäten, aber auch Konflikte sind ein ebenso produktiver Faktor bei der Tradierung von Geschichten und Vergangenheitsbildern wie die jeweils öffentlich kursierenden Geschichtsbilder (vermittelt durch Schule, Medien, öffentliche Gedenkrituale etc.). Insofern gibt die Tradierung innerhalb von Familien darüber Aufschluss, welche Geschichten bzw. welche Version dieser Geschichten »erinnerungs-« und »erzählwürdig« sind und auf welche Weise familiär tradierte Erinnerungen mit gesellschaftlichen Deutungsmustern in Einklang gebracht werden. Familien sind Orte, an denen soziale Aushandlungsprozesse bezüglich des Sinns und der Bedeutung von Vergangenheit sowie bezüglich ethisch-moralischer, aber auch politischer Haltungen (»Lehren« aus der Geschichte) zwischen den Generationen untersucht werden können. Gerade wegen des kommunikativen Charakters der Weitergabe von Erinnerungen kann die Familie als mittlere und vermittelnde Ebene zwischen privaten und öffentlichen Dimensionen der Konstruktion von Vergangenheit betrachtet werden.

Die Interpretationsrahmen für Geschichten, Daten und Bilder werden aber nicht nur in der Familie erzeugt, sondern auch in anderen Gruppensituationen, in denen Lesarten und Deutungen von Vergangenheiten und ihren Zeugnissen entwickelt und ausgehandelt werden. Um diesen Aspekt zu berücksichtigen und überdies die unterschiedlichen generationellen Perspektiven unabhängig von familiären Loyalitätsverhältnissen erfassen zu können, haben wir in jedem Land Gruppendiskussionen mit Angehörigen unterschiedlicher Altersgruppen durchgeführt. Die Gruppen haben zu Beginn der Gespräche jeweils denselben Satz von Fotos vorgelegt bekommen; lediglich eine weitere Abbildung wurde für jedes Land spezifisch ausgewählt. Die Fotos befinden sich auf den Seiten 220–229.

Die Fotos übernehmen die Funktion eines sogenannten Grundreizes, der die Diskussionen anregen, aber nicht zu stark vorstrukturieren sollte. Deshalb haben wir Fotos ausgewählt, die nicht allzu bekannt und auch sonst so deutungsoffen sind, dass sie je nach Altersgruppe und Nationalität auch unterschiedlich interpretiert werden können. Dieses Verfahren hat sich insbesondere auch deshalb bewährt, weil auf diese Weise Erzählungen angeregt werden und nicht der Eindruck entsteht, es solle Geschichtswissen abgerufen werden. Überdies werden in der konzentrierten und interaktiven Deutung der Fotos auch Statements und Einschätzungen abgegeben, die weniger nach den Maßgaben der politischen Korrektheit formuliert sind, sondern eher emotionale Geschichtsbezüge deutlich machen.

Wie schon im Vorgängerprojekt ging es uns auch hier um die eher subkutanen, hinter den eingeübten und sozial erwünschten Äußerungen liegenden Tradierungen von Vergangenheitsvorstellungen. Mit Hilfe eines solchen projektiven Grundreizes kommen schnell Diskussionen zustande, die einiges über die Interpretationsrahmen der jeweiligen Gruppen erkennen lassen – etwa dann, wenn ein Nazi-Aufmarsch sofort mit FDJ-Paraden verglichen wird oder wenn das Bild der aus der brennenden Stadt flüchtenden Familie sofort Parallelen zum Irak-Krieg hervorruft und wenig später eine Diskussion darüber entsteht, dass Israel im Nahostkonflikt dieselbe Rolle spielte wie die Nazis im Zweiten Weltkrieg. Solche Phänomene sind natürlich besonders im internationalen Vergleich höchst interessant, zumal man es in einer deutschen Gruppe von Studierenden nie erleben würde, dass Witzchen über ein Massengrab gemacht würden, in einer holländischen aber schon. All dies gibt gröbere und subtilere Eindrücke davon, wie in den jeweiligen Ländern über die Vergangenheit gedacht und, vor allem, gefühlt wird.[19]

Ressourcen des Geschichtsbewusstseins: Die nationalen Basiserzählungen

Individuelles Erinnern und familiär tradierte Erinnerungen können nicht losgelöst von der offiziellen und gleichsam autorisierten Geschichtsschreibung einer Gesellschaft bzw. von der »Basiserzählung« einer Nation betrachtet werden. Mit dem Begriff der Basiserzählung beziehen wir uns auf die norwegische Ethnologin Anne Eriksen und die dänischen Historiker Claus Bryld und Annette Warring.[20] Als entscheidendes Charakteristikum einer nationalen Basiserzählung beschreiben Bryld und Warring ihre vereinheitlichende und harmonisierende Wirkung innerhalb der »kulturellen und politischen Sinnproduktion«.[21] Die Basiserzählung »hat in dem Sinne Modellcharakter gehabt, dass widersprechende Erzählungen sich notwendigerweise zu ihr ins Verhältnis setzen mussten, um überhaupt sichtbar zu werden«.[22] Dabei befinden sich Erinnerungen als individuelle Form der Erfahrungsverarbeitung und die Herausbildung kanonisierter Darstellungs- und Umgangsweisen in Bezug auf die Kriegs- und Besatzungszeit in einem sich wechselseitig beeinflussenden Verhältnis. Eriksen betont in Anlehnung an Maurice Halbwachs, dass jede Artikulation über die Besatzungszeit auf den diskursiven Rahmen der »Basiserzählung« bezogen sein musste, um Geltung erlangen zu können.[23] Die Basiserzählung »dient als leitender Interpretationsrahmen für die Erinnerungen der Einzelnen an ihre eigenen Erlebnisse«[24] und für die Wahrnehmung und Deutung derjenigen, die »nicht dabei gewesen sind«. Insofern stellt die Basiserzählung auch eine vermittelnde Matrix für generationell differierende Deutungen dar. Zugleich hat diese autoritative Version der offiziellen und öffentlichen Erinnerung an die Besatzungszeit überzeitlichen und gelegentlich gar mythischen Charakter, indem sie Aussagen darüber enthält, was und wie Norweger, Dänen, Niederländer, Serben, Kroaten oder Schweizer »immer schon waren«, was sie in ihrem Kern ausmacht. Somit sind bestimmte Erzählungen und Deutungen der Vergangenheit aus dem Bereich des Sagbaren ebenso ausgeschlossen wie bestimmte Gruppen und ihre Geschichte und Geschichten.

Allerdings bilden öffentliche Erinnerungskulturen trotz des mythischen Charakters der »Basiserzählungen« keine statischen Inventare, sondern zugleich ein Feld permanenter Deutungskämpfe und Neuverhandlungen. Gerade im Dialog zwischen den Generationen wird deutlich, welchen Einfluss geschichtspolitische Debatten, historische Einschnitte wie politische Transformationsprozesse und die daraus resultierenden Änderungen der offiziellen Geschichtsschreibung auch auf private Erinnerungskulturen haben. Zudem gilt es, auch die gegenläufige Bewegung zu sehen: Familiäre Loyalitätsverpflichtungen und emotionale Bindungen führen dazu, dass Aspekte der Familiengeschichte, die vor dem Hintergrund dominierender Geschichtsbilder zu einer Kritik an und Distanzierung von den entsprechenden Familienangehörigen führen müssten, nicht immer »passförmig« gedeutet bzw. umgedeutet werden. Auf der anderen Seite gibt es auch innerhalb der dominierenden Geschichtsversion offene Deutungsspielräume, die zu nuancierten Umschreibungen der hegemonialen Erzählung führen können, ohne sie gleich ganz außer Kraft zu setzen.
Was bedeuten diese theoretischen Grundannahmen angesichts der oben beschriebenen Umbrüche gesellschaftlicher, politischer und ökonomischer Koordinatensysteme? Wie spiegeln sich diese Umbrüche im Verhältnis öffentlicher und privater Vergangenheitsbilder und -erzählungen, wie in der Kommunikation unterschiedlicher Generationen über die Vergangenheit wider? Bei der Beantwortung solcher Fragen geht es um das *Verhältnis öffentlicher und privater Erinnerung* im Kontext von Europäisierungsprozessen, um die Binnendifferenzierung der Erinnerungslandschaften in den von uns untersuchten Ländern und die damit verbundene Pluralisierung der Erzählungen.
Bevor wir uns den konkreten Ergebnissen der Studie im Überblick zuwenden, möchten wir zunächst einen kurzen Überblick über die »Basiserzählungen« zum Zweiten Weltkrieg und zur deutschen Besatzung in den von uns untersuchten Ländern geben. Zudem werden wir einige wesentliche Stationen im Prozess der Umdeutungen und Neuverhandlungen der jeweiligen Basiserzählungen seit 1945 skizzieren.

Basiserzählungen und ihre gesellschaftliche Neuverhandlung

Norwegen, Dänemark, Niederlande

Die Besatzungszeit stellt in der Geschichtsschreibung aller drei Länder einen Ausnahmezustand dar, in dem jeweils eine kleine und unterlegene Nation sich gegenüber einem übermächtigen äußeren Feind geeint, auf ihre innersten Werte besonnen und in dieser Form symbolisch und moralisch neu geschaffen hat, und zwar über alle sozialen und politischen Differenzen hinweg. Dies stellte eine wirkungsmächtige Grundlage für die politische Konsensbildung der Nachkriegsgesellschaften dar.[25]

Der Preis dieser höchst integrativen Erzählung von der »Nation im Widerstand« war zum einen die immense und nachhaltige Stigmatisierung und Exklusion derjenigen, die als Verräter und innere Feinde gebrandmarkt wurden, was einem Ausschluss aus der nationalen Erinnerungsgemeinschaft gleichkam. Zum anderen bildet die Negation innerer Differenzen und Ungerechtigkeiten spätestens in Zeiten globalisierter Mobilität und Migration einen Latenzspeicher von schwerwiegenden Konflikten,[26] die jederzeit manifest werden können.

Die Basiserzählungen über die Besatzungszeit in Dänemark, Norwegen und den Niederlanden ähnelten sich nach 1945 von ihrer narrativen Struktur her trotz der unterschiedlichen Besatzungsverläufe. Konkrete Themen, die der Konsensstiftung und positiven Identifikation dienten oder aber Konfliktpotentiale in sich bargen, variierten jedoch durchaus, ebenso wie die Debatten, die im Einzelnen zur Revision der nationalen Mythen beitrugen.

Norwegen

Nach 1945 kam der Zeit der deutschen Okkupation in Norwegen eine wesentliche identitätstiftende Bedeutung zu. Eriksen geht so weit zu sagen, dass die kollektive Erinnerung an die Besatzungszeit als »Schöpfungsmythos des modernen Norwegen« fungiert.[27] Diese historische Phase liegt noch an der Schwelle dessen, was im kommunikativen Gedächtnis tradiert werden kann, und gerade deshalb bieten die nationalen Eigenschaften und Werte, die in der dominierenden Erzählung über die Besatzungszeit transportiert werden, naheliegende Identifikationsmöglichkeiten. Die Geschichtsschreibung und mit ihr die öffentliche Erinnerungskultur geriet in Bewegung, als eine jüngere Generation von Historikerinnen und Historikern Ende der 1960er Jahre begann, die Basiserzählung kritisch zu hinterfragen. Formen und Ausmaß der Kollaboration wurden untersucht, das heroische Widerstandsverständnis wurde einer Revision unterzogen, vor allem aber wurde verschiedenen Gruppen Aufmerksamkeit zuteil, die in der nationalen Erinnerung bis dahin keinen Platz hatten: die ermordeten norwegischen Juden, die so genannten Deutschenkinder und ihre Mütter, die Kinder der Kollaborateure, die nach 1945 unter sozialer Ausgrenzung gelitten hatten. Damit wurde die Geschichtsschreibung facettenreicher, behielt aber die grundlegende Unterscheidung zwischen »guten Norwegern« und »Verrätern« bei.

Dänemark

Bei einem Vergleich dieser Basiserzählung mit der in Dänemark lange Zeit autoritativen Version über die deutsche Besatzung werden strukturelle Ähnlichkeiten, aber auch – durch die historisch etwas anders gelagerte Ausgangslage bedingte – Unterschiede sichtbar.[28] Gerade anhand dieser Unterschiede werden die Konstruktionsweisen und Erzählstrategien, die eine Basiserzählung auszeichnen, umso deutlicher erkennbar.

Anders als in Norwegen, wo König und Regierung sich dem Zugriff der Besatzer entzogen und ins englische Exil flohen, waren die politischen Repräsentanten Dänemarks in gewisser Weise »Geiseln« des Besatzungsregimes und arbeiteten, aus einer de facto ohnmächtigen Position heraus, mit den Besatzern zusammen. Diese »Politik des Entgegenkommens oder der Zusammenarbeit«[29] seitens der legitimen politischen Repräsentanten Dänemarks führte dazu, dass die Haltung der Zivilbevölkerung und das Entstehen einer Widerstandsbewegung sich unter ganz anderen Ausgangsbedingungen vollzogen, als es in Norwegen der Fall war. Diese Fakten stellen einen potentiellen Stolperstein für eine nationale Basiserzählung dar: Die Tatsache, dass »die Regierung [...] in den Jahren 1940–1943 immer neuen deutschen Forderungen nach[gab]« und die Deutschen somit »das Land ausplünderten, Zensur ausübten und sich in die Justiz einmischten«[30], ohne dass ihnen nennenswerter Widerstand von den dänischen politischen Repräsentanten entgegengebracht wurde, lässt sich im Prinzip nicht ohne weiteres in die Erzählung einordnen, der zufolge die Dänen im Widerstand gegen die Besatzer geeint waren. Die Basiserzählung, die ab 1944 entstand, zeichnet sich demgemäß durch die Aussöhnung des Widerspruchs zwischen den politischen Eliten aus, die für die Politik der Zusammenarbeit standen, und dem organisierten Widerstand, dessen Beginn vorverlegt wurde.[31] Die Besatzung wurde zu einem nationalen Krieg umgedeutet, und jede der beiden Gruppen hatte ihren Teil zur Befreiung Dänemarks beigetragen: die Kollaboration der Regierung hatte den Dänen ermöglicht, die Besatzungszeit weitgehend unbeschadet zu überstehen, während der Widerstand es Dänemark erlaubte, sich schließlich auf die Seite der alliierten Sieger zu stellen.

Niederlande

Auch in den Niederlanden floh die Königin nach dem deutschen Überfall ins englische Exil, allerdings verschaffte ihr diese Flucht – anders als ihrem norwegischen Pendant – nicht den Nimbus der aufrecht Widerstehenden, sondern eher den Vorwurf, ihr Volk im Stich gelassen zu haben. Auch in den Niederlanden wurde daraufhin ein Reichskommissariat unter der Führung von Arthur Seiß-Inquart eingerichtet. Nachdem man zunächst auf die niederländische Sammlungsbewegung »Niederlandsche Unie« gesetzt hatte, wurde diese 1941 verboten und die NSB der Nationalsozialisten zur einzigen zugelassenen Partei gemacht. Der daraufhin sich formierende Widerstand speiste sich aus sehr unterschiedlichen politischen und religiösen Motiven und wurde erst im Nachhinein als geeinte Widerstandsbewegung dargestellt. Die Befreiung der Niederlande verlief in zwei Etappen, während der Süden bereits im Sommer 1944 von alliierten Truppen befreit wurde, durchlitt der Norden einen weiteren Winter unter Bedingungen der Besatzung, der als »Hungerwinter« in die Geschichte eingegangen ist. Das hiermit verbundene Motiv des Leidens

ging allerdings als Symbol des Leidens der gesamten Nation unter der Besatzung in die offizielle Erinnerungskultur ein.
Auch in den Niederlanden diente die Besatzungsgeschichte als Projektionsfläche für die Vorstellung eines im Leiden und im Widerstand geeinten Volkes. Angesichts der traditionellen sozialen Segregationen, die in der niederländischen Gesellschaft bestanden, stellt die Erinnerung an die Besatzung somit auch die Geschichte einer Transformation in eine moderne demokratische Gesellschaft dar. Die sozialen, politischen und religiösen Differenzen, die auch zwischen den unterschiedlichen Widerstandsgruppen bestanden, werden in dieser Version der Erinnerung gerade zu einem konstituierenden Moment nationaler Werte, symbolisiert durch den Kampf um Toleranz. Als Ikone dieses geeinten nationalen Selbstbildes kann die Figur eines Dockarbeiters gelten, der an den größten Streik der Besatzungszeit im Februar 1941 erinnert, darüber hinaus jedoch zum Symbol der widerständigen Nation überhaupt wurde. Diese Sicht auf die Geschichte wurde auch in einer in den 1960er Jahren ausgestrahlten Fernsehserie vermittelt, deren Einfluss auf kollektive Geschichtsbilder mindestens als erheblich bezeichnet werden kann. Erst Mitte der 1970er Jahre wurde eine kritische Gegensicht in Form einer Dokumentarserie ebenfalls über das Fernsehen verbreitet.[32]
Ein entscheidender Unterschied zur Entwicklung in Norwegen und Dänemark besteht darin, dass mehr als 75 Prozent der 140 000 niederländischen Juden deportiert und ermordet wurden. In Norwegen wurden 1942 750 von etwa 2000 jüdischen Einwohnern deportiert, in Dänemark fand 1943 eine Rettungsaktion statt, bei der von den 8000 im Lande lebenden Juden 7000 versteckt oder nach Schweden gebracht werden konnten. Dies war für die Entwicklung der Erinnerungskulturen in den drei Ländern von großer Bedeutung. In den Niederlanden galt das Leiden der niederländischen Juden bis in die 1960er Jahre hinein als Teil des *nationalen* Leidens und der bereits erwähnte Streik von 1941 als Symbol der *nationalen* Solidarität. Dennoch erzwang die extrem hohe Zahl der ermordeten niederländischen Juden bereits früh eine kritische Diskussion hinsichtlich der Kollaboration der nicht jüdischen Bevölkerung an bzw. auch Gleichgültigkeit gegenüber den

Deportationen. In der Figur Anne Franks liegen aufgrund der damit verbundenen hohen Opferidentifikation eine Thematisierung der Judenverfolgung bei gleichzeitigem Ausblenden von Tatverstrickungen in der niederländischen Gesellschaft nahe beieinander.
In Norwegen hingegen war die Deportation und Ermordung von etwa 750 Juden und vor allem die aktive Beteiligung der norwegischen Polizei an den Verhaftungen der Betroffenen bis in die 1980er Jahre eine Leerstelle der öffentlichen Erinnerung. Erst eine Untersuchungskommission, die den Verbleib des konfiszierten jüdischen Eigentums und damit verbundene Fragen der Entschädigung bearbeitete,[33] setzte eine breite öffentliche Debatte, wissenschaftliche Forschungen und eine schmerzhafte Integration der norwegischen Mittäterschaft in die Geschichtsschreibung in Gang. Noch anders gelagert ist die Situation in Dänemark, wo die Rettung eines Großteils der Juden nach Schweden zum konstitutiven Teil des Selbstverständnisses wurde, die Besatzung als moralisch integere Nation überstanden zu haben. Kritische Nachfragen hinsichtlich der extrem repressiven Einwanderungspolitik in den 1930er Jahren, die vielen deutschen Juden den Fluchtweg nach Dänemark versperrte, oder auch nach dem ökonomischen Profitieren der »Retter« sind neuesten Datums. Die Tatsache jedoch, *dass* die Judenverfolgung in den eigenen Ländern in den letzten Jahren zu einem Topos der öffentlichen Erinnerung und der Geschichtsvermittlung geworden ist, kann als Teil einer europaweiten Tendenz betrachtet werden, den Holocaust zum zentralen Referenzpunkt der Geschichte des Zweiten Weltkrieges zu machen.

Schweiz

Anders als die anderen von uns untersuchten Länder wurde die Schweiz im Zweiten Weltkrieg nicht von Deutschland besetzt. Diese Tatsache bildet den Ausgangspunkt für eine nationale Basiserzählung, in deren Zentrum das Bild einer heroischen und zur Selbstverteidigung bereiten Nation steht, die es sich selbst, ihrer Abwehrbereitschaft und ihrer erfolgreichen Neutralitätspolitik zu verdanken hat, dass sie von den Härten des Krieges verschont geblieben ist. Mit diesem Geschichtsbild ging auch die Vorstellung einher, sich inmitten der Barbarei als Insel der Humanität behauptet zu haben. All dies bildete die Grundlage für eine über Jahrzehnte hinweg ungebrochene positive Bewertung der Kriegszeit, mit den entsprechenden erinnerungskulturellen Ausdrucksmitteln der Erinnerungskultur wie Veteranentreffen, Gedenkjubiläen, Ausstellungen und Monumenten. Dies war selbstverständlich nur um den Preis der Ausblendung jener Aspekte der Vergangenheit möglich, die das glorifizierende Bild getrübt hätten: Weder die repressive Flüchtlingspolitik, die zur Abweisung der verfolgten Juden an der Schweizer Grenze führte, noch die vielfältigen Verflechtungen mit dem Dritten Reich, durch die die Schweiz wirtschaftlich vom nationalsozialistischen Regime und vom Kriegsgeschehen profitierte, fanden bis in die 1990er Jahre Eingang in die Geschichtsschreibung.

Das Bild von der unbeteiligten neutralen Nation, die dennoch ein Hort des Widerstandes war, brach nach 1989 im Zuge kritischer Forschungen und öffentlicher Debatten zusehends auf. Appeasement-Politik, zuweilen auch »vorauseilende« Anpassung an die rassistische Politik des Dritten Reiches und Profitinteressen rückten in den Blick. Die Arbeit der Unabhängigen Expertenkommission Schweiz Zweiter Weltkrieg (UEK) machte unwiderrufbar deutlich, dass die Schweiz keineswegs eine Insel der Neutralität und Humanität, sondern in vielfacher Hinsicht in das Kriegsgeschehen verstrickt war.

Viele dieser Verschiebungen in der Geschichtsschreibung und Erinnerungskultur trugen nun allerdings nicht mehr nur nationale Züge, sondern waren Teil europaweiter Um- und Neudeutungsprozesse. Dementsprechend rückten auch in der Schweiz seit den 1990er Jahren universellere Fragestellungen und Deutungen in den Vordergrund. Themen wie die Wahrung der Menschenrechte und die Restitution trugen nicht nur das Gepräge internationaler Debatten, sondern hatten auch hinsichtlich ihrer politischen Konsequenzen transnationalen Charakter. Gerade damit ging und geht es jedoch auch stets wieder um die Neuverhandlung der nationalen Geschichtsschreibung und der damit verbundenen Selbstbilder – nicht zuletzt dann, wenn es um den Platz geht, der den Opfern des Holocaust in dieser Erinnerung eingeräumt wird.

Serbien und Kroatien

Die beiden Nachfolgegesellschaften Jugoslawiens zeigen das in jeder Hinsicht komplexeste und komplizierteste Geflecht von historischen Ereignissen und einander überlagernden und widerstreitenden Erinnerungen. Dies geht nicht nur auf die faktische Besatzungsgeschichte und die wechselnde Zugehörigkeit der späteren jugoslawischen Teilgesellschaften während des Krieges zurück, sondern darauf, dass sich die erinnerungskulturelle Landschaft vor dem Hintergrund der Folgen der Kriege der 1990er Jahre konturiert, was dem Zweiten Weltkrieg eine vollkommen andere erinnerungskulturelle Bedeutung gibt als in den westeuropäischen Ländern.

In den ersten Nachkriegsjahrzehnten war die offizielle jugoslawische Erinnerungskultur von der sozialistischen Basiserzählung dominiert. Hier standen der Antifaschismus und der siegreiche Partisanenkampf im Vordergrund. Widersprüche wurden negiert, indem der Volksbefreiungskrieg zum Erbe der gesamten Nation erklärt und der vorausgegangene innerjugoslawische Bürgerkrieg aus der offiziellen Erinnerungskultur ausgeblendet wurde. Die Deutschen und ihre Helfer wurden dämonisiert. Die um den Partisanenmythos herum organisierte nationale Basiserzählung stellte den Versuch eines über die historisch divergenten Erfahrungen hinweg gemeinschaftstauglichen Identifikations- und Deutungsangebotes dar. Dabei wurde der Partisanenkampf zum Symbol eines Kampfes für egalitäre Werte. Die Tatsache etwa, dass die Partisanenbewegung der Zivilbevölkerung durch ihr Verhalten keineswegs als »Volksbefreier« in Erinnerung geblieben war, fiel damit aus dem Rahmen des Sagbaren heraus.

Nach einem kurzen erinnerungspolitischen Tauwetter Anfang der 1970er Jahre wurde staatlicherseits mit dem Einsatz repressiver Mittel noch einmal das traditionelle und zusehends erstarrte Geschichtsbild zementiert. Die hierdurch erfolgte Unterdrückung gesellschaftskritischer Geschichtsdeutungen stellte, von heute aus betrachtet, eine verpasste Chance im Hinblick auf die Integration widerstreitender und traumatischer Kriegserfahrungen, aber auch problematischer Seiten der sozialistischen Revolution dar. Angesichts einer solchen Ausgangslage konnten sich die geschichtspolitischen Auseinandersetzungen, die nach Titos Tod Mitte der 1980er Jahre ausbrachen, schnell zuspitzen. Die Tatsache, dass der Einsatz in dem darauf folgenden Bürgerkrieg häufig mit Motiven begründet wurde, die ihren Ursprung in den ungelösten Konflikten des Zweiten Weltkrieges haben, verweist darauf, dass ungelöste erinnerungspolitische Konflikte und unterdrückte »Gegenerinnerungen« in gesellschaftlichen Umbruch- und Krisensituationen einen hoch explosiven Sprengstoff darstellen können.

Die um den Partisanenmythos herum organisierte jugoslawische Basiserzählung wurde im Zuge des Zerfalls dieses Staatengefüges beinahe vollkommen entwertet. Das gilt natürlich besonders für die sozialistisch fundierte Basiserzählung, die einem radikalen Geschichtsrevisionismus zum Opfer fiel.

Das dadurch entstehende Orientierungs- und Sinnstiftungs-Vakuum wird in Kroatien seit Beginn der 1990er Jahre auch mit einer Revitalisierung extrem nationalistischer Geschichtsdeutungen aufgefüllt, in deren Zuge die faschistische Ustaša rehabilitiert wird, deren Angehörige nunmehr durchaus als »Unabhängigkeitskämpfer« gesehen werden können. Hier, wie auch in Serbien, wo die Četniks im Jahr 2004 rechtlich und ideologisch rehabilitiert wurden, ist zudem eine steigende Akzeptanz gegenüber antisemitischen Haltungen zu beobachten.

In Kroatien und Serbien kommt dem Zweiten Weltkrieg nach wie vor großes Interesse zu, was jedoch keineswegs mit konsensuellen Deutungen oder gar neuen, orientierenden Basiserzählungen einhergeht. Das korreliert mit der bestehenden sozialen und politischen Verunsicherung in diesen Ländern und einer nach wie vor instabilen zivilgesellschaftlichen Entwicklung.

Ergebnisse der Studie

Wie der Überblick gezeigt hat, bestanden nach 1945 trotz der unterschiedlichen Besatzungsverläufe bis in die 1980er Jahre, im Westen sogar bis in die frühen 1990er Jahre hinein, ähnlich strukturierte Basiserzählungen, die durch ihre grundlegend schwarz-weiße Färbung

überall ein Bild von einer im Widerstand gegen die äußeren und inneren Feinde geeinten Nation erschufen, das die Geschichtsschreibung und Erinnerungskultur dieser Länder über Jahrzehnte hinweg beinahe ungebrochen dominiert hat. Für alle Länder lässt sich ebenfalls behaupten, dass Erinnerung und Gedenken an die Besatzungszeit einen Bestandteil von Erinnerungspolitik darstellten, mit der nationale Wertekonsense verhandelt und Legitimität für jeweils aktuelle politische Positionen angestrebt wurde. Parallel ist die Entwicklung der kritischen Hinterfragung der Widerstandsmythen seit den 1980er und 1990er Jahren und die Erweiterung des Geschichtsbildes um zunächst verschwiegene Aspekte wie die Kollaboration in all ihren Facetten oder auch die Haltung und das Verhalten der nichtjüdischen Mehrheitsbevölkerung angesichts der Deportation ihrer jüdischen Landsleute allerdings nur in den westlichen Ländern verlaufen; in den südosteuropäischen Ländern geschieht mit dem Bürgerkrieg und dem Zerfall Jugoslawiens eine höchst reale Veränderung des historischen Raums, der im Nachkrieg dann stark revidierte nationale Geschichtsbilder zur Folge hat.
Im Folgenden sollen nun im Überblick einige Ergebnisse der vergleichenden Befragung dargestellt werden.

Norwegen, Dänemark und Niederlande

Trotz der kritischen Erweiterung und Hinterfragung der nationalen Basiserzählungen gerade durch die jüngeren Generationen zeigt die Befragung der Familien in den drei Ländern, dass diese dominanten Geschichtsversionen in Norwegen, Dänemark und Holland dennoch weiterhin als Matrix privater Erinnerungen funktionieren. Hier dürfte im Vergleich der stärkste Unterschied zur Bundesrepublik Deutschland zu finden sein, deren Erinnerungskultur sich gerade durch die Abwesenheit einer solchen Basiserzählung auszeichnet, weshalb sich dort die Angehörigen der dritten und vermutlich auch der vierten Generation selbst eine positive Familienvergangenheit erfinden. Der Grund dafür ist zwingend: Die Holocausterzählung vermag keine positiven Identifikationen bereitzustellen, aber offensichtlich können individuelle Identitätsbildungen ohne positive Bezüge zur eigenen Wir-

Gruppe nicht auskommen. In den anderen westeuropäischen Ländern dagegen prägen und strukturieren die nationalen Basiserzählungen familiäre »Konsenserzählungen« in der Form, dass die eigenen Angehörigen in den meisten Familien nach Möglichkeit als »gute« Dänen, Norweger oder Holländer auftreten können – also als jene, die auf der »richtigen« Seite standen. Die Unterschiede bestehen lediglich in den konkreten Ausformungen solcher Narrative in den unterschiedlichen Nationen. Spielt militärisches Heldentum in Norwegen in familiär tradierten Geschichten durchaus eine Rolle, ist diese Form der Heroisierung in Dänemark, wo kaum Kämpfe stattgefunden haben, praktisch irrelevant. Die Aufladung von eher alltäglichen Geschichten von Mangel und »Organisieren« mit »widerständiger« Bedeutung hingegen ist in allen Ländern ein häufig wiederkehrendes Motiv.

Die nationale Basiserzählung bleibt hier gerade dadurch in Geltung, dass die Angehörigen der Enkelgeneration die kritischen Aspekte neuerer Geschichtsdarstellungen in ihre Version der Familiengeschichte integrieren. Die norwegischen, dänischen und holländischen Enkel wollen ihre Großeltern also ebenso in einem besseren Licht dastehen lassen wie die deutschen Enkel, brauchen dafür aber keine neue Vergangenheitserzählung zu erfinden, sondern können ihre Familiengeschichte in die jeweilige Basiserzählung einschreiben. Während es in Deutschland vor dem Hintergrund der Tätergeschichte zuweilen erheblicher Umdeutungen bedurfte, um zum Resultat »Opa war kein Nazi« zu gelangen, stellt das angesichts der bestehenden eindeutig positiven Identifikationsangebote der Widerstandsmythen in anderen Ländern ein geringeres Problem dar. Auffällig ist, dass die Geschichten von der »anderen Seite«, also der Kollaboration, allerdings durchaus in der privaten Erinnerung aufgehoben sind, nur dass sie zumeist in einer Weise gedeutet werden, wonach sie *eigentlich* nichts mit der eigenen Familie zu tun haben.

Ebendiese Sicherheit, dass die familiäre Erinnerung mit den in der öffentlichen Erinnerung transportierten Normen und Werten in Einklang zu bringen ist, erlaubt den Jüngeren ein recht hohes Maß an kritischer Distanzierung von den Mythen der nationalen Erinnerung, was deren normativen Gehalt und ihre Orientierungsfunktion jedoch keineswegs in Frage stellt. Zwar werden die Heldengeschichten und das Veteranengedenken oft nicht mehr besonders ernst genommen; die *Werte* jedoch, die in der öffentlichen Erinnerung und nicht zuletzt in der pädagogischen Behandlung der Besatzungsgeschichte vermittelt wurden, erfahren durch die Universalisierung des Holocaustnarrativs eher eine *Aktualisierung* als eine Entleerung.

Dies lässt sich denn auch insbesondere am Thema Judenverfolgung beobachten: In Norwegen war das Thema, wie gesagt, lange Zeit eine Leerstelle der nationalen Erinnerung, in den Niederlanden einer ihrer schwer zu integrierenden Bestandteile, während die Rettung der dänischen Juden sich lange Zeit hervorragend in das Bild der moralisch integren Nation einfügte. Insbesondere die Angehörigen der Enkelgeneration verfügen über intime Kenntnisse der nationalsozialistischen Vernichtungspolitik und insbesondere der medial vermittelten Ikonografie des Holocaust. Das bedeutet jedoch keineswegs, dass fundierte Kenntnisse über die historischen Ereignisse im eigenen Land vorhanden sind, was einmal mehr für das Schicksal der jüdischen Bevölkerung des eigenen Landes gilt.

In der norwegischen Öffentlichkeit wird jedoch seit einigen Jahren in zunehmendem Maße auch kritisch über die »nationalen« Geschichten der Judenverfolgung diskutiert, was zur Entstehung neuer Deutungsmuster beiträgt. Wenn es um die eigenen Familien geht, dominieren nämlich auch in den ehemals besetzten Ländern beinahe durchgängig entlastende und idealisierende Deutungsmuster. Wo die Großeltern nicht Retter waren, waren sie desinformiert und nichts ahnend, auf keinen Fall aber Antisemiten. Nicht selten werden sie selbst als potenzielle Opfer der Besatzungsmacht gezeichnet, wobei auch hier öffentliche und private Formen der Geschichtsdeutung korrespondieren: Während Opfer-Narrative es verschiedenen Gruppen erlauben, sich in den öffentlichen Erinnerungskulturen eine »autorisierte Sprecherposition« und Gehör zu verschaffen, stellt das Deutungsmuster in der familiären Tradierung von Erinnerungen ein probates Mittel entlastender Erzählungen über die eigenen Vorfahren dar. Diese Beobachtung trifft im Übrigen auch für die Schweiz zu.

Schweiz

Auch in der Schweiz haben öffentliche Debatten zu Veränderungen in der Erinnerungskultur geführt, die ihre Spuren in den Erzählungen von Schweizerinnen und Schweizern hinterlassen haben. Nicht zuletzt die Frage nach den wirtschaftlichen Verflechtungen, die Rolle der Banken (»Raubgold«) oder die Flüchtlingspolitik haben das traditionelle nationale Narrativ erschüttert, wonach der heroische Widerstand zur Kriegsverschonung des Landes geführt habe. Somit ist auch hier der Einfluss transnationaler Erinnerungsdebatten zu verzeichnen, die das Geschichtsbewusstsein beeinflussen. Zu diesen Veränderungen zählt in der Schweiz eine gleichsam universalisiertere Perspektive auf die Zeit des Zweiten Weltkrieges und des Nationalsozialismus, die sich besonders bei den jüngeren Diskussionsteilnehmerinnen und -teilnehmern beobachten lässt. In den im Schweizer Teilprojekt durchgeführten Gruppendiskussionen ist zu beobachten, dass vor allem jüngere Teilnehmende der Meinung sind, dass der Holocaust ein Ereignis darstellt, aus dem sich allgemein gültige humanitäre Schlussfolgerungen und Lehren ableiten lassen. Es gehört zu den Grundeigenschaften des Geschichtsbewusstseins, dass diese Art von »Orientierungsgewinn« für die Gegenwart an Vergangenheitserzählungen geknüpft wird, aber es ist auffällig, dass der Holocaust in den Schweizer Gruppendiskussionen mehr als das traditionelle heroische Motiv der nationalen Erzählung zum Ausgangspunkt für Gegenwartsvergleiche und Beurteilungen aktueller Ereignisse wird.

Die Ergebnisse der schweizerischen Teilstudie zeigen jedoch auch, dass diese Verschiebungen in der Wahrnehmung und Deutung der Vergangenheit ein widersprüchliches Phänomen darstellen: Auch bei den Angehörigen der jüngeren Generationen werden nationale Erzählungen nicht einfach durch universalisierte ersetzt. Das nationale Narrativ und auch die nationalisierten Werteorientierungen werden vielmehr *aktualisiert*. Neue Motive werden in die traditionelle Struktur durchaus integriert und die universalisierenden Perspektiven werden am Ende doch mit der nationalen in Einklang gebracht. Dies wird vor allem dadurch ermöglicht, dass statt der Helden nunmehr die Opfer in den Vordergrund der Erzählungen rücken. Und damit sind auch und vor allem die *nationalen* Opfer gemeint und keineswegs primär die europäischen Jüdinnen und Juden. Am Ende erscheinen in den Schweizer Gruppendiskussionen zuweilen sogar *alle* als Opfer – selbst die Deutschen. Und die damalige Flüchtlingspolitik der Schweiz kann als bedauerliche Abweichung von einer insgesamt gültigen humanitären Grundhaltung interpretiert werden.

Serbien und Kroatien

Die in Serbien und Kroatien noch frischen Erfahrungen der Zerfallskriege der 1990er Jahre haben nicht nur in ökonomischer und politischer Hinsicht zu fundamentalen Umbrüchen geführt, sondern auch ein Vakuum erzeugt, wenn es um Orientierungsversuche mit Blick auf die Vergangenheit geht. Das gilt insbesondere für die Sicht auf den Zweiten Weltkrieg und damit auch in Bezug auf die Familienmitglieder, die darüber erzählen. Die Zeitzeuginnen und Zeitzeugen liefern hier kaum mehr Erzählungen, an die die jüngeren Generationen eigene Perspektiven anschließen könnten.

Im Vergleich zu den westeuropäischen Ländern ist festzuhalten, dass von *einer* Erinnerungskultur in den Nachfolgegesellschaften Jugoslawiens überhaupt nicht gesprochen werden kann. Neben den verschiedenen konkurrierenden Geschichtserzählungen im Bezug auf den Zweiten Weltkrieg führen vor allem die Erfahrungen des Bürgerkrieges und der darauffolgenden Staatenbildung dazu, dass eine transgenerationelle Verständigung über die Vergangenheit schlechterdings unmöglich geworden zu sein scheint. Eine nationale Basiserzählung, zu der sich die jüngeren Generationen skeptisch, aber weiterhin loyal ins Verhältnis setzen können, gibt es hier nicht mehr. Die Erfahrungen und Deutungen der Augenzeugengeneration sind angesichts der real veränderten Geschichte für die Identifikations- und Orientierungsbedürfnisse der jüngeren Generation unbrauchbar geworden.

Im Vergleich zu den von uns untersuchten westeuropäischen Ländern liegt der wohl wichtigste Unterschied in den intergenerationellen Aushandlungen von Kriegserzählungen wohl in der Tatsache, dass die Enkel die Erzählungen der Großeltern mit ihren *eigenen Kriegserfahrungen* abgleichen. Daraus ergibt sich in generationeller Perspektive eine ganz entscheidende Veränderung. An die Stelle des sozialistischen Helden tritt eine andere Figur: derjenige, der sich durchzuschlagen weiß, der politisch opportunistische Überlebenskünstler, der dezidiert nichts Heldenhaftes hat, aber dafür clever und verschlagen ist. Zuweilen geht diese Umkehrung der Deutungen sogar so weit, dass die Partisanen als brutale Kriminelle geschildert werden, während es als bewundernswert gelten kann, wie man die Kommunisten ausgetrickst hat.

Umgekehrt hat sich das Bild von den deutschen Soldaten im Zweiten Weltkrieg weit von den alten Feindbildern entfernt. Die Erinnerungen an deutsche Gewaltverbrechen scheinen ihre Wirkungskraft weitgehend verloren zu haben und dementsprechend auch die Polarisierung von Kollaboration und Widerstand. Kollaboration kann, im Einklang mit dem Bild vom cleveren Überlebenskünstler, als individuelle Überlebensstrategie gedeutet werden, die moralisch keinesfalls fragwürdig ist.

Universalismus und Identität

In den westeuropäischen Interviews und besonders in den Gruppendiskussionen verbinden viele der jüngeren Interviewten ihre Sicht auf die Vergangenheit mit Reflexionen über Antirassismus und Toleranz, Menschenrechte, aktuelle Massengewalt und Völkermorde. Oft geschieht das im Zusammenhang anthropologisierender Überlegungen zu Krieg und Gewalt (»Menschen sind immer so gewesen«). *Universalisierung* und *Anthropologisierung* sind zwei durchgängig zu beobachtende Deutungsmuster; zugleich werden national spezifische Verhaltensmuster und Haltungen in das universalistische Narrativ eingeschrieben, sodass ein universalistisches Geschichtsbewusstsein im selben Augenblick auch ein nationalistisches sein kann. Diese Dialektik könnte auf der sozialpsychologischen Ebene allerdings folgenreich für die Möglichkeiten einer europäischen Integration sein.

Eine weitere wichtige Beobachtung in diesem Zusammenhang gilt der grenzüberschreitenden Bedeutung von Medien der Erinnerung. Das Wissen und die Deutungsmuster über den Zweiten Weltkrieg und insbesondere über den Holocaust werden heute maßgeblich von Filmen und Büchern geprägt, die als Medien einer globalisierten, zumindest aber europäisierten Erinnerung bezeichnet werden können. Herausragende Beispiele hierfür sind »Das Tagebuch der Anne Frank« und der Film »Schindlers Liste«. Nicht nur, dass diese Medien in allen westeuropäischen Ländern von den meisten Interviewten gekannt und zitiert werden, auch knüpfen sich ähnlich konturierte Deutungsmuster daran – neben den bereits erwähnten Viktimisierungsdiskursen etwa die Überzeugung, dass das Beispiel Oskar Schindler doch zeige, dass es unter Deutschen auch Retter gegeben habe. Dieses Gegengewicht zu dem Feindbild »der Deutschen«, das für die nationalen Basiserzählungen nach 1945 konstitutiv war, war für die Etablierung der engen politischen und wirtschaftlichen und nicht zuletzt militärischen Verbindungen zu Deutschland im Rahmen der EU und der NATO von elementarer Bedeutung. Die gleichen Medien stellen heute aber auch Elemente einer sich entwickelnden »Holocaustpädagogik« dar, deren Ziel die Etablierung einer »Menschenrechtserziehung« im europäischen Maßstab ist.[34] Hier lässt sich zeigen, dass medial vermittelte Geschichtsbilder und Geschichtswissen Sinnressourcen darstellen, die unterschiedlichen soziokulturellen und politischen Kontexten angepasst werden können. Auf der privaten bzw. familiären Ebene spiegeln sich diese Aushandlungs- und Transformationsprozesse historischer Sinnbildung stets wider; sie sind aber zugleich Kommunikationsgelegenheiten, an denen nicht passförmige und aus der öffentlichen Erinnerung ausgeschlossene Geschichten und Deutungen gepflegt werden können.

Zusammenfassend lässt sich sagen, dass sich in Norwegen, Dänemark und den Niederlanden gleichermaßen das Bild abzeichnet, dass hier nach wie vor deutlich das Bedürfnis nach familiären »Konsenserzählungen« besteht. Kinder und Enkel erinnern und deuten die Erzählungen der Kriegsgeneration in einer Weise, die ihnen Loyalität und Identifikation ermöglicht.[35] Anders als in Deutschland geschieht dies jedoch in den ehemals besetzten Ländern vor dem Hintergrund einer positiven und zuweilen heroisierenden Geschichtsschreibung der Besatzungszeit. Die Widerstandsmythen der traditionellen Basiserzählung werden im öffentlichen Diskurs zwar infrage gestellt, dennoch werden in den Familien vor allem die mit dem Widerstand verbundenen Topoi und Charaktere mehr als alle anderen weitergereicht. Der Unterschied zu einer kumulativen Heroisierung, wie sie das Geschichtsbewusstsein der Enkelgeneration in Deutschland kennzeichnet, besteht jedoch darin, dass die Jüngeren die Geschichten mit aktualisierten Deutungen versehen, die weniger auf die Darstellung von Patriotismus und Heldentum als auf die von moralischer Integrität unter allen Umständen abzielen.

Besonders auffällig im Vergleich mit den deutschen Enkelinterviews, aber auch mit den serbischen und kroatischen, ist, dass die niederländischen, norwegischen und dänischen Enkel ihre Bilder von der Vergangenheit viel weniger aus den Versatzstücken der Familiengeschichten zusammenstellen, sondern sich vielmehr auf die medialen und offiziellen Geschichtsdarstellungen beziehen. Das ist insofern sehr interessant, als die private Tradierung hier nicht so eine große Rolle zu spielen scheint wie in Deutschland, was wiederum einen Hinweis darauf gibt, dass es für die durch eine möglicherweise problematische Familienvergangenheit weniger »gefährdeten« holländischen oder skandinavischen Enkel gar keine Notwendigkeit gibt, den guten Opa mit der bösen Vergangenheit in eine friedliche Koexistenz zu bringen. Die Enkel und Urenkel der Tätergesellschaft stehen da im Vergleich vor anderen Problemen ihrer Identitätsbildung und vor anderen Loyalitätsverpflichtungen gegenüber ihren Vorfahren. Einfacher gesagt: Wo eigens herausgearbeitet und betont werden muss, dass Opa kein Nazi war, hat man es schwerer mit der Vergangenheit als in Ländern, wo ganz selbstverständlich vorausgesetzt wird, dass alle Opas keine Nazis sein konnten.

In diesen Ländern ermöglicht die andere historische Lage weiterhin positive Bezugnahmen der dritten Generation auf die Basiserzählungen und Geschichtsdeutungen der ersten Generation. Daneben spielen gesellschaftliche Kontinuität und soziale Stabilität in diesen Ländern eine wichtige Rolle dafür, dass der Bezug auf Demokratie, Toleranz und Menschenrechte auch weiterhin eine Grundlage für die Aktualisierung nationaler Selbstbilder bietet. Diese unterschiedlichen

Angebote der historischen Sinnbildung können somit verhandelt oder selektiv genutzt werden, ohne dass dies zu einer Desintegration nationaler Geschichtserzählungen und -deutungen führt. Auf andere nationale Besonderheiten in den Modi, in denen sich die jüngeren Generationen Geschichtsbilder und -deutungen aneignen, und ihren Zusammenhang mit der jeweils nationalen Geschichtspolitik kann hier nicht näher eingegangen werden – das bleibt den länderspezifischen Darstellungen, die noch erscheinen werden, vorbehalten.

In einer Hinsicht zeigt der Ländervergleich jedenfalls einen relativ einheitlichen Befund: Antisemitische Deutungsmuster sind keineswegs verschwunden, sondern zeigen auf der subtileren Ebene des gemeinsamen Gesprächs noch mehr Präsenz als in den regelmäßigen Umfragen, die meist auf antisemitische Einstellungsmuster in einem Verbreitungsniveau von etwa 20 Prozent stoßen. In unserem Material zeigt sich kaum manifester Antisemitismus, wohl aber die Tradierung von antisemitischen Perspektiven auf die Vergangenheit, etwa dann, wenn in einer Schweizer Gruppendiskussion eigentlich weder die Deutschen noch die Schweizer grundlegend Verwerfliches getan haben, die Juden aber chronisch ein Problem darstellen. Von der Latenz antisemitischer Stereotype war bereits in der deutschen Studie die Rede, die sich etwa dann zeigt, wenn Juden als »reich« und »gerissen« angesehen oder Personen in NS-Kategorien als »Vierteljuden« bezeichnet werden. Negative Charakterisierungen von Juden kommen in den jetzt untersuchten Ländern vor allem dann vor, wenn es um Vergleiche mit der Gegenwart geht – und da wird geradezu allenthalben Empörung darüber geäußert, wie die Israelis sich im Nahostkonflikt verhielten – mindestens so schlimm nämlich wie die Nazis, mit dem Unterschied freilich, dass sie es ja vor dem Hintergrund ihrer Geschichte eigentlich besser wissen müssten. Dieser sekundäre Antisemitismus ist übrigens nicht nur auf der privaten Ebene der Familiengespräche und in den Gruppendiskussionen anzutreffen, sondern, etwa in Norwegen, auch auf der Ebene öffentlicher Äußerungen: wenn der Philosoph und Bestseller-Autor Jostein Gaarder mitteilt, dass Israel nach dem Krieg mit der Hisbollah sein »Existenzrecht«

verloren habe, oder das linksliberale »Dagbladet« eine Karikatur druckt, die den israelischen Ministerpräsidenten Olmert in SS-Uniform vor einer Mauer zeigt, auf der »Arbeit macht frei« steht.
Die Verbreitung von latenten und manifesten antisemitischen Orientierungen in den untersuchten Ländern hat uns überrascht und wird noch Gegenstand weiterer Auswertungen und Veröffentlichungen sein; was dieser gemeinsame Nenner einer europäischen Erinnerung politisch mittelfristig bedeutet, darüber kann man zum gegenwärtigen Zeitpunkt nur spekulieren. Wir sehen hierin den beunruhigendsten Aspekt unserer Untersuchung.

Die Universalisierungen in der Sinnbildung wiederum korrespondieren mit einem Wandel nationaler Selbstverständnisse und Selbstpositionierungen in einer globalisierten Welt. Hier ist zum einen zu fragen, ob es sich bei den Bedeutungsverschiebungen im Hinblick auf die Besatzungsgeschichte um Phänomene der De- oder vielleicht auch der Re-Nationalisierung handelt. Die Orientierung an den Menschenrechten beispielsweise, die insbesondere bei den Angehörigen der dritten Generation eine häufig genannte »Lehre« aus der Geschichte darstellt, gehört längst zur Rhetorik *nationaler* Außenpolitik. So löst sich das Nationale keineswegs auf oder wird gar obsolet, es wird jeweils in Wechselwirkung mit universalistischen Perspektiven neu formuliert. Zum »guten« Schweizer, Dänen, Norweger oder Holländer wird man aus der Sicht der Nachfolgegenerationen dann, wenn man sich schon damals an Idealen von Gleichheit, Toleranz und Menschenwürde orientierte – und für die Kinder und Enkel ist es nicht schwer, an Familiengeschichten anzuknüpfen, die ihre Großeltern in diesem modernen Licht leuchten lassen.
Von diesem Befund weichen die Ergebnisse aus den beiden einbezogenen südosteuropäischen Ländern Serbien und Kroatien allerdings deutlich ab. Der eklatanteste Unterschied zu den untersuchten westeuropäischen Gesellschaften besteht offenbar darin, dass die Gleichzeitigkeit von bestehender Wirksamkeit und Geltung der nationalen Basiserzählungen und zum Teil weitreichenden Neu- und Umdeutungen durch die jüngeren Generationen hier nicht gegeben ist. In diesen

Ländern haben der Krieg und die Erfahrung des gesellschaftlichen Zusammenbruchs sowie die damit einhergehende Delegitimierung der sozialistischen Basiserzählung nicht nur zu einem Verlust der damit verbundenen normativen Orientierungen geführt, sondern auch zu einer Entwertung der Erinnerungen und Geschichtsdeutungen der Zeitzeugengeneration. Von einer normativen Überhöhung »guter Serben« oder »guter Kroaten«, die sich eben durch ihre Haltung gegenüber den deutschen Besatzern als solche definieren, kann hier nicht die Rede sein. Dieser Unterschied ist nicht nur im Vergleich zu Norwegen, Dänemark, Holland und der Schweiz signifikant, sondern auch im Vergleich zur Bundesrepublik. In Serbien und Kroatien scheinen nicht nur die tradierten Deutungsrahmen obsolet geworden zu sein, sondern darüber hinaus bislang auch keine neuen kollektiven Deutungsangebote wirksam zu werden. Während das Archiv der öffentlichen Erinnerungskultur und der familiär tradierten Erzählungen in den westeuropäischen Ländern seitens der jüngeren Generation nur einer Neudeutung und -verhandlung vor einem stabilen normativen Hintergrund unterzogen wird, scheint es in Serbien und Kroatien für das Orientierungsbedürfnis der jüngeren Generation unbrauchbar geworden zu sein.

Besonders dieser Befund verweist darauf, wie eng öffentliche und private Bezugnahmen auf jeweilige Vergangenheiten an die jeweiligen Gegenwarten gebunden sind. In Staaten, in denen sich noch keine stabilen zivilgesellschaftlichen Perspektiven gebildet haben, in denen die Staatsbildung selbst noch ein rezenter Vorgang ist und in denen kurz- und mittelfristige ökonomische Konsolidierungsbedürfnisse im Zentrum des Wünschens und der Aufmerksamkeiten stehen, kann man mit einer Geschichte nichts anfangen, die im Zerfall geendet ist.

Insofern kann eine vergleichende Tradierungsforschung, und das ist für uns ein überraschendes Ergebnis, Indikatoren für die Stabilität der Identifizierungen von Menschen mit ihren Gesellschaften bereitstellen. Während die deutschen Enkel mit privater List gute Omas und Opas erfinden, um sich der negativen Identitätszumutung zu erwehren, die das Wissen um die nationalsozialistischen Verbrechen und den Holocaust impliziert, haben die jungen Serbinnen und Serben

ebenso wie die jungen Kroatinnen und Kroaten Probleme, Vergangenheit als Identitätsressource zu nutzen.
Demgegenüber können die identitätssicheren jungen Befragten aus der Schweiz, aus Norwegen, Dänemark und den Niederlanden problematische Aspekte ihrer Nationalgeschichte gerade deswegen problemlos integrieren, weil ihnen ihre Identität als Schweizer, Norweger, Däne oder Holländer keine Fragen aufwirft.

Am Ende des Projekts zur vergleichenden Tradierungsforschung steht also noch deutlicher als am Schluss der deutschen Studie der Befund, dass Bezugnahmen auf Vergangenheiten Bedürfnissen der Identitätsbildung folgen. Individuen, so zeigt sich auch hier, müssen ihre jeweils auch generationell spezifischen Identitätsbedürfnisse in einem sozialen Raum realisieren, der vom Kreis der eigenen Angehörigen, von Gruppen und Erinnerungsgemeinschaften unterschiedlichster Art, von Medien und schließlich auch von der offiziellen Erinnerungskultur jener Gesellschaft bestimmt wird, deren Mitglied sie sind. Dabei zeigt sich, dass solche Identitätsbedürfnisse leichter oder schwieriger zu befriedigen sind, je nachdem, welche Probleme die jeweiligen Gesellschaften mit ihrer Geschichte haben. Daher die riesige Diskrepanz zwischen öffentlicher und privater Erinnerung in Deutschland, daher auch die erinnerungskulturelle Obdachlosigkeit in Serbien und Kroatien.

Anmerkungen

1 Gefördert von der Hamburger Stiftung zur Förderung von Wissenschaft und Kultur und von der Volkswagenstiftung, denen wir hiermit herzlich danken.

2 Es sind insgesamt 104 Familien im Rahmen von Einzelinterviews und Familiengesprächen interviewt sowie insgesamt 33 Gruppendiskussionen durchgeführt worden (minimal 20 Familien bzw. vier Gruppendiskussionen je einbezogenem Land; in einigen Fällen wurde wegen regionaler Besonderheiten zusätzlich erhoben; Details siehe Jensen). Alle Namen von Interviewten sind Pseudonyme.

3 Harald Welzer/Sabine Moller/Karoline Tschuggnall, »Opa war kein Nazi«. Nationalsozialismus und Holocaust im Familiengedächtnis, Frankfurt/M. 2002.

4 Eric J. Hobsbawm/Terence Ranger (Hg.), The Invention of Tradition, Cambridge 1983; Florian Fiedler, Bildersturm in Osteuropa. Die Denkmäler der kommunistischen Ära im Umbruch, München 1995.

5 Daniel Levy/Natan Sznaider, Memory Unbound. The Holocaust and the Formation of Cosmopolitan Memory, in: European Journal of Social Theory, 5 (1), 2002 S. 87–106.

6 Die Selbstzuschreibung von Opfererfahrungen scheint einen entscheidenden Legitimierungsvorteil in politischen, besonders in zwischenstaatlichen Aushandlungsprozessen zu bieten.

7 Levy/Sznaider, Memory unbound [wie Anm. 5].

8 Ulrich Beck/Edgar Grande, Kosmopolitisches Europa, Frankfurt/M. 2004.

9 Viola Georgi, Entliehene Vergangenheit. Geschichtsbilder junger Migranten in Deutschland, Hamburg 2003.

10 Maurice Halbwachs, Das kollektive Gedächtnis. Frankfurt/M.1985; ders: Das Gedächtnis und seine sozialen Bedingungen. Frankfurt/M.1985.

11 Harald Welzer (Hg.), Das kommunikative Gedächtnis. Eine Theorie der Erinnerung. München 2005.

12 Vgl. Kenneth Gergen, Erzählung, moralische Identität und historisches Bewußtsein, in: J. Straub (Hg.), Erzählung, Identität und historisches Bewußtsein. Frankfurt/M. 1998, S. 170–202; Hans-J. Markowitsch/Harald Welzer, Das autobiographische Gedächtnis. Hirnorganische Grundlagen und biosoziale Entwicklung, Stuttgart 2005.

13 Aleida Assmann, Kollektives Gedächtnis und kulturelle Identität, in: J. Assmann/T. Hölscher (Hg.), Kultur und Gedächtnis, Frankfurt/M. 1988, S. 9–19.

14 Ebd. S. 12.

15 John Borland, Graffiti, Paraden und Alltagskultur in Nordirland, in: H. Welzer (Hg.), Das soziale Gedächtnis, Hamburg 2001, S. 276–295; Moshe Zimmermann, Mythen der Verfolgung im israelischen Alltag, in: H. Welzer (Hg.). Das soziale Gedächtnis. Geschichte, Erinnerung, Tradierung, Hamburg 2001, S. 296–320.

16 Angela Keppler, Tischgespräche. Frankfurt/M, 1994; Welzer (Hg.), Das soziale Gedächtnis [wie Anm. 15]; Welzer, Moller, Tschuggnall [wie Anm. 3].

17 Jerome S. Bruner, Sinn, Kultur und Ich-Identität. Zur Kulturpsychologie des Sinns. Heidelberg 1997; Harald Welzer, Über Engramme und Exogramme. Die Sozialität des autobiographischen Gedächtnisses, in: H. Welzer & H. J. Markowitsch (Hg.), Warum Menschen sich erinnern können. Fortschritte der interdisziplinären Gedächtnisforschung, Stuttgart 2006, S. 111–128.

18 Hier sind zunächst nationale Geschichtsschreibungen zu nennen, aber auch andere soziale, z.B. religiöse, politische Gruppen verfügen über zum Teil eigene Geschichtsbilder und -mythen, diese sind jedoch in der Regel wiederum mit nationalen Vergangenheitskonstruktionen verschränkt.

19 Vgl. Claudia Lenz/Sabine Moller, Die Gegenwart in der Vergangenheit: Gruppendiskussionen über den Zweiten Weltkrieg und den Holocaust in (Ost-)Deutschland und Norwegen, in: Psychologie & Gesellschaftskritik, Heft 2006–2.

20 Anne Eriksen, Det var noe annet under krigen, Oslo 1995; Claus Bryld/Annette Warring, Besættelsestiden som kollektiv erindring. Historie og traditionsforvalting af krig og besættelse 1945–1997, Kopenhagen u. Roskilde 1998.

21 Bryld/Warring, Besættelsestiden [wie Anm. 20], S. 55.

22 Ebd.

23 Anne Eriksen, Historie, Minne og Myte, Oslo 1999, insbes. S. 14f. und 94f.

24 Ebd.

25 Monika Flacke, (Hg.) Mythen der Nationen. Berlin 2004, S. 8.

26 Vgl. zum Einfluss der Erinnerung an den Zweiten Weltkrieg auf Haltungen gegenüber Migration in Dänemark: Mette Zølner, Remembering the Second World

War in Denmark: The Impact of Politics, Ideology and Generation, in: B. Stråth (Hg.), Multiple Europes No. 9, Brüssel, S. 351–373.

27 Eriksen, Det var noe annet [wie Anm. 20], S. 163.

28 Zum dänisch-norwegischen Vergleich siehe auch Claudia Lenz/Isabella Mattauschek, Geschichtspolitik und Erinnerungskultur in Dänemark und Norwegen aus der Perspektive intergenerationeller Tradierung, in: Wissenschaftszentrum Nordrhein-Westfalen/Kulturwissenschaftliches Institut Essen (Hg.) Jahrbuch 2004, Bielefeld 2005; S. 65–78.

29 Der dänische Begriff »indrømmelsespolitik« bedeutet soviel wie Politik des Entgegenkommens bzw. der Überlassung, während »samarbejdspolitik« für Zusammenarbeitspolitik steht.

30 Hæstrup 1983 zit nach: Bryld/Warring, Besættelsestiden [wie Anm.20], S. 53.

31 Bryld/Warring, Besættelsestiden [wie Anm. 20], S. 75–94.

32 Vgl. Ellen Tops, Lebendige Vergangenheit, in: M. Flacke (Hg.) Mythen der Nationen, Berlin 2004, 427–452.

33 Vgl. Berit Reisel/Bjarte Bruland, The Reisel/Bruland report on the confiscation of Jewish property in Norway during World War II: part of Official Norwegian Report 1997.

34 Dies spiegelt sich in der Erklärung des »Stockholm International Forum on the Holocaust« aus dem Jahre 2000 wider, in der konstatiert wird, dass »humanity [is] still scared by genocide, ethnic cleansing, racism, Anti-Semitism and xenophobia, the international community shares a solemn responsibility to fight those evils. (...) We must strengthen the moral commitment of our peoples, and the political commitment of our governments, to ensure that future generations can understand the causes of the Holocaust and reflect upon its consequences.« Vgl. http://www.holocaustforum.gov.se/pdfandforms/deklarat.

35 Dieser Befund gilt, so deuten es die Gruppendiskussionen an, wahrscheinlich auch für die Schweiz. Familiengespräche und Mehrgenerationeninterviews werden erst ab 2007 durchgeführt.

Claudia Lenz

Vom Widerstand zum Weltfrieden

Der Wandel nationaler und familiärer Konsenserzählungen über die Besatzungszeit in Norwegen

Historischer Überblick

Der deutsche Überfall auf Norwegen am 9. April 1940 stellte den Beginn einer fünf Jahre währenden Besatzungsherrschaft dar.[1] Zunächst gab es in allen Teilen Norwegens Kampfhandlungen; in den meisten Teilen des Landes waren die Auseinandersetzungen jedoch nach kurzer Zeit durch die militärische Übermacht der Deutschen entschieden. Nur in Nordwest-Norwegen hielten die Kämpfe bis zur endgültigen norwegischen Kapitulation im Juni 1940 an. König Håkon VII. und die norwegische Regierung flüchteten am 9. April aus Oslo. Die ab Juni 1940 im englischen Exil befindliche Regierung übte entscheidenden Einfluss auf den organisierten Widerstand in Norwegen aus. Zudem wurden unter britischem Oberkommando norwegische Exilstreitkräfte und eine militärische Widerstandsorganisation (Milorg) in Norwegen aufgebaut.

Obwohl Vidkun Quisling, der Führer der norwegischen nationalsozialistischen Partei Nasjonal Samling, schon am Tag des deutschen Überfalls versucht hatte, sich durch einen Staatsstreich an die Macht zu putschen, setzten die Besatzer erst ab September 1940 auf eine nationalsozialistische »Neuordnung«. Quisling wurde im Februar 1942 als norwegischer Regierungschef eingesetzt. Die oberste Herrschaft übten jedoch die Organe des deutschen Reichskommissariats unter der Führung des mit weitreichenden Machtbefugnissen ausgestatteten Josef Terboven aus.[2]

Viele Mitglieder der von der Gleichschaltung betroffenen Organisationen und Verbände widersetzten sich dieser Politik durch massen-

hafte Austritte und Proteste. Die Fortsetzung ihrer Aktivitäten in der Illegalität bildete die Grundlage für die zivilen Widerstandsorganisationen. Der zivile Boykott der Nazifizierung wurde als *Holdningskamp* bezeichnet, was soviel bedeutet wie der Kampf um nationale Selbstbestimmung, aber auch: Kampf um die nationale Gesinnung.[3]
Auch wenn gegen Ende des Krieges die Sabotageaktivitäten zunahmen, hat es in Norwegen doch nie einen eigentlichen Partisanenkampf gegeben. Der Aufbau der Milorg intensivierte sich gegen Ende des Krieges im Hinblick auf eine eventuelle Befreiung durch die Alliierten. Ein wichtiges Datum in diesem Zusammenhang war die Flucht mehrerer Tausend junger Männer, die 1943 zu einem Arbeitsdienst zwangsverpflichtet wurden. Diese Rekrutierung sollte offenkundig dem Aufbau einer norwegischen SS-Division dienen, die an der Ostfront eingesetzt werden sollte. Viele der untergetauchten Jugendlichen schlossen sich der Milorg oder den Exilstreitkräften an.
Zwischen Kollaboration und Widerstand gab es jedoch eine breite Variation von alltäglichen Kontakten zu den Angehörigen der Besatzungsmacht, die gut bezahlende Arbeitgeber und privat einquartierte Nachbarn sein konnten. Die organisierte Widerstandsbewegung gab im Laufe der Besatzungszeit eine Vielzahl von Parolen aus, durch die die Zivilbevölkerung auf den Boykott der Maßnahmen von Besatzungsmacht und norwegischen Nationalsozialisten eingeschworen werden sollte. Tatsächlich waren die Grenzverläufe zwischen notwendigen Arrangements mit den Besatzern und der Kollaboration im Besatzungsalltag jedoch oftmals höchst uneindeutig. Dies muss eine Beschäftigung mit der norwegischen Erinnerungskultur im Blick behalten.
Ein Teil der Finnmark in Nordnorwegen wurde bereits im Oktober 1944 von russischen Truppen befreit. Zuvor war die Bevölkerung der Region evakuiert worden, und die deutschen Truppen hatten auf ihrem »Rückzug der verbrannten Erde« Städte und Dörfer sowie deren Brücken und Straßen zerstört. Die nachrückende russische Armee wurde als Befreier begrüßt. Das übrige Norwegen wurde am Tag der deutschen Kapitulation am 8. Mai 1945 befreit.[4] Zu diesem Zeitpunkt befanden sich etwa 350 000 deutsche Soldaten auf norwegischem Bo-

den. Es dauerte Monate, bis die letzten von ihnen das Land verlassen hatten. Die politische Abrechnung mit den Kollaborateuren war zu diesem Zeitpunkt bereits im Gange, ebenso wie das Ringen um die Definition der Besatzungsgeschichte.

Die Besatzungszeit wird Erinnerung

In der nationalen Geschichtsschreibung stellt die Besatzungszeit einen Ausnahmezustand dar, in dem die kleine und unterlegene Nation sich gegenüber einem übermächtigen äußeren Feind geeint, auf ihre innersten Werte besonnen und in dieser Form symbolisch und moralisch neu erschaffen hat. Dominierend in dieser Geschichtsversion ist die Vorstellung von einer homogenen nationalen Gemeinschaft, die, durch äußere und innere Feinde zusammengeschweißt, eine Einigung und Neuschöpfung über politische und soziale Differenzen hinweg erfuhr. Dies stellte eine wirkungsmächtige Grundlage für den wohlfahrtstaatlichen Konsens der norwegischen Nachkriegsgesellschaft dar. Die Integrationsfähigkeit der Erzählung von der »Nation im Widerstand« umfasste jedoch nicht diejenigen, die als Verräter gebrandmarkt wurden. Wer sich in den Jahren 1940–1945 »unnorwegisch« verhalten hatte, konnte auch nach 1945 kein vollwertiges Mitglied der norwegischen (Erinnerungs-)Gemeinschaft sein. Der Zeit der deutschen Okkupation kam nach 1945 eine Identität stiftende Bedeutung zu. Anne Eriksen geht so weit zu sagen, dass die kollektive Erinnerung an die Besatzungszeit einen »Schöpfungsmythos des modernen Norwegens« darstellt.[5] Die Struktur der kollektiven Erinnerung an die Besatzungszeit besitzt einen zugleich aktuellen und überzeitlichen Charakter, indem sie die Behauptung enthält, dass man während des Krieges verteidigte und aufrechterhielt, was die Norweger »immer schon« waren: freiheitsliebend, naturverbunden und von Grund auf demokratisch. Eriksen bezeichnet diese dominante Version der Erinnerung als Basiserzählung:

»Die kollektive Erinnerung erzählt von einem kleinen, friedlichen Land, das von einem übermächtigen Feind überfallen wurde. Eine schlecht organisierte und zum Teil missglückte militärische Verteidigung wird zum Ausdruck dafür, dass wir ein wenig kriegerisches Volk mit wenig Sinn für militärische Disziplin und Organisation sind – ein moralischer Sieg nach Punkten. Danach begann der eigentliche Krieg, den die Norweger schließlich gewannen: der stumme Widerstand, der *Holdningskamp*, der Kampf um die Symbole. In der Erinnerung hieran werden eine Reihe von Eigenschaften thematisiert, die gerne als ureigenste norwegische hervorgehoben werden – Nüchternheit, der Gleichheitsgedanke, das enge Verhältnis zur Natur, der individuelle Einfallsreichtum und ein etwas barscher Humor. Auf diese Weise wird die kollektive Erinnerung an den Krieg zu einer Erzählung über die Norweger und das, was sie kennzeichnet.«[6]

Die Zutaten dieser »narrativen Rezeptur« finden sich in erstaunlich vielen der Geschichten wieder, die in den 24 interviewten norwegischen Familien[7] weitergegeben und von den unterschiedlichen Generationen jeweils neu interpretiert wurden. Auf einige solche Geschichten werde ich näher eingehen. Überdies möchte ich zeigen, dass die Themen und Deutungsmuster aus dem Archiv der öffentlichen Erinnerungskultur nicht nur überaus langlebig sind, sondern zudem auch sehr flexibel – vor allem im Hinblick auf die aktualisierten Aneignungs- und Umschreibungsweisen durch die jüngeren Generationen.

Trotzdem war und ist die norwegische Erinnerungskultur keine statische Angelegenheit. Sie stellt vielmehr einen Gegenstand permanenter Neuverhandlung dar. Die Geschichtsschreibung und mit ihr die öffentliche Erinnerungskultur geriet in Bewegung, als eine jüngere Generation von Historikerinnen und Historikern Ende der 1960er Jahre begann, die »Basiserzählung« kritisch zu hinterfragen. Formen und Ausmaß der Kollaboration wurden untersucht, das heroische und maskuline Widerstandsverständnis wurde einer Revision unterzogen, vor allem aber wurden verschiedene Gruppen in den Blick genommen, die in der nationalen Erinnerung bis dahin keinen Platz hatten: Die ermordeten norwegischen Juden, die so genannten »Deutschenkinder« und ihre Mütter, die Kinder der Kollaborateure, die nach 1945 unter sozialer Ausgrenzung gelitten hatten.[8] Somit wurde die Geschichtsschreibung facettenreicher, behielt aber über lange Zeit die grundlegende Unterscheidung zwischen »guten Norwegern« und »Verrätern« bei. Diese eine Unterscheidung war von großer Bedeutung für die Anerkennung politischer Autorität, sie trug zur Entstehung gesellschaftlicher Eliten und sozialer Ausschlüsse bei. Gegenwärtig richtet sich das Interesse der Geschichtsdebatten nicht mehr so sehr auf die patriotischen Helden, sondern auch auf die Verliererinnen und Verlierer der Besatzungs- und der Nachkriegszeit.

Heroisierung und Idealisierung im Familiengedächtnis

Die Erzählung von der Nation-im-Widerstand und die durch sie geprägte öffentliche Erinnerungskultur boten nach 1945 für die Mehrheit der Norwegerinnen und Norweger die Möglichkeit, sich mit ihren individuellen Geschichten und Erinnerungen auf die Seite der »guten Norweger« zu stellen. Gerade durch die Aufladung des Alltags mit der Bedeutung des »holdningskampen« war es prinzipiell möglich, beinahe jeder Geschichte aus der Besatzungszeit eine widerständige Bedeutung zu geben. Die Angehörigen der Kinder- und Enkelgeneration, die diese dominierende Version der Besatzungsgeschichte in der Schule gelernt und sich über Medien angeeignet hat, konnten, so sollte man meinen, über lange Zeit hinweg ihre eigenen Eltern und Großeltern zu Heldinnen und Helden stilisieren. Die Frage ist also, ob eine derartige Heroisierung tatsächlich in den untersuchten norwegischen Familien vorzufinden ist.

Im Anschluss daran wäre zu untersuchen, ob diese Heroisierungstendenzen ebenso wie in der deutschen Untersuchung[9] kumulativen Charakter haben, also ob die Geschichten der Vorfahren von Generation zu Generation abenteuerlicher und vor allem: bedeutungsvoller werden. Taugen Omas und Opas Geschichten aus der Besatzungszeit dazu, den Enkeln eine sichere Orientierung im Hinblick auf ihre Identität und ihre Werte zu geben? Eine wichtige Frage im Hinblick auf das Zusammenspiel öffentlicher und privater Erinnerungskultur rich-

tet sich also darauf, ob und wie die allmähliche Differenzierung des Geschichtsbildes, die Wahrnehmung der aus der »Konsenserzählung«[10] ausgeschlossenen Gruppen und die Infragestellung der polarisierten Logik der »Jøssinger«[11] und »Quislinger« sich auf die innerfamiliäre Kommunikation auswirken. Stellen die Angehörigen der zweiten und dritten Generation kritischere Fragen, distanzieren sich die Jüngeren vielleicht sogar von den »abgekauten« Heldengeschichten ihrer Altvorderen? Und wie wirken sich die Strategien, sich auf der »richtigen Seite« zu positionieren, auf die familiäre Kommunikation insgesamt aus? Gibt es in allen »Jøssinger«-Familien eine Fülle tradierter Widerstandsgeschichten, während die Familien, die kollaboriert haben, verschweigen und verdrängen? Und wenn dem nicht so ist, welche anderen Faktoren regulieren dann die Generierung von Besatzungsgeschichten in norwegischen Familien? Anhand einiger Familien soll im Folgenden dargestellt werden, ob norwegische Enkel ihre Großeltern heroisieren und ob dies davon abhängt, dass Geschichten von der richtigen Seite erzählt werden können.
In Norwegen gab es, zumindest in den nördlichen Teilen des Landes, bis zum Juni 1940 Kampfhandlungen. Für die norwegische Erinnerungskultur bedeutet das zum einen, dass es *überhaupt* Geschichten von militärischem Heldenmut geben kann. Zum anderen mussten jedoch die hoffnungslose militärische Unterlegenheit und die rasche Niederlage verarbeitet werden. Dies mag erklären, warum der Milorg und ihren Veteranen in der öffentlichen Erinnerung eine so hohe Bedeutung zukam, und warum diejenigen, die im April 1940 Angehörige der regulären Streitkräfte waren, in der Erinnerung oftmals einfach »dem Widerstand« zugerechnet wurden – obwohl der Schritt von der militärischen Landesverteidigung zum Widerstand alles andere als selbstverständlich war.[12]

In der Familie Karlsen steht solch ein »Kriegsheld« im Zentrum der familiären Erinnerung. Hier wurden drei Frauen interviewt: Siri Karlsen, geb. 1911, Margarethe Rognes, geb. 1948, sowie Grete Stensrud, geb. 1974. Siri lebte zum Zeitpunkt des deutschen Überfalls in einer Gegend nordöstlich von Oslo, wo es im April 1940 zu schweren

Kämpfen zwischen deutschen und norwegischen Truppen kam. Diese Tatsache spielt für die familiären Erinnerungen an die Besatzungszeit eine entscheidende Rolle, denn der Bruder bzw. Vater und Großvater der drei interviewten Frauen, Ole, hat im April 1940 als Soldat an den Kämpfen gegen die deutschen Invasoren teilgenommen. Er hat seine Erlebnisse aus dieser Zeit in den 1980er Jahren niedergeschrieben und in einem Buch zur Lokalgeschichte veröffentlicht. Kurz vor seinem Tod hat er seine Enkel auf eine Tour zu den Schauplätzen seiner Kriegserlebnisse mitgenommen. Oles Geschichte stellt das organisierende Zentrum der familiären Erinnerung an die Besatzungszeit schlechthin dar, und die Angehörigen aller drei Generationen knüpfen jeweils zentrale Elemente ihrer Werteorientierung daran.

Für Siri Karlsen stellt die Tatsache, dass ihre Brüder im April 1940 »draußen im Krieg« waren, das zentrale Ereignis ihrer Erinnerungen an die Besatzungszeit dar. Die Eingangssequenz des Interviews handelt von der Situation, in der die Familie aus dem Radio vom deutschen Überfall erfahren hat und die Brüder in den Kampf gezogen sind. Für Siri bildet diese Erzählung den Rahmen, in dem sie ihre eigene patriotische Haltung beschreiben kann: Kurz nachdem die Brüder weggewesen seien, wären deutsche Soldaten auf ihrem Hof aufgetaucht und hätten in der Nähe Quartier bezogen. Ihre Mutter habe diesen Soldaten zu essen geben wollen, Siri jedoch habe durchgesetzt, dass »die von uns kein Essen [bekommen]« (NF6Z Karlsen, 7) – was man hatte, sei für die kämpfenden Brüder gewesen. In Siri Karlsens Erzählung sind die Brüder diejenigen, die aktiv für das Vaterland kämpften, sie selbst war deren Unterstützerin. In dieser Positionierung spiegelt sich die geschlechtsspezifische Ordnung der Basiserzählung wider: Jede und jeder musste das Land an seinem oder ihrem Platz gegen die Deutschen verteidigen – die Männer auf dem Schlachtfeld, die Frauen auf dem heimischen Hof.

Auch bei Margarethe Rognes nimmt der Kriegseinsatz ihres Vaters einen zentralen Stellenwert im Interview ein. Ihre Wiedergabe der Ereignisse ist detaillierter als diejenige von Siri, hier wird die Beteiligung an den Kämpfen im April 1940 jedoch nicht mit »dem Widerstand« als solchem gleichgesetzt. Stattdessen führt sie aus, dass Ole später nicht an Widerstandsaktivitäten teilgenommen habe, und präsentiert sogleich eine Erklärung dafür: Die Kriegserlebnisse hätten auf ihn wohl eine so nachhaltige Schockwirkung ausgeübt, dass er nicht mehr an aktiven Kämpfen teilgenommen habe.

Margarethe Rognes: »Er wollte ja gerne weiter für Norwegen kämpfen, aber er tat es wohl auf seine etwas ruhigere Art.«[13]

Das Zitat zeigt, dass Oles Verhalten für Margarethe Rognes auch ohne aktiven Widerstandseinsatz konsequent seine patriotische Haltung widerspiegelt. Aus der Tatsache, für sein Land gekämpft zu haben, bezieht der Vater die Glaubwürdigkeit als Patriot. Margarethe leitet aus der Kriegsteilnahme ihres Vaters jedoch eine noch weiter reichende moralische Autorität ab. Sie spricht über die »Lehren«, die sich an die Kriegserlebnisse knüpfen:

Margarethe Rognes: »Was die Deutschen angeht, so haben wir immer [gehört], dass das nette Menschen sind, die die gleichen Bedürfnisse haben wie wir. Aber er hatte große Angst vor Machtmenschen. (Pause) Demokratie bedeutete, dass alle zu Wort kamen.«[14]

In dieser Aussage sind zwei unterschiedliche Elemente miteinander verknüpft. Zum einen wird das Feindbild der Deutschen, das in der ersten Generation noch wirksam ist, hier in das genaue Gegenteil gewendet, indem rhetorisch aus Feinden »Menschen« mit den gleichen, menschlichen Bedürfnissen werden. Im Anschluss daran wird die Wertschätzung von Demokratie und Meinungsfreiheit betont. Für die Angehörige der zweiten Generation besteht die Schlussfolgerung aus den Erfahrungen des Vaters darin, dass nicht »die Deutschen« eine Gefahr darstellen, sondern »Machtmenschen«. Auf diese Weise fallen die in der Familie tradierten Werte, mit denen sich Margarethe verbunden fühlt, mit denjenigen zusammen, von denen die öffentliche Vermittlung der Besatzungsgeschichte handelt.
Im Interview mit Enkelin Grete Stensrud nimmt Oles Geschichte den bei weitem größten Raum ein. In einem langen Monolog gibt sie detailliert den Verlauf der Kriegsereignisse und Kampfhandlungen wieder. Ihre eigene Haltung gegenüber dem Erzählten bringt Grete erst dann auf den Punkt, als es darum geht, dass der Großvater deutsche

Soldaten aus nächster Nähe erschossen hat. Diese Tatsache, so Grete, könne sie nur schwer mit dem Bild ihres »lieben Opas« vereinbaren. Das Dilemma löst Grete schließlich dahingehend auf, dass er selbst eigentlich nur ein Werkzeug irgendwelcher Kriegsstrategen und im Grunde dazu bestimmt gewesen sei, geopfert zu werden:

Grete Stensrud: »Es zeigte sich ja nach und nach, oder Opa begriff mit der Zeit, als er im Nachhinein darüber nachdachte, dass diese jungen Männer vom Lande, die keine Ahnung hatten, irgendwie nur Kanonenfutter waren.«[15]

Den Gedanken, dass Ole als Kanonenfutter eingesetzt worden sei, wiederholt Grete noch einmal im Familiengespräch. Durch diese Deutung wird der Großvater entlastet, darüber hinaus kommt aber auch eine generelle skeptische Haltung gegenüber dem Krieg zum Ausdruck: Die einfachen Soldaten dienen, egal auf welcher Seite, stets nur als Kanonenfutter. Solche pazifistischen Schlussfolgerungen sind bei den Angehörigen der dritten Generation häufiger anzutreffen. Darauf komme ich später noch einmal zurück.
Jede der drei Frauen versieht Oles Geschichte mit einer Bedeutung, die zugleich persönliche Wertorientierungen zum Ausdruck bringt, ein familiäres Einverständnis stiftet und mit der nationalen Basiserzählung im Einklang steht. Aber selbst wenn Ole als Kriegsheld der Familie Karlsen dasteht, handelt es sich bei den Deutungen weniger um eine *Heroisierung* als eine *Idealisierung*. Margarethe und Grete konstruieren keinen Heros, der sein Land mit der Waffe gegen eine feindliche Besatzungsmacht verteidigt, sondern einen moralisch integren Menschen, um ihr Bedürfnis nach Identifikation und Sinnstiftung zu finden – um den Preis allerdings, dass die politische Dimension des deutschen Überfalls und der Besatzungsherrschaft dabei in den Hintergrund treten.

Der weitaus größte Anteil aller in den interviewten norwegischen Familien erzählten Geschichten handelt in irgendeiner Weise vom Widerstand.[16] Ob explizit organisiert oder nicht. Aber auch Alltagsgeschichten eignen sich, Vorfahren einen zugleich patriotischen und moralischen Vorbildcharakter zu verleihen. So wird die Geschichte in der

Familie Knutsen tradiert, die in der Gegend von Trondheim lebt. Auch hier wurden drei Frauen interviewt, Gry, geb. 1933, Anita, geb. 1961, und Mari, geb. 1988. Die familiäre Schlüsselerzählung spielt am Kriegsende und handelt von einem deutschen Soldaten, der in der Familie um Essen bat. Gry Knutsen erzählt:

Gry Knutsen: »Und dann klopfte es an unserer Tür als wir beim Mittagessen saßen und wir sagten: ›Herein‹. Und dann stand da ein Deutscher und nahm seine Mütze ab und hielt sie vor der Brust und bat um Entschuldigung, dass er stören würde, aber er wollte gern wissen, ob wir etwas zu Essen hätten, das wir mit ihm teilen könnten. Und ich sah zu Vater und sah, dass er mit den Zähnen knirschte. Und weißt du, was er machte? Er stand auf und dann sagte er ›Bitte nehmen Sie Platz‹ [deutsch i. O]. Er überließ dem Mann seinen Platz und der aß zu Mittag mit uns. [Pause 6. Sek.] Das war ein phantastisches Erlebnis. [Die Interviewte weint] Er war ein Mitmensch. Trotz allem, was er erlebt hatte im . . . während des Krieges.«[17]

Der narrative Kunstgriff, durch den diese Geschichte so hervorragend familiäre und nationale Konsenserzählung zu verbinden vermag, ist folgender: *Eigentlich* war der Vater gegen die Deutschen eingestellt und besaß dennoch die menschliche Größe, dem deutschen Soldaten seinen Platz am Mittagstisch anzubieten. Hieraus wird eine allgemeine zwischenmenschliche Qualität abgeleitet, die den familiären Wertekonsens begründet. Tochter Anita interpretiert diese Erzählung in einer veränderten, ihrer Generation entsprechenden Art und Weise. Nachdem sie den Inhalt der Geschichte wiedergegeben hat, fährt sie fort:

Anita Knutsen: »Wir haben darüber gesprochen, wann der Deutschenhass nachließ, und dass/ und dass man in den 60er Jahren alle als gleich betrachtete, egal ob sie Deutsche, französisch oder Juden waren, oder hell oder dunkelhäutig oder so. Das nehme ich so wahr/ habe ich in den 60er Jahren nicht so wahrgenommen, dass wir irgendwie rassistisch auf irgendwelche Weise also waren. Dass alle Menschen gleich viel wert waren.«[18]

Wie bereits in der Familie Karlsen, so ist die Handlung auch bei der Familie Knutsen eigentlich gar nicht dazu geeignet, die Hauptpersonen der Erzählung zu Helden zu stilisieren. Dennoch herrscht unter den Angehörigen Einigkeit darüber, dass die Geschichten auch heute noch erzählenswert und bedeutsam sind. Der familiäre Deutungskonsens konstituiert sich vor allem darüber, dass die Hauptpersonen als moralisch integere und patriotische Personen erscheinen. Damit wird die eigene Familie innerhalb des akzeptierten Rahmens der nationalen Erzählung von den »guten Norwegern« positioniert. Die tradierten Geschichten werden zu Scharnierstellen zwischen nationaler und familiärer Konsenserzählung. Dass sie zudem noch so deutungsoffen sind, dass jede Generation sie gemäß ihrer je spezifischen Orientierungs- und Sinnbedürfnisse interpretieren kann, macht solche Geschichten zu einer kostbaren Ressource des Geschichtsbewusstseins.

Geschichten von der »anderen Seite«: Die meisten Geschichten, die in den norwegischen Familien weitererzählt werden, sind »Geschichten von der richtigen Seite«. Allerdings gibt es auch eine Reihe von Familien, in denen diese Eindeutigkeit entweder nicht so leicht oder gar nicht herzustellen ist: Entweder gab es unter den Familienmitgliedern die »Gestreiften«, die zwar nicht offen kollaboriert haben, sich aber doch opportunistisch verhielten, oder solche, die im Krieg auf der »falschen Seite« standen. Die Basiserzählung erweist sich auch hier als unumgängliche Bezugsgröße, sowohl was die (Selbst-)Deutungen der Großeltern betrifft als auch die Art und Weise, wie die Jüngeren sie aufgreifen. Im Extremfall kann dies dazu führen, dass regelrechte historische »Gegenerzählungen« existieren, die oftmals kontrafaktischen Charakter haben. So taucht z. B. im Zusammenhang mit der Verurteilung des Großvaters als Landesverräter nach 1945 in der Familie Lønne folgende Spekulation auf: »Wenn die Deutschen den Krieg gewonnen hätten, dann würden wir heute nicht als Verräter dastehen.« Dieses Deutungsmuster erlaubt es Kindern und Enkeln, ihre Eltern oder Großeltern nicht als überzeugte Nazis, sondern als Opfer – der Geschichtspolitik in der Nachkriegsgesellschaft zu sehen.
In der Familie Lønne waren beide Großeltern, Inger, geb. 1920, und Gry, geb. 1927, überzeugte Quisling-Anhänger – und sind es bis heute. Ihrer Selbstdeutung zufolge waren sie im Krieg die wahrhaften Patrioten und sind die eigentlichen Verlierer des Krieges. Während Tochter Elin, geb. 1952, kritische Distanz zu ihren Eltern einnimmt

und ihre Position im Grunde als einen Erkenntnisvorteil auch gegenüber den Mythen der offiziellen Besatzungsgeschichte betrachtet, hat der fünfzehnjährige Enkel Daniel deutlich damit zu kämpfen, die Geschichtsversion, die in seinen Schulbüchern steht, mit derjenigen zu vereinbaren, die ihm seine Großeltern vermitteln. Für ihn ist sein Großvater aber am Ende doch ein Vorbild, weil er für seine Ideale zu kämpfen bereit war. Auf die Frage, was Daniel von seinen Großeltern über die Besatzungszeit wisse, führt er aus, dass Deutschland deren Ansicht nach nur den Engländern »zuvorgekommen« sei, bzw. auf deren Verletzung der norwegischen Neutralität reagiert habe. Dass er sich diese Sicht zu eigen gemacht, zeigt die folgende Passage:

Daniel Lønne: »Man sieht ja dass in (Pause) anderen Ländern Krieg ist. Das kann ja am Ende zu einem dritten Weltkrieg führen. [Leise] (Pause) Ja, man muss solchen Sachen gegenüber ja Position beziehen. [mhh] Ja, Opa zum Beispiel, er hat für das gekäm/gekämpft, woran er glaubte. Das finde ich ja gut.«[19]

Im Anschluss an diese Passage führt Daniel als Beispiel für solch einen Konflikt, zu dem man Position beziehen muss, den Nahostkonflikt an, wo die Juden die Palästinenser vertrieben hätten und daraus »nur Krawall« entstanden sei. Auf diese Art von Bezugnahmen auf den Nahostkonflikt werde ich später noch einmal zu sprechen kommen.

In der Familie Lønne, die aus der nationalen Erinnerungsgemeinschaft gewissermaßen ausgeschlossen ist, kommt Enkel Daniel nicht darum herum, dass seine Großeltern nach wie vor überzeugte Quisling-Anhänger sind. Aber er sieht in ihnen Idealisten, deren legitime Motive von der Nachkriegsgesellschaft verkannt worden sind. Von einer Beteiligung an oder auch nur Zustimmung zu den Verbrechen der Nazis, insbesondere von jeglichen antisemitischen Haltungen, spricht er sie jedoch vehement frei.

Daniel Lønne: »Viele wussten nichts beispielsweise vom Holocaust oder der Judenverfolgung oder so. Selbst wenn (Pause) ihnen/ ihnen/ ihnen gefiel die Idee, dass ein starkes Europa heranwachsen würde, auf das man stolz sein konnte. Ich glaube nicht, dass sie die Juden weg haben wollten/ alle, die in der NS waren und/ Viele von denen kamen ja gut mit den Juden aus und/ es gibt ja keinen speziellen Judenhass, meiner Ansicht nach.«[20]

Daniel Lønne vollzieht somit zwei Operationen, um den Großvater zu entlasten. Zum einen streicht er heraus, dass dieser Gründe und Ideale gehabt habe, die auch aus heutiger Sicht legitim erscheinen können, im Hinblick auf den Antisemitismus jedoch führt er Unwissenheit ins Feld und streicht persönliches »gutes Auskommen« mit den Juden heraus. Das Ergebnis: »Opa war zwar ein Nazi – aber kein richtiger.«[21]

Andere Familien, in denen es unter den Verwandten aktive Nationalsozialisten gab, sind nach dem Krieg zerbrochen, und die Kommunikation zwischen den Generationen ist nicht nur in Bezug auf die Besatzungszeit abgebrochen.[22]

Bis hierher konnte zum einen gezeigt werden, dass die nationale Basiserzählung auch familiäre Erinnerungen nachhaltig prägt. Zum anderen wurde deutlich, dass Erinnerungen an die Besatzungszeit nach wie vor eine Ressource des Geschichtsbewusstseins darstellen, aus der die Angehörigen der verschiedenen Generationen Sinnbildungs- und Deutungsmuster ableiten. Deutlich wurde auch, dass es – je nach Generation – unterschiedliche Interpretationen gibt. Hierauf werde ich noch näher eingehen. Zunächst bleibe ich bei dem Verhältnis zwischen öffentlichen und privaten Erinnerungen. Diese beiden Dimensionen der Erinnerungskultur verhalten sich nämlich durchaus nicht widerspruchslos zueinander, und die hegemoniale nationale Erzählung determiniert die privaten Geschichten keinesfalls hundertprozentig. Zu den augenfälligen Brüchen zwischen beiden Dimensionen gehört das Deutschenbild.

Der »gebrochene Spiegel« – Private und öffentliche Erinnerungskultur

In einer Erinnerungskultur, die vom Bild der im Widerstand geeinten Nation geprägt ist, stellt das Feindbild, die Repräsentation der »Anderen«, einen zentralen Bestandteil dar. Gegen den Feind musste sich das nationale »Wir« behaupten, durch ihn wurde die Nation geradezu gezwungen, die Fundamente ihres Selbstverständnisses und ihrer Werte neu zu konstituieren. In Norwegen ist dieses Feindbild in gewisser Weise gedoppelt, da neben den deutschen Invasoren ja auch die norwegischen Kollaborateure das Ziel verfolgten, Norwegen in ein großgermanisches Reich einzugliedern. Ich werde in diesem Beitrag nur darauf eingehen, welches Deutschenbild in den Interviews zum Vorschein gekommen ist. Bezüglich der Kollaboration sei nur angemerkt, dass dieses Thema eben darum so heikel ist, weil es sich bei den »Quislingen«, Profiteuren und übrigen Helfershelfern der Besatzungsmacht ja um *innere* Feinde handelt. Mit Norwegerinnen und Norwegern, denen vorgeworfen wurde, »unnorwegisch« gehandelt zu haben, musste die Gesellschaft nach 1945 weiterleben – und diese mussten in der Gesellschaft weiterleben. Mit den Deutschen verhält es sich im Prinzip leichter als mit den Kollaborateuren: Ihre Invasion markiert den Beginn der »dunklen Klammer« in der Geschichtsschreibung; ihre Niederlage und ihr baldiges Verschwinden aus dem Land deren Ende.

Feinde wie du und ich – das Deutschenbild: In der Figur der feindlichen Invasoren ist die Erinnerung an historische Tatsachen aufbewahrt: die Unterdrückung, der Terror und die Zerstörungen in Norwegen, für die die deutschen Invasoren verantwortlich waren. Das Feindbild ist gleichzeitig aber auch der Hintergrund, vor dem die Erzählung von der nationalen Einigung und vom geschlossenen Widerstand des norwegischen Volkes ihren Sinn erhalten, also ebenjene mythische Überhöhung der Besatzungszeit, von der Anne Eriksen spricht.[23] Nun zeichnete sich die Besatzungssituation in Norwegen jedoch durch eine spezifische Ambivalenz gegenüber den Besatzern aus. Neben der Ablehnung und dem Widerstand der Bevölkerung gab es eine Vielzahl von Begegnungen, Kontakten und Verbindungen mit Angehörigen der Besatzungsmacht, die in dem tradierten Feindbild nicht aufgehen. Es ist also interessant, ob und in welcher Form diese »privaten« Begegnungen mit der Besatzungsmacht in den Familien tradiert werden.

Über die Deutschen wird in den Interviews mehr als 600mal gesprochen. Dabei lassen sich im Wesentlichen zwei Arten des Sprechens unterscheiden: Zum einen gibt es die Rede von »den Deutschen« im Sinne des oben beschriebenen Feindbildes und zum anderen die Rede von einzelnen Deutschen als Individuen, zu denen man während der Besatzungszeit in Kontakt gekommen ist. Betrachtet man die Darstellung der Deutschen in der Erlebnisliteratur und den Kinofilmen[24] der ersten Nachkriegsjahrzehnte, dann drängt sich zuweilen der Eindruck auf, als seien die deutschen Besatzungssoldaten eher düstere und gesichtslose Bewohner eines anderen Planeten denn Angehörige eines Landes gewesen, das Norwegen historisch und kulturell nahestand.[25] Dieser anonymen und Distanz herstellenden Repräsentation der Besatzer in der öffentlichen Erinnerungskultur entspricht die Rede von »den Deutschen« (»Tyskere«) in den Interviews.

Neben diesem anonymen Feindbild gibt es jedoch das andere, private Sprechen über die Deutschen. Wenn konkrete Deutsche im »Familienalbum« auftauchen, ändert sich häufig nicht nur die Wortwahl, sondern auch die Perspektive. Hier treten Deutsche im Singular auf und werden durch bestimmte Attribute individualisiert: »Den tyske vakten« (der deutsche Wachposten) oder »den enkelte tyske soldaten« (der einfache deutsche Soldat).[26] Wenn aus dem anonymen Feind konkrete Personen werden, ist häufig zu hören, dass es sich bei den Wehrmachtssoldaten doch im Wesentlichen um »ganz nette Jungs« gehandelt habe. Sie seien höflich und anständig und nicht zuletzt auch ziemlich gut aussehend und attraktiv gewesen. Ein immer wiederkehrendes Deutungsmuster im Zusammenhang mit den »einfachen Wehrmachtssoldaten« lautet, dass diese »Jungs« doch auch nicht freiwillig nach Norwegen gekommen seien, sondern gezwungenermaßen. Die implizite Antwort auf die Frage, von wem sie denn gezwungen wurden, lautet: von den Nazis. Es wird implizit eine Unterscheidung zwischen »einfachen Deutschen« und »Nazis« getroffen. Letztlich scheinen die Attribute, die mit der Kollektivbezeichnung »Tyskere« verbunden sind, nur für sehr wenige der konkreten Besatzungssoldaten zuzutreffen, von denen erzählt wird.

Hiermit korrespondiert auch ein Erklärungsmuster für den Nationalsozialismus, das sich über die Generationen hinweg aufrechterhalten hat: Die »einfachen Deutschen« waren ein verführtes Volk, dessen

Angehörige vielleicht nur »zufällig« zu Besatzern oder zu Tätern wurden.[27]

Gisle Nordhaug: »(...) dass viele von den Deutschen, die da waren und das Häftlingslager da betrieben haben irgendwie/ die waren ... äh ... also die waren sozusagen da, um ihren Job zu verrichten, sozusagen, *die waren geschickt worden, um das zu machen,* also die waren nicht/ das waren sozusagen nicht die schlimmen Menschen, von denen man die ganze Zeit hört und liest, das waren normale Menschen wie alle anderen, möchte ich sagen, mit denen man reden konnte und all sowas. Sie waren sozusagen/ also das war vielleicht mehr oder weniger zufällig (...).«[28]

Diese verschiedenen Aspekte des Deutschenbildes in den Interviews spiegeln somit die Ambivalenz der norwegischen Erinnerungskultur wider: Zum einen das Bild des anonymen Feindes, der gleichbedeutend mit »den Nazis« ist, zum anderen jenes der konkreten »einfachen« deutschen Besatzungssoldaten, die als Repräsentanten eines Volkes betrachtet wurden, das selbst Opfer ebendieser »der Nazis« war. Hierzu gehört auch die Repräsentation der attraktiven, ja begehrenswerten jungen Männer, die über Jahre hinweg einen Bestandteil des norwegischen Besatzungsalltags darstellten. Bemerkenswert ist, dass diese Aspekte gewissermaßen in zweierlei Sprachmodi in Erscheinung treten und auch ansonsten zumeist unverbunden nebeneinander stehen.

Die 1912 geborene Anni Ness spricht auf die Eingangsfrage des Interviewers nach ihren Erinnerungen an die Besatzungszeit als erstes über ihr Verhältnis zu den deutschen Soldaten:

Anni Ness: »Aber wir wohnten ja/ hatten ja die Deutschen gleich auf der anderen Straßenseite, nicht wahr, ... aber wir haben ja viel Schlimmes gesehen ... aber da hatten wir ja einige, die zu uns nach Hause kamen, zu Besuch. Und wir nahmen sie ja auch auf und wir konnten ja nicht wütend auf die sein. [lacht] Denn das waren ja junge, gut aussehende Jungs, und die waren ja so/ die konnten ja nichts dafür, dass sie im Krieg waren. Die wurden ja nur/ Das war ja wie bei uns [unv.], es gab ja niemanden, der/ also es war ja nur/ Die Anführer sind die Schlimmsten, aber nicht diese jungen Männer. Die wurden ja bloß herausgejagt, und die nahmen wir auf und waren nett zu ihnen. Und die waren nett zu uns.«[29]

Dieses positiv besetzte Bild von den deutschen Soldaten wurde auch an die jüngeren Generationen der Familie Ness weitergegeben. Bente Hjort, die 1944 geboren wurde, also keine eigenen Erinnerungen an den Krieg hat, berichtet:

Bente Hjort: »Das einzige, was meine Schwester mir erzählt hat, war, dass sie von den deutschen Soldaten Bonbons bekommen haben. Die haben die den Kindern gegeben. Das gehörte zum Bild dazu. Das erinnern sie dann vom Alltag.«[30]

An mehreren Stellen thematisiert Anni Ness die deutschen Soldaten als Opfer: »Es gab ja viele arme Deutsche die wurden/ die starben. Und die wurden ja zur Erschießung geschickt. Ach, ich finde, das war so furchtbar.«[31] Angesichts der Tatsache, dass die über 300 000 im Land befindlichen deutschen Soldaten nach der Kapitulation 1945 eben nicht »abgeführt und erschossen« wurden, sondern gemäß den Genfer Konventionen behandelt wurden, handelt es sich hier in Anni Ness' Erinnerungskonstruktion um eine »Wechselrahmung«: Die Deutschen werden als *Opfer* der Art von Kriegsverbrechen erinnert, die sie an den russischen Kriegsgefangenen begangen haben.
Angesichts dieses Ausmaßes von Deutschenfreundlichkeit in einem Gespräch über die Besatzungszeit scheint sich für Anni Ness die Frage aufzudrängen, auf welcher Seite sie seinerzeit eigentlich gestanden hat. Hier greift sie zu einem interessanten Deutungsmuster, um sich selbst von »den Nazis« abzugrenzen und zugleich den »Jøssingern« die Schuld für die Probleme zuzuweisen, die es während der Besatzungszeit mit den Deutschen gab:

Anni Ness: »Wenn es so gewesen wär, dass wir solche Nazis gewesen wären, dann wäre das wohl etwas anderes gewesen, aber das waren wir ja nicht. Wir haben das irgendwann so hingenommen, wie es lief. Und es war ja schrecklich, denn wir hatten ja wenig zu Essen/ so war es ja/ ansonsten hatten wir keine Probleme mit den Deutschen. Nicht in dem Dorf, wo wir wohnten. Aber es gab ja viele Orte, wo sie Probleme hatten. Aber ich weiß nicht, es ist ja so, wenn Leute so hasserfüllt sind und so kann es sich zeigen, dass sie sich selbst ganz viel kaputt machen (Pause) So waren wir jedenfalls nicht.«[32]

Anni Ness verwendet hier die Unterscheidung zwischen *politischen* und *unpolitischen* Sympathien – denjenigen der Nazis und ihren eigenen. Erstgenannte scheinen für sie problematisch zu sein. Eben diese Trennung von politischer Unterstützung und privaten Kontakten zu den Deutschen wurde jedoch von der Widerstandsbewegung während des Krieges und in der öffentlichen Erinnerung an den »Holdningskamp« gerade ausgeschlossen.

Für Enkel Eivind Gilhus stellt dieser Widerspruch zwischen den Erzählungen der Großmutter und der Basiserzählung kein Problem dar, im Gegenteil. Er nimmt in seinem Interview eine kritische Haltung gegenüber dem Schwarz-weiß-Denken ein, das kennzeichnend für die Erinnerungskultur sei, und betont, dass es für seine Großmutter »wohl die ganze Zeit vor allem darum [ging], dass Menschen Menschen sind«.[33] Ob es seinerzeit als unpatriotisch galt, deutsche Soldaten zu bewirten, interessiert ihn nicht. Die Unterscheidung zwischen »Deutschen« und »Nazis«, die sich in den öffentlichen Darstellungen durchgesetzt hat, scheint in der öffentlichen wie privaten Erinnerung ein probates Mittel zu sein, um zu einem versöhnlichen Deutschenbild zu gelangen, ohne die Bedeutung des nationalen Widerstandskampfes zu schmälern.[34] Dennoch bleibt das Bild der »hässlichen Deutschen« in den Medien des kulturellen Gedächtnisses weiterhin präsent. Für das Bild des »begehrenswerten Feindes«, in den sich junge Norwegerinnen verliebt haben, obwohl oder gerade weil er eine deutsche Uniform trug, besteht im öffentlichen Erinnern nach wie vor kein Raum.

Die verschiedenen Aspekte dieses ambivalenten Deutschenbilds spiegeln sich in den Interviews mit den norwegischen Familien in teilweise schillernder Form wider, was zuweilen zu Ungereimtheiten in der Positionierung der eigenen Familienmitglieder führt: Die Geschichten von Begegnungen mit »netten und höflichen Soldaten« und das Verständnis, das ihnen entgegengebracht wird, will manchmal nicht dazu passen, dass man stets gegen »die Deutschen« gewesen sein will. Von den Angehörigen der jüngeren Generationen wird diese Ambivalenz oftmals in jener Rhetorik der *Menschlichkeit* aufgelöst, die wir bei Margarethe Karlsen und Eivind Gilhus kennengelernt haben. Damit verschiebt sich der Fokus weg von der nationalisierten und politisierten zu einer personalisierenden und privatisierten Sichtweise auf die Angehörigen der ehemaligen Besatzungsmacht – aus Feinden werden menschliche Einzelschicksale.

Öffentlich debattiert, privat verschwiegen? Das Schicksal der »Deutschenmädchen«

Das Deutschenbild hat sich also von einem Feindbild hin zum Bild der »menschlichen Soldaten« gewandelt, die nicht selten mit Attributen ausgestattet sind, die sie attraktiv und begehrenswert erscheinen lassen. Man sollte also annehmen, dass sich auch das Bild der norwegischen Frauen geändert hat, die während der Besatzungsjahre Beziehungen mit diesen Soldaten eingegangen sind. Während des Krieges gehörten solche Beziehungen vielerorts zum Alltag, andererseits widersprachen sie der Freund/Feind-Logik, und die Frauen wurden als Verräterinnen und »Tyskertøser« (Deutschenhuren) diffamiert. Waren sie während des Krieges zumindest in der Öffentlichkeit durch die Nähe zu den Repräsentanten der Besatzungsmacht noch vor Übergriffen geschützt, so wurden sie nach der Befreiung, wie in den meisten anderen befreiten Ländern auch, öffentlich beschimpft, gedemütigt (z. B. durch das öffentliche Abschneiden der Haare). Der Hass richtete sich aber auch gegen die Kinder, die aus diesen Beziehungen hervorgegangen sind. Galten sie der NS-Rassenideologie noch als »rassisch wertvoll«, wurden sie nun sogar behördlicherseits als »Deutschenbastarde« und potentielle »Fünfte Kolonne« Deutschlands betrachtet.[35]

Die Deutschenmädchen wurden in der norwegischen Nachkriegsgesellschaft zu Objekten der Selbstvergewisserung: Die Festlegung, dass sexuelle Kontakte von Norwegerinnen mit den Besatzungssoldaten eine, wenn nicht die verwerflichste Form des Landesverrats überhaupt darstellten, bot für die übrige Bevölkerung die Möglichkeit, sich selbst auf der richtigen Seite zu positionieren.[36] Hierfür bietet das Material der vorliegenden Untersuchung eine Reihe von eindrücklichen Belegen.

Wenden wir uns zunächst noch einmal der Familie Knutsen aus Trondheim zu. Für Großmutter Gry wurde ihr Vater zu einem Vorbild der Mitmenschlichkeit, als er einem deutschen Soldaten einen Platz am Mittagstisch anbot. Als die Interviewerin danach fragt, wie die Deutschenmädchen in der lokalen Bevölkerung angesehen waren, betont Gry zunächst, wie furchtbar es für die *Eltern* solcher Mädchen gewesen sein müsse, wenn die Tochter sich mit einem deutschen Soldaten eingelassen habe. Sie räumt allerdings ein, dass es unter ihnen durchaus »flotte Kerle« gegeben habe:

Gry Knutsen: »Ja vom Aussehen her und (..) im Grunde höflich. Also die Mädchen in H. weißt du, die waren so ein Umwerben ja gar nicht gewohnt, ich weiß ja, dass sie Geschenke bekamen.«[37]

Auch hier gibt es also ein gewisses Verständnis dafür, dass sich die Mädchen verlieben konnten. Dies wird aber sofort wieder zurückgenommen, indem eine Frau beschrieben wird, die damals »Kaputta« genannt wurde:

Gry Knutsen: »Die sah vielleicht aus. Sie hatte rote Haare und das war so eine Dauerwelle, so dass sie in die Luft standen und dann hatte sie einen »Hurendutt«. (...) Und dann waren da mehr oder weniger schlechte Zähne, und dann benutzten sie Wachs und setzten das in ihre Zähne ein. Sie war eine von denen.«[38]

In der Beschreibung der offenbar sozial deklassierten »Kaputta« werden die Beziehungen zu den deutschen Soldaten dann doch in den Bereich des moralisch Anrüchigen gerückt. Dass sich an der Verachtung der Interviewpartnerin gegenüber diesen Frauen auch knapp 60 Jahre nach Kriegsende nicht viel geändert hat, wird um so deutlicher, als Gry Knutsen wenig später davon berichtet, dass sie als Zwölfjährige zusammen mit ihren Schulkameraden daran teilgenommen hat, den Deutschenmädchen in ihrem Ort die Haare zu scheren:

Gry Knutsen: »Und ich (..) war dabei, meine ganze Klasse war dabei, wir hatten ein Transparent, wir hatten ein Transparent gemacht, als der Krieg zu Ende war. Und darauf stand: »Hier werden Huren geschoren«, und wir schnitten ihnen die Haare ab. Die hatten lange blonde Haare und nachdem wir sie ihnen abgeschnitten hatten, hängten wir sie an das Transparent. Wir waren/ wir schnitten sie dermaßen, dass sie ganz glatzköpfig waren.«[39]

Im Familiengespräch fragt die Interviewerin Tochter und Enkelin, ob sie von dieser Episode bereits gehört hätten, was jedoch nicht der Fall ist. Das Scheren der Deutschenmädchen steht im deutlichen Kontrast zum familiär tradierten Wert der Mitmenschlichkeit. Dennoch gilt die Empörung, die diese Erzählung bei Tochter Anita hervorruft, nur den *Schimpfworten*, die die Großmutter als Zwölfjährige in den Mund genommen hat.[40] Enkelin Grete hingegen erklärt sich die Übergriffe gegen die Deutschenmädchen als einen Ausdruck der Eifersucht norwegischer Männer[41] und rückt das Erzählte somit von der eigenen Großmutter weg. Der eigentliche Widerspruch zur familiären Konsenserzählung wird nicht thematisiert.

Wesentlich prekärer ist dieses Thema selbstverständlich in den Familien, in denen deutsch-norwegische Liebesverhältnisse vorgekommen sind – womöglich mit Nachwuchs. In zwei der befragten Familien dominierte dieses Thema die Interviews. In der Familie Arildsen hatte Großmutter Stine eine Liebesbeziehung mit einem österreichischen Soldaten, von dem sie 1942 eine Tochter, Beate, bekam. Nach dem Krieg brach der Kontakt zwischen den beiden ab und Stine heiratete bald darauf einen Norweger. Sie und ihr jüngerer Sohn Kjell beschreiben die Tabuisierung des Themas in der Familie. Beate selbst und ihre Geschwister hätten von ihrer Herkunft erst durch die Hänseleien ihrer Mitschüler erfahren. Anders reagiert Enkelin Elin Paulsen. Sie schwärmt davon, dass der Soldat, der vor über sechzig Jahren im Leben der Großmutter aufgetaucht war und zwei, drei Jahre später verschwand, »die große Liebe« der Großmutter gewesen sei:

Elin Paulsen: »Das war die große Liebe, das war es! Und sie sagte dann ja immer zu Mama ›und das Resultat bist du‹, also das ist ziemlich (lacht) also ich glaube das mit Opa [meint den späteren Mann ihrer Großmutter], das ist/ das ist mehr so eine (Pause) Ehe um zu/ die mochten sich ja, so ist es ja nicht, aber das war nicht die große Liebe, so wie ich es verstanden habe.«[42]

Diese Deutung ist typisch für die Angehörigen der Enkelgeneration: Aus Elins Sicht resultierte das Schweigen, mit dem das Thema in der Familie belegt war, eher daraus, dass der spätere Ehemann der Großmutter eifersüchtig gewesen sei, als aus dem Stigma des natio-

nalen Verrats. Damit weicht die Politisierung der deutsch-norwegischen Liebesbeziehungen einer Romantisierung.
Mit den Deutschenmädchen und ihren Kindern haben wir das Feld der blinden Flecken oder auch Leerstellen innerhalb der norwegischen Basiserzählung betreten. Einer der am nachhaltigsten aus der offiziellen Geschichtsschreibung und der öffentlichen Erinnerungskultur ausgeblendeten Aspekte der Besatzungsgeschichte ist die Verfolgung und Ermordung der norwegischen Juden im Herbst 1942. Im Folgenden soll beleuchtet werden, in welcher Weise die Angehörigen der verschiedenen Generationen dieses Thema erinnern und deuten.

Eine sprechende Leerstelle: Judenverfolgung und Holocaust

Die Deportation der norwegischen Juden stellt eines der dunklen Kapitel der Besatzungsgeschichte und einen der blinden Flecken der öffentlichen Erinnerung dar. Die Registrierung der etwa 2000 Jüdinnen und Juden inklusive ihres Besitzes durch die norwegischen Behörden sowie der im Januar 1942 eingeführte »J-Stempel« in alle ihre Pässe bereiteten die im Herbst 1942 stattfindenden Verhaftungs- und Deportationswellen vor. Zunächst wurden – in Regie der norwegischen Behörden – im Oktober alle männlichen Juden im Alter von 15 bis 65 Jahren verhaftet, Ende November dann auch jüdische Frauen und Kinder. Nach kurzer Internierung, z. T. im Lager Falstad bei Trondheim, z. T. im Lager Berg bei Tønsberg sowie in Oslo, wurden 770 Jüdinnen und Juden auf deutschen Schiffen zunächst nach Stettin und dann nach Auschwitz deportiert, wo die meisten von ihnen sofort ermordet wurden. Nur 30 der Deportierten überlebten den Krieg. Etwa 1000 Personen konnten nach Schweden fliehen, etwa 60 überlebten als Internierte im Lager Berg, und rund 100 tauchten in Norwegen unter und überlebten in privaten Verstecken.[43]
In der offiziellen Geschichtsschreibung spielte das Thema Judenverfolgung in den ersten Nachkriegsjahrzehnten so gut wie keine Rolle. Wenn die Deportationen überhaupt thematisiert wurden, dann zumeist

im Zusammenhang mit der Rolle der Milorg bei der Rettung. Die aktive Beteiligung der norwegischen Behörden hingegen geriet in Vergessenheit. Tendenziell wurde das Schicksal der norwegischen Juden unter die Geschichte der *norwegischen Opfer*, beispielsweise in den deutschen Konzentrationslagern, subsumiert. So blieb es bis weit in die 1990er Jahre hinein. Ein Beispiel hierfür ist die Dramaturgie der Studienreisen der »Hvite Busser til Auschwitz« (»Weiße Busse nach Auschwitz«), mit denen Tausende von Schülerinnen seit Anfang der 1990er Jahre nach Polen gereist sind. Hier hatten Berichte der als Zeitzeugen mitreisenden Widerstandsveteranen stets einen festen Platz im Programm, die Ermordung der norwegischen Juden hingegen nicht. »Auschwitz« wurde als Chiffre für das universelle Böse thematisiert, sein Bezug zur norwegischen Besatzungsgeschichte blieb ausgeblendet. Der Holocaust wurde unter dem Zeichen des »Nie wieder« an universelle Ziele der Demokratie- und Menschenrechtserziehung geknüpft und war auf diese Weise ohne weiteres mit der nationalen Basiserzählung vereinbar.

Diese Ausblendung der (Mit-)Täterschaft von Norwegern ließ sich nicht mehr aufrechterhalten, als eine vom Parlament eingesetzte Kommission 1996/97 den Verbleib des enteigneten Eigentums der norwegischen Juden untersuchte und die Verstrickung sowohl offizieller norwegischer Stellen als auch norwegischer Privatleute ans Licht brachte.[44] Die damit einhergehenden öffentlichen Debatten stellten eine der bis dahin heftigsten Erschütterungen des nationalen Erinnerungskonsenses dar. Neben der Entschädigungsfrage wurde nämlich die Frage unumgänglich, ob das Schicksal der norwegischen Juden auf einen nicht eingestandenen Antisemitismus verweist. Waren sie die »Anderen« der norwegischen Nation, für die man sich nicht zuständig fühlte und denen Widerstand und Holdningskamp nicht gegolten hatten? Die Befunde in den befragten norwegischen Familien scheinen diesen Eindruck zu bestätigen.

In beinahe allen Interviews wird das Thema Judenverfolgung und Holocaust erst auf Nachfrage der InterviewerInnen angeschnitten. Zu diesem Thema tauchen nur sehr wenige Geschichten in den Interviews auf. Oftmals werden sie nur von der ersten Generation erzählt und nicht tradiert. Von den 18 erzählten Geschichten haben drei Viertel zudem einen rudimentären Charakter. Vieles spricht dafür, dass das Thema sich nicht in das ansonsten makellose Bild der Besatzungsgeschichte fügt. Das Ende der Aufzählung Stig Grandes, nämlich die Aussage, die Menschen, von denen er erzählt hat, seien irgendwann »einfach verschwunden«, ist typisch für eine Vielzahl von Äußerungen zu diesem Thema, vor allem in der Zeitzeugengeneration. Dieses »einfach verschwinden«, aber auch die oberflächliche Art des Erzählens ist kennzeichnend für die meisten Geschichten, die von der norwegischen Judenverfolgung handeln. Diese Geschichten besitzen nicht die Qualität wie die weiter oben besprochenen »Heroisierungs«- oder »Idealisierungs«-Geschichten, in denen familiäre und nationale Wertekonsense gleichermaßen weitergereicht und neu verhandelt werden. Worum geht es, wenn von der norwegischen Judenverfolgung gesprochen wird? Wie be- und verhandeln die Angehörigen der unterschiedlichen Generationen dieses heikle Thema der nationalen Erinnerung in den Familien?

Das häufigste Motiv im Sprechen über die Judenverfolgung – sowohl bei denjenigen, die keinen Kontakt zu Juden hatten, als auch bei denen, die Kontakt hatten – ist die Unwissenheit über das Ausmaß und die Vernichtungsabsicht der Judenverfolgung. Eine Variante dieses Motivs findet sich bei Astrid Andersen. Sie berichtet im Interview, dass sie in ihrer Schulzeit, die zum Teil noch in die Kriegszeit fiel, zwar etwas über die deutschen Kriegsverbrechen in Polen, nicht aber von der Judenverfolgung gehört habe. Von Auschwitz habe sie erst nach dem Krieg erfahren. Die Judenverfolgung in Norwegen wird von ihr gar nicht angesprochen.[45] Aber nicht nur die mangelnden Informationen, sondern auch die Tatsache, dass man so sehr »mit sich selbst« beschäftigt gewesen sei, ist eine häufig wiederkehrende Erklärung für das scheinbar unbemerkte und einfach hingenommene Verschwinden der norwegischen Juden. Folgende Passage aus dem Interview mit Gry Knutsen ist kennzeichnend für die Haltung der meisten Angehörigen ihrer Generation:

Gry Knutsen: »Woran ich denke, es gab einen Palek, ist ganz wichtig in/ und er war... er war ein guter Bekannter von einem meiner Onkel. Und wir kauften in seinem Geschäft ein. Und dann bekam ich mit, dass er verhaftet worden war und seine Familie.

Interviewerin: Er hatte ein Geschäft in Trondheim«

Gry Knutsen: »Hier in Trondheim, ja. Es gab ja in H. nicht so besonders viele Geschäfte, weißt du. Wie es, wie es hier gab. Also fuhren wir in die Stadt um zu versuchen, ein paar Sachen zu bekommen. Aber es war schwierig, Kleidung und so was zu bekommen.«[46]

Zwar gibt es persönliche Erinnerungen, die mit der Judenverfolgung in Verbindung stehen, allerdings verweilt die Sprecherin nicht dabei, sondern nutzt ein geeignetes Stichwort, um über den eigenen Alltag und die alltäglichen Kriegserfahrungen zu sprechen. Nach dieser Passage taucht das Thema Judenverfolgung nicht wieder auf. Dieser Wechsel von der Judenverfolgung zu den »eigenen Problemen« findet sich häufiger in den norwegischen Interviews. Das Deutungsmuster, wonach man mit sich selbst zu tun gehabt habe, verweist darauf, dass die norwegischen Juden als Fremde und nicht als Angehörige der bedrohten nationalen Gemeinschaft betrachtet wurden und werden. In der nationalen Notsituation, so die mitschwingende Rechtfertigung, habe man sich eben nicht auch noch um das Schicksal dieser Außenstehenden kümmern können. Da es bei der Äußerung dieses Desinteresses zumeist bleibt, sind Äußerungen, in denen den Juden Attribute zugeschrieben werden, die diese Fremdheit begründen, eher selten. In den Fällen, wo Erklärungen für diesen Ausschluss der Juden versucht werden, schwingen z. T. deutliche antisemitische Haltungen mit. Ein Beispiel dafür ist die folgende Aussage eines Angehörigen der zweiten Generation:

Finn Solstad: »Woran ich mich am besten erinnere, seit ich sozusagen begonnen habe, jedenfalls als Junge, das war sozusagen, ich glaube die Leute waren am meisten damit beschäftigt, wie sie selbst klarkommen sollten. Das war das große/ und du wusstest das natürlich, dass die Judenverfolgung und solche Dinge passiert waren, nicht wahr. Aber wir wussten sehr wenig darüber, was diese Juden getrieben haben, nicht wahr, vielleicht war das etwas, das – also so habe ich das damals aufgefasst – vielleicht war das ein Volksschlag, der nicht so gut war (..).«[47]

So offen wie in diesem Interview werden negative Bewertungen der norwegischen Juden allerdings sonst nicht formuliert. Häufiger hingegen finden sich die üblichen Stereotypisierungen. Juden als Händler oder Geschäftsleute, die Neid auf sich gezogen hätten. Stets wird dies in einer so verallgemeinerten Weise formuliert, dass der Sprecher oder die Sprecherin sich davon distanziert. Dennoch bleibt als Deutungsmuster festzustellen, dass »die Juden« von »den Norwegern« beneidet wurden und nicht dem »Wir« der norwegischen Nation zugerechnet werden.

Eine andere Melodie antisemitischer Untertöne findet sich in den Gegenwartsbezügen, die sich in einer Vielzahl von Interviews an das Gespräch über die Judenverfolgung anschließen. Wie das Thema »Nahostkonflikt«. Kåre Nybol zieht eine recht typische Verbindungslinie:

Kåre Nybol: »Und dann war es ja auch so, dass die Juden ihrerseits auch nicht ganz in Ordnung waren, sozusagen. Das mit dem Zionismus und den feindseligen Haltungen gegenüber den Palästinensern und den Arabern war ja auch schon im Krieg ein bekanntes Phänomen. Wofür es in Norwegen auch nicht nur Begeisterung und Applaus gab. Damals. Also die Juden waren im Grunde nicht ganz in Ordnung. In/ in gewisser Weise, aber ohne dass es da ein/ ein Gefühl gab, dass man das bestrafen müsste oder dass man ihnen etwas besonders Schlimmes antun müsste, das Gefühl hatte ich nie.«[48]

Zuweilen wird im Lichte des Nahostkonflikts die Opferposition der Juden im Holocaust relativiert. So formuliert z. B. Trine Hansen, eine Angehörige der zweiten Generation, dass »wir trotz alldem mit den sechs Millionen Juden nicht alles akzeptieren können, was da unten in Nahost passiert« (NF16FG Hansen 78). Die Grenzen zwischen den verfolgten norwegischen Juden, den gegenwärtigen Repräsentanten israelischer Politik und »den Juden« überhaupt sind in manchen Fällen fließend. Die implizite Gleichsetzung aller Juden zu allen historischen Zeiten und die damit verbundene Umkehrung von Opfern zu Tätern wiederum sind deutliche Indikatoren antisemitischer Deutungsmuster.

Aber nicht nur der Nahost-Konflikt stellt einen aktuellen Referenzpunkt dar, sondern auch der Irakkrieg. Auf ihn wird in den Interviews am häufigsten Bezug genommen.

»Das kann man ja heute wieder sehen« – Aktualisierungen

Geschichtsbewusstsein hat die Funktion, Individuen und Gruppen die Orientierung in der Gegenwart zu ermöglichen, und ist zugleich Grundlage für Zukunftserwartungen und -entwürfe. Es konnte gezeigt werden, dass die Kriegserinnerungen von Eltern und Großeltern durch die jüngeren Generationen »aktualisiert« werden: Kinder und Enkel deuten die Erzählungen ihrer Altvorderen gemäß normativen Angeboten und Anforderungen, mit denen sie in ihrem Alltag konfrontiert sind. So entstehen loyale Geschichten über Großeltern, die dennoch von deren eigenen Sichtweisen und Bewertungen abweichen können. Aber »die Geschichte« ist auch eine Bezugsgröße für die Deutung aktueller politischer Vorgänge und Ereignisse. Geschichtsbewusstsein formt politisches Bewusstsein und politische Haltungen – und umgekehrt. Auch hier lohnt es sich, das Zusammenspiel von öffentlicher politischer Kultur auf der einen und der Aushandlung von Familienkonsens auf der anderen Seite zu beleuchten.

Zu Beginn der Studie, im Herbst 2002, war das Ringen darum, ob es eine militärische Intervention im Irak geben würde, in vollem Gange. In beinahe allen Familien wurde auf diese Kriegsdrohung Bezug genommen. Dabei stellten Angehörige der unterschiedlichen Generationen einen Zusammenhang zur Thematik des Zweiten Weltkrieges bzw. der Besatzungszeit her. Die damit verbundenen Deutungsmuster und deren Implikationen für moralische und politische Haltungen variieren erheblich. Die schlichteste Form des Vergleiches zwischen Vergangenheit und Gegenwart ist die Gleichsetzung, und dieses Deutungsmuster kann geeignet sein, familiären Konsens herzustellen. Das verdeutlicht das folgende Beispiel der Familie Nybol, wo sich Großvater Fredrik, Sohn Dankert und Enkel Knut unterhalten.

Fredrik Nybol: »Ja, es gibt viele Despoten in der Dritten Welt, ich werde das Ende davon wohl nicht mehr erleben, aber, aber, aber muss das wohl heute auch mit ansehen.«
Dankert Nybol: »Ja, darin/ darin sind wir wohl ganz einer Meinung, in welche Richtung das gehen sollte, glaube ich. Dass man solche Typen wie Hitler und Saddam los wird und/ vielleicht sollten wir Bush auch dazu zählen. [Lachen]«
Knut Nybol: »Ja, Bush gehört absolut mit auf diese Liste, finde ich. [Lachen]«[49]

Trine Hansen verbindet mit der Kriegsgeschichte grundlegende Werte, die »die Kinder und Jugendlichen mitbekommen sollen«.[50] Ihrer Ansicht nach sind »viele der Ideale, die im Zweiten Weltkrieg wichtig waren, auch weiterhin tragfähig«. Das Deutungsmuster, das hier zum Vorschein kommt, würde ich als Universalisierung in pädagogischer Absicht bezeichnen, weil die »Ideale des Zweiten Weltkrieges« über den nationalisierten Kontext hinaus zur universalisierten normativen Richtschnur für künftige Generationen erhoben werden. Generationen also, die sich in einer komplexen, globalisierten Welt zurechtfinden müssen. Folgerichtig entstehen jedoch auch die Zweifel hinsichtlich der Bedeutung, die die Kriegserinnerungen für die Gegenwart überhaupt noch haben können. Noch einmal soll Trine Hansen zu Wort kommen. Wiederum geht es um ihre Haltung gegenüber dem Irakkrieg und um die allgemeinen Werte, die sie damit in Verbindung bringt:

Trine Hansen: »Da müssen wir deutlich sein, und Freiheit und Recht hochhalten und äh/ dann müssen wir natürlich auf die Geschichte zurückblicken und dankbar sein, dass wir den 8. Mai hatten. Und wir haben mit dem 9. April [1940, C. L.] eine Erfahrung, die sich nicht wiederholen soll. Aber wie lange sollen wir irgendwie/ ich weiß nicht, *kultivieren* hört sich ja ganz falsch an, das hört sich arrogant an aber so meine ich das gar nicht, aber wie lange soll das noch so ein großes Gewicht haben? Da bin ich mir nicht sicher.«[51]

Eine andere Variante der Übertragung des historischen Beispiels ins Allgemeingültige sind anthropologisierende Sichtweisen. Hier geht es weniger um konkrete und handlungsrelevante Haltungen zu aktuellen politischen Themen, sondern um überhistorische menschliche Grundeigenschaften, ja um den »Lauf der Geschichte« schlechthin. Hier werden Themen wie Krieg und Gewalt, Macht und Moralität gewissermaßen aus der »Vogelschau« betrachtet. Ein Beispiel sind die Überlegungen, die Eivind Gillhus zu Diskriminierung und Rassismus anstellt:

Eivind Gilhus: »Und es ist schon ein bisschen witzig, wenn man sich das so ansieht, denn da siehst du ja, dass sich die Geschichte auf irgendeine Weise immer wiederholt. Es ist doch eigentlich ganz unglaublich, dass die Leute genauso diskriminierend sein können wie sie es damals/ also die Leute vergessen so schnell, um es mal so zu sagen. Man vergisst vielleicht, was man erlebt hat oder was man aus der Geschichte gelernt hat, und so entsteht dann wieder Diskriminierung und Unterdrückung besonders von Gruppen, die auf irgendeine Weise anders sind. Das merkt man ja hier in Norwegen, wenn du an all diese Rassisten hier im Land denkst. Die Fremskrittsparti[52] als stärkste Partei, da kann man schon nachdenklich werden.«[53]

Auch Eivind Gilhus stellt eine Verknüpfung zwischen der Geschichte und universellen Werten her (die »Lehren« aus der Vergangenheit müssten demnach zu einer antirassistischen Haltung führen). Er gibt dieser Aktualisierung jedoch eine Wendung, die in eine eher pessimistische Richtung weist: Die Geschichte, d. h. Diskriminierung und Unterdrückung, wird sich immer wiederholen. Der Schlüssel hierzu ist ein anthropologisierendes Deutungsmuster, wonach Menschen die Lehren aus der Geschichte immer wieder vergessen. Der Erfolg der Rechtspopulisten in Norwegen und die rassistischen Haltungen, die sich darin widerspiegeln, sind diesem Deutungsmuster zufolge Ausdruck einer *menschlichen Eigenschaft* und besitzen einen nahezu zwangsläufigen Charakter. Beide, universalisierende wie anthropologisierende Deutungsmuster finden sich in allen Generationen, dies scheint also nichts mit altersspezifischer Resignation zu tun zu haben. Eher sind beide Haltungen Teil des gegenwärtigen kulturellen Inventars.

Aber neben den allgemeinen, auf die Gesellschaft bezogenen oder gar universellen Werten werden anhand der Besatzungsgeschichte stets auch familiäre Wertekonsense mitverhandelt. Ein Beispiel dafür, wie das nationale und das familiäre Selbstverständnis in Übereinstimmung gebracht werden, ist dem Familiengespräch der Familie Nybol entnommen:

Dankert Nybol: »In unserer Familie mögen wir das Totalitäre nicht.«
Knut Nybol: »Nein, das mögen wir nicht. Wir sind ziemlich demokratisch.«
Interviewerin: »Alle schütteln den Kopf. [Lachen]«
Knut Nybol: »Wir sind so erzogen. [Lachen]«
Fredrik Nybol: »Ja, ja. [Lachen] Aber das ist wahr.«[54]

Fazit

Es konnte gezeigt werden, dass Geschichten aus der Besatzungszeit durch die Generationen hindurch an der nationalen Basiserzählung und ihren Deutungsmustern orientiert bleiben, selbst wenn die jüngeren Generationen in gewisser Weise »Aktualisierungen« hinsichtlich der normativen Konsequenzen vornehmen: Es geht weniger um Heroisierung als um Idealisierung, weniger um nationales Heldentum als um Vorbildcharakter hinsichtlich universaler Werte wie Demokratie, Toleranz und Humanität. Die norwegische Basiserzählung bietet somit für die dritte Generation, die keine Erfahrungsnähe zu den Ereignissen, jedoch eine nach wie vor emotional untermauerte Verbindung zu den normativen Konsensen der Nachkriegszeit besitzt, Identifikationsangebote und besitzt eine prägende Bedeutung für deren Geschichtsbewusstsein.

Zugleich bleiben Ungleichzeitigkeiten im Verhältnis von öffentlicher und privater Erinnerung bestehen. Hinsichtlich des Deutschenbildes scheinen die privat tradierten Geschichten stets »menschlichere« Züge getragen zu haben als das nach 1945 in den Widerstandserzählungen ausgedrückte Feindbild. Hier hat sich die öffentliche und medial vermittelte Erinnerung auf das entlastende Deutschenbild zubewegt. Es lassen sich sogar Tendenzen erkennen, die Deutschen selbst als Opfer von Nationalsozialismus und Krieg zu betrachten.

Weniger versöhnt ist die Erinnerung an jene Norwegerinnen und Norweger, die aus der Basiserzählung ausgeschlossen waren. Seien es auf der einen Seite die »Deutschenmädchen«, die als Verräterinnen gebrandmarkt und durch die Generationen hindurch mit dem Stigma des moralisch Anrüchigen behaftet waren. Selbst eine allmählich einsetzende öffentliche Rehabilitierung scheint die Scham-Besetztheit und Tabuisierung im Privaten noch lange nicht aufzuheben.

Auf der anderen Seite wurde die Erinnerung an die deportierten und ermordeten norwegischen Juden beleuchtet, mit Sicherheit die schmerzhafteste Leerstelle der norwegischen Besatzungserinnerung, weil hier nicht die Täterschaft der »Anderen« (der Deutschen und der norwegischen Verräter), sondern die aktive Beteiligung und das Wegschauen der »guten Norweger« in den Blick rückt. Das norwegische Kapitel des Holocaust bleibt eine Leerstelle in der öffentlichen Erinnerung, die trotz der inzwischen verbreiteten Sicht auf den Holocaust als Chiffre für das Böse weiterhin besteht.

Das jahrzehntelange Schweigen hierüber in der öffentlichen Erinnerung findet einen Widerhall im Privaten, wo die norwegischen Juden als wenig gekannte und beargwöhnte »Andere« der eigenen nationalen Gemeinschaft positioniert werden. All die hochgehaltenen Werte der Toleranz und verpflichtenden Mitmenschlichkeit werden nur in Ausnahmefällen auf diese Gruppe und ihr Schicksal bezogen. Die gleichen Werte können jedoch gleichzeitig die Grundlage einer Verurteilung »der Juden« schlechthin angesichts des Nahostkonflikts bilden. Zuweilen geht dies so weit, dass dies gegen den Holocaust aufgerechnet wird. Als Resümee bleibt festzuhalten, dass die vorliegende Studie ein positiveres Bild von den deutschen Besatzern als von den bis 1942 in Norwegen lebenden Juden zum Vorschein gebracht hat.

Der Einfluss von Medien und Schulwissen auf Geschichtsbilder und -deutungen wird von den Angehörigen der jüngeren Generationen selbst immer wieder thematisiert. Hier werden inzwischen nicht mehr die Darstellungen von Widerstandsveteranen, sondern Bücher und Filme genannt. Dennoch bleiben die Geschichten der Großeltern prägend. Allerdings nur da, wo in den Familien darüber gesprochen wurde, was aber nicht überall der Fall war. Das formuliert Gisle Nordhaug, Angehöriger der dritten Generation, so:

Gisle Nordhaug: »Ich glaube schon, dass ich die meisten Informationen über den Krieg aus den Medien habe und, und, und aus der Schule und so. Aber ich glaube, dass, dass/ also die Perspektiven die ich dadurch bekommen habe, als ich darüber gesprochen habe mit/ also meine Elteren und Opa und alle anderen haben viel dazu beigetragen, diese Perspektive zu nuancieren, und ich glaube, dass das ganz schön wichtig ist.«[55]

Die familiären Erzählungen lassen das abstrakte, erlernte Wissen näherrücken und geben den Geschichten und Bildern aus den Medien eine Dimension, die »mit einem selbst« zu tun hat. Kurzum: Das Wissen, die Versatzstücke der imaginierten Geschichte und eine Reihe von Deutungsmustern entspringen den vielfältigen Medien der öffentlichen Erinnerung. Die emotionale Verankerung des Geschichtsbewusstseins hingegen wird nach wie vor stark in den Familien geprägt – und in deren Konsenserzählungen wirkt die nationale Basiserzählung auf vielfältige Weise nach.

Dennoch, die öffentlich vollzogene kritische Revision der »Basiserzählung« hat es in den letzten Jahren verschiedenen Gruppen ermöglicht, sich darin einen Raum zu verschaffen, die nach 1945 aus der öffentlichen Erinnerung ausgeschlossen waren. Viktimisierende Selbstdeutungen spielten und spielen dabei eine zentrale Rolle. Der historisch basierte Wertekonsens bietet für solche geschichtspolitischen Interventionen eine gute Grundlage: Eine Nation, die ihrem Selbstverständnis nach in der Welt für Frieden und Toleranz eintritt, kann es sich nicht leisten, selbst mit ausgeschlossenen »Anderen« zu leben. Insofern verschiebt sich der Fokus des Geschichtsbewusstseins im Laufe der Generationen zwar einerseits von nationalen zu universellen Werten. Diese Umschreibung geht jedoch andererseits mit einem Wandel in der kollektiven Selbstwahrnehmung Norwegens als internationaler »Anwalt der Menschenrechte« – also mit einem aktualisierten nationalen Selbstbild – einher.

Es bleibt zu untersuchen, wie sich dieses Selbstbild angesichts der Tatsache gestalten wird, dass längst nicht mehr alle Norwegerinnen und Norweger auch norwegischer *Herkunft* sind und neue historische Bezüge und Deutungsmuster ins Repertoire der öffentlichen Erinnerungskultur eingehen. Das Geschichtsbewusstsein in Familien mit Migrationshintergrund stellt eine Dimension dar, die in der vorliegenden Studie noch unberücksichtigt ist. Hier gilt es, das Wechselspiel zwischen öffentlichen und privaten Erinnerungen nachzuzeichnen, das von unterschiedlichen nationalen Erinnerungskulturen, aber auch der »globalisierten« Erinnerung beispielsweise an den Holocaust hervorgeht. Es ist fraglich, ob und in welcher Weise die norwegische Basiserzählung hier überhaupt noch die Funktion der Identitätsstiftung und Werteorientierung einnehmen kann.

Anmerkungen

1 Ole Christian Grimnes, Overfall, in: M. Skodvin (Hg.), Norge i krig. Fremmedåk og frihetskamp 1940–1945, Bd. 1, Oslo 1984.
2 Berit Nøkleby, Nyordning, in: M. Skodvin (Hg.), Norge i krig. Fremmedåk og frihetskamp 1940–1945, Bd. 2. Oslo 1985; Robert Bohn, Reichkommissariat Norwegen. »Nationalsozialistische Neuordnung« und Kriegswirtschaft, München 2000.
3 Berit Nøkleby, Holdningskamp. in: M. Skodvin (Hg.), Norge i krig. Fremmedåk og frihetskamp 1940–1945, Bd. 4, Oslo 1986.
4 Knut Einar Eriksen/Terje Halvorsen, Frigjøring. in: M. Skodvin (Hg.), Norge i krig. Fremmedåk og frihetskamp 1940–1945, Bd. 8, Oslo 1987.
5 Anne Eriksen, Det var noe annet under krigen, Oslo 1995, S. 163.
6 Ebd.
7 Den weiteren Zahlenangaben in diesem Text liegt jedoch eine Auszählung im Hauptsample (= 20 Familien) zugrunde. Vier der interviewten Familien wurden nicht nach dem »Schneeballverfahren«, sondern zielgerichtet ausgewählt, weil sie einen speziellen Bezug zur Besatzungszeit haben (eine jüdische Familie, zwei Familien mit NS-Hintergrund und eine Familie, in der die Interviewte der zweiten Generation Tochter einer Norwegerin und eines deutschen Soldaten ist). Da das Erhebungsverfahren in diesen Fällen abweichend war, werden diese Familien nicht in das quantitative Auswertungsverfahren mit einbezogen.
8 In den letzten Jahren haben sich zwei Forschungsprojekte solcher »vergessener« Themen der Besatzungsgeschichte und -nachgeschichte (Deutschenkinder, juristische Aufarbeitung) angenommen, ein weiteres (zu den norwegischen SS-Freiwilligen) ist in der Startphase. Vgl. http://odin.dep.no/jd/norsk/dok/regpubl/stmeld/012001-040021/hov007-bn.html, http://www.media.uio.no/forskning/prosjekter/1945/prosjektbeskrivelse/langversjon.shtml, http://www.aftenposten.no/meninger/kronikker/article1107756.ece.
9 Harald Welzer/Sabine Moller/Karoline Tschuggnall, »Opa war kein Nazi« Nationalsozialismus und Holocaust im Familiengedächtnis, Frankfurt/M. 2002.
10 Odd-Bjørn Fure, Kampen mot glemselen. Kunnskapsvakuum i mediesamfunnet, Oslo 1995.
11 So die Bezeichnung für diejenigen, die auf der »richtigen« Seite standen.
12 Tatsächlich war die Beteiligung an der Landesverteidigung zum Zeitpunkt des Überfalls keineswegs notwendigerweise mit der späteren Beteiligung am Widerstand verbunden. Vielmehr gab es durchaus Norweger, die sich nach der militärischen Niederlage der Nasjonal Samling anschlossen. Vgl. Lars Borgersrud, Konspirasjon og kapitulasjon. Nytt lys på forsvarshistorien fra 1814 til 1940, Oslo 2000.
13 NF6K Karlsen, 6.
14 NF6K Karlsen, 4.
15 NF6E Karlsen, 9.
16 55 Geschichten handeln direkt vom Widerstand, mehr Geschichten wurden nur zum Thema »Begegnung mit der Besatzungsmacht« (56 Geschichten) und »Nachbarschaft« (89 Geschichten) erzählt. Gerade aber die Alltagsgeschichten aus der Nachbarschaft und diejenigen, die von der Begegnung mit den Deutschen handeln, sind in vielen Fällen mit »widerständigen« Subtexten verbunden, etwa, wenn vom Essensschmuggel »an den Deutschen vorbei« o.ä. die Rede ist.

17 NF10Z Knutsen 52.
18 NF10FG Knutsen 116.
19 NF24 Lønne, 13.
20 Ebd. 16.
21 Es sei hier nur am Rande vermerkt, dass beide Großeltern selbst in ihren von antisemitischen Deutungen strotzenden Interviews betont haben, persönlich gut mit Juden ausgekommen zu sein. Dies hebt sich von den meisten anderen norwegischen Familien ab, in denen das *Nicht*-Verhältnis zu der jüdischen Bevölkerung betont wurde.
22 In diesem Zusammenhang ist es bezeichnend, dass es über ein Jahr dauerte, bis sich eine norwegische Familie mit NS-Hintergrund bereit erklärte, an der Studie teilzunehmen.
23 Eriksen, Det var noe annet [wie Anm. 5].
24 Vgl. zum Deutschenbild im Spielfilm »Ni liv«, Claudia Lenz, Haushaltspflicht und Widerstand. Erzählungen norwegischer Frauen über die deutsche Besatzung 1940–45 im Lichte nationaler Vergangenheitskonstruktionen, Tübingen 2003, S. 134–138.
25 Ebendiese Nähe stellte ja angesichts des »großgermanischen« Identifikationsangebotes sowohl für die Widerstandsbewegung als auch in der Geschichtsschreibung ein Problem dar, gegen das ein entstellendes Feindbild gerichtet war.
26 Zahlenmäßig überwiegen die anonymisierten Bezeichnungen deutlich, etwa 400 Mal wird von »den Deutschen« gesprochen, wobei hier in Rechnung gestellt werden muss, dass der Ausdruck »die Deutschen« bei der Wiedergabe von historischen Fakten selbstverständlich das Synonym für »die Besatzungsmacht« darstellt. In etwa 50 Fällen wird in positiv generalisierender Weise von den Deutschen gesprochen, wobei oft das Verhältnis in der Nachkriegszeit thematisiert wird. Die individualisierten Bezeichnungen kommen etwa 120 Mal vor, wobei damit zwar mehrheitlich jedoch nicht durchgängig positive (Be-)Deutungen verbunden sind, sondern z. B. auch vom Austricksen und Überlisten der »greifbaren« Besatzer die Rede sein kann.
27 Insgesamt sind solche Deutungsmuster in 14 der Interviews zu finden. Der überwältigende Erfolg, den der Spielfilm »Der Untergang« in Norwegen hatte, mag auch darin begründet sein, dass der Film ein weitverbreitetes Bild der nationalsozialistischen Herrschaft widerspiegelt, wonach der Führer und seine Herrschaftsclique in ihrem Weltbeherrschungswahn das deutsche Volk in den Untergang gerissen haben.
28 NF5E Hole (Hervorhebung C. L.).
29 NF1Z Ness, 2.
30 NF1K Ness, 57.
31 NF1Z Ness, 39.
32 Ebd. 37.
33 NF1E Ness, 4.
34 Diese Unterscheidung erlaubt es sogar norwegischen Widerstandsveteranen, bewundernd über die »Disziplin und Ordnung« der einfachen deutschen Soldaten zu sprechen, die sie klar von den »bad guys« von Gestapo und SD abgrenzen. Claudia Lenz, »Das ist ein deutsches Problem.« Das Wehrmachtsbild und die Rezeption der Ausstellung Vernichtungskrieg in Norwegen, in: M. T. Greven/O. v. Wrochem (Hg.), Der Krieg in der Nachkriegszeit. Der 2. Weltkrieg in Politik und Gesellschaft der Bundesrepublik, Opladen 2000, S. 255–270.
35 Kåre Olsen, Vater: Deutscher. Das Schicksal der norwegischen Lebensbornkinder und ihrer Mütter von 1940 bis heute; aus dem Norwegischen von Ebba D. Drols-

hagen, Frankfurt a. M./New York 2002; Lars Borgersrud, Vi ville ikke ha dem. Statens behandling av de norske krigsbarna, Oslo 2005.

36 Vgl. Ebba Drolshagen, Nicht ungeschoren davongekommen. Das Schicksal der Frauen in den besetzten Ländern, die Wehrmachtssoldaten liebten, Hamburg 1998; Lenz, Haushaltspflicht [wie Anm. 24].

37 NF10Z Knutsen, 18.

38 Ebd. 20.

39 Ebd. 22.

40 Vgl. NF10FG, 173–175.

41 Ebd. 154.

42 NF19E Arildsen, 39.

43 Zu den Untergetauchten können auch nicht registrierte Flüchtlinge gehört haben, sodass sich neben der Anzahl der geretteten Jüdinnen und Juden auch die Anzahl derjenigen, die sich 1942 überhaupt im Lande befanden, durch weitere Forschungen noch verändern kann. Für die Erinnerungskultur bedeutet diese Unkenntnis in Bezug auf die in privaten Verstecken Überlebenden jedoch auch, dass ein möglicher *positiver* Referenzpunkt privat und öffentlich überlieferter Erinnerung wegfiel.

44 Berit Reisel/Bjarte Bruland, The Reisel/Bruland report on the confiscation of Jewish property in Norway during World War II: part of Official Norwegian Report 1997; Bjørn Westlie, Oppgjør. I skyggen av Holocaust, Oslo 2002.

45 NF13Z, Andersen 161–167.

46 NF7Z Knutsen, 218–220.

47 NF2K Solstad 15–16.

48 NF8Z Nybol, 371.

49 NF11FG Nybol, 480–482.

50 NFK Hansen 35.

51 Ebd. 36.

52 Die »Fremskrittsparti« ist eine rechtspopulistische Partei, die seit Jahren in variierender Form bestehende Vorurteile und Ängste gegenüber Ausländern mobilisiert.

53 NF1E Ness, 30.

54 NF11FG Nybol, 594–598.

55 NF5E Hole, 51.

Lars Breuer und Isabella Matauschek

»Seit 1945 ist ein guter Däne Demokrat«[1]
Die deutsche Besatzungszeit in der dänischen Familienerinnerung

Historische Einführung

Mit dem deutschen Überfall am 9. April 1940 begann die fünfjährige Besatzung Dänemarks. Angesichts der militärischen Übermacht wurde – anders als in Norwegen oder in den Niederlanden – auf militärische Gegenwehr verzichtet. Im Gegenzug sollte Dänemark formal unabhängig bleiben und als »Musterprotektorat« fungieren. Eine nationale Sammlungsregierung unter Beteiligung aller größeren Parteien Dänemarks wurde gebildet. Deren als Zusammenarbeitspolitik[2] bezeichnete Regierungslinie sollte die dänischen Interessen gegenüber der deutschen Besatzung sichern und eine größtmögliche Unabhängigkeit bewahren. Versuche zur Nazifizierung des Landes wurden nicht unternommen, auch die Dansk National Socialistiske Arbejder Parti (DNSAP) blieb bedeutungslos.

In den ersten Jahren traf die Zusammenarbeitspolitik in der dänischen Bevölkerung auf breite Zustimmung. Der Widerstand gegen die deutsche Besatzung blieb bis 1943 unbedeutend. Die Angebote zur Kollaboration, vor allem auf wirtschaftlichem Gebiet, wurden hingegen zahlreich wahrgenommen. Eine offene Fraternisierung mit den deutschen Besatzern wurde jedoch moralisch verurteilt.

Der nationalsozialistische Antikommunismus traf auch in Dänemark auf breite Zustimmung: Noch im Juni 1941 wurde – entgegen der formal gültigen Verfassung – die kommunistische Partei verboten, und ihre Mitglieder wurden von der dänischen Polizei verhaftet. Etwa 6000 dänische »Ostfront-Freiwillige« nahmen als Teil der Waffen-SS am Vernichtungskrieg gegen die Sowjetunion teil.[3]

Im Sommer 1943 mehrten sich Streiks und Unruhen, und es kam zum so genannten »Augustaufstand«. Ein deutsches Ultimatum, das u. a. die Verhängung des Kriegsrechts und die Einführung der Todesstrafe forderte, wurde von der dänischen Regierung abgelehnt. Die Regierung trat zurück – damit endete am 29. August 1943 offiziell die Zusammenarbeitspolitik.

Bis zu diesem Zeitpunkt hatte die deutsche Besatzungsmacht weitestgehend auf die Implementierung antijüdischer Gesetze in Dänemark verzichtet, nicht zuletzt deshalb, um die wirtschaftliche Zusammenarbeit nicht zu gefährden. Nach dem Rücktritt der Zusammenarbeitsregierung ordnete der Reichsbevollmächtigte Werner Best die Verhaftung und Deportation der in Dänemark lebenden Juden an. Der deutsche Marineattaché Georg F. Duckwitz informierte jedoch dänische Politiker über die Deportationspläne. So konnten die meisten Juden im Voraus gewarnt werden, 95 Prozent konnten sich einer Verhaftung entziehen. Bei der landesweiten Razzia in der Nacht vom 1. auf den 2. Oktober 1943 wurden 284 Juden verhaftet, insgesamt wurden 464 Juden aus Dänemark deportiert.[4] Die Verhaftungsaktion löste in Dänemark scharfe öffentliche Proteste aus – u. a. vom König, von der Kirche, von Politikern, Gewerkschaften und Universitäten. Viele Däninnen und Dänen entschlossen sich, den Juden Unterschlupf zu gewähren und sie bei ihrer Flucht zu unterstützen. Nachdem Schweden seine Grenzen für jüdische Flüchtlinge aus Dänemark geöffnet hatte, begann eine groß angelegte Rettungsaktion: 7056 Juden und 686 ihrer nicht-jüdischen Angehörigen gelang die Flucht über den Öresund nach Schweden.[5]

Im Herbst 1943 wurde der so genannte Freiheitsrat gegründet, der sich nach und nach zur zentralen Organisation der verschiedenen Widerstandsgruppen entwickelte. Anzahl und Umfang der Widerstandsaktionen nahmen zu, gleichzeitig wuchs der Rückhalt für die Widerstandsbewegung in der Bevölkerung. Bei den deutschen Besatzern nahm im Gegenzug das Misstrauen gegenüber den dänischen Institutionen zu. Am 19. September 1944 wurde schließlich ein Großteil der dänischen Polizei verhaftet und an ihrer Statt eine Hilfspolizei (HiPo) aus nazitreuen Dänen aufgebaut, deren Hauptaufgabe die Bekämpfung des Widerstands war.

Im Verlauf der letzten Kriegsmonate kam es zu einer für die Nachkriegszeit prägenden Annäherung zwischen dem Freiheitsrat und den Vertretern der Zusammenarbeitspolitik. Diese Annäherung mündete nach der militärischen Befreiung am 4. Mai 1945 in der Bildung einer gemeinsamen Regierung.
Die ersten Tage nach Kriegsende waren in Dänemark die blutigsten des gesamten Kriegsgeschehens. Wirkliche und vermeintliche Spitzel wurden erschossen oder verhaftet. Es kam zu Rache- und Bestrafungsaktionen, bei denen u. a. den so genannten Deutschenmädchen (Däninnen, die sexuelle Beziehungen mit deutschen Soldaten unterhielten) die Haare geschoren wurden. Juristisch wurde jegliche Zusammenarbeit mit den Deutschen rückwirkend unter Strafe gestellt, davon ausgenommen blieben Regierungsbeamte. Fast 40000 Dänen wurden vorübergehend verhaftet, über 13000 von ihnen verurteilt, 46mal wurde die Todesstrafe vollstreckt.
Insgesamt überstand die dänische Bevölkerung den Krieg im Vergleich zu anderen besetzten Ländern gut. Kriegshandlungen fanden auf dänischem Boden so gut wie nicht statt. Die Opferzahlen waren im internationalen Vergleich äußerst gering, und auch die Versorgungslage blieb trotz Lebensmittelrationierung im europäischen Vergleich den Krieg hindurch gut.

Die öffentliche Erinnerungskultur

Die öffentliche Erinnerung an den Zweiten Weltkrieg in Dänemark bezieht sich zumeist auf das nationale Ereignis der Besatzungszeit (besættelsestiden) zwischen dem 9. April 1940 und dem 4. Mai 1945. In der vorherrschenden nationalen Deutung, die historisch seit 1944 entstanden war und sich im Befreiungssommer 1945 verfestigt hatte, wurde die deutsche Besatzung zu einem nationalen Krieg umgedeutet. Die dänischen Historiker Claus Bryld und Anette Warring bezeichnen diese Deutung als Basiserzählung, die sich an eine klassisch epische Erzählstruktur anlehnt.[6]
Charakteristisch für diese Basiserzählung ist die Auflösung des Wi-

derspruchs zwischen den politischen Eliten, die für die Zusammenarbeitspolitik standen, und den Vertretern des organisierten Widerstands. Demnach hätten beide Gruppen ihren Teil zur Befreiung Dänemarks beigetragen: Die Zusammenarbeitspolitik habe es den Dänen ermöglicht, die Besatzungszeit weitgehend unbeschadet zu überstehen, während es der Widerstand Dänemark möglich gemacht habe, sich auf die Seite der alliierten Sieger zu stellen. Die Konstruktion eines »passiven Widerstands« der Bevölkerung, der dem »aktiven Widerstand« der Widerstandsbewegung an die Seite gestellt wurde, ermöglichte es der überwiegenden Mehrzahl der Dänen, sich dem Widerstand zuzurechnen.[7]

»Seit 1945 ist ein guter Däne Demokrat«[8] – zur Aktualität der dänischen Basiserzählung

Die Basiserzählung von der Besatzungszeit enthält in destillierter Form die Vorstellung einer idealen nationalen Identität und spiegelt eine Ordnung wider, die über sich selbst hinaus Geltung beansprucht. Das für die Basiserzählung charakteristische Bild von einem demokratischen Konsens über alle politischen Grenzen hinweg wurde nach dem Krieg »zu einer kulturellen Schlüsselerzählung über die zentralen Werte und Grundsätze der Nachkriegsgesellschaft«.[9] Die historisch kontingente Entwicklung erscheint so im Nachhinein als zwangsläufig, die Logik ist von ihrem Endpunkt aus bestimmt.[10] Der Widerstand spielte dabei eine zentrale Rolle: Durch seine Legitimation wurde die Basiserzählung von der Besatzungszeit zur kulturellen Schlüsselerzählung über die zentralen Werte und Grundsätze der dänischen Nachkriegsgesellschaft.[11]
Exemplarisch kann dies am Umgang mit der Rettung der dänischen Juden gezeigt werden: Diese spielte in der dänischen Forschung und Öffentlichkeit lange Zeit nur eine untergeordnete Rolle. Dem gegenüber stand eine internationale Perspektive, die die dänische Bevölkerung quasi zum nationalen Retterkollektiv verklärte.[12] Seit den 80er Jahren fand eine immer stärkere Annäherung an die internatio-

nale Perspektive statt – die Fremdzuschreibung als Retterkollektiv wurde mehr und mehr in das bestehende Selbstbild einer moralischen Nation integriert.[13] Spätestens seit den 90er Jahren ist die Rettung der dänischen Juden integraler Bestandteil der öffentlichen Erinnerungskultur in Dänemark.[14]

Die Rettungsaktion ist noch für einen weiteren Aspekt der dänischen Erinnerungskultur exemplarisch: das Auseinanderklaffen von wissenschaftlicher Forschung und öffentlicher Erinnerung. Während die Forschung immer häufiger zu vielschichtigen und nicht selten widersprüchlichen Ergebnissen gelangt, herrschen in der öffentlichen Erinnerung nach wie vor heroisierende Bilder vor. In den letzten Jahren ist eine Reihe von Untersuchungen zu verschiedenen Einzelaspekten der Besatzungszeit[15] erschienen, u. a. zu den dänischen SS-Freiwilligen,[16] zur juristischen Aufarbeitung nach 1945,[17] zur Rolle der dänischen Polizei[18] sowie zu den »Deutschenmädchen«.[19] Diese Untersuchungen stellen zum Teil zentrale Elemente der nationalen Basiserzählung infrage, waren jedoch kaum imstande, die öffentliche Erinnerung zu beeinflussen, und wurden in der Öffentlichkeit vor allem in Form von Medienskandalen rezipiert.[20] Bedeutung erlangten sie meist nur dann, wenn sie drohten, das Selbstbild als moralische Nation infrage zu stellen.[21]

In den letzten Jahren lässt sich eine zunehmende Internationalisierung und Universalisierung der Erinnerungskultur auch in Dänemark beobachten. Die damit zusammenhängende Verlagerung der öffentlichen Wahrnehmung auf die Opferperspektive ermöglichte auch zuvor nicht repräsentierten Gruppen – wie den dänischen Kriegsfreiwilligen, den dänischen Nazis oder deren Kindern – die Integration als Opfer in den nationalen Konsens, häufig übrigens in Form von Human Interest Stories in den dänischen Medien.[22] Zugleich nahmen die Differenzen zwischen verschiedenen Trägern der öffentlichen Erinnerungskultur in Dänemark ab: Die offiziellen Jubiläen wurden homogener, ihre politischen Inhalte diffuser. Die nationale Basiserzählung wird durch diese Entwicklungen jedoch nicht in Frage gestellt, sondern durch die Verknüpfung mit universellen Werten wie den Menschenrechten modernisiert. Die Abstraktion von der konkreten histo-

rischen Erfahrung lässt die Basiserzählung zu einem »absoluten Narrativ mit absoluten Werten« werden.[23]
Zusammenfassend: Die öffentliche Erinnerungskultur in Dänemark ist immer weniger von den historischen Ereignissen geprägt als vielmehr von der Debatte über die richtigen moralischen und politischen Lehren aus der Besatzungszeit. In der politischen Debatte dient die Besatzungszeit häufig als Argument für unterschiedliche – teilweise sogar gegensätzliche – politische Haltungen. Der Bezug auf die Besatzungszeit ist dabei offensiv aktualisierend.[24]

Die nationale Basiserzählung in der Familienerinnerung

Die nationale Basiserzählung hat einen nachhaltigen Einfluss auf private Deutungen der Vergangenheit in Dänemark gehabt. Dies betrifft insbesondere die konstitutive Rolle des Widerstandes für die nationale Identität. Ein Beispiel aus dem Interviewmaterial soll dies illustrieren. Von der Interviewerin aufgefordert, über die Rolle der dänischen Regierung und Bevölkerung während der deutschen Besatzung zu reflektieren, reagiert die 59-jährige Bente Sørensen zunächst mit einem Bezug auf die Basiserzählung:

Interviewerin: »Was denkst du über die Reaktionen und Handlungen der Dänen während der Besatzung? [...]«
Bente Sørensen: »[...] Ja, also äh...dass wir äh...ich denke wir haben wir haben den Kopf eingezogen, um damit anzufangen. (Mmh) Das, glaube ich, haben wir getan. (Mmh) Und dann... dass wir den Kopf eingezogen haben und gesagt haben, das ist die Übermacht, gegen die können wir nicht ankämpfen. (Nein) Aber wir können es im Verborgenen tun. Und dann kam... und dann glaube ich auch... dass wir wieder emporragen oder... den Kopf wieder heben können und sagen, wir haben trotz allem etwas getan. (Mmh) Es war gut, dass wir das geschafft haben, denn hätten wir das nicht geschafft, dann wären wir... ein paar dumme Schisser gewesen. (Mmh)«
Interviewerin: »Dumme. Also auf welche /«
Bente Sørensen: »Also in den Augen der anderen Leute, (ja) dass wir keinen Widerstand geleistet haben. (Ja)... Es war gut, dass wir eine Widerstandbewegung bekamen, (ja) weil sonst, glaube ich, dass wir... uns schämen müssten. Denn wir haben es ja tatsächlich gut gehabt während der fünf Jahre.

(Mmh) Wir hatten den Mangel, okay, (ja) aber nicht in dem Ausmaß wie andere Völker das hatten. (Nein... nein)
Interviewerin: Du meinst also, dass das mit der Widerstandsbewegung so mehr nach außen hin war?«
Bente Sørensen: »Ja, das war gut für uns nach außen, (ja) dass wir eine Widerstandsbewegung bekamen. (Ja)«
Interviewerin: »Im Vergleich zu den anderen Ländern?«
Bente Sørensen:: »Ja. (Ja)«
Interviewerin: »Welche Bedeutung glaubst du das, also...?«
Bente Sørensen: »Ich glaube, das hat eine große Bedeutung, (ja) dass man Widerstand gegen einen Diktator leistet. (Ja...ja)... Und ich glaube, das müssen wir immer tun. (Ja) [lacht] Oder? Also wir sollten keine äh... wir sollen eine Demokratie haben. (Ja)... Im besten und schlechtesten Sinne des Wortes. (Ja, ja) Beides... Es ist gut, dass wir das haben. (Ja...ja).«[25]

Die Widersprüche und Ambivalenzen in der eigenen Darstellung der Vergangenheit werden von der Erzählerin nicht als solche wahrgenommen. Wer genau was »im Verborgenen« getan hat, wird nicht erwähnt. Wichtig ist offensichtlich allein, dass etwas getan wurde. Die Zugehörigkeit zum dänischen Widerstand wird so zu einer *Haltung*, die eben keine konkreten Taten mehr erfordert. Dies erklärt auch die Beschreibung des Widerstandes in passiver Form als etwas, »das man bekam« und das zugleich das Selbstbild der demokratischen Nation legitimiert.

Das Verhältnis zwischen Widerstand und Kollaboration wird jedoch nicht in allen Familien so harmonisch aufgelöst wie im obigen Beispiel. In der Familie Antonsen aus Kopenhagen lässt sich das Aufeinanderprallen verschiedener Sichtweisen beobachten. Während die 1917 geborene Asta Antonsen ein heroisches Bild vom Widerstand pflegt, wie es in der unmittelbaren Nachkriegszeit gang und gäbe war, vertreten ihr Sohn Flemming und ihre Enkelin Sille eine kritischere Perspektive:

Flemming Antonsen: »Es gab schon furchtbar viele Freiheitskämpfer gegen Ende, oder nicht? [zu Asta]«
Sille Antonsen:: »Die Heiligen der letzten Tage! [Lacht] [Alle reden durcheinander].«
Asta Antonsen: »Es gab wirklich viele, die viel gemacht haben /«
Interviewerin: »War es so, dass alle plötzlich eine Armbinde[26] umhatten?«

Flemming Antonsen: »Es gab geradezu einen Handel mit Freiheitsbinden, nicht?«
Sille Antonsen: »Nennt man die nicht die Heiligen der letzten Tage? Die, die plötzlich so sehr waren / [...]«
Asta Antonsen: »Ich weiß es nicht, ich hab nie davon gehört /«
Sille Antonsen: »Doch, das glaube ich, weil den Ausdruck hab ich bei *Matador*[27] gehört.
Flemming Antonsen: »Ah, doch das glaube ich /«
Asta Antonsen: »Also, es gab ja welche von denen, die alles Mögliche getan haben. Da war einer, der unter einem Zug festgeschnallt, aber ich weiß das nicht. Ich muss mal sehen, ob ich das finden kann, weil ich hab doch diese Bücher darüber.«[28]

Auch wenn der plötzliche Zustrom zur Widerstandsbewegung in den letzten Kriegstagen hier kritisch diskutiert wird, bleibt die Identifikation mit dem Widerstand auch in dieser Familie ein wichtiger Faktor für die Beschreibung der eignen nationalen Identität. Wie zentral der Widerstand auch heute noch für viele Angehörige der zweiten und dritten Generation ist, mag das Interview mit der 49-jährigen Hanne Hirsch verdeutlichen. Auf die Frage nach ihrer Einschätzung der Rolle Dänemarks während des Krieges antwortet sie gar mit einer persönlichen Identifikation:

Hanne Hirsch: »Aber ich bin sicher, dass ich... ich mich in großen Widerstand gestürzt hätte. Äh, ich wäre auch in die Widerstandsbewegung gegangen, da bin ich ganz sicher (ja)... Weil also, also aus der Erwägung, dass ich meine, man muss kämpfen für... für die Gesellschaft, in der man gerne leben möchte (Ja).«[29]

Wie es eigentlich gewesen ist – Die Fernsehserie *Matador* als Brücke zwischen familiärer Tradierung und öffentlicher Erinnerung

Es ist nicht möglich, über die Tradierung von Geschichtsbewusstsein in Dänemark zu sprechen, ohne die Fernsehserie *Matador*[30] zu erwähnen: Die überaus populäre Serie liegt an der Schnittstelle zwischen privater und öffentlicher Erinnerung und bezieht ihre Überzeugungskraft aus einer Verknüpfung der kleinen Geschichte des dänischen Provinzalltags mit der großen Geschichte historischer Ereignisse. Anhand der fiktiven dänischen Provinzstadt Korsbæk wird die dänische Geschichte von 1929 bis 1947 als Familiengeschichte erzählt. *Matador* ist die erfolgreichste Fernsehproduktion Dänemarks. Die Serie mit 24 Folgen wurde erstmals zwischen 1978 und 1981 ausgestrahlt. Ganz Dänemark wurde vom *Matador*-Fieber erfasst – die letzte Folge hatte eine Einschaltquote von 83 Prozent.[31] Bis heute hat die Serie wenig an Popularität verloren: Für 2006 war die sechste Wiederholung der Ausstrahlung geplant. Als DVD wurde die Serie bisher über eine Million Mal verkauft, hinzu kommen über 800 000 verkaufte Videokassetten. Das Medienecho auf die Serie ist ebenfalls enorm: Im Zeitraum der ersten Ausstrahlung erschienen jährlich rund fünfzig Zeitungsartikel zur Serie. Noch heute werden zahlreiche Artikel dazu publiziert, z. B. anlässlich des Todes von Schauspielern, die bei *Matador* mitgewirkt haben.[32]

Die Serie lässt sich ohne Übertreibung als historisches master narrative charakterisieren:[33] Für viele Dänen ist *Matador* zum Synonym für die Besatzungszeit überhaupt geworden. Die Serie ist integraler Bestandteil der Vorstellung über die Vergangenheit und nimmt durch ihre Deutungsmacht großen Einfluss auf die Einschätzung der Gegenwart. Über den Unterhaltungsbereich hinaus hat *Matador* Einlass in die Schulen gefunden: Teile der Serie werden im Geschichts- und Sozialkundeunterricht gezeigt.[34]

Die große Popularität der Serie schlägt sich auch im Interviewmaterial nieder: In 75 Prozent der Familien wird auf die Serie Bezug genommen. Am häufigsten (47-mal) wird in den Interviews mit den Enkeln Bezug auf *Matador* genommen, danach folgen die Familiengespräche (37-mal) sowie die Interviews mit den Angehörigen der Kindergeneration (23-mal). Dagegen wird die Serie in keinem der Zeitzeugengespräche erwähnt. In den Familiengesprächen äußern sich jedoch auch die Zeitzeugen durchweg positiv zu *Matador* und billigen der Serie eine authentische Darstellung der Vergangenheit zu. In den Zeitzeugengesprächen stehen meist die eigenen Erlebnisse im Vordergrund, während Medienzitate eher selten sind und vor allem dazu dienen, Außergewöhnliches, außerhalb der eigenen Erfahrung Liegendes zu thematisieren.

Die Familie Riber gehört zu den fünf Familien, in denen *Matador* besonders ausführlich diskutiert wird. Großmutter Ingeborg Riber, Tochter Agnete Riber und Enkeltochter Maja Ibsen sind alle drei begeisterte Fans der Serie. *Matador* fungiert als unhinterfragte Quelle für die gemeinsame Vorstellung von der Vergangenheit, wie hier beim Thema Schwarzhandel:

Ingeborg Riber: »Und kauften dort schwarz, und das war ja dann so gesehen Schwarzmarkthandel.«
Interviewerin: »Ja, ja, aber das war wohl auch eine Praxis, die gewöhnlich war, ich meine so einen gewöhnlichen Austausch/«
Ingeborg Riber: »Ja, ja, du kannst das in *Matador* sehen, da ist ja das alles drin (ja). Das Schwein und der Schweinekopf und (ja, ja)«
Interviewerin: »Ja, das war das, was du [Maja] gesagt hast, ich bin nämlich gerade dabei, das Interview mit dir zu verschriften, und das lebendigste Bild, das du hast, das ist praktisch aus/«
Maja Ibsen: »Ja, das ist von *Matador*! Aber das war ja auch, worüber wir gesprochen haben, also man sieht es ja jedes Mal, wenn es gekommen ist, nicht.
Interviewerin:: »Ja, dann nimmt man's noch mal mit.«
Maja Ibsen: »Ja, ja, und man kann sich von Mal zu Mal an die Szenen erinnern.«
Ingeborg Riber: »Ja, sie hat es geschafft, alles reinzupacken, Lise Nørgaard [die Drehbuchautorin von *Matador*]/«
Interviewerin: »Lise Nørgaard«
Maja Ibsen: »Ja, und das ist ja auch der Eindruck, den ich hatte, wie ich dir gesagt habe, weil man hat vielleicht doch ein wenig verdrängt, was man in der Schule gelernt hat, aber man kann ja doch ein wenig davon wiedergeben. Aber jetzt ist *Matador* einfach am frischesten in der Erinnerung (ja), weil es das ist, was man gesehen hat (ja) [alle stimmen zu]«[35]

Auch in Familien, in denen *Matador* nicht so eine zentrale Rolle spielt wie bei Familie Riber, dient die Serie als Referenz für die Beschreibung der Vergangenheit der eigenen Familie: Auf die Frage, wie er sich denn konkret den Alltag seines Großvaters während des Krieges vorstelle, antwortet der 21-jährige Nis Gade im Familiengespräch unsicher: »ein wenig *Matador*mäßig.«[36]

Heroische Opfer oder einfach nichts passiert: Heroisierung und Viktimisierung im dänischen Familiengedächtnis

In der öffentlichen Erinnerung an den Zweiten Weltkrieg in Dänemark wurden lange Zeit die Rolle des Widerstands sowie die Opfer der dänischen Zivilbevölkerung betont. Konfrontiert mit den Ergebnissen der jüngeren kritischen Forschung konnte diese Deutung jedoch nicht weiter unangefochten Geltung beanspruchen. In den 1990er Jahren wurde anhand des Umgangs mit den deutschen Flüchtlingen und den so genannten Deutschenmädchen kurz nach Kriegsende das Selbstbild der moralischen Nation neu verhandelt – was auch die Emotionalität der geführten Debatte erklärt. Im Ergebnis ist das Konstrukt einer Nation, die im gemeinsamen Kampf gegen die deutsche Besatzung geeint wurde, zwar unter Druck geraten, wurde aber letztlich unter Einschluss neuer Opfergruppen aktualisiert. Allerdings ist die Beschreibung des Widerstandes heute weniger ungebrochen heroisierend.

Im Interviewmaterial finden sich zahlreiche Angehörige der Kinder- und Enkelgeneration, die für sich selbst ein »nuanciertes« Bild von der Besatzungszeit reklamieren und dies von einem früher vorhandenen »Schwarz-Weiß-Bild« abgrenzen. Während in den Interviews häufig eine kritische Haltung gegenüber der heroischen Überlieferung in der Öffentlichkeit beobachtbar ist, werden die eigenen Großeltern bzw. Eltern (also die Zeitzeugengeneration) oft sehr eindeutig als Opfer und/oder Helden dargestellt.

Die eigenen Eltern bzw. Großeltern begegneten demnach den Gefahren, denen sie ausgesetzt waren, durchweg mit Mut und Zivilcourage. Die heroische Nation mag infrage gestellt werden, deren Eigenschaften und Charakteristika werden jedoch – in aktualisierter Form – problemlos den eigenen Vorfahren zugeschrieben. Die Akzente der Erzählungen haben sich allerdings deutlich verschoben: Motive von Angst, Überwältigung und Ausgeliefertsein, also Formen des passiven Erleidens, treten neben Formen des aktiven Widerstands gegen die deutsche Besatzung in den Vordergrund.

Im Bewusstsein der Jüngeren stellt die Relativierung der Bedeutung des aktiven Widerstands eine Selbstverständlichkeit dar. Durch die Verknüpfung von Heroisierung und Viktimisierung der eigenen Vorfahren können diese auch ohne eine persönliche Verbindung zum Widerstand als moralisch integre und patriotisch handelnde Dänen beschrieben werden.

Im Zusammenhang mit der Familientradition überrascht die Heroisierung wenig. Das Leiden und die tapferen Taten der eigenen Vorfahren sind nun einmal der »Stoff« der Familienerinnerung, der in den Interviews erzählt werden kann. Dabei kommt es – ob unbewusst oder nicht – häufig zu einer so genannten Wechselrahmung:[37] Aus der Nachbarschaft mit einer jüdischen Familie wird so eine dramatische und gefährliche Rettungsaktion, in der die jüdischen Nachbarn der Deportation entgehen, weil sie im Wohnzimmer der Verwandten vor der Gestapo versteckt waren.[38] Ein für Vertreter der Enkelgeneration typisches Phänomen bringt hingegen die Studentin Amelie Fredriksen zum Ausdruck: Im Familiengespräch betont sie, dass im Gegensatz zu ihrem Vater und Großvater, die sich für Bunkerbau und Sabotage interessieren, für sie die Dinge von Bedeutung sind, zu denen sie eine Beziehung hat. »Wo man denkt, wie wäre es, wenn wir keinen Kaffee bekommen könnten, oder wie wäre es, wenn mein Vater ins Konzentrationslager käme.«[39] Vor dem Hintergrund des Holocaust und des Krieges in anderen Ländern können aus Erzählungen, die vom Leben unter schwierigen Bedingungen in Dänemark handeln, heroische Geschichten angesichts allgegenwärtiger Gefahren werden.

In diesem Prozess kommt den internationalen Medien eine wichtige Rolle zu. Sie haben zum einen den Blick über den Tellerrand der Nation hinaus gerichtet und zum anderen mit der Betonung des Holocaust neue Kategorien von Opfern in die öffentliche Debatte eingeführt. Anstatt die nationale Darstellung der deutschen Besatzung zu relativieren, verändern internationale Medien im Zusammenspiel mit der Familientradition ältere Deutungen der Vergangenheit, ohne diese grundsätzlich in Frage zu stellen.

Gerade von Angehörigen der Enkelgeneration wird das Bedürfnis nach einer heldenhaften Vergangenheit der eigenen Großeltern mitunter offen angesprochen. Die 33-jährige Sussi Jones erzählt im Interview von ihrem Bedürfnis, ihren geliebten Großvater väterlicherseits als Widerstandskämpfer zu sehen. Nicht die objektiven Ereignisse und Taten bestimmen demnach darüber, wer heroisiert wird, sondern die Qualität der emotionalen Beziehung: Heroisiert werden diejenigen Familienangehörigen, denen sich die Nachkommen nahe fühlen.

Interviewerin: »Du bist also ganz sicher, dass er [der Großvater mütterlicherseits] kein Widerstandskämpfer war?«
Sussi Jones: »100 Prozent! Aber mein anderer Opa war dagegen ein großer und ruhiger, mutiger Mann (Ja) und ich könnte mir ihn gut vorstellen (Ja). Und ich habe meinen Vater danach gefragt (Ja). Und mein Vater sagt nein. Und ich glaube auch, dass er sich etwas über mich lustig macht, weil er denkt, dass das typisch ist!«
Interviewerin: »Wie das?«
Sussi Jones: »Ja, das ist schon viele Jahre her – ja, das ist weil, ich bin ja so eine Dramatikerin! Also ich denke ja, dass es fantastisch wäre, wenn mein Opa Widerstandskämpfer gewesen wäre.«
Interviewerin: »Wie denn das?«
Sussi Jones: »Ja, das weiß ich nicht. Also es ist viele Jahre her, dass ich mit jemandem darüber geredet habe, und über den Krieg oder so etwas (Ja), aber als ich klein war – da dachte ich das wäre total spannend.«
Interviewerin: »Wie hast Du Dir dann vorgestellt, dass Dein Opa, dass er/«
Sussi Jones: »Ja, einfach all diese Geschichten die er haben würde! Und dass er das getan hätte! [...]«
Interviewerin: »Also als Kind wolltest Du eigentlich schon gerne Anteil daran haben? [...]«
Sussi Jones: »Ja, das würde ich ja gehabt haben, wenn mein Opa/.«[40]

Auch der 29-jährige Jesper Fanø hat sich für seinen von ihm bewunderten Großvater eine heroische Vergangenheit konstruiert, die auf einem Medienbericht basiert. Jesper hat eine Dokumentation über die Traumata von Widerstandskämpfern gesehen und zieht den Schluss, dass sein Großvater eine ähnlich heroische Vergangenheit wie die Protagonisten des Fernsehfeatures hatte, weil er unter furchtbaren Alpträumen gelitten hatte:

Interviewerin: »Aber Dein Großvater da, dann tauchte er unter,[41] hat er davon auch erzählt? (Nein) [...]«

Jesper Fanø: »Nein, aber ich kann mich erinnern, dass ich vor nicht allzu langer Zeit so eine Dokumentarsendung gesehen hab über diese L-Gruppen[42] glaube ich hießen die. Und ich kann mich erinnern, dass wir jedes Mal wenn wir bei meiner Großmutter und meinem Großvater zu Besuch waren, ich glaube es war im Großen jede einzelne Nacht, da wachte er schreiend auf...«
Interviewerin: »Dein Großvater?«
Jesper Fanø: »Mein Großvater. (Ja) Total schreiend, echt wahnsinnig. [...] Und ich hab immer darüber spekuliert, was das war und hab immer gedacht, dass das wohl da war, als sie ihn gegriffen haben und das Ganze da. Aber also ich stelle mir vor, ich glaube, es gibt ein paar Geheimnisse, die er mit sich genommen hat. Ähm, auch weil ich diese L-Gruppen da gesehen habe, das waren u. a. Polizisten. die dazu gezwungen wurden und einige von denen darüber hinaus aus der Gegend, also... äh... nicht weil, also ich weiß nicht, ob er überhaupt daran beteiligt war (Hm), aber ich könnte mir gut vorstellen, dass da etwas Ähnliches passiert ist oder etwas, äh, Freiheitskampf oder so was...«
Interviewerin: »Aber davon hat er dann nie erzählt? (Nein) dass er direkt am Widerstandskampf beteiligt war (Nein).«
Jesper Fanø: »Ich hab viel mit meiner Mutter darüber geredet (Ja), die auch... die auch den Eindruck hat, dass da etwas mit ihm ins Grab gegangen ist (O. k.).«
Interviewerin: »Du hast Deine Großmutter nie gefragt?...«
Jesper Fanø: »Nein.«[43]

Auffällig ist hier, dass es viel eher die Medienreferenz ist, die Jesper ein Bild von der Widerstandsvergangenheit des Großvaters entwickeln lässt, und nicht etwa die Familienerzählungen. Die eigentliche Ursache für die Alpträume des Großvaters bleibt völlig im Dunkeln – und ähnlich wie in der deutschen Studie liefert gerade diese Nebelhaftigkeit die Möglichkeit, sich einen eigenen Reim auf die Vergangenheit zu machen.

Heroisierte Opfer und Tradierung

Im Folgenden soll dargestellt werden, wie sich einzelne Geschichten im Tradierungsprozess verändern. Alle drei Mitglieder der Familie Antonsen – die 88-jährige Asta Antonsen, ihr 56-jähriger Sohn Flemming und ihre 31-jährige Enkelin Sille – haben ihr gesamtes Leben in

Kopenhagen verbracht.[44] Das Besondere an der Familie Antonsen ist die große Anzahl von Episoden, die in den Interviews vorkommt. Darunter sind zwei Geschichten, die von allen drei Generationen erzählt werden, beides Kriegsgeschichten. Die eine handelt von der Bombardierung der Französischen Schule in Kopenhagen.[45] Asta erzählt, dass sie dieses Ereignis von dem Bürogebäude aus, in dem sie arbeitete, beobachtet hat. Sie wiederholt diese Geschichte während des Interviews mehrere Male mit unterschiedlicher Genauigkeit. Sowohl ihr Sohn als auch ihre Enkelin beziehen sich detailliert auf diese Geschichte, die den Alltag der Zeitzeugin mitten in den dramatischen Kriegsereignissen verankert.

In der anderen Geschichte geht es um den Beschuss eines Häuserblocks durch deutsche Kriegsschiffe gegen Ende des Krieges. In eines dieser Häuser am Hafen zog die Familie Antonsen nach Kriegsende ein. Die Löcher in der Wand waren beim Einzug noch sichtbar. Während es für Asta und ihren Sohn die Geschichte eines Nachbarn ist, der beinahe getötet worden wäre, macht Enkelin Sille das Ereignis zu einer Familiengeschichte. Ihre Familie war selbst gefährdet oder hätte zumindest direkt bedroht werden können:

Sille Antonsen: »Ja, und dann hat sie auch erzählt/sie wohnt wie gesagt [...] in Østerbro [Stadtteil von Kopenhagen] (ja). Und die zogen ein in... ich glaube tatsächlich die zogen ein in... das war... während des Krieges, das muss während des Krieges gewesen sein, glaube ich (Ja). Oder nach dem Krieg, gleich als der vorbei war (ja). Weil, wie sie erzählte, dass da ein großes Loch in der Mauer in dem Gebäude war und im 3. Stock, da hatte / sie wohnt raus zum Hafen [...] und dann hatten solche... solche deutschen Kriegsschiffe, die beschossen... die beschossen alles Mögliche. Und dann trafen die tatsächlich durch die Mauer und hätten fast alle Familienmitglieder getötet.# Ja, aber das war ziemlich krass.«
Interviewerin: »Das war doch ganz schön krass.«
Sille Antonsen: »Aber das war also passiert, bevor die eingezogen sind, aber das war so relativ kurz davor (Ja), dass äh... dass das passiert war. Also das ist faktisch... da sind solche Löcher in der Mauer nach dem Beschuss. [...]«
Interviewerin: »Aber Deine Großmutter hat trotzdem ganz schön dramatische Erlebnisse gehabt!«
Sille Antonsen: »Ja, das kann man wohl sagen.«[46]

Bemerkenswert ist an dieser Stelle, dass Silles Viktimisierung ihrer Familie durch die Interviewerin, ebenfalls eine Angehörige der dritten Generation, unterstützt wird. Für Silles Großmutter Asta ist der Krieg in der Erinnerung dagegen damit verbunden, den Alltag zu organisieren. Sie nimmt – wie viele ihrer Zeitgenossinnen – gewissermaßen eine soziale Periodisierung vor: Ausschlaggebend für sie ist die ökonomisch schwierige Zeit, die von den 1930er Jahren bis weit in die 1950er Jahre reichte. Ihre Enkeltochter Sille folgt dagegen mit ihrer romantisierenden Sicht eher der politischen Periodisierung, in der die Besatzungszeit deutlich von der Zeit davor und danach abgehoben und durch dramatische Ereignisse, Abenteuer und ein starkes Gemeinschaftsgefühl gekennzeichnet ist. Ihre Großmutter, mit der sie viel Zeit verbringt, ist zwar eine wichtige Quelle für Silles Geschichtsbild, jedoch ist offensichtlich, dass die Medien (insbesondere Filme, Bücher und die Fernsehserie *Matador*) einen ebenso starken Einfluss auf ihr Bild von der Vergangenheit haben.

Die Deutschen – unschuldig Schuldige oder »dumme Schweine«? Traditionelle Deutschenfeindschaft

Das Verhältnis zum »großen Nachbarn im Süden« hat in Dänemark stets eine besondere Rolle gespielt. Vor allem in den grenznahen Regionen Jütlands wurde die Abneigung gegen Deutsche auch schon vor der Besatzungszeit tradiert, wie etwa die 1914 geborene und in der Grenzregion aufgewachsene Dagny Jørgensen erklärt:

Dagny Jørgensen: »Nee, wir haben die Deutschen doch nie geliebt. (Nein), auch nicht vor der Zeit (nein), denn da war doch 1864 (Ja) und 1914 (Ja) usw., wovon unsere Eltern uns erzählt haben (Ja).«[47]

Wenn in den Interviews von Deutschen die Rede ist, wird am häufigsten die Formulierung »die Deutschen« (tyskerne) benutzt (pro Interview durchschnittlich 11-mal). In dieser bestimmten Form werden die Deutschen im Kontext der Besatzung zum Feindbild schlechthin, zur Negation der eigenen nationalen Identität

Ole Riis: »Nein... die Deutschen waren dumme Schweine, und es ging einfach darum, die so schnell wie möglich hier rauszuschaffen. [...] Die waren dumme Schweine, und die sollten so schnell wie möglich aus dem Land (Ja). Es gab keinen Grund, sympathisch von denen zu denken (Nein).«[48]

Doch neben solch explizit negativen Darstellungen der Deutschen wird in vielen Interviews mit den Angehörigen der Großelterngeneration auch positiv über die Deutschen gesprochen. Dabei wird mitunter auch das Fraternisierungsverbot mit den deutschen Soldaten scharf kritisiert.[49]

Das klassische Feindbild erscheint in den Interviews vielen Angehörigen der jüngeren Generationen nicht mehr legitim. Bei der Aktualisierung des klassischen Feindbildes – das seine in der Nachkriegszeit noch vorhandene politische Funktionalität inzwischen eingebüßt hat – tritt eine interessante Differenz in der Wahrnehmung zutage: Obwohl zahlreiche Interviewte der Kinder- und Enkelgeneration der Meinung sind, dass ihre Vorfahren aufgrund persönlicher Erfahrungen ein negatives Deutschenbild hätten, bieten die Interviews mit der Großelterngeneration selbst ein weitaus differenzierteres Bild. Unabhängig davon existieren jedoch tradierte Stereotype, etwa über die »hässliche« deutsche Sprache oder über die »typisch« deutschen Sekundärtugenden wie Ordnung, Fleiß etc., die auch in der Enkelgeneration noch weit verbreitet sind. Teilweise wird die Hartnäckigkeit dieser Vorurteile auch kritisch reflektiert, wie von der 21-jährigen Studentin Amalie Frederiksen:

Amalie Frederiksen: »Ja. Aber ich glaube auch, dass die Deutschen immer noch die Bösen sind, als erste, aber dennoch hat man auch ein größeres Verständnis dafür bekommen, dass auch viele von denen hinter's Licht geführt wurden (Ja). Und nahezu zu Tötungsmaschinen gemacht wurden und so was (Ja). Aber ich bin ja froh darüber, dass meine Auffassung sich verändert hat, denn es gibt viele, die das so sehen/ ja, aber, Deutschenschweine, immer noch, und die haben das und das gemacht während des Krieges und... ja, die nicht weiterkommen auf eine Art. Und es gibt auch viele in meinem Alter, die so sind. Die die Deutschen und alles, was deutsch ist, einfach hassen. Und das, denke ich, ist ärgerlich, dass man nicht weiter kommen kann.«[50]

Das Auseinanderfallen zwischen dem vorherrschenden nega Deutschenbild und dem teilweise positiven Bild in der eigenen Fami lienerinnerung stiftet mitunter auch Verwirrung, wie bei dem 19-jährigen Kaspar Lange:[51]

Kaspar Lange: »Wenn man ein kleiner Junge ist und etwas vom Zweiten Weltkrieg erfährt und denkt, die Deutschen, das waren ein paar Schlimme, und man dann nach Hause kommt und seine Familie reden hört darüber und nein, diese Deutschen, die waren doch ganz normale Kerle, weil die Kultur lag dichter dran, deshalb konnten sie sich mit diesen Soldaten identifizieren.«
Interviewerin: »Also mit den deutschen Soldaten?«
Kaspar Lange: »Ja, mit den deutschen Soldaten. Und das verstand ich ja überhaupt nicht, denn das war doch der Feind. Das waren doch die da, das war Hitler und die waren doch allesamt Nazis.«[52]

Deutsche und Nazis

Dort, wo nicht die pauschalisierende Formulierung »die Deutschen« benutzt wird, lässt sich in den Interviews eine große Bandbreite von Einstellungen gegenüber Deutschen finden. Die Darstellungen *individueller Deutscher* sind dabei fast durchweg positiv, zudem werden unterschiedliche Differenzierungen zwischen verschiedenen Gruppen von Deutschen vorgenommen. Zentral ist die Unterscheidung zwischen Deutschen und Nazis, die vor allem von Angehörigen der Enkelgeneration betont wird. Der 19-jährige Hans Bjerg kritisiert beispielsweise, dass für seine Großmutter »die Deutschen immer noch so ein wenig synonym mit den Nazis« seien.[53] Die Unterscheidung dient dazu, positiv konnotierte Aussagen über Deutsche machen zu können. So erklärt die 1966 geborene Maja Ibsen:

Maja Ibsen: »Also ich denke nicht, dass man den gemeinen Deutschen dafür verurteilen kann. Man kann Hitler verurteilen und man kann Goebbels verurteilen und wie die sonst heißen (Ja), und die, die das Ganze in Gang gebracht haben, nich, aber ich denke nicht, den gemeinen Deutschen kann man nicht verurteilen. (Nein) Denn die haben sich nicht getraut, etwas anderes zu tun (Nein). Und ich glaube, es gibt genau so viele Deutsche, die Gegner des Krieges gewesen sind, aber die sich nicht getraut haben, das zu sagen (Ja).«[54]

In einigen Interviews wird diese Darstellung noch weiter gesteigert und »die Deutschen« werden sogar zu Opfern »der Nazis« stilisiert. In einem Interview werden die Deutschen körpermetaphorisch als »entzündet von den Nazis« bezeichnet und behauptet, jedes andere Verhalten als eine offene Zustimmung zum NS hätte eine konkrete (physische) Gefahr für die Deutschen bedeutet.[55]

Der einfache Soldat

Nach »die Deutschen« wird in den Interviews am zweithäufigsten der unbestimmte Plural »Deutsche« (tyskere) verwendet (Die Formulierung kommt ebenfalls in allen Interviews vor, durchschnittlich fast viermal pro Text). Diese Formulierung dient in den meisten Fällen dazu, positive Beschreibungen einzelner Deutscher einzuleiten. Ebenso wie in Norwegen[56] taucht hierbei häufig die Figur des »einfachen Soldaten« auf. So antwortet die 32-jährige Lene Høeg auf die Frage nach ihrem Bild von den Deutschen, die in Dänemark waren:

Lene Høeg: »Ja, ich glaube, ich stelle mir diese Soldaten als ganz gewöhnliche junge Männer vor (Ja) und es waren nicht sie, die kriegslüstern oder kriegswütig waren. Ich glaube eigentlich, ich habe so ein Bild, dass, dass die ... die waren etwas freundlich, glaube ich ... und jung (Ja) und weit weg von zu Haus.«
Interviewerin: »So dass sie einem schon fast leid tun konnten?«
Lene Høeg: »Ja, so glaube ich, sehe ich sie vor mir [10 Sek.] Ich sehe sie nicht vor mir als ein besonderer Feind. Den einzelnen Soldaten (Nein). Nein, das habe ich nie gedacht, dass sie das eigentlich sein könnten ... Das waren nur Hitler und die Hohen an der Spitze glaube ich ... Ich, das glaube ich.«[57]

Die deutschen Soldaten werden in dieser Sequenz überaus positiv dargestellt. Dabei wird eine doppelte Abgrenzung vorgenommen: Erstens von einzelnen Deutschen gegen »die Deutschen« und zweitens von »den Deutschen« gegen »Nazis«, die ihrerseits nicht selten auf eine kleine Gruppe von Funktionären reduziert werden. Durch diese doppelte begriffliche Abgrenzung wird ein politischer Gegensatz zwischen der NS-Führung und den in Dänemark stationierten Soldaten konstruiert. Selbst in der Enkelgeneration scheint dies noch notwendig zu sein, um eine positive Aussage über Deutsche zu legitimieren. Neben Sympathie für die »süßen« Soldaten[58] wird in mehreren Familien explizites Mitleid mit den deutschen Soldaten geäußert. Dabei wird nicht selten auf das jugendliche Alter der Soldaten verwiesen und vermutet, die hätten ja »selbst genau so viel Angst gehabt wie wir«.[59] Hans Bjerg etwa mutmaßt, die deutschen Soldaten seien »einigen der moralischen Dilemmata ausgesetzt [gewesen], denen die Dänen auch ausgesetzt waren«.[60] Über das ihnen entgegengebrachte Mitleid und Verständnis werden die deutschen Soldaten so zu unschuldig Schuldigen. Hierzu die 31-jährige Linda Berg:

Interviewerin: »Was ist so mit den Bildern von den Deutschen?«
Linda Berg: »Das weiß ich nicht richtig. Das ist schwierig denke ich. Also ich sie seh sie schon als welche, die selbst nichts dafür konnten, dass sie in den Krieg geschickt wurden, nicht. Unschuldige.«
Interviewerin: »Hast Du Unschuldige gesagt?«
Linda Berg: »Ja, viele von den Soldaten waren vielleicht unschuldig, nicht wahr? Die wurden ja losgeschickt und wollten das vielleicht gar nicht.«[61]

Die können doch nichts dafür

In mehreren Familiengesprächen finden Diskussionen über die unterschiedlichen Deutschenbilder statt. Dabei meinen vor allem Vertreter der Großelterngeneration, sich für ihre negative Einstellung Deutschen gegenüber rechtfertigen zu müssen. Meist wird dabei zwischen damaligen und heutigen Deutschen unterschieden, wie bei der 88-jährigen Dagny Jørgensen:

Dagny Jørgensen: »Aber ich liebe die Deutschen nicht, das haben wir nie getan (Ja), aber nun reisen wir ja fröhlich nach Deutschland und die Generation kann ja nichts dafür.«[62]

Selbst wenn bestimmte Stereotype weiter tradiert werden, wird das vermeintlich negative Deutschenbild der Großeltern durch die Enkelgeneration moralisch delegitimiert. Solche Stereotype widersprechen nämlich dem eigenen Anspruch, gegen Rassismus und für universelle Menschenrechte zu sein. Das korrespondiert mit dem Bedürfnis der Enkel, Deutsche als Opfer darzustellen, die unter der »Last der Vergangenheit« zu leiden hätten. So meint Lene Høeg, einen Drang von Deutschen in Dänemark auszumachen, sich entschuldigen zu wollen:

Lene Høeg: »Ja. [...] Gerade glaube ich, dass es etwas Ältere waren, die so ›Entschuldigung‹ gesagt haben, also Deutsche. ›Ihr müsst entschuldigen, was wir Eurem Land angetan haben‹ (Ja). Wo es mir etwas so geht, ja also... das bist ja nicht Du/ Du bist nicht der Schuldige. Und ich denke daran, wie schrecklich das sein muss, so viele Jahre diese Schuld zu tragen (Ja) Also ein ganzes Volk, die sind einfach verdammt irgendwie.«[63]

Hans Bjerg erzählt, wie er gemeinsam mit seiner deutschen Schwägerin Katrin eine Theatervorstellung besuchte, in der es um die Judenvernichtung ging:

Hans Bjerg: »Und ich war so etwas, das war ja etwas, wozu wir uns alle verhalten sollten und Katrin wurde einfach so wütend davon, diese Vorstellung zu sehen, denn sie hat diese Vorstellung, in anderen Zusammenhängen, tausende Male gesehen und ist ja in deutschen Schulen aufgewachsen. Und es sind immer die Deutschen, auf die geschossen wird, sagt sie (Ja). Und das kann ich halt eigentlich gut verstehen (Ja)... Und ich glaube man macht es sich sehr leicht, wenn man sagt, dass man auf die Deutschen aufpassen muss (Ja) und dass die Deutschen dazu fähig wären, das noch einmal zu tun und so was. Das hat schon viel von so einem kleinen Rassismus, der eigentlich in uns allen wohnt (Ja)... Und das glaube ich, dass man daran arbeiten muss, denn das ist ja genau das, das ist... der Grundstein für eine neue Form von Nazismus.«[64]

Hans übernimmt hier das selbstviktimisierende Bild seiner deutschen Schwägerin und verbindet es mit seinem eigenen moralischen Anspruch bzw. der Angst davor, selber rassistisch zu denken. Hier wird nicht nur das klassische Deutschenbild abgelehnt, weil es im Gegensatz zur universalistischen Toleranz steht. Allein schon einen Zusammenhang zwischen heutigen (jungen) Deutschen und der nationalsozialistischen Vergangenheit herzustellen, wird tendenziell als rassistisch, ja im Kern sogar als nationalsozialistisch verstanden. Diese Angst vor einem vermeintlichen »antideutschen Rassismus« ist auch in anderen Ländern beobachtbar.[65] Dabei wird mitunter auch »den Deutschen« generell ein Opferstatus zugeschrieben, meist an-

hand von Geschichten über die Bombardierungen deutscher Großstädte oder über die Flucht aus den ehemaligen deutschen Ostgebieten.
Nicht nur in diesem Beispiel wird jedoch die eigene Familie aus der moralischen Wertung herausgenommen: Nur wenige Zeilen nach seiner obigen Aussage legitimiert Hans Bjerg die explizit deutschfeindliche Haltung seiner Großmutter mütterlicherseits durch Verweis auf deren frühere Erlebnisse.[66] An anderer Stelle berichtet er von seiner Großmutter väterlicherseits, die sich vor dem Krieg längere Zeit in Deutschland aufgehalten hatte, und ihrer offenen Sympathie für den Nationalsozialismus:

Hans Bjerg: Und dann erzählte sie, dass sie [...] diese ganze Bewegung erlebt hat und diese reinen Menschen und diese ganze Gesellschaft, die funktionierte, wie sie sollte und so etwas. (Ja) Sie war sehr fasziniert von all dem ganzen Funktionalismus und Modernismus (Ja) und so. Und dann erzählte sie, dass sie wirklich gedacht hatte, dass das verflucht spannend war und dass es da wirklich etwas zu holen gab (Ja). Und jetzt, in dieser Situation erzählte sie das so etwas schuldbeladen. Sie war sich natürlich darüber im Klaren, dass das seine Komplikationen hatte, diese Dinge, von denen sie etwas hielt, zu diesem Zeitpunkt.«[67]

Hans Bjerg distanziert sich hier auch sprachlich nicht von seiner Großmutter väterlicherseits, sondern betont vor allem den Konflikt zwischen den Positionen der beiden Großmütter. Für ihn selbst scheinen diese beiden Positionen jedoch keinen Widerspruch darzustellen.

Die Muslime sind schlimmer als die Deutschen – Gegenwartsvergleiche

Die Ausdifferenzierung des Deutschenbildes lässt sich sicher auch dadurch erklären, dass die Deutschen als Feindbild ihre politische Funktion weitgehend eingebüßt haben. Im Zeitalter der EU-Integration wird nicht mehr in den Deutschen, sondern in erster Linie in (vor allem muslimischen) Einwanderern eine Bedrohung für die dänische Gesellschaft und Nation gesehen. In einem dänischen Gruppeninter-

view der Großelterngeneration[68] wird sogar ein direkter Vergleich zwischen beiden »Bedrohungen« gezogen. Das Thema Einwanderer taucht in 50 Prozent der Familien auf. Angesichts eines auch in Dänemark verbreiteten Rassismus[69] wird es meist in Form eines moralischen Toleranzgebotes angesprochen: Der liberale Umgang mit Minderheiten wird als Lehre aus der Besatzungszeit formuliert. Viele Aussagen der Interviewten richten sich gegen die rechtspopulistische Dansk Folkeparti; in einem Interview wird deren Vorsitzende Pia Kjærsgård gar als Wiedergängerin Hitlers beschrieben.[70]
Die meisten Gegenwartsvergleiche werden jedoch anhand aktueller kriegerischer Konflikte gezogen. So werden etwa die Kriege im ehemaligen Jugoslawien in den 1990er Jahren in 70 Prozent der Familien erwähnt, meist um anthropologisierende Aussagen zu belegen wie die, dass das Wesen des Menschen von Natur aus böse sei, Krieg immer sinnlos und dass die Menschen »nichts aus der Geschichte lernen« würden. So antwortet der 1966 geborene Jens Sørensen auf die Frage, welchen Eindruck die Beschäftigung mit dem Holocaust bei ihm hinterlassen hat:

Jens Sørensen: »Das ist die Ungeheuerlichkeit, wie man andere Menschen behandeln kann (Mm). Also das ist doch, das ist doch... da kann man sich gar nicht hineinversetzen (Nein). Man hat eigentlich geglaubt, dass damit Schluss war, aber das ist es nicht. In Jugoslawien ist es genau so (Ja), mit den Serben, wie heißt das, oder Muslimen und Kroaten, das ist ja ganz... man hat doch geglaubt, es war vorbei, oder? (Ja). Aber das war es nicht. Das, was die Israelis mit den Palästinensern machen, oder umgekehrt, nicht. (Ja)«
Interviewerin: »Es geht also weiter?«
Jens Sørensen: »Das tut es. (Ja) Man kann gar nicht, man kann gar nicht verstehen, dass... dass... Ruanda vor einigen Jahren, oder (Mm, ja) dass es so bleiben kann. (Ja) Das kann man nicht fassen. (Nein... nein).«[71]

Die Begründung aktueller politischer Positionen mit moralischen Lehren aus der Besatzungszeit ist in Dänemark heute allgegenwärtig. Eine besondere Rolle spielt die Invasion im Irak. Die Debatte war zu dem Zeitpunkt, als ein Großteil der Interviews geführt wurde, in Dänemark auf ihrem Höhepunkt. Nur in zwei Familien wird der Irakkrieg nicht thematisiert, insgesamt wird er mehr als 100-mal erwähnt. Auch auf die Position des dänischen Ministerpräsidenten Rasmussen wird dabei Bezug genommen. Am 60. Jahrestag des offiziellen Endes der Zusammenarbeitspolitik, dem 29. August 2003, hielt Rasmussen eine Rede, in der er diese scharf kritisierte. Die Beteiligung Dänemarks am Irakkrieg sei notwendig, wolle mal nicht (wie damals) andere für Freiheit und Frieden kämpfen lassen.

Bei der Gleichsetzung aktueller Konflikte mit Ereignissen des Zweiten Weltkriegs nimmt der israelisch-arabische Konflikt mit insgesamt 51 Erwähnungen in der Hälfte der Familien eine herausragende Stellung ein. Dabei kommt es häufig zu einer Täter-Opfer-Umkehr, die auch als Muster des antizionistischen Antisemitismus bekannt ist, wie hier bei Lene Høeg:

Interviewerin: »Was hast Du von den Judenverfolgungen gehört? Ist das ein Teil der Geschichte, die Du hast von der Besatzungszeit oder vom Zweiten Weltkrieg?«
Lene Høeg: »Ja, das glaube ich schon/ Das meine ich schon, dass es ein großer Teil davon ist. Das ist das, was am meisten ausmacht, denke ich. Ja, diese Ausrottung und ... ja diese Sterne da, mit denen die rumlaufen mussten. Aber es ist doch meist vom Fernsehen, glaube ich. Geschäfte, die man zugemalt hat und zerstört/ Vom Tagebuch der Anne Frank auch. Dass man aufgrund seines Blutes verdammt und verfolgt werden kann. (Ja) Aber man kann doch sagen, dass man das nachher versucht hat, wieder gut zu machen, indem man denen Israel gegeben hat, und dann ist es ja doch fast einfach dasselbe, was da drüben wieder passiert.«[72]

Die Geschichte der Judenverfolgung wird hier en passant mit den aktuellen Ereignissen im nahen Osten gleichgesetzt, ohne dass Akteure benannt werden müssen. In einem anderen Interview wird diese Gleichsetzung noch weiter getrieben. Der 1928 geborene Jørgen Frederiksen beschwert sich zunächst darüber, dass der Zweite Weltkrieg angeblich zu sehr auf die sechs Millionen ermordeten Juden reduziert werde, um dann zu sagen:

Jørgen Frederiksen: »Aber also die Art und Weise, wie die Deutschen sich aufführten, was wir gehört haben, mit Folter usw. Ja, das verblasst ja etwas neben dem, was man heute aus dem Nahen Osten hört. (Ja) Weil man kann sich doch nicht so richtig mit dem beschäftigen, was da unten in Israel-Palästina geschieht, ohne einen Vergleich zu ziehen (Hmm). Und äh, der fällt ja schon in manchen Fällen zum Vorteil der Deutschen aus. (Ja)«[73]

Jørgen Frederiksen versteht sich als Vertreter der Linken in Dänemark: Diese argumentiert im Diskurs über den Nahostkonflikt traditionell pro-palästinensisch und nicht selten offen antisemitisch, versteht sich jedoch selbst keinesfalls so, sondern als antirassistisch. Die dänische Rechte hingegen argumentiert zwar oft offen rassistisch (vor allem gegen Muslime), ist aber so gut wie nicht antisemitisch und teilweise sogar explizit israelfreundlich.

Antisemitismus – einfach undänisch?

Antisemitismus gilt heutzutage in Dänemark als ein zutiefst undänisches Phänomen, dessen Existenz nicht selten geleugnet wird. Das bedeutet jedoch keineswegs, dass es historisch keinen Antisemitismus in Dänemark gegeben hätte. Auch sind gegenwärtige Formen von Antisemitismus in Dänemark durchaus präsent.[74] Vielmehr stellte die Abgrenzung von der nationalsozialistischen Rassenideologie und dem als deutsch konnotierten Vernichtungsantisemitismus eine wichtige Demarkationslinie zwischen der dänischen Gesellschaft und den deutschen Besatzern dar.[75] In der Folge wurde der Antisemitismus insgesamt als deutsch – und damit als undänisch – verstanden. Selbst dänische Nationalsozialisten und deren Sympathisanten werden vom Vorwurf des Antisemitismus ausgenommen, wie ein Zitat aus dem Interview mit Sille Antonsen zeigt:

Sille Antonsen: »Dann gibt es selbstverständlich auch diejenigen, die davon fasziniert waren, vom Nazismus und die dachten, dass es doch herrlich war, ohne vielleicht dezidierte Judenhasser gewesen zu sein. (Ja), aber die vielleicht dachten, dass das ein smartes System war (ja). Und dass es wert war, dazu aufzuschauen und dass es eine gute Idee war (ja) also etwas Geld und ein Auto und/«[76]

Als Motive für Dänen, mit dem Nationalsozialismus zu liebäugeln, werden meist wirtschaftliche Vorteile und die Verführung durch Propaganda angeführt. Antisemitische Motive scheinen demnach keine Rolle gespielt zu haben. Selbst dort, wo antisemitische Haltungen auftreten, werden sie vom Antisemitismus der deutschen Nazis abgegrenzt. So hält Margrethe Istrup, Jahrgang 1927, den antisemitischen Äußerungen ihres Vaters seine Betroffenheit angesichts der Deportation eines Nachbarn entgegen:

Margrethe Istrup: »Und das ist etwas von dem, was Eindruck auf mich gemacht hat, weil mein Vater, er hat häufig so ein bisschen die Juden veralbert, er hat häufig so was gesagt, so was irgendwas mit, wie Juden, die können immer an Geld rankommen und so was, aber er mochte den Mann so sehr, und es ging ihm total nah, und er saß und weinte damals, als die Familie geholt wurde.«[77]

Die Verfolgung der dänischen Juden und die Flucht nach Schweden im dänischen Familiengedächtnis

Weder der Holocaust insgesamt, noch die Rettung der dänischen Juden haben einen systematischen Platz in der dänischen Familienerinnerung an die Besatzungszeit. Zwar kommt das Thema in fast allen Familien vor, allerdings oft nur mit einer einfachen Erwähnung (siehe Tab. S. 102). Zudem wird das Thema bis auf wenige Ausnahmen erst durch die Interviewerinnen eingeführt. Die Interviewten aller drei Generationen äußern ihre Bestürzung und ihre Betroffenheit, oft in einer »politisch korrekten« Weise, schneiden das Thema jedoch meist nur oberflächlich an. Das Sprechen bleibt vage, die Konkretisierung von Tätern oder Opfern des Holocaust bleibt meist aus.

Diese Tendenz des vagen Sprechens schlägt sich auch auf der Ebene der erzählten Geschichten nieder. Nur in vier Familien wird eine Geschichte über die Rettung nach Schweden erzählt. Alle vier Familien stammen aus Kopenhagen, wo auch die Mehrheit der dänischen Juden lebte. Zwei dieser vier Familien haben zudem einen jüdischen Hintergrund – ihre Geschichten handeln von der Flucht von Familienmitgliedern.

Die sehr an der Besatzungszeit interessierte 17-jährige Schülerin Julie Ranum erzählt im Interview von den Erfahrungen ihrer Großeltern, aber auch ausführlich und sehr emotional über den Besuch einer jüdischen Überlebenden in ihrer Schule. Diese berichtete von ihren Er-

»Holocaust« oder »Judenverfolgung« in den Interviews

		Zeitzeugen-Gespräch		Kindergespräch		Enkelgespräch		Familiengespräch				
Familie	Nr.	**Z.**	davon Int.	**K.**	davon Int.	**E.**	davon Int.	**Insgesamt**	davon Z.	davon K.	davon E.	davon Int.
Wium	DK F01	**1**	–	–	–	**7**	5	–	–	–	–	–
Hertz	DK F02	**2**	–	**1**	–	–	–	**1**	–	–	–	1
Riis	DK F03	–	–	–	–	**1**	–	–	–	–	–	–
Antonsen	DK F04	–	–	–	–	**1**	–	–	–	–	–	–
Frederiksen	DK F05	**5**	2	–	–	–	–	**2**	1	–	–	1
Suhr	DK F06	–	–	**2**	1	–	–	**2**	–	–	1	1
Jørgensen	DK F07	–	–	–	–	**2**	–	**1**	–	–	1	–
Mathiesen	DK F08	**1**	1	–	–	**1**	1	–	–	–	–	–
Christiansen	DK F09	–	–	–	–	–	–	–	–	–	–	–
Nielsen	DK F10	**1**	1	–	–	–	–	–	–	–	–	–
Riber	DK F11	–	–	**1**	1	**1**	1	–	–	–	–	–
Bang	DK F12	–	–	–	–	–	–	–	–	–	–	–
Svendsen	DK F13	–	–	**3**	2	**6**	3	**1**	–	–	–	1
Istrup	DK F14	–	–	**1**	1	–	–	–	–	–	–	–
Hansen	DK F15	–	–	**4**	2	**3**	1	–	–	–	–	–
Larsen	DK F16	–	–	**7**	2	**3**	2	**2**	–	2	–	–
Berg	DK F17	–	–	**3**	2	**1**	1	**5**	1	1	–	3
Lange	DK F18	–	–	**1**	1	**4**	1	–	–	–	–	–
Hastrup	DK F19	–	–	**1**	1	**1**	1	–	–	–	–	–
Persson	DK F20	–	–	**2**	1	–	–	–	–	–	–	–
	Summe	**10**	4	**26**	14	**31**	16	**14**	2	3	2	7
		Z	Z davon Int.	K	K davon Int.	E	E davon Int.	FG	Familiengespäch davon Z	davon K	davon E	davon Int.

Legende: Int. = Interviewerin, E = Enkelgeneration, K = Kindergeneration, Z = Zeitzeugengeneration lebnissen auf der Flucht nach Schweden. Julie kombiniert ihr Wissen aus der Schule und den Medien mit den Geschichten von zu Hause über einen Großonkel, der als Fischer jüdische Flüchtlinge nach Schweden segelte:

Julie Ranum: »Wir schrieben Geschichtsklausur, da schrieb ich über die Flucht über den Öresund und die Menschen, die gerettet wurden und die Fischer, die ihnen hinüber halfen und die Fischkutter und etwas über die Gestapo und Gilleleje, wo die gefangen wurden / oder versteckt auf dem Kirchendach und so etwas. Darüber habe ich auch etwas geschrieben, das war auch sehr spannend (Ja)... Auch weil mein / Also das ist schon echt weit hergeholt, der Mann von der kleinen Schwester meiner Großmutter war mit dabei, einige Juden rüberzusegeln, in einem Boot, das ›Maren‹ hieß. Also das war auch sehr spannend / Das war dann ja auch etwas so familienmäßig, auch wenn es weit hergeholt ist. Also das war auch sehr spannend, also hab ich etwas darüber geschrieben, denn dann erfuhr ich so einige facts von meiner Großmutter und meinem Großvater, wie er war und warum er das getan hat, und ob er Geld dafür bekam. Aber es war nicht so viel, denn es war lange her und es gab nicht so richtig/.«[78]

Die heroische Erzählung über die direkte Beteiligung ihrer Familie an der einzigartigen Rettungsaktion wird empfindlich gestört durch die problematische Assoziation, dass die Fischer Geld verlangten, also von der Not derer, die sie nach Schweden brachten, profitierten. Julie nimmt ihre eigenen Verwandten dezidiert vom Verdacht aus, auf diese Weise viel Geld verdient zu haben. Das moralische Dilemma kann sie jedoch nicht zu ihrer Zufriedenheit auflösen:

Julie Ranum: »Wo die... sie die Jüdin davon erzählte, dass ihre Familie alles geben musste, was sie hatten. Da dachte ich: ›Nein, wie peinlich ist das, dass die Fischer Geld dafür nehmen!‹ Ganz ehrlich. Es ist doch deren Leben, das die retten sollen. Und ein Leben kann ja nicht 1000 Kronen kosten. Wenn ich 1000 Kronen bezahlen müsste, um mein Leben zu retten, würde ich doch sagen, dass ich mehr wert wäre (Ja)... Und dann auch... also, denen dann doch helfen! Man muss doch nicht für alles bezahlen. Aber auf der anderen Seite kann ich das gut verstehen, denn ihr eigenes Leben stand ja auch auf dem Spiel (Ja). Es ist ja auch ihre Kraft und es ist doch Zeit und Benzin und... das Segelding da rüber. Also... doch, ich kann das schon ein bisschen einsehen. Aber ein bisschen kann ich es auch nicht einsehen. Also [lacht] ich kann auch beide Seiten davon sehen. Aber selbstverständlich, ich würde doch auch alles bezahlen was ich habe und mehr, um (Einfach um wegzukommen?) Ja. Das ist doch klar.«[79]

Julies Mutter, die 54-jährige Birthe Ranum, erzählt dieselbe Geschichte und weist ihren Onkel als Helden aus: Er habe nicht nur sein Leben, sondern auch seine Gesundheit riskiert:

Birthe Ranum: »[...] er war sehr krank und trotzdem verschiffte er Juden rüber.«[80]

Trotz ihrer deutlich kritischen Distanz zu dieser Heldengeschichte gibt sie an, zwar nicht stolz auf die Tat ihres Großonkels zu sein – es wäre für sie jedoch problematisch gewesen, hätte er es nicht getan. Insgesamt lässt sich in den Interviews beobachten, dass das Wissen der Enkelgeneration über den Holocaust und die Judenverfolgung meist aus den Medien und dem Schulunterricht stammt und nicht aus Erzählungen in der eigenen Familie.[81]

Nationaler Kampf oder universelle Werte?

Insgesamt zeigt die nationale Basiserzählung – wenn auch nicht ungebrochen – in den Interviews ihre deutliche Wirkung. Indem sie aus dem Ereignis der deutschen Besatzung eine existentielle nationale Erfahrung machte, ist sie auch heute noch über die Generationen hinweg bindend. Dies lässt sich vor allem an der Rolle beobachten, die dem Widerstand zuteil wird. Obwohl die klassische Vorstellung, alle Dänen seien im Widerstand gegen die Deutschen geeint gewesen, gerade von der Enkelgeneration stark kritisiert wird, bleibt der Widerstand die Norm, an der die Vergangenheit gemessen wird. Auch wenn z. B. über die »Heiligen der letzten Tage« oder die Überschätzung der militärischen Bedeutung der Widerstandsbewegung gelästert wird, ist der Widerstand doch ein zentrales Element der Selbstwahrnehmung. Viele junge Dänen betrachten die Notwendigkeit von Demokratie und Menschenrechten als die zentrale Lehre aus der Besatzungszeit. Der Widerstand ist in diesem Sinne sowohl moralische Verpflichtung als auch symbolischer Kern der dänischen nationalen Identität. Obwohl die historische Forschung das heroische Bild des Widerstands gegen die Deutschen infrage gestellt hat, ist die moralische Bedeutung des

Widerstands als Ideal weiterhin fest verankert. Die Basiserzählung wurde trotz der Kritik am klassischen Widerstandsmythos modernisiert und mit aktuellen Bezügen versehen für die Gegenwart bindend. Beispielhaft antwortet die 21-jährige Studentin Amalie Frederiksen auf die Frage nach den Lehren aus der Besatzungszeit mit einem leidenschaftlichen Plädoyer für die Demokratie. Deren Abwesenheit liefert zugleich die historische Erklärung für den Nationalsozialismus:

Amalie Frederiksen: »Da denke ich mehr daran, wie die Verhältnisse in Deutschland waren, mehr so in die Richtung, dass es wichtig ist, dass man eine Demokratie hat, (ja) und dass es wichtig ist, dass es viele gibt, die bestimmen und... auch wenn die Menschen viel zanken und die Politiker herumstreiten und man es leid werden kann, dem zuzuhören, so denke ich nur, dass das gut ist, dass das fantastisch ist, dass verschiedene Meinungen geäußert werden, anstatt dass Absolutismus herrscht und man... dass das Ganze so schwarz und weiß wird. Und wenn das so was ist, das die Menschen dazu bringt, darüber nachzudenken, dass es wichtig ist, dass sie an der Demokratie teilnehmen und dass sie die Meinungsfreiheit schätzen und... und also auch nur, dass man zusammenleben können sollte, weil man Jude oder Christ oder Muslim ist. Aber besonders Demokratie, da denke ich viel daran (ja), weil das ist einfach so wichtig.«[82]

Darüber hinaus gehört für viele Dänen vor allem der nationale Zusammenhalt angesichts der äußeren Bedrohung zur Vorstellung von der Besatzungszeit. Während die interviewten Zeitzeuginnen und Zeitzeugen punktuell Momente nationaler Mobilisierung, wie das gemeinsame Singen von dänischen Liedern zu Beginn der Besatzungszeit oder die Proteste und Streiks gegen deren Ende, thematisieren, ist für die nachfolgenden Generationen der Zusammenhalt das zentrale Charakteristikum der Besatzungszeit. So antwortet etwa der 21-jährige Nis Gade auf die Frage, was er Positives am Leben während der Besatzungszeit sieht:

Nis Gade: »Den Zusammenhalt!«
Interviewerin: »Den Zusammenhalt.«
Nis Gade: »Ja, und dass es... dass man... ja, was zur Hölle kann man sagen. Dass man herausfand, wie sehr/und wie klein Dänemark ist (ja) und wie sehr man zusammenhalten muss, wenn etwas so Großes passiert (ja). Und ich glaube, dass es viel sozialer wurde nachher (ja).«[83]

Nicht nur in der politischen Debatte, etwa um die Rolle Dänemarks in der EU, kann der Widerstand in unterschiedliche Richtungen hin aktualisiert werden: So beziehen sich diejenigen, die für Toleranz und gegen Rassismus im heutigen Dänemark eintreten, auf den Widerstand gegen die Nazi-Diktatur und den Rassismus der Nazis. Ihre politischen Gegner, die in den Migranten eine neue Bedrohung Dänemarks sehen, berufen sich jedoch ebenfalls auf die Besatzungszeit, indem sie die heutigen Migranten mit den deutschen Besatzern in Verbindung bringen.
Zusammenfassend lässt sich feststellen, dass die Besatzungszeit sowohl als patriotisch-nationaler Kampf interpretiert wird als auch als moralische Lehre universell gültiger Werte, die jedoch zugleich den Kern dänischer Identität ausmachen. Indem universalistische Werte wie Demokratie und Menschenrechte (die jedoch zugleich partikularistisch zur Abgrenzung von anderen dienen) als Lehre aus der Besatzungszeit gezogen werden, folgt eben nicht die Entwertung der familiären Tradierung, sondern deren Aktualisierung und letztendlich Integration in neue Bedeutungszusammenhänge.

Fazit

Die Analyse dessen, was innerhalb der Familien tradiert wird, hat ein spannendes Muster zutage gefördert: Tradiert, das heißt von allen drei Generationen weitererzählt werden überwiegend Geschichten, in denen die eigenen Familienangehörigen als Opfer und Helden auftreten. Diese beiden auf den ersten Blick gegensätzlichen Formen der Idealisierung ergänzen sich.[84]
Damit erscheint eines der Rätsel, vor dem die Analyse der öffentlichen Erinnerungskultur stand, in einem neuem Licht: Trotz kritischer Debatten über die Haltung Dänemarks im Zweiten Weltkrieg und der zunehmenden Universalisierung der Erinnerungskultur bleiben die älteren nationalen Deutungen der Vergangenheit von ungebrochener Relevanz. Über die Familienerinnerung – so legen die Familieninterviews nahe – werden diese Vorstellungen von der Ver-

gangenheit verankert und zugleich neuen Bedürfnissen angepasst, das heißt auch mit universalistischen Deutungen vermengt. Das erklärt auch, warum die nationalen Vergangenheitsdeutungen so hartnäckig sind, bzw. warum sie imstande sind, auch ihr Gegenteil widerspruchsfrei zu integrieren.

Ein weiterer wichtiger Befund ist der Einfluss der Medien auf die Familienerinnerung. Von zentraler Bedeutung ist hier die dänische Fernsehserie *Matador*, die das dänische Geschichtsbewusstsein bis heute entscheidend mitprägt. Dänemark wird im Mikrokosmos einer Kleinstadt dargestellt, die letztlich moralisch gestärkt aus den Wirren der Besatzungszeit hervorgeht. Über internationale Medien hat auch der Holocaust Eingang ins dänische Geschichtsbewusstsein gefunden. Mit dem Holocaust ist eine neue Opfergruppe ins öffentliche Bewusstsein gerückt, die sich zur emphatischen Identifikation anbietet. Die Holocausterinnerung hat jedoch wenig Veränderung in die dänische Erinnerungskultur gebracht, sondern vielmehr einen neuen Rahmen für die Interpretation von Familiengeschichten zur Verfügung gestellt. So erlangen die Leiden und heroische Taten der eigenen Familienangehörigen vor dem Hintergrund der nationalsozialistischen Verfolgung und Ermordung der europäischen Juden eine neue, bedrohlichere Bedeutung.

Darüber hinaus ist die Auseinandersetzung mit Deutschland und den Deutschen überaus zentral: Während die Abgrenzung zu den Deutschen für alle Interviewten wichtig ist, fällt auf, dass die Deutschen als Opfer, kaum jedoch als Täter in Erscheinung treten. Es sind einige wenige Figuren wie Hitler oder Goebbels, die als Täter genannt werden. Die Deutschen insgesamt werden jedoch mehrheitlich den Opfern zugerechnet: Sie sind Opfer der sozialen Bedingungen, der Arbeitslosigkeit, des Krieges und wurden verführt.

Ausschlaggebend für die Betrachtung der deutschen Besatzung in Dänemark ist die moralische Lehre: Diese ist zunehmend abstrakter geworden und erfüllt vielfältige Funktionen: Sie ist national und universell zugleich. Was im partikularistischen Sinne als charakteristisch für Dänemark angenommen wird, soll im universalistischen Sinne auch für den Rest der Welt gelten.

Anmerkungen

1 Vgl. Claus Bryld/Anette Warring, Besættelsestiden som kollektiv erindring. Historie- og traditionsforvaltning af krig og besættelse 1945–1997, Kopenhagen 1998, S. 480.

2 Der Begriff Zusammenarbeitspolitik (samarbejdspolitik) ist der in Dänemark am häufigsten verwendete. Andere Begriffe, wie Politik der Zugeständnisse (indrømmelsespolitik) oder Verhandlungspolitik (forhandlingspolitik), spiegeln entsprechend andere Sichtweisen auf die dänische Regierungspolitik wider. Von anderer Seite werden diese Begriffe als Euphemismen für die Kollaborationspolitik abgelehnt. Vgl. Hans Kirchhoff, Augustoprøret. Samarbejdspolitikkens fald, Bd. I–III, Kopenhagen 1979.

3 Etwa 2000 dänische Kriegsfreiwillige fielen auf Seiten der Deutschen. Das ist etwa ein Drittel aller dänischen Toten während des Zweiten Weltkriegs. Vgl. Hans Kirchhoff/John T. Lauridsen/Aage Trommer (Hg.), Gads Leksikon om dansk besættelsestid, Kopenhagen 2002, S. 471.

4 Die Deportationen erfolgten nicht – wie in den anderen besetzten Ländern – in Vernichtungslager, sondern in das KZ Theresienstadt. Vgl. Israel Gutmann et al. (Hg.), Enzyklopädie des Holocaust. Die Verfolgung und Ermordung der europäischen Juden, München/Zürich 1998, S. 305 ff.

5 Trotz zahlreicher Kontroversen herrscht in der historischen Forschung inzwischen weitgehend Einigkeit darüber, dass vor allem die Besonderheit der deutschen Besatzungspolitik in Dänemark entscheidend für das Schicksal der in Dänemark lebenden Juden war. Das Scheitern der Verhaftungsaktion wurde von deutscher Seite zumindest einkalkuliert. Strittig ist vor allem die Rolle von Werner Best bzw. die Frage, wie eigenmächtig (von Berlin) er handelte. Vgl. Sofie Lene Bak, Forfølgelsen af de danske jøder. Forestillinger om oktober 1943 i forskning og offentlighed, Kopenhagen 2001, S. 21 ff.; Leni Yahil, The rescue of Danish Jewry. Test of a democracy, Philadelphia 1969.

6 Vgl. Bryld/Warring, Besættelsestiden [wie Anm. 1], S. 57 ff.

7 Vgl. ebd., S. 75 ff.

8 Ebd., S. 480.

9 Ebd., S. 460.

10 Vgl. ebd., S. 78 ff. und S. 346.

11 Ebd., S. 460.

12 So räumt Yahil dem »speziellen Charakter und dem moralischen Format des dänischen Volkes und ihrer Liebe zu Demokratie und Freiheit« einen großen Stellenwert ein. Vgl. Yahil, The Rescue [wie Anm. 5], S. xviii, (Übersetzung d. A). In der neueren Literatur wird hingegen eher die Besonderheit des deutschen Besatzungsregimes in Dänemark betont. Vgl. Bak, Forfølgelsen [wie Anm. 5].

13 Auf die Bedeutung einer kulturellen Definition nationaler Identität in Dänemark in der Tradition des Grundtvigianismus für die Entscheidung, den dänischen Juden zu helfen, hat der US-amerikanische Anthropologe Andrew Buckser hingewiesen. Er wendet sich mit seiner Interpretation explizit gegen universalisierende Deutungen von Dänemark als einer quasi von Natur aus demokratischen und Verfolgten helfenden Nation, wie sie u. a. Leni Yahil formuliert hat. Andrew Buckser, Rescue and Cultural Context during the Holocaust. Grundtvigian Nationalism and the Rescue of the Danish Jews, in: Shofar (2) (2001), S. 1–25.

14 Vgl. Bryld/Warring, Besættelsestiden [wie Anm. 1], S. 142 ff. Seit 2002 wird zudem der 27. Januar von der dänischen Regierung als so genannter »Auschwitz-Tag« begangen. Vgl. Website http://www.27–1.dk/.

15 Einen guten Überblick bietet John T. Lauridsen, Samarbejde og modstand. Danmark under den tyske besættelse 1940–45: en bibliografi, Kopenhagen 2002.

16 Vgl. Claus Bundgård Christensen/Niels Bo Poulsen/Peter Scharff Smith, Under hagekors og Dannebrog. Danskere i Waffen SS, Kopenhagen 1998.

17 Vgl. Ditlev Tamm, Retsopgøret efter besættelsen, Odense 1984.

18 Vgl. Henrik Stevnsborg, Politiet 1938–1947. Bekæmpelse af spionage, sabotage og nedbrydende virksomhed, Odense 1992.

19 Vgl. Anette Warring, Tyskerpiger – under besættelse op retsopgør, Kopenhagen 1994.

20 Vgl. Bryld/Warring, Besættelsestiden [wie Anm. 1], S. 156 ff.

21 Dazu gehört z. B. die Debatte um den Umstand, dass viele Fischer sich für ihre Rettung jüdischer Flüchtlinge nach Schweden (gut) bezahlen ließen, was als persönliche Bereicherung an der Not anderer moralisch verurteilt wurde. Vgl. u. a. Rasmus Kreth/Michael Mogensen, Flugten til Sverige. Aktionen mod de danske jøder oktober 1943, Kopenhagen 1995; Bak, Forfølgelsen [wie Anm. 5].

22 Vgl. u. a. vom dänischen Historiker und Sohn eines dänischen Nazis: Claus Bryld, Hvilken befrielse: fortælling fra en opvækst i nazismens og retsopgørets skygge, Kopenhagen 1995. Ähnliche Prozesse sind in den Niederlanden zu beobachten.

23 Vgl. Bryld/Warring, Besættelsestiden [wie Anm. 1], S. 177.

24 Beispiele sind die Debatten um die Mitgliedschaft Dänemarks in der EU und um die Einwanderungspolitik. Vgl. Mette Zølner, Re-imagining the nation: debates on immigrants, identities and memories (Europe plurielle – Multiple Europes; Band 11), Brüssel/Bern 2000.

25 DKF15K, 275–286.

26 Gemeint sind die Armbinden der Freiheitskämpfer, an denen die Mitglieder der verschiedenen Widerstandsgruppen nach der Befreiung öffentlich zu erkennen waren.

27 Dänische Fernsehserie. Vgl. folgender Abschnitt.

28 DKF4FG, 81–90.

29 DKF20K, 192.

30 Mit *Matador* ist die Rolle des Unternehmers Mads Andersen-Skjern als Lokalmatador gemeint.

31 Vgl. Ulrik Grubb/Karl-Johann Hemmersamm/Jørgen Riskær Jørgensen, Matador – den vellykkede historiske fiktion, in: Netmagasinet Historie-nu.dk, im Internet unter http://www.historie-nu.dk/matador1.pdf, Zugriff am 20. 5. 2006.

32 Ausführliche Informationen zur Serie bietet die Website www.matadoronline.dk, Zugriff am 20. 5. 2006.

33 Interessant ist der Vergleich mit der niederländischen Dokumentationsserie »De Bezetting« von Loe de Jong. Deren Darstellung der Besatzung war in den Niederlanden lange Zeit hindurch prägend. Heute hingegen ist sie der jüngeren Generation kaum noch bekannt, während *Matador* in den letzten 25 Jahren wenig von seiner Popularität – auch bei Jüngeren – eingebüßt hat.

34 So wurde die Serie 1988 in einer Direktive des dänischen Unterrichtsministeriums für den Sozialkundeunterricht empfohlen. Vgl. Website http://pub.uvm.dk/1998/vejlsamf/hel.htm, Zugriff am 20. 5. 2006.

35 DKF11FG, 54–63.

36 DKF12FG, 129.

37 Vgl. Harald Welzer/Sabine Moller/Karoline Tschuggnall, »Opa war kein Nazi«. Nationalsozialismus und Holocaust im Familiengedächtnis, Frankfurt/M. 2002, S. 81 ff.
38 DKF12FG, 482–499.
39 DKF5FG, 186–188.
40 DKF13E, 79–88.
41 Jesper Fanøs Großvater war Polizist und tauchte nach der Verhaftung der dänischen Polizei im September 1944 unter.
42 L-Gruppen (Liquidierungsgruppen) waren besondere Gruppen der Widerstandsbewegung, die seit Sommer 1944 gebildet worden waren und die alleinige Aufgabe hatten, (vermeintliche) Spitzel der Deutschen zu töten.
43 DKF20E, 17–25.
44 Die Erfahrung der Besatzung in Kopenhagen unterschied sich auf vielfältige Weise von der im Rest des Landes. Diese Unterschiede wurden in der öffentlichen Erinnerung weiterentwickelt. In den Interviews finden sich zahlreiche Hinweise darauf, dass es außerhalb der großen Städte und insbesondere von Kopenhagen »keinen richtigen Krieg« gegeben habe.
45 Während eines britischen Luftangriffs auf das Gestapo-Hauptquartier in Kopenhagen am 21. März 1945 fielen versehentlich Bomben auf die Französische Schule in Kopenhagen. Dabei wurden 93 Schülerinnen und Schüler getötet.
46 DKF4E, 15–21.
47 DKF7Z, 29.
48 DKF3Z, 212–214.
49 Vgl. DKF9Z, 70–72.
50 DKF5E, 142.
51 Die Familie Lange lebt auf Bornholm. Die Ostseeinsel wurde Anfang Mai 1945 durch die Rote Armee befreit, die bis März 1946 auf der Insel blieb. In der lokalen Erinnerung spielen »die Russen« daher eine große Rolle.
52 DKF18E, 27.
53 DKF1E, 30.
54 DKF11E, 90.
55 Vgl. DKF7K, 474–484.
56 Vgl. den Beitrag von Claudia Lenz.
57 DKF8E, 92–94.
58 Vgl. u. a. DKF9Z, 104.
59 DKF7FG, 618.
60 DKF1E, 76.
61 DKF17E, 69.
62 DKF7Z, 57.
63 DKF8E, 110.
64 DKF1E, 113–114.
65 Vgl. den Beitrag von Nicole Burgermeister.
66 Vgl. DKF1E, 159.
67 DKF1E, 34.
68 Vgl. DKGD bis 1933, 483–493, zitiert im Beitrag von Olaf Jensen und Sabine Moller in diesem Band.
69 Entgegen seinem international sehr liberalen Image hat Dänemark im EU-Vergleich die restriktivste Einwanderungsgesetzgebung. Die politische Debatte wird häufig in einem sehr scharfen Ton geführt, der nicht selten offen rassistisch und antimusli-

misch ist. Vgl. den Appell dänischer Schriftsteller: »Det er på tide vi siger fra«, in: Politiken vom 15. 12. 2005.

70 Vgl. DKF8E, 153 f.

71 DKF15E, 188–191.

72 DKF8E, 183–184.

73 DKF5Z, 133.

74 Vgl. Sofie Lene Bak, Dansk antisemitisme 1930–1945, Kopenhagen 2004, S. 34 f.

75 Vgl. ebd., S. 384 ff.

76 DKF4E, 117.

77 DKF14Z, 115.

78 DKF14E, 66.

79 DKF14E, 74.

80 DK14K, 7.

81 Vgl. hierzu denselben Befund aus den Niederlanden im Beitrag von Hans Marks und Friederike Pfannkuche.

82 DKF5E, 42.

83 DKF12E, 258.

84 Vgl. auch Welzer et al., »Opa war kein Nazi« [wie Anm. 37].

Hans Marks und Friederike Pfannkuche

Die Toleranz der Generationen

Wie Gut und Böse in den Niederlanden unterschieden werden

Kurze historische Übersicht

Viele Holländer hatten einen Überfall der deutschen Wehrmacht auf die Niederlande am 10. Mai 1940 aufgrund der niederländischen Neutralität in früheren internationalen Konflikten für unwahrscheinlich gehalten. Die schlecht und unmodern ausgerüstete niederländische Armee konnte zwar den deutschen Einmarsch bei Grebbeberg und Kornwederzand stoppen, die politische und militärische Kapitulation am 15. Mai 1940 verhinderte sie unter dem Druck schwerer Bombardements u. a. auf Rotterdam am Tag zuvor jedoch nicht. Zwei Tage vor der Kapitulation waren Königin Wilhelmina und die niederländische Regierung nach London geflohen. Die deutsche Besatzungsmacht schien zu Beginn der Besatzung nach einer allmählichen Nazifizierung des Landes zu streben. Dieser Plan schien anfangs auch Erfolg versprechend, da die niederländische Regierung ihre Beamten anwies, ihre Arbeit fortzusetzen, um ein mögliches Chaos zu verhindern. In der Bevölkerung ließ sich durchaus eine verbreitete Abneigung und gelegentliche Resistenz verzeichnen, aber auch der eigentliche Widerstand gewann mit den Jahren der Besatzung an Bedeutung.

Anti-jüdische Maßnahmen führten im Februar 1941 zu einem massenhaften Streik in und um Amsterdam. Im Laufe des Jahres 1943 wurde der durch divergente politische Ziele gespaltene Widerstand intensiver und gewalttätiger.[1] Die Situation verschärfte sich weiter durch die Deportationen von Juden ab Mitte 1942 und durch den Druck auf eine halbe Million Männer, sich für den Arbeitseinsatz zu

melden. Von den 140000 in den Niederlanden lebenden Juden wurden 107000 über das niederländische Zwischenlager Westerbork in Konzentrationslager nach Deutschland bzw. in die Vernichtungslager im Osten deportiert. Lediglich 5500 von ihnen kehrten nach dem Krieg lebend zurück. Die Ursache für dieses Debakel lag nicht nur in der deutschen Politik der Endlösung, sondern auch im Antisemitismus, in der Kollaboration der niederländischen Nationalsozialistischen Bewegung (*Nationaal-Socialistische Beweging* [*NSB*]) und vor allem im gut geölten amtlichen Registrationssystem.[2]
Im September 1944 wurde ein großer Teil der südlichen Niederlande von alliierten Armeen in der Operation »Market Garden« befreit; der niederländische Norden blieb noch bis Mai 1945 besetzt. Die Knappheit an Lebensmitteln, Brennstoff und Medizin führte Anfang 1945 dazu, dass eine regelrechte Hungersnot ausbrach, von der die städtischen Gebiete am schwersten betroffen wurden. Rund 15000 Menschen erlebten die Befreiung nicht mehr. Nach dem europäischen Kriegsende im Mai 1945 wütete der Krieg für die Niederlande in den südostasiatischen Kolonien, dem Niederländischen Indien, weiter. Nach der Kapitulation Japans begann dort ein Kampf um die Unabhängigkeit, auf den sich ein großer Teil der politischen und militärischen Aufmerksamkeit richtete.

Strukturwandel der Erinnerung

Kennzeichnend für den Umgang mit der Kriegsvergangenheit in den Niederlanden war lange Zeit die Unterscheidung von »gut« und »böse«. Diejenigen, die auf Seiten der Deutschen gestanden hatten, wurden als »falsche Niederländer« (*foute Nederlanders*) bezeichnet und damit aus der nationalen Gemeinschaft ausgeschlossen. Dazu zählten die Kollaborateure, die Soldaten in deutschem Dienst und Mitglieder des NSB sowie die so genannten Deutschenmädchen (*moffenmeiden*), die Beziehungen zu deutschen Wehrmachtsangehörigen gehabt hatten, Schwarzmarkthändler und manchmal auch die so genannten Deutschlandarbeiter, eine graue und wenig sichtbare Kate-

gorie. Die Mehrheit der Bevölkerung konnte sich vor diesem Hintergrund mit dem Widerstand identifizieren und sich der Zugehörigkeit zum Kollektiv der »guten Niederländer« versichern.
Dem Widerstand kam in der öffentlichen Erinnerungskultur große Bedeutung zu, während der faktische Umgang vor allem mit dem kommunistischen Widerstand lange Zeit höchst ambivalent war. Staatlich eingesetzte Kommissionen entschieden in der unmittelbaren Nachkriegszeit über die Realisierung von Denkmälern, und die niederländische Politik bemühte sich allgemein um die Steuerung und Kontrolle der öffentlichen Erinnerung,[3] wobei so etwas wie eine egalitäre Erinnerungskultur angestrebt wurde: Niemand sollte aus dem nationalen Opfer- und Widerstandskollektiv herausragen.
Prägend für die Entwicklung des niederländischen Bildes von der deutschen Besatzung wurde die Fernsehdokumentation »De Bezetting« (Die Besatzung) des Historikers Lou de Jong, die von 1960 bis 1965 im niederländischen Fernsehen ausgestrahlt wurde. De Jong, der auch Leiter des Forschungsinstituts *Rijksinstituut voor Oorlogsdocumentatie* (Reichsinstitut für Kriegsdokumentation, RIOD, heute NIOD) war, schrieb darüber hinaus ein einflussreiches vierzehnteiliges Geschichtswerk über die besetzten Niederlande (1969–1991). Die Fernsehreihe beschrieb, so der niederländische Medienwissenschaftler Frank van Vree, »die Geschichte der Vergewaltigung eines unschuldigen Volkes, das aber durch seine geistige Stärke und Unbeugsamkeit, unter der beseelten Führung seiner Monarchin, das Böse besiegt und im Prinzip ungebrochen und gereinigt aus diesem Kampf hervorgeht. Der Preis ist hoch, aber die Gerechtigkeit triumphiert.«[4]
Eine erste Erweiterung der nationalen Opfergemeinschaft bestand gegen Ende der 1960er Jahre darin, dass Juden in das Opferkollektiv aufgenommen wurden und in der Folge auch andere Gruppen Anerkennung als Opfer forderten.[5] In den 1980er und 1990er Jahren kam auch die strikte Trennung von »gut« und »böse« in die Diskussion.[6] Heute plädiert etwa der niederländische Historiker Chris van der Heijden dafür, dass die Mehrheit der Niederländer weder gut noch böse gewesen sei, sondern eine moralische Grauzone charakteristisch für das Verhalten der Bevölkerung gewesen sei.[7]

Einführung

Im Vergleich zum deutschen Material sind die niederländischen Zeitzeugen hinsichtlich ihrer eigenen Rolle im Zweiten Weltkrieg allgemein eher zurückhaltend; Heroisierungs- oder Viktimisierungsbedürfnisse in Bezug auf die eigenen Angehörigen sind nicht eindeutig zu erkennen. Obwohl besonders der Osten und Süden des Landes zu Anfang und Ende des Krieges militärisch schwer getroffen wurde, hört man auch in den Interviews aus diesen Regionen meist Aussagen wie »wir haben nicht viel gelitten«, »wir hatten immer zu essen« oder »der Krieg fand im Westen statt«.[8] Auch andere Erlebnisse, wie das »Untertauchen«[9] bei der Familie oder bei Freunden, wird durch viele Zeitzeugen nicht als heroische Geschichte erzählt, sondern es wird überlegt, ob das eigene Untertauchen moralisch vertretbar gewesen sei oder ob andere dadurch in Gefahr gebracht worden seien. Die Angehörigen der Kinder- und Enkelgeneration wissen tendenziell eher nicht über das Untertauchen der Zeitzeugen Bescheid, sondern bringen den Begriff oft zunächst mit der Verfolgung der jüdischen Bevölkerung in Verbindung. Zuweilen machen sich die Angehörigen der jüngeren Generationen über die Erzählungen vom Untertauchen bei benachbarten oder befreundeten Bauern wenige Kilometer vom elterlichen Haus entfernt sogar lustig.

Auch die Nation selbst wird beim Erzählen als wenig heroisch charakterisiert, allerdings mehr oder weniger ausgeprägt im Rahmen von Opfernarrativen dargestellt. Mal geschieht dies in sehr allgemeiner Perspektive: Da Krieg herrschte, war man sowieso Opfer, was weniger ein nationales Opfernarrativ repräsentiert als vielmehr die Tragik und Ohnmacht in einer Situation des Krieges. Dann sieht man sich durch die Interviews hindurch abwechselnd als Opfer der Deutschen, des deutschen Volkes, der nationalsozialistischen Politik oder Hitlers. In den Sequenzen über Schuld und Verantwortung finden sich vielfältige Nuancen, denn es gab, wie es heißt, immer auch gute Deutsche, und keineswegs jeder findet, dass die nationalsozialistische Gewalt »den Deutschen« ohne weiteres angerechnet werden kann und darf. Charakteristisch für die Erzählungen über die eigene Familie und die

niederländische Nation ist die Darstellung aus der Beobachterperspektive.
Ein Thema allerdings, bei dem so etwas wie Heldentum explizit zur Sprache kommt, ist der Widerstand gegen die deutsche Besatzung. Hierauf möchten wir zunächst eingehen. Im zweiten Teil des Beitrags sollen dann Vergleiche zu generationell unterschiedlichen Einschätzungen von Ereignissen, Handlungen und Akteuren angestellt werden.

Das Material

Ein wiederkehrendes Thema beim Erzählen über den Zweiten Weltkrieg in den zwanzig niederländischen Familien ist der Widerstand gegen die deutsche Besatzungsmacht während der Zeit von 1940 bis 1945. In den Niederlanden spricht man sowohl von »Widerstand« (*verzet*) als auch von »Untergrund« (*ondergrondse*) oder von »Arbeit im Untergrund« (*ondergronds werk*).[10] Wir trafen den Begriff Widerstand 374-mal in 57 (von insgesamt 80) Interviews an; 111-mal in 26 Interviews fanden wir den Begriff »Untergrund«; beide Begriffe tauchen zusammen 485-mal in 58 Interviews auf. Der gängigste Begriff scheint damit »Widerstand« zu sein. Es gibt zwar keine Familie, in der einer der Begriffe nicht verwendet wurde, in immerhin 21 Einzelinterviews kommen sie allerdings gar nicht vor.
Der Begriff »Untergrund« wird hauptsächlich in der Zeitzeugengeneration verwendet; in gut einem Drittel der Zeitzeugeninterviews finden wir diese Wortwahl. Auch in den Familiengesprächen benutzen mehr als ein Viertel aller Zeitzeugen diesen Begriff, der es einfacher macht, allerlei illegales Verhalten als Form von Gegenwehr gegenüber der deutschen Besatzungsmacht zu bezeichnen. »Widerstand« ist dagegen ein formellerer Ausdruck für organisierte Formen von Gegenwehr und Sabotage. »Untergrund« wird also nicht synonym mit »Widerstand« benutzt. Dass Angehörige der jüngeren Generation überwiegend von »Widerstand« sprechen, kann als eine erste Andeutung generationell unterschiedlicher Auffassungen verstanden wer-

den. Widerstand bezeichnet in den Augen der jüngeren Generation immer aktive Gegenwehr gegenüber der deutschen Besatzung; was individuell im Untergrund stattfindet, die kleinen Aktivitäten, lässt sich ihrer Auffassung nach nicht gleich als Widerstand fassen.
In drei Familien (Man, Groen und Rossum) ist die Gebrauchsfrequenz der Begriffe »Widerstand« und »Untergrund« am höchsten. In fünf Familien, nämlich Familie Pijls, Koster, Verschoor, Dupont und Van Dijk, werden die Begriffe dagegen gar nicht oder kaum benutzt.[11]

Die Nation als Familie: »Alle waren im Widerstand«

Nachdem im Familiengespräch der Familie Schoen die Frage der Enkelin, ob alle Deutschen Nazis waren, nach einer längeren Diskussion verneint wird, entsteht der folgende Dialog über den niederländischen Widerstand:

Jacoba Schoen: »Ja, das gleiche gibt's jetzt oft eh, dass man den Eindruck kriegt, dass alle Niederländer eh, im Widerstand waren.«
Karin Schoen: »Oh, ja, alle.«
Jacoba Schoen: »Alle Niederländer haben sich/ haben sich gegen die Deutschen zur Wehr gesetzt. Na eh/«
Lydia Schoen: »Auf keinen Fall.«
Jacoba Schoen: »Wir hatten eine große Familie. Ich hatte einen Onkel, der echt gegen/ ziemlich anti-Deutsch war, der ganz schön was gemacht hat, in ein Lager gekommen ist. Aber ich hatte auch einen Onkel, der sehr mit den Deutschen sympathisierte. Der hat keinen Menschen verraten, das kann ich ihm nie üb/ eh, sag/ von ihm sagen. Aber, er sympathisierte mit den Deutschen! Ich hatte einen Neffen, der über Frankreich versuchte nach Spanien zu kommen, um so nach England zu gelangen ...«
Interviewerin: »Hm, hm.«
Jacoba Schoen: »und sich der englischen Armee anzuschließen. Gut, der ist gefangen genommen worden und zurückgekommen. Aber ein anderer Neffe, der an der Ostfront kämpfte, und ich glaube, dass das in vielen Familien so ging! Man muss nicht sagen, dass all die Niederländer ...«
Lydia Schoen: »Gut waren.«
Jacoba Schoen: »Alles anti/ eh, Widerstandshelden waren, weil das waren die nicht.«
Interviewerin: »Hm, hm.«

Jacoba Schoen: »Und ganz viele kümmerten sich nur darum, dass sie zu essen hatten.«
Lydia Schoen: »Hauptsächlich, ja.«
Jacoba Schoen: »Damit waren ganz viele beschäftigt, ja. Und das war auch was, was viel Zeit kostete. Aber...«
Interviewerin: »Hm, hm.«
Jacoba Schoen: »Ja, dadurch macht man natürlich die Geschichte weniger schön. Es ist immer schön, es so schwarz-weiß zu sehen. Aber es war natürlich nicht immer schwarz-weiß.«[12]

Die Frage der Enkelin Lydia (geb. 1990), ob alle Deutschen schlecht oder Nazis waren, nimmt die Zeitzeugin Jacoba (geb. 1925) zum Anlass, ein nationales Stereotyp über das niederländische Volk zu entlarven. Anhand ihrer eigenen Familienerfahrung gibt sie ein Beispiel, aus dem folgt, dass die prätendierte Einheit unter der niederländischen Bevölkerung lediglich eine Konstruktion aus der Zeit nach dem Krieg ist. Am Beispiel ihrer eigenen Onkel und Neffen zeigt sie, dass ein Teil der niederländischen Bevölkerung anti-deutsch war, ein Teil floh, ein Teil sympathisierte und sich ein anderer Teil der deutschen Armee anschloss. Zugleich schien der größte Teil der Niederländer eher um die Nahrungsbeschaffung als um Fragen von Besatzung und Widerstand besorgt zu sein. Jacoba macht hier die Familie zur Metapher der Nation: So heterogen, wie die Verhaltensweisen in der eigenen Familie waren, war aus ihrer Sicht auch die ganze Gesellschaft. Lediglich der Einschub »und ganz viele kümmerten sich nur darum, dass sie zu essen hatten« bleibt ohne Verbindung zur eigenen Familie.
Im Zusammenhang mit der Bemerkung, man könne den Eindruck haben, dass »alle Niederländer im Widerstand waren«, ist die ironische Bemerkung von Karin Schoen (geb. 1959) nach dem Satz der Mutter wichtig. Sie kennt diese Anspielung nur zu gut. Mit ihrer Aussage »Oh, ja, alle«, will sie sagen, dass nach dem Krieg lediglich die Vorstellung davon, dass alle Niederländer im Widerstand gewesen seien, aufrechterhalten wurde. Das resolute Verneinen der Enkelin »Auf keinen Fall« verdeutlicht, dass auch sie weiß, dass nach dem Krieg möglichst alle im Widerstand gewesen sein wollten. Jacoba beendet diese Sequenz mit einer deutlichen, nüchternen Moral: Geschichte sollte

nicht als Märchen einer klaren Unterscheidung von Gut und Böse erzählt werden, wenn die Wirklichkeit anders ist.
Die darauf folgende Sequenz knüpft interessanterweise an eine in den Medien verbreitete Sichtweise über den Zweiten Weltkrieg an.[13] Karin (geb. 1959) erinnert ihre Tochter daran, dass sie unlängst einen Comic über den Zweiten Weltkrieg gelesen hat,[14] in dem eine fiktive Familie dargestellt wird. Der Vater dieser Familie ist Polizist, während die Söhne und Töchter unterschiedlich gegenüber Nationalsozialismus und Besatzung eingestellt sind, woraus sich erhebliche Konflikte innerhalb der Familie ergeben. Während sich nun der eine Teil der Kinder gegen und der andere für die deutsche Besatzung engagiert, versuchen die Eltern, die Familie materiell durchzubringen. Der Comic scheint für alle Familienmitglieder ein Bezugsrahmen zu sein, in den die verschiedenen Positionen gegenüber der Besatzung eingebettet werden können. Die Position des Vaters und sein Beruf als Polizist bildet jedoch ein Dilemma für die Interviewten, das Lydia, die Jüngste, darin sieht, dass der Vater für die Deutschen arbeitet, obwohl er als Mensch nicht schlecht ist. Karin aus der Kindergeneration erklärt das Verhalten des Vaters mit ökonomischen Zwängen. Die Tochter im Comic befindet sich im Widerstand, woraus ihr ein erhebliches Problem mit der Familienloyalität entsteht. Jacoba, die Zeitzeugin, sagt erst abfällig, dass der Vater für die Deutschen arbeitete, verweist dann aber ebenso wie ihre Tochter auf die ökonomischen Zwänge, die es unausweichlich machten, dass der Vater bei der Polizei blieb. Väter und Mütter müssen in Zeiten von Not in erster Linie ihre Familien durchbringen. Wie die erste Sequenz endet also auch diese mit Bemerkungen über die tägliche Existenzsicherung. Mit Hilfe dieser Geschichte, die nicht aus dem eigenen Familienzusammenhang stammt, unterstützt Karin die Perspektive ihrer Mutter. Beide machen auf diese Weise der Enkelin deutlich, dass das, was die Oma erzählt, stimmt: Solche Geschichten kommen nämlich offensichtlich auch anderswo vor.
Diese Sequenzen repräsentieren auf sehr einfache Art und Weise den Kern aller Interviews, die wir durchgeführt haben. Sobald es um den niederländischen Widerstand geht, taucht der Satz »alle Niederländer

waren im Widerstand« mit Sicherheit auf – mit jenem ironisch-kritischen Unterton, aus dem hervorgeht, dass sich eben nicht jeder oder gar die ganze Nation gegen die deutsche Besatzung zur Wehr gesetzt hatte. Aber nach dem Krieg hatte jeder eine Geschichte seiner eigenen Widerstandsfähigkeit parat: Alle hatten es den Besatzern schwer gemacht, Ordnung herzustellen und die niederländische Bevölkerung unter Kontrolle zu bekommen.

»Alle Niederländer waren im Widerstand« ist also ein markant ambivalenter Topos, in dem auf die unterschiedlichen Haltungen während des Krieges Bezug genommen werden kann, ohne die Differenzen allzu genau benennen zu müssen. Worin diese bestanden haben mögen, wird der Interpretation des Zuhörers und dem jeweiligen Kontext überlassen. Wichtig für die Interpretation der erzählten Geschichten ist der Ausgangspunkt, dass die niederländische Bevölkerung kein einheitliches Verhalten zeigte. Diese Diversität, in der sich auch unterschiedliche Haltungen politischer, sozialer und religiöser Gruppen widerspiegeln, formt die Basiserzählung, in der die individuellen Familiengeschichten und die Geschichten über die Nation während des Zweiten Weltkriegs angeordnet werden.

Betrachten wir nun einige Varianten dieser Grundfigur. Bert Mans (geb. 1951) Vater, der dem Widerstand in West-Brabant, dem südlichen Teil der Niederlande, angehörte, hat seinem Sohn erzählt, wie empört er nach dem Krieg darüber gewesen sei, dass so viele Leute im Widerstand gewesen sein wollten:

Bert Man: »Damals standen auf einmal eine ganze Menge Menschen auf, die waren auf einmal alle im Widerstand gewesen und die nahmen auf einmal alle Menschen fest und eh, Frauen kahl rasieren und so weiter … und das hat meinen Vater damals, das hat er mir mal erzählt, fürchterlich wütend gemacht. Er sagte, die größten, naja, Rabauken, die sich all die Jahre nicht haben blicken lassen, die standen auf einmal so vornebei, taten so mutig. Sogar Leute, die für uns gearbeitet hatten, von denen niemand wusste, die wurden von ihnen festgenommen, die Leute aus dem Widerstand [lacht]. Ich weiß gar nicht, ich meine, wenn man was wissen will, dann geht das nicht immer auf die normale Art, natürlich, dann musste man auch mal schleimen, wie man das so nennt. Aber, ja gut, das fand der [sein Vater] doof. Das fand der, ja gut, er nicht allein, denke ich. Ich denke, dass die meisten M/sicher die im Widerstand waren, die fanden, das war etwas was nicht richtig war, auf jeden Fall und da waren die auf jeden Fall nicht drauf aus. Es sind natürlich sicher bestimmte Rechnungen beglichen worden ne, aber das ist etwas was,... das hat man in jedem Krieg natürlich ne, nur [...] das geht normalerweise in Richtung derer, die mehr auf dem Kerbholz haben. Ja, und nicht Frauen gegenüber, das wär ein bisschen niedrig.«[15]

In dieser komprimierten Darstellung der Geschichten seines Vaters zeichnet Bert Man seinen Vater, einen Widerständler, nicht als Helden, aber als eine moralisch höher stehende Person, die genau weiß, dass nach dem Krieg allerlei Menschen auftauchten, die gar nichts mit dem Widerstand zu tun hatten. Die Rachsucht dieser falschen Widerständler war gegen alle gerichtet, die etwas mit Deutschen zu tun gehabt hatten, insbesondere gegen Frauen, die mit Deutschen zusammen gewesen waren. Sogar Menschen, die im Widerstand waren und verdächtig erschienen, dass sie sich aus taktischen Gründen mit den Deutschen eingelassen hatten, konnten Opfer solcher patriotischer Aktionen werden. Der Vater von Bert, und hier auch Bert selbst, distanziert sich von allem, was auf diese Weise als Widerstand daherkam. Sein Vater sei dagegen tatsächlich im Widerstand gewesen, dessen Angehörige wiederum an solchen Racheaktionen gar nicht teilgenommen hätten. Zwar habe es Racheaktionen von echten Widerständlern gegeben, da noch Rechnungen aus dem Krieg beglichen werden mussten, aber das galt nur Leuten, die, wie Bert sagt, »mehr auf dem Kerbholz hatten«.

Der falsche Widerstand war in Bert Mans Sicht eine Art Modeerscheinung und in den Augen seiner Mutter Riet (geb. 1929) sogar ein Vorwand:

Bert Man: »Die hatten auf einmal, das wurde auf einmal sehr salonfähig, eine bestimmte Zeit beim Widerstand gewesen zu sein. Und [mit Nachdruck] das waren sie dann gar nicht gewesen, ne? In ganz vielen Fällen und das gerade/«
Riet Man: »Das waren manchmal NSBler gerade, ne, das waren gerade die NSBler oder so.«
Bert Man: »Ja, gerade solche Leute, die laufen gerade mit.«[16]

Auch in Ost-Groningen kommt die Sichtweise zur Sprache, dass alle Niederländer im Widerstand waren. Es geht hier um die so genannten Oranjemänner. Afke Okker (geb.1969) stellt ihrem Großvater Piet (geb. 1924) die Frage, wer nun eigentlich diese »Oranjemänner« waren. Großmutter Truus und Sohn Leo (geb. 1946) antworten ebenfalls:

Afke Okker: »und Oranjemänner sind Leute, die also aktiv im Widerstand waren?«
Piet Okker: »Nein.«
Truus Okker: »Nein.«
Afke Okker: »Was sind sie?«
Interviewerin: »Das wollten sie sein«
Piet Okker: »Die waren nicht aktiv, auch nicht im Widerstand.«
Truus Okker: »Naja, aber die waren in der Lage, um..«
Piet Okker: »Aber die kamen alle dazu.«
Leo Okker: »Die kamen damals alle dazu als eh das Leid gelitten war, sag ich mal.«
Piet Okker: »Ja, als das Leid gelitten war.«
Leo Okker: »Um gut Wetter zu machen, sag ich mal.«
Afke Okker: »Aha.«[17]

Afke bekommt auf die Frage, ob Oranjemänner Widerständler waren, eine ablehnende Antwort. Ohne dass deutlich würde, dass es sich bei den Oranjemännern im eher sozialistisch-kommunistischen, nicht besonders monarchistischen Ost-Groningen um Anhänger des Königshauses handelte, scheint die Frage dennoch ausreichend beantwortet. Möglicherweise steht diese negative Meinung über die Anhänger der Monarchie im Zusammenhang mit der in dieser Region verbreiteten Meinung, dass das Königshaus sein Land beim deutschen Überfall im Stich gelassen hatte. Was darüber hinaus noch mehr Spuren hinterlassen haben mag, ist der Umstand, dass der kommunistische Widerstand nach dem Krieg keine offizielle Anerkennung fand, sondern mit dem Beginn des Kalten Kriegs politisch suspekt erschien. Die Verwirrung, die in Afkes Frage liegt, kann ein Ausdruck der Kontexte sein, in denen die unterschiedlichen Generationen aufgewachsen sind. Afke ist sich als Angehörige der Enkelgeneration nicht sicher, ob die Oranjemänner nun Widerstandskämpfer waren oder nicht. In der Zeit nach dem Kalten Krieg spielte das kommunistische Gedankengut keine große Rolle mehr, und das Königshaus wurde mit der Nation gleichgesetzt. Daher erscheint es ihr seltsam, wenn die Farbe Orange nicht direkt in Verbindung mit dem Widerstand und dem Königshaus steht. Für die Angehörigen der Zeitzeugen- bzw. Kindergeneration hingegen ist der fragliche Zusammenhang sonnenklar.

Es geht aber durchaus auch noch komplizierter, wie die Familie Bos zeigt: Manche NSBler, Mitglieder der nationalsozialistischen Partei, seien im Laufe der Zeit zu der Einsicht gekommen, dass das, was die Deutschen in den Arbeits- und Konzentrationslagern machten, nicht mehr mit dem nationalsozialistischen Gedankengut zu vereinbaren sei. Solche NSBler, so wird erzählt, wendeten sich vom Besatzer ab und gingen sogar in den organisierten Widerstand.[18] Diese Beispiele sollen auf die nuancierten lokalen Verhältnisse von »gut« und »böse« deuten. So hat zum Beispiel auch der in den späteren Kriegsjahren zur Einsicht gekommene »falsche Niederländer« in den Augen mancher schließlich noch den richtigen Weg finden können.

Es herrscht also das Bild vor, dass in den Niederlanden direkt nach dem Krieg erhebliche Uneinigkeit darüber bestand, was nun eigentlich der echte Widerstand gegen die deutsche Besatzung war. Interessant ist, dass die Geschichten der Gegenwart in ihren In- und Exklusionsansprüchen noch immer die Konflikte der Vergangenheit zeigen. Genau darin aber bildet sich die Basiserzählung vom niederländischen Widerstand ab: Diese legt nämlich keinen Wert auf Heldentaten, sondern kritisiert lediglich, wenn Menschen sich zu Helden stilisieren, die das in Wahrheit niemals waren. Der Clou dieser Konstruktion besteht nun darin, dass es vor diesem Hintergrund im Nachhinein verdächtig wird, Geschichten über sich selbst als Widerstandshelden zu erzählen. Das hat Konsequenzen für die Art und Weise, wie über die eigene Familie gesprochen werden kann, und nicht zuletzt resultiert aus dieser Basiserzählung jene durchgängige Bevorzugung der Beobachterposition, von der eingangs schon die Rede war.

Die Familie und ihre Helden

Betrachtet man nun die einzelnen Familien, sind Helden tatsächlich rar. Vielleicht hat die Enkelin Kaatje van Dalen (geb. 1989) recht, wenn sie meint:

»Meiner Meinung nach sprechen doch viele Leute nicht darüber, es sei denn, man hat Menschen aus dem Widerstand, [...] die sind ein bisschen stolz darauf, was sie gemacht haben, sodass sie das natürlich ihren Enkelkindern erzählen wollen.«[19]

Nur in einem einzigen unserer Interviews sieht jemand seinen Vater ausdrücklich als Widerstandshelden. Der schon im letzten Abschnitt zitierte Bert Man hat da keinerlei Bedenken. Aber lassen wir, um den Kontext zu verdeutlichen, erst einmal seine Mutter (geb. 1929) zu Wort kommen:

Riet Man: »Naja, ich hatte, als ich fünfzehn war, ging ich schon mit meinem Mann damals, der war, der war im Untergrund, die arbeiteten da alle im Untergrund, und da ging ich auch manchmal hin natürlich, nicht, dass ich dort mitging, aber die wohnten dann in [Ort] und die hatten, die hatten, denke ich, selbst zehn Jungen zu Hause und fünf waren im Widerstand, das war ganz spannend. Also ab und zu ging ich einfach mit dahin natürlich, aber da wurde alles, war alles geheim, ich wusste damals zu der Zeit gar nicht so viel von/«
Interviewerin: »Nein, ja, weil ja, das durften die nicht erzählen/«
Riet Man: »Nein, das durften die nicht erzählen, also ich wusste da nicht so viel von, wusste ich gar nicht, aber ich wusste, dass sie da eine Gruppe hatten und später wusste ich schon etwas mehr, aber ansonsten wusste ich nichts weiter, weil eh, das wurde natürlich nicht erzählt, ne. Damals.«[20]

Riet erzählt in ihrem Interview keine einzige Geschichte über ihren Mann im Widerstand, denn auch wenn sie, wie sie hier beschreibt, bei den Zusammenkünften der Widerständler dabei war, bekam sie nicht mit, was die nun genau machten. Es war einfach alles geheim.
Die Interviewerin beginnt das Einzelinterview mit dem Sohn (Bert, geb. 1951) mit einer Frage nach Geschichten, die er von seiner Mutter her kennt:

Interviewerin: »Gibt es bestimmte Erinnerungen, die Ihre Mutter an Sie weitergegeben hat, bezogen auf die Zeit des Zweiten Weltkriegs?«
Bert Man: »Von meiner Mutter?«

Interviewerin:: »Ja, oder vom Vater.«
Bert Man: »Oh, von meinem Vater schon. Ja eh... recht viel eh ja. Die Familie ist eine große Widerstandfamilie gewesen, also zwölf Kinder, keines gestorben, aber alle waren im Widerstand.«[21]

Bert fragt sich ganz überrascht, wie er seine Mutter mit dem Zweiten Weltkrieg in Zusammenhang bringen soll, woraufhin die Interviewerin die Frage ausweitet und auch nach den Geschichten vom Vater fragt. So ist von Anfang des Interviews an deutlich, dass Bert den Krieg hauptsächlich vom Vater kennt – und zwar als Geschichte einer Widerstandsfamilie:

Bert Man: »Guck mal, ich denke, dass das ganz stark zu tun hat mit... Mein Opa, der war Ko/ früher Kommandant von, das nannten die dann »die Feldpolizei«. Ja, und in Breda und Umgebung sag ich mal [lachend]. Ja, er ist bei der Feldpolizei gewesen mit... eh Recht und Ordnung, wenn ich das so sagen darf, und vielleicht haben sie dadurch ein starkes Gefühl dafür eh, was gut und was nicht gut war, mitbekommen. Auf jeden Fall haben sie von Anfang an Widerstand gegen die Deutschen geleistet und anderen geholfen, unterzutauchen, Juden weggeholfen, Juden im Haus gehabt und solche Sachen. Also eine Anzahl Brüder waren schon aus dem Haus. [...] Ja, gut, die ganze Familie war eigentlich sehr, die war eigentlich nicht, wie ich das immer verstanden habe, das da nie drüber gesprochen wurde, ne, man war einfach dagegen [lacht], auf dem Gebiet.«[22]

Für Bert besteht kein Zweifel an der Widerstandsvergangenheit seiner Familie: da der Opa als Kommandant der Feldpolizei ein Gefühl für Recht und Ordnung und Gut und Böse mitbrachte, war man von Anfang an im Widerstand gegen die deutsche Besatzungsmacht, und zwar die ganze Familie. Die Beschreibungen dessen, was sein Vater im Widerstand dann tatsächlich gemacht hat, bleiben allerdings sehr vage. Obwohl der Vater als großer Geschichtenerzähler beschrieben wird, scheint er erstaunlich wenig über sich selbst erzählt zu haben.

Bert Man: »Oh, ja doch, er war ein Geschichtenerzähler, aber die Details darüber, was er selbst – er sprach schon allgemein darüber, aber was der nun selber getrieben hat... Davon kriegten wir wenig zu hören, mehr von anderen, ne, von... was seine Rolle darin war jedenfalls ne, weil er kann zwar sagen, dass er einmal Kleidung, Uniformen gestohlen und Gewehre und so, und die Deutschen in Breda und sie haben einen Lastwagen, in dem die... versteckt waren, wenn se den angehalten hätten, dann wär'n sie einfach erschossen ne, aber... ich habe von anderen gehört, dass eigentlich, wie es nun genau war [lacht], nicht von ihm, ne, also ja, eigentlich mehr von seinem, von seinem Kommandanten damals, eigentlich, ich sage mal damals, ne, den kannte ich dann, zufällig bin ich dem mal begegnet, damals kam die Geschichte, ne. Aber aber aber, das sind natürlich Sachen, die ja... ne, damals als er älter wurde, hat er angefangen mehr zu erzählen, damals kam mehr heraus, ne, und ich denke, dass das ja gut, wie soll ich das sagen? Ja, man weiß ne ganze Menge und eine Menge weiß man nicht, das wird man auch nie wissen ne, aber das ist... und er stand damals eh, das kriegt man von der Mutter mit, ne, so ja, er war jung und dann stand der, dann holte der mich von Schule ab, da stand der dann mit 'ner Pistole in der Innentasche... Und, solche Scherze, solche Jungs waren das [lacht], das das das war also schon so, ne und ehm... ja gut, aber das das wird dann lachend erzählt, ne, ich sag's mal so...Meine Mutter fand, dass er da ein bisschen kühn tat, das war natürlich schon lebensgefährlich.«[23]

Berts Geschichte erscheint einigermaßen nebulös. Ähnliche Vagheiten kennzeichnen die meisten Geschichten der niederländischen Kinder- und Enkelgenerationen. Manchmal tauchen ein paar Details auf, wie zum Beispiel Uniformen, Autos, Gewehre, Deutsche, aber was tatsächlich geschieht, wird meist nicht erzählt. Eine Form des Ausschmückens von Geschichten ist bei Bert zu finden: Aus den fünf Widerständlern unter den zehn Kindern, von denen die Mutter Riet gesprochen hatte, werden bei ihm sogar zwölf, die im Widerstand waren. Auffällig ist jedoch, dass die Widerstandsvergangenheit des Vaters durch Geschichten beglaubigt wird, die von Dritten erzählt werden. Bert begegnet so der Gefahr, dass seine Berichte der Basiserzählung »alle Niederländer waren im Widerstand« zugeschlagen werden könnten, und dass der Eindruck entsteht, die Widerstandsvergangenheit des Vaters sei bloß eine Erfindung seiner Familie.
Die Mutter erzählt in ähnlich vager Wortwahl wie ihr Sohn über die Taten ihres Mannes:

»Dann mussten sie da und da hin oder da war der und dann gingen sie manchmal in deutschen Uniformen und so, lagen sie auf einem Auto und dann machten die ganz gefährliche Sachen und so, alle, ne«[24]

Offensichtlich hat sie keine Ahnung, was tatsächlich geschehen ist, und verweist später auf »Dossiers«, die sie selber zwar nie gelesen hat, in denen jedoch alles über den Krieg und den Widerstand dokumentiert sei.[25] Auch hier wird also auf eine dritte Instanz verwiesen, die belegen könne, was ihr selbst nicht recht vertraut ist. Interessant ist weiter, dass der Sohn in diesem Zusammenhang eine Pistole erwähnt, was die damalige Situation lebensgefährlich erscheinen lässt. Auf einmal übernimmt Bert in seiner Geschichte die Perspektive seiner Mutter und erzählt die Geschichte aus ihrer Sicht, nämlich, dass sie ihren damaligen Freund »kühn« gefunden habe. Im Interview mit der Mutter beschreibt sie den fraglichen Vorfall auch selbst:

Riet Man: »Nein, wir waren, er war natürlich nicht ängstlich [lacht] und ich auch nicht, weil ja, ich hatte damit eigentlich nicht so viel zu tun, [...] er kam natürlich schon mal und hatte so 'ne große Pistole in der Tasche [macht vor], so 'ne große, weil er war natürlich verwegen, ne [lacht], in der Zeit/«
Interviewerin: »Und fanden Sie das auch verwegen?«
Riet Man: »Ja, natürlich [lachen]. Er hatte vor nichts Angst. Überhaupt nicht. Die Männer, keiner von denen. Die trauten sich alles. Ne, die machten auch alles. Die Aufgaben, die sie ausführen mussten, ganz viel, aber was das alles war, das weiß ich nicht, ne.«[26]

Immer wieder betont Riet, mit der Widerstandsgruppe nichts zu tun gehabt zu haben, und auch weiter nichts zu wissen. Alles in allem scheint ihr jedenfalls die Kühnheit der Brüder imponiert zu haben. In ihren Augen allerdings erscheinen die damaligen Widerstandshandlungen der Brüder eher als Lausbubenstreiche, während die Jungen in Berts Sicht mutige Männer sind, die für das Gute gekämpft haben. Man bemerkt hier einen erheblichen Unterschied in der Bewertung der Geschichten, die gerade auch dadurch möglich wird, dass der eigentliche Inhalt völlig im Nebel liegt.
Riets Enkel, Mar Man (geb. 1987), weiß der Interviewerin, die geduldig danach fragt, gar nichts über die Widerstandsvergangenheit seines Großvaters zu erzählen. Sein wichtigster Bezugsrahmen für den Krieg sind Filme, Schulbücher und der Discovery Channel. Ohne offenbar das Geringste über die Vergangenheit seines Großvaters zu wissen, sagt er:

Mar Man: »Aber ich bin doch auf jeden Fall stolz auf meinen Opa, was er getan hat. Ja..«
Interviewerin: »War das was Besonderes, denkst du?«
Mar Man: »Ich denke schon, auch gefährlich, ich sage mal, im Widerstand zu sein.«[27]

In Bezug auf das dominante Narrativ, das in den Medien über die unterschiedlichen Parteien im Zweiten Weltkrieg verbreitet wird, zieht Mar die Schlussfolgerung, dass es gut war, was sein Großvater tat, aber da eben Krieg herrschte, war es natürlich auch gefährlich. Der genauere Kontext der Geschehnisse und der Familienverhältnisse sind vor diesem höchst allgemeinen Hintergrund verschwunden, keine einzige Erinnerung an die Widerstandsvergangenheit seines Opas ist übrig geblieben. Das einzige, was Mar an Konkretem vorzuweisen hat, ist ein Orden, den sein Opa im Krieg bekam, weil er Mitglied jenes Teils des niederländischen Widerstandes war, der sich in den südlichen Niederlanden in der Phase von September 1944 bis Mai 1945 den amerikanischen und englischen Armeen angeschlossen hatte.
Soviel zur komplexen Rolle des Widerstands im niederländischen Familiengedächtnis. Im Folgenden werden wir uns generationenspezifischen Formen der Erinnerung und Repräsentation zuwenden.

Zeitzeugengeneration

Bei Zeitzeugen ist immer die Rede vom normalen, alltäglichen Charakter des Kriegs, dem Essen, dem Trinken, der Liebe, der Sorge füreinander, dem alltäglichen Misstrauen in einem Land, in dem Krieg herrscht, und vom Untertauchen von Familienmitgliedern. Über den »echten« organisierten Widerstand weiß – jenseits sehr allgemeiner Beschreibungen – niemand etwas zu erzählen. Wirklich heldenhaft verhält sich eigentlich niemand, wenn man von der Geschichte absieht, in der ein Interviewter von einem Deutschen nach dem Weg gefragt wird und er diesen prompt in die verkehrte Richtung schickt. Und dann gibt es noch die Geschichte, dass jemand eine verbotene Zeitung ausgetragen habe. So erzählt der Zeitzeuge Groen (geb. 1927) aus Friesland während des Familiengesprächs von den Taten seines Vaters seiner Tochter Anna (geb. 1953), seiner Enkelin Marijke (geb. 1980) und der Interviewerin das Folgende:

Interviewerin: »War Ihr Vater auch im Widerstand, oder?«
Frans Groen: »Nein.«
Interviewerin: »Das nicht.«
Frans Groen: »Nein... Er hat schon mal was gemacht, natürlich, aber, nein, so kann man es nicht nennen, nein.«
Interviewerin: »Was für Sachen hat er denn gemacht?«
Frans Groen: »Ja, etwas wegbringen, etwas transportieren, ja...[...] Eine Zeitung, da kam regelmäßig die Trouw.«
Anna Groen: »Das war die illegale Zeitung, ne?«
Frans Groen: »Das war die illegale Zeitung. Aber das kann man keinen Wi/ keinen eh, nein das kann man keinen Widerstand nennen. Aber das durfte man natürlich nicht, wenn du gepackt wurdest mit so 'ner Zeitung, dann, ne, dann warst du dran... dann hatteste Probleme...«
Marijke Groen: »Und dann stand darauf eh eine eh schwere Strafe?«
Frans Groen: »Ja.«
Marijke Groen: »Was denn?... Echt, wurde man dann umgebracht oder einfach verhaftet oder so?«
Frans Groen: »Naja, auf jeden Fall festgenommen, aber genau weiß ich das gar nicht, wie die das, was das Strafmaß dafür war, ich weiß schon, dass man, so ohne weiteres aufgegriffen wurde und festgenommen werden konnte, wenn man solche Zeitungen hatte.«[28]

Obwohl Tochter, Enkelin und Interviewerin spontan an der Geschichte interessiert sind und sofort auf mehr Gefahr und Dramatik aus sind, macht der Erzähler aus seinem Vater keinen Helden. Ihm liegt offenbar nichts daran.

Es ist bereits deutlich geworden, dass die holländischen Enkel in der Regel nicht allzu viel über ihre Familienvergangenheit wissen, weshalb sie in Familiengesprächen schon mal Fragen stellen, auf die die Zeitzeugen nicht gut zu antworten wissen. So auch in der Familie Bel in der südwestlich gelegenen Provinz Zeeland. Der Enkelsohn Dexter (geb.1980) hat eine Frage an seinen Großvater (geb. 1922):

Dexter Bel: »Naja, noch eine Frage, das ist vielleicht ein bisschen hart und ein bisschen doof, dass ich das frage, aber Du hast doch nichts Verkehrtes getan, oder?«
Pietje Bel: »Nein, ich habe nichts Verkehrtes getan.«
Dexter Bel: »Naja, das wollte ich doch noch mal genau wissen.«
Pietje Bel: »Nein, ich war ganz klar dagegen.«[29]

Großvater Bel war während des Zweiten Weltkriegs Bäcker und betrachtete es als seine Pflicht, auch unter der Besatzung weiterzubacken, um für seine Familie zu sorgen. Allerdings hatte ein Teil seiner Familie, wie er erzählt, mit dem NSB zu tun. Dieser Hintergrund motiviert die Frage des Enkels und macht es für Pietje notwendig, ein für alle Mal zu sagen, dass er »dagegen« war. Dieser Dialog zwingt Pietje geradezu, seine Formulierung so apodiktisch zu wählen, um jeden Zweifel auszuschließen. Woraus allerdings dieses »Dagegensein« bestand, wird nicht ausgeführt, übrigens in keinem der Interviews, in denen davon die Rede ist. Und es wird, was ebenso bemerkenswert ist, von den Kindern oder Enkeln auch nie nachgefragt, worin denn das »Dagegensein« bestanden habe.
Zeitzeugen äußern sich ein paar Mal sehr kritisch über den »echten« Widerstand. So wird zum Beispiel ein Mann, der Juden Unterschlupf gewährte, bezichtigt, dafür Geld genommen zu haben.[29a] Des Weiteren wird über den organisierten Widerstand erzählt, dass man Pferde und Kühe von den Weiden gestohlen habe, um die Versorgung der Kämpfer sicherzustellen.

Anna Zelden: »Was die gemacht haben? Naja, ich darf das vielleicht nicht sagen, aber sie haben nicht viel Gutes gemacht.«[30]

Auch von dieser Seite aus wird der Widerstand gewissermaßen entheroisiert – nicht zufällig verweist die aus der Nähe von Rotterdam stammende Zeitzeugin Anna Zelden (geb. 1912) darauf, dass sie mit ihrer Geschichte gegen ein konventionelles heldisches Motiv verstößt.
Zusammenfassend können wir feststellen, dass in unserem Material kein Zeitzeuge die Absicht zeigt, sich selbst oder die eigene Familie mit dem Widerstand in einen engen Zusammenhang zu bringen oder Details so zu vergrößern, dass von regelrechten Heldentaten in der Familie die Rede sein könnte. Sogar die Frau eines »echten« Widerständlers unter unseren Befragten, Riet Man, verkleinert die Taten ihres Mannes zu Lausbubenstreichen. Indem von »kleinem« Widerstand gesprochen wird, der in den Proportionen des Alltäglichen bleibt, wird eher entheroisiert. Lediglich eine Dialogsituation zwingt

einen Zeitzeugen dazu, sich ungewollt deutlich zu bekennen. Ansonsten herrscht eine skeptisch-ironische, gelassene Haltung gegenüber dem Thema Widerstand vor, in dem überdies nicht immer nur Gutes getan wurde.

Kindergeneration

Die Kindergeneration achtet mehr auf Details als die Zeitzeugengeneration. So erzählt Karin Schoen (geb. 1959) über ihre Mutter, was kein anderes Familienmitglied sonst erwähnt:

Karin Schoen: »Und damals hat sie in dem Büro angefangen, beim Katasteramt. Der Chef von dem Büro, der musste eine Liste machen, welche jungen Männer sich für den Arbeitseinsatz eigneten. Und so musste der also eine Liste machen, auf wen er eigentlich verzichten konnte in seinem Büro und wer das entsprechende Alterskriterium erfüllte. [...] Ja, er bekam nun diese Anweisungen, die er natürlich auch ignorieren konnte oder unterlaufen oder so. Und in der Geschichte meiner Mutter war das immer so, dass der Mann das genau befolgte, weißte, die mussten den nicht daran erinnern, dass er die Liste ausfüllen musste. Also hat er brav Listen mit den Namen gemacht und meiner Mutter gesagt, die die Jüngste im Büro war, dass sie den Brief wegbringen sollte. Ne, er hatte es ausgefüllt, ob sie es dann in den Briefkasten schmeißen wollte. Und das hat sie nicht gemacht. Damals hat meine Mutter den Brief genommen und anderen Leuten gegeben und meinte, ihr Chef habe die Liste gemacht, aber sie würde die nicht abschicken. [lacht] Und, ja, das ist so eine Geschichte, die sie immer erzählte, zumindest, was ich daraus abgeleitet habe, war das eine Art Widerstand, ganz, ganz minimini, ja, also das ist eins der Dinge, die sie erzählt.«[31]

Karin interpretiert diese Geschichte sehr dezent heroisierend als eine »minimini«-Form von Widerstand gegen die Besatzungsmacht. Die Vergrößerung, die im Erzählen entsteht, führt sie kommentierend wieder in kleinere Proportionen zurück. Für einen Teil der Interviewten aus der Kindgeneration bestehen im Hinblick auf die Widerstandsvergangenheit noch viele Unklarheiten. So geht Anna Groen (geb. 1953) in Friesland davon aus, dass ihr Großvater etwas mit dem Widerstand zu tun hatte:

Anna Groen: »Aber sie haben schon immer Land gewinnen müssen und ich glaube, dass mein Vater Sachen machen musste, um die Deutschen zu boykottieren... um da Wassergräben anzulegen, wodurch Boote, von den Niederländern, sage ich mal, vom Widerstand fahren konnten, ohne, dass da Deutsche durchkonnten oder so. Und die Sache danach wieder zuschmeißen. Sabotage. Vielleicht habe ich das als Kind auch noch schöner gemacht, ne, auf die eine oder andere Art, das ist natürlich ganz, es sind schon sehr spannende Sachen, ne.«[32]

Auch in dieser Geschichte, an die sich Anna erinnert, sehen wir eine zurückhaltende Form von Heroisierung. Als Kind habe sie diese Geschichte vielleicht übertrieben, aber spannend ist sie offensichtlich trotzdem geblieben. Im Familiengespräch kommt sie auf diese Geschichte nicht zurück, sondern fragt ihren Vater wiederholt, ob er und sein Vater nicht doch im Widerstand gewesen seien. Aber wie wir bei den Zeitzeugen schon gesehen haben, schreiben sich auch hier weder der Großvater noch der vor dem Arbeitseinsatz untergetauchte Vater zu, im Widerstand gewesen zu sein. Mit anderen Worten: Auch hier hat eine Tochter offenbar die Neigung, ihre Angehörigen als heldenhaft darzustellen, bleibt dann in der Darstellung aber zurückhaltend und thematisiert ihre Verschönerungsversuche sogar selbst.

Auch Wiets de Wit (geb. 1952) ist einer der wenigen aus der Kindergeneration, die ihren Vater zum Helden machen wollen:

Wiets de Wit: »Du hast doch auch mal beinahe jemanden mit einer Schippe geschlagen?«
Roelof de Wit: »Ich!?? Warum?«
Wiets de Wit: »Na, das hast du damals gesagt.«
Roelof de Wit: »Nein, Onkel Jan hat das gemacht. Jemandem mit dem Haken auf den Kopp«
Mila deWit: »Nein, du hast es verdreht [lacht über Wiets]«
Wiets de Wit: »[...] Oh, ich wusste, dass/ich dachte, dass du beinahe einen Deutschen getötet hast! Dass du die Geschichte/«
Roelof de Wit: »Nein, nein.«
Interviewerin: »Wer war das denn? Hast Du eine Ahnung, wer das gewesen ist?«
Roelof de Wit: »Nein, nein. Aber ich habe schon mit meinem Onkel Jan, der hat einen Kollegen, Konkurrenten besser gesagt, einmal mit einem Haken auf den Kopf geschlagen, nem Boothaken.«[23]

Dieser Dialog spricht für sich selbst. Der Zeitzeuge Roelof (geb. 1922) ist ganz überrascht darüber, dass er einen Deutschen mit einer Schippe geschlagen haben soll, und korrigiert die Geschichte seiner Tochter sofort. Die Geschichte selbst, so zeigt sich, hat mit Widerstand nicht das Geringste zu tun – die Herstellung eines solchen Zusammenhangs kann mithin nur als Bedürfnis des Nachkommen interpretiert werden.

Die Kindergeneration stellt insgesamt weniger als die Zeitzeugen das normale, alltägliche Leben in Kriegszeiten dar. Sie betont viel eher das Außergewöhnliche dieser Zeit und richtet sich mit ihren Fragen und ihren Erzählungen in erster Linie auf Kriegshandlungen und Kriegssituationen. Sie äußert sich oft auch kritisch über die Eltern und deren Verhalten und ist sich bewusst, dass sich nicht alle Niederländer heldenhaft verhalten haben. Die Angehörigen der Kindergeneration geben sich darum Mühe, Geschichten so zu formulieren, dass der Zuhörer die jeweilige Botschaft als ironisch verstehen kann. Zwar ist die Ausschmückung und Dramatisierung von widerständigem Handeln eine Neigung, die hauptsächlich bei den Kindern verzeichnet werden kann, aber trotzdem erzählen sie sowohl in den Familiengesprächen wie auch in den Einzelinterviews oft mit Vorbehalten.

Enkelgeneration

Bei der Enkelgeneration ist mit den Details auch die Alltäglichkeit über weite Strecken ganz verschwunden. Sie haben lediglich einen allgemeinen Eindruck vom Leben in Kriegszeiten. In manchen Fällen beklagen sie sich darüber, nie Geschichten gehört zu haben. In einem Fall ist ein Enkelkind darüber sogar ausdrücklich verärgert. Nur wenige Enkelkinder sind imstande, etwas über den Widerstand zu erzählen, und wenn, dann handelt es sich meist nicht um familienbezogene, sondern allgemeiner bekannte Geschichten. Kennzeichnend ist der folgende Bericht von Mike Rossum (geb. 1983) darüber, wie sein Wissen über den Zweiten Weltkrieg zustande gekommen ist:

Mike Rossum: »Aber ich denke, dass ganz viel von der Basis schon in der Grundschule gelegt ist, weil damals, wir haben schon über den Zweiten Weltkrieg gesprochen und danach auf der weiterführenden Schule. Also ich denke, dass vor allem Unterricht, Geschichtsunterricht steht echt ganz oben. Und danach erst, oder sofort danach schon Dokumentarfilme und solche Sachen. Und dann erst denke ich, was über den Krieg erzählt wurde und solche Sachen, aber dann noch nicht einmal so konkret von Oma und Opa oder Eltern, weil das war ja, vielleicht schon durch meine Eltern, aber in allgemeinem Sinne... weil oder konkrete Geschichten weiß ich also nicht so viel, sonst hätte ich auch eine Geschichte nennen können, die so herumgeht, ja.«[34]

Mike sind keine Familiengeschichten bekannt, wohl aber Geschichten über Widerstandsgruppen aus unterschiedlichen Medien. Er interessiert sich sehr für Geschichte, unter anderem für den Zweiten Weltkrieg, hat dabei aber nie eine Verbindung zu seiner eigenen Familie hergestellt. Erst in unseren Interviews problematisiert er die Beziehung zu seinen Eltern und Großeltern in Bezug auf die Vergangenheit zum ersten Mal. Das Problem der Angehörigen der Enkelgeneration ist allgemein, dass sie, wie Mike, sehr wenig Familiengeschichten über den Zweiten Weltkrieg gehört haben, aus denen sie Rückschlüsse auf die Haltungen und Positionen der Großeltern ableiten könnten. So schlussfolgert auch Mar Man (geb. 1987), der von seinem Großvater im Widerstand keine einzige Geschichte kennt, dass Krieg immer schlecht ist und Widerstand gegen Krieg immer gut. Und so stellt zum Beispiel auch Enkel Bel (geb. 1986) seinem Opa Fragen, indem er von einer allgemeinen normativen Position ausgeht, dass Widerstand immer gut war und Kollaboration immer falsch. Es geht den Enkeln dabei jeweils um eindeutige Zuordnungen – ob man zu den Guten oder den Schlechten gehört.

Eine andere Variante, die damit zusammenhängt, ist das Suchen nach Gründen dafür, dass Vater und Mutter *nicht* im Widerstand waren, wie bei Familie Haak. Gert Haak (geb.1918), von Beruf Polizist, wird von seiner Enkelin Tanja Haak (geb. 1975) auf den Zahn gefühlt:

Tanja Haak: »Aber wie war das dann, wenn du gingst. Du sagst, ich war nicht im Widerstand.«

Gert Haak: »Nein.«
Tanja Haak: »Aber, wie, ich verstehe nie, wie so etwas entstehen kann, weil oft geht man nur in den Widerstand, wenn man dort Menschen kennt, oder so, ich sage mal, wenn man da ein bisschen …«
Gert Haak: »Kontakt, Kontakt legen links und rechts.«
Tanja Haak: »Ja. Aber du kanntest doch weiter auch niemanden, der in den Widerstand ging.«
Gert Haak: »Oh, doch!«
Tanja Haak: »Aber warum warst du dann, beschließt man, ist das dann eine bewusste Wahl?«
Gert Haak: »Bei manchen schon, ja.«
Tanja Haak: »Dass man sich überlegt, ich muss oder ich mache das nicht? […] Aber hast du da ganz bewusst entschieden, dass du nicht in den Widerstand wolltest?«
Gert Haak: »Nein, warum bewusst oder unbewusst, das weiß man nicht.«
Tanja Haak: »Aber du hast dich dagegen entschieden.«
Gert Haak: »Nein.«
Tanja Haak: »Aber weißt du noch, warum dann?«
Gert Haak: »Ja, das weiß ich nicht.«
Tanja Haak: »Nein?«
Gert Haak: »Nein man kann auch sonst noch was machen.«
Tanja Haak: »Jajaja..jaja..ja ich dachte das auch nur, ich war nur neugierig.«[35]

Opa Haak war Polizist in Twente, im Osten der Niederlande, was während des Krieges ziemlich suspekt war, weil man auf diese Weise der verlängerte Arm der Besatzungsmacht war. Der Tod eines Kollegen ihres Opas, der im Widerstand war, ist für die Enkelin Anlass, sich zu fragen, warum Gert sich offenbar gegen den Widerstand entschieden hatte. Es entsteht ein kleiner Konflikt, der aber damit bereinigt wird, dass Gert mitteilt, man habe als Polizist auch noch etwas machen können, ohne dass man das sofort Widerstand nennen würde. Seine Enkelin gibt sich mit dieser Antwort überraschend schnell zufrieden und fügt defensiv an, einfach nur neugierig zu sein – so, als habe in ihren Fragen ein Angriff gelegen, der geeignet war, ihren Großvater in Bedrängnis zu bringen. Dabei fügt sie selbst schon Konstruktionen ein, die des Großvaters Entscheidung, nicht in den Widerstand zu gehen, nachvollziehbar machen – etwa den Grund, in den Widerstand zu gehen, weil man dort Bekannte hat, und Opa hatte eben keine. Aber in dem ganzen Dialog schwingt auch eine gewisse Enttäuschung mit, dass Gert kein Widerständler war, und vielleicht sogar jemand, auf den die gegenteilige Beschreibung zuträfe. Das hier deutlich werdende Bedürfnis nach einem etwas heldenhafteren Opa ist auch bei anderen Angehörigen der Enkelgeneration anzutreffen. Man könnte es als putative Heroisierung bezeichnen.

Abschließend kann die Interaktion im Familiengespräch der Banninks Illustration für die intergenerationelle Interpretation und Tradierung einer Heldentat sein. Es geht dabei um eine Urkunde von General Eisenhower, die Wim Bannink (geb. 1917) für die Hilfe bekam, die er einem amerikanischen Piloten geleistet hatte. Es stellt sich heraus, dass die Geschichte allen Familienmitgliedern bekannt ist und dass die Urkunde lange Zeit irgendwo im Schrank gelegen hat. Der Sohn Ab (geb. 1946) hat sie vor einigen Jahren einrahmen lassen und aufgehängt, womit er seinen Stolz über den Vater zum Ausdruck bringen wollte. Die Ehefrau des Grossvaters, Trui, und sein Enkel Jeroen nehmen ebenfalls am Gespräch teil.

Interviewerin: »Sie haben eine Urkunde von Eisenhower hier hängen?«
Trui Bannink: »Oh ja!«
Wim Bannink: »Nein, das war für das Verstecken von einem Piloten.«
Interviewerin: »Das wusstet ihr? [zu Ab und Jeroen Bannink]«
Jeroen Bannink: »Ja.«
Ab Bannink: »Ja, sicher wussten wir das. Ja, gut, ich fand es das schon wert, [...], naja, vor unfähr 10, 15 Jahren, fand ich das so wichtig, dass ich dachte, ich lass' ihn mal einrahmen. Weil Vater hatte das Ding immer aufgerollt irgendwo liegen.«
Wim Bannink: »Im Schrank, im Schrank lag die.«
Ab Bannink: »Im Schrank liegen. Aber wir wussten/ ich wusste immer schon, [...] dass die hier war, die Urkunde.«
Wim Bannink: »Oh ja, ja.«
Jeroen Bannink: »Aber ich denke auch, man sagt dann echt so: ›Wow, das ist passiert!‹. Opa sieht das vielleicht als mehr normal, nicht mehr als normal. Und darum hat der es auch als etwas Normales behandelt. Aber man denkt echt, hopp, an die Wand. Und er [der Großvater] denkt, hopp, in den Schrank.«
Wim Bannink: »Ja.«
Ab Bannink: »Ja, ja, vielleicht schon, ja. Hab ich doch schon was, das darf man schon/«

Wim Bannink: »Noch eben was anderes, die Menschen, die das eh, aufgehängt haben, das damals eh/«
Ab Bannink: »Oh, ja, das ist in den Niederlanden nicht einmalig gewesen.«
Wim Bannink: »Nein, nein, nein.«
Ab Bannink: »Das war am laufenden Band, aber gut, musste mal gucken wie viel Leute/«
Trui Bannink: »Ja, aber das war auch sehr gefährlich. Damals mit den/«
Ab Bannink: »Ja, nein, aber wenn die den wirklich hier angetroffen hätten mit einem englischen Soldaten, oder einem amerikanischen, ja, dann eh, dann wärst du abgeführt worden.«
Trui Bannink: »Ja.«
Ab Bannink: »Dann hatteste eh ne gute Chance, das nicht zu überleben.«
Trui Bannink: »Dann hatteste auch keine Ruhe mehr, ne, wenn du so jemanden im Haus hattest.«
Jeroen Bannink: »Aber das Bewusstsein darf man nun auch ruhig haben, das kann man ruhig einrahmen. Weil wenn man sich das hinterher mal so überlegt, begreift man erstmal, dass du dich doch in Gefahr begeben hast.«
Trui Bannink: »Ja, natürlich.«
Ab Bannink: »Ja, ja, genau.«
Jeroen Bannink: In dem Moment denkt man einfach; ›Ja, wir machen das einfach.‹, denke ich.«[36]

Interessant ist, dass es hier wiederum um die Rolle des Widerstands im Nachkrieg geht, und dass Jeroens Stolz über den Großvater offensichtlich etwas heruntergedimmt werden muss. Wahrscheinlich unterbricht Ab seinen Vater deshalb, und betont gleich darauf, dass das, was sein Vater getan hat, nicht einmalig war, sondern dass viele solche Urkunden hatten. Der Enkel Jeroen (geb. 1974) glaubt aber, dass sein Vater es wahrscheinlich sehr besonders fand, was Wim gemacht hat.

Er selbst stellt die Handlungsweise des Großvaters allgemein in den Kontext des Krieges – und da hat der Opa seiner Auffassung nach nichts Besonderes getan, sondern gerade das Normalste, was man im Krieg eben tut. Krieg ist schlecht, so könnte man diese Perspektive wiederum paraphrasieren, weshalb alle möglichen Formen von Widerstand oder Gegenwehr gut sind. Ausgeübt wird sie in einem Modus praktischer Moral, ohne großes Nachdenken. Jeroen Bannink (geb. 1974): »In dem Moment denkt man einfach: ›Ja, wir machen das einfach‹, denke ich.«

In diesen unterschiedlichen Sichtweisen zeigen sich die Positionen der Generationen in aller Klarheit. Der Zeitzeuge steuert wenig bei, außer womöglich dem Versuch eines negativen Urteils über Menschen, die sich selbst als Helden sehen wollen. Er selbst scheint gar kein Bedürfnis zu haben, zu den Menschen gehören zu wollen, die wirklich im Widerstand waren. Die Kindergeneration zeigt dagegen einen vorsichtigen Bedarf an Heldentum in der eigenen Familie, während die Enkel die Dinge vor dem Hintergrund sehr allgemeiner Sichtweisen und Prinzipien betrachten und aus dieser Betrachtung ihre eher abgeklärten Schlussfolgerungen ziehen.

Vergleiche in der Zeit und deren Wertung

Im Generationenvergleich zeigt sich also, dass die Zeitzeugengeneration sich selbst und andere Akteure im Rückblick eher verhalten und blass zeichnen, während die Kindergeneration Detaillierungen liefert und sanfte Heroisierungen vornimmt. Die Enkelgeneration dagegen liefert distanzierte und schematische Bilder von der Zeit des Zweiten Weltkriegs und der Rolle der eigenen Angehörigen. Diese Unterschiede im generationellen Umgang mit der Vergangenheit stehen in Zusammenhang mit dem breiteren erinnerungskulturellen Kontext in den Niederlanden sowie eben mit dem zentralen, immer aber auch heiklen Thema Widerstand. Viele der Geschichten sind vage und uneindeutig und werden eher vorsichtig erzählt, wobei die jüngeren Generationen viele Fragen stellen und der älteren Generation die Erzählautorität überlassen. Von einer kumulativen Heroisierung wie in der deutschen Studie kann bei den Niederländern also keine Rede sein.

Bei anderen Themen freilich übernehmen die Jüngeren häufig die Erzähl- und Deutungsautorität. Es gibt einen Typ von parallelisierenden Vergleichen, der als eine Art Übersetzungshilfe in der Zeit benutzt wird. Oftmals werden diese Vergleiche als dialogtechnisches Mittel benutzt, um Verständnis auszudrücken oder einander die Bedeutung von Situationen zu erklären. Zeitzeugen etwa fügen sie nicht selten in

Nebensätzen erläuternd an Erzähltes oder an Schlussfolgerungen an. Hier ein Beispiel, in dem ein Zeitzeuge (geb. 1922) von seiner Evakuierung aus Middelburg erzählt:

Pietje Bel: »Ja, das ist komisch, dann schläft man bei anderen Menschen auf dem Boden, neben Menschen, die man kaum kennt. Aber wenn man in Schwierigkeiten ist, dann macht man das. Das siehst du bei den Menschen in Irak auch schon mal. Wenn man da die Leute mit ihren Sachen wegziehen sieht.«[37]

Typisch für parallelisierende Vergleiche sind solche, in denen wie hier eine Kriegssituation der Gegenwart thematisiert wird. Die jüngeren Generationen erhalten so ein Modell, um sich die damalige Situation vorzustellen, wobei der Zeitzeuge den Kontext festlegt, in dem er sein Verhalten für vergleichbar erachtet. Die jüngeren Generationen machen von Vergleichen ebenfalls vielfältig Gebrauch. So fügt Anton Bel (geb. 1952) aus der Kindergeneration die folgende vergleichende Erklärung an die väterliche Beschreibung der Befreiung an:

Pietje Bel: »Ja, das ist schon so was. Dann, dann, dann die Entladung, ne. Das hält man nicht für möglich.«
Anton Bel: »Das ist genauso wie, als die Statue von Saddam Hussein, die geköpft wurde.«[38]

Anton setzt in dieser Sequenz das emotionale Erleben der Befreiung des Vaters am Ende des Zweiten Weltkriegs mit dem Sturz des irakischen Diktators Saddam Hussein (2003) gleich. Der Vergleich könnte ein Versuch sein, sich an die Vergangenheit des Vaters »heranzuerzählen« und die differenten Erfahrungs- und Vorstellungsräume zu überbrücken.

Im folgenden Beispiel fügt der Zeitzeuge (geb. 1922) einen unterscheidenden Vergleich an eine nebulöse Geschichte über seine Inhaftierung, die im Zusammenhang mit Lebensmittelkarten stand, die bei der Arbeitsstelle des Zeitzeugen abgeknapst wurden, um damit untergetauchte Menschen in den Mergelgrotten im limburgischen Süden versorgen zu können:

Piet Pijls: »Hinterher hat sich auch herausgestellt, dass ich unschuldig war, aber ich hatte doch immerhin vier Tage im Knast gesessen. Heutzutage würde man da eine Schadensersatzklage einreichen, das gab es damals noch nicht.«[39]

Der Zeitzeuge gibt hier durch die Einordnung der Vergangenheit gegenüber der Gegenwart eine Veränderung in der Zeit an: Die Vergangenheit war eine Zeit mit weniger Rechten als heute, denn früher konnte man im Gegensatz zu heute nach einer ungerechtfertigten Haft keine Schadensersatzklage einreichen. Durch solche negativen Vergleiche wird klargemacht, dass die Handlungssituationen und Erfahrungen von Zeitzeugen ausschließlich im historischen Kontext betrachtet werden können, was Zeitzeugen oft durch die resümierende Bemerkung »so war das damals« anzeigen. Im folgenden Beispiel nimmt ein Zeitzeuge (geb. 1919) eine solche starke Abgrenzung vor:

Geert Dekkers: »Die erwachsene Bevölkerung hat ja nun auch ein Auto, da sind 10 Kilometer nichts, aber damals hatte man nicht mehr als ein altes Fahrrad, sicher, nach dem Krieg. Man konnte zwar fahren mit schlechten Reifen oder was anderem oder 'nem Wagen mit 'nem Pferd, um etwas zu transportieren, schau, aber die Jugend von heute, die geht davon aus, von modernen Transportmitteln, »da fahr' ich eben mal hin«, das macht nichts. Aber damals war das was anderes, das machte schon was aus, da mussteste da echt was für über haben, um das zu machen, schau, und [...] darum sag ich, ist das für die jüngere Generation so schwer zu verstehen, wie die Zeit war und was sich da abgespielt hat und wie man gelebt hat. Das ist für euch schwierig irgendwo vorzustellen, ne. Wenn du das mal im Fernsehen siehst, wo Leute zu Tausenden das Land verlassen und noch Kinderwagen oder Schubkarren schieben oder ein altes Fahrrad, da haben sie auch alles mögliche drauf gebunden und geladen und das schleppen die und mal einer mit Pferd und Wagen, den sie vollpropfen, und oben drauf sitzen auch noch ein paar Leute, ne, das sieht man doch schon mal und so musst du dir das vorstellen.«[40]

In diesem Beispiel spricht der Zeitzeuge die Erfahrungskluft zwischen den Generationen direkt an, indem er zwischen Transportmöglichkeiten früher und heute vergleicht. Sowohl die Umstände der Zeit als auch die Kriegssituation könne man sich heute gar nicht vorstellen, da man es nicht miterlebt habe und sich das Leben heute von dem der Großeltern damals erheblich unterscheide. Abschließend wird direkt daran appelliert, sich über Medien einen Vergleichshorizont zu verschaffen und die Erfahrungskluft auf diese Weise zu verkleinern.

Während Sprecher in unterscheidenden Vergleichen oft konkrete historische und geographische Phänomene aufeinander beziehen, um Unterschiede deutlich zu machen, werden in parallelisierenden Vergleichen abstraktere Prinzipien herangezogen. Hier ein Beispiel eines kulturpessimistischen Zukunftsszenarios aus dem Familiengespräch der Familie Okker, mit Zeitzeugen Piet (geb. 1924) und Truus (geb. 1925) und Sohn Leo (geb. 1946). Piet startet die Sequenz mit der folgenden Anthropologisierung:

Piet Okker: »Es ist schon schade, aber der Mensch ist immer zu beeinflussen. Und sie kriegen so 'ne Gehirnwäsche, da in Deutschland war das doch auch so, ging die Jugend, die konnte von Grund auf in der Schule, wurde die herangezüchtet, dass die die Kinder oder die Eltern, die wagten nichts mehr zu sagen, bang, dass die Kinder was sagen würden und das war so.«
Truus Okker: »Ja.«
Piet Okker: »Und so ist das alles, die die ganze Welt ist so, hmm, weil wenn man nun mal guckt, sage ich mal«
Leo Okker: »Sie haben also anscheinend nicht viel gelernt.«
Piet Okker: »Nee.«
Leo Okker: »Weil es ist noch immer so.«
Piet Okker: »Nein, die lernen das nie.«
Leo Okker: »Nein.«
Piet Okker: »Guck doch nach Amerika, was die in Irak machen, hmhm, nein.«
[...]
Piet Okker: »Guck, und so sind die Menschen, sage ich mal, eh, werde ich mal sagen, zu beeinflussen, hmm. Und und und das ist einfach, das das man mit Geld jemanden zu kaufen, mit Geld ist alles zu kaufen.«[41]

Piets Menschenbild zufolge ist die Beeinflussbarkeit von Meinungen und Entscheidungen ein allgemeiner Charakterzug des Menschen. Als Beispiel aus der Vergangenheit führt Piet an, dass die Kinder in Deutschland im Zweiten Weltkrieg in der Schule so »herangezüchtet« worden seien, dass sich ihre Eltern nichts mehr zu sagen trauten. Sohn und Zeitzeuge sind sich daraufhin über die Allgemeingültigkeit seiner Theorie einig: Gehirnwäschen finden auf der ganzen Welt statt. Das statische Menschenbild, das hier gezeichnet wird, zeugt von einer grundlegenden anthropologischen Einsicht: Menschen lernen nicht aus Geschichte, sondern bleiben immer beeinflussbar. Gegen Ende der Sequenz gibt Piet seiner Theorie noch einen etwas anderen Dreh, denn nun spricht er nicht nur von der mentalen Beeinflussung, der der Mensch ausgesetzt sei, sondern auch von der materiellen: »mit Geld ist alles zu kaufen.«

Neben Vergleichen, die entweder Brüche oder Parallelen beinhalten, gibt es auch Vergleiche, in denen beides zugleich vorkommt. Diese können uns eine Facette der intergenerationellen Tradierung und der aus ihr abgeleiteten Werte verdeutlichen. Die folgende Sequenz handelt wieder von alltäglichen Verhältnissen während des Krieges. Bei der Familie Dekkers entfaltet sich der folgende Dialog über den Tauschhandel:

Geert Dekkers: »Guck, und da hatte ich meinen Tabak eigentlich eingetauscht bei dem Schneider für einen Anzug.«
Tim Dekkers: »Sieht man heute noch, ne, bei uns bekommt man auch noch so ein schönes Päckchen.«
Margriet Dekkers: »Wenn du nun auf eh«
Tim Dekkers: »Wenn wir 'ne Übung haben, dann bekommen wir solche schönen Paketchen und dann ist da alles mögliche drin: Marmelade und Pate und Mentos und Dextrose und Schokolade und so. Dann gehen wir, dann sit/ sitze ich mit meiner Gruppe zusammen, die haben dann alle so ein Ding bekommen, Dosen, die man nicht mag: ›Jungs ich habe hier Lasagne, wer mag Lasagne, und hopp, hier hast du einen Hamburger mit/‹«
Margriet Dekkers: »Jaja, einfach untereinander tauschen.«
Tim Dekkers: »Ja, da ist einfach tauschen untereinander.«[42]

Mitten in eine ausführliche Beschreibung über die Bedeutung des Tauschhandels für die kargen, von Not und Entbehrung gezeichneten Lebensumstände des Großvaters Geert (geb. 1919) in Kriegszeiten zieht der Enkel Tim (geb. 1980) eine Parallele zu seinen eigenen Erfahrungen bei der Armee. Aus den Lunchpaketen, die er beim Militär vor Übungen bekommt, wird in seiner Gruppe je nach geschmacklichen Vorlieben getauscht. Sowohl für den Enkel als auch für das Kind sind Päckchen und Tauschen nicht kontextgebunden, sondern universeller zu betrachten: »sieht man heute noch, ne, bei uns bekommt man auch noch so ein schönes Päckchen«, und die Mutter (geb. 1951) ergänzt: »das ist einfach tauschen untereinander«. Der Umstand, dass Menschen tauschen, ist für sie eine universelle anthropologische Tatsache. Exemplarisch für den Gesprächsverlauf an solchen Stellen ist auch, dass der Zeitzeuge seinen Erzählstrang unmittelbar wieder aufnimmt, ohne auf den Vergleich einzugehen.

Geert Dekkers: »Ne, Mam, sie weiß noch, dass ich den Anzug damals getauscht habe. [...] Weil, Margriet [Kind], wir haben geheiratet, '44 sind wir befreit, die Befreiung des ganzen Landes das ist ein gutes halbes Jahr später im Mai '45 und wir haben drei Jahre später im April geheiratet, und als wir heirateten, da konnte man noch keinen vernünftigen Anzug oder Brautkleid, konnte man nicht kaufen, wenn man nicht noch etwas extra beigab.«
Margriet Dekkers: »Und wie seid ihr dann daran gekommen?«
Geert Dekkers: »Oh, wieder durch etwas zu tauschen, zum Beispiel was vom Schwein oder gute Butter oder das ein oder andere, dann guten Stoff war das, die noch guten Stoff zurückgehalten hatten, da konnte man das dann noch für kriegen [...] Und so war das Leben damals.«[43]

Sich erst bei seiner Frau rückversichernd, dass es so war, wie er erzählt, und sich dann an seine Tochter Margriet wendend, fährt der Zeitzeuge mit seiner Beschreibung der Tauschökonomie und ihrer Wichtigkeit für das tägliche Durchkommen in der Kriegs- und Nachkriegszeit fort. Mit den Worten »so war das Leben damals« schließt er seine Beschreibung ab, grenzt somit Zeit und Kontext deutlich ein, formuliert einen Bruch, stellt anstelle von Kontinuität Diskontinuität in den Lebensumständen heraus, betrachtet Tauschen nicht universalistisch, sondern kontextgebunden. Darüber wird im Folgenden nicht weiter verhandelt. Parallelisierung und Unterscheidung bleiben unproblematisiert nebeneinander stehen.

Viele Vergleiche, die Enkelkinder und Kinder in Geschichten und Situationsbeschreibungen machen, sind ähnlich losgelöst vom Kontext der Erzählung des Zeitzeugen. Kinder und Enkelkinder filtern dabei einen einzelnen Aspekt aus der Erzählung des Zeitzeugen heraus, um ihn mit den eigenen Erfahrungen gleichzusetzen. Mit solchen Neudefinitionen von Handlungs- und Situationskontexten gehen immer auch Universalisierungen der historischen Bedingungen einher, denen die Zeitzeugen sich selten anschließen können. Bemerkenswert ist es, dass es an solchen Stellen nie zu Diskussionen über die Tauglichkeit und Zulässigkeit derartiger Vergleiche kommt. Dies kann in zweierlei Hinsicht interpretiert werden: als Toleranz und Respekt ge-

genüber den Erfahrungswelten der jeweiligen Generation oder als schlichtes Desinteresse – wobei gegen Letzteres spricht, dass die Diskussionen meist sehr lebendig und engagiert sind.
Das Fehlen einer Interaktion, bei der ein wirklicher Austausch von Erfahrung stattfindet, kann ein Grund dafür sein, dass Kindern und Enkeln recht wenig Geschichten über den Zweiten Weltkrieg überliefert werden und dass sie diesen deshalb hauptsächlich vor dem Hintergrund allgemeiner und nicht selten universalistischer Werte und Prinzipien thematisieren. Umgekehrt tauchen keine Vergleiche auf, mit denen nationale Werte betont oder ein nationales historisches Bewusstsein konturiert würde. Der Gebrauch von Vergleichen steht immer im Dienst der Explizierung allgemeiner menschlicher Werte und anthropologischer Menschenbilder, an die dann mal optimistische, mal pessimistische Zukunftserwartungen geknüpft werden.
So zeigte die eingangs zitierte Zeitzeugin Jacoba Schoen nicht nur, dass die Niederlande und die Niederländer genauso unterschiedlich waren wie die Mitglieder ihrer eigenen Familie, sondern machte damit zugleich deutlich, dass auch die Situation in Deutschland wohl nicht anders war. Damit umreißt sie ein allgemeines Bild vom Menschen und gerade kein national oder historisch spezifisches Verhaltensmuster.
Dies wird auch anhand der zeitlichen Vergleichsperspektive deutlich, die die Interviewten verwenden, wenn das Thema Judenverfolgung zur Sprache kommt. In einem Großteil der Interviews, in denen der Holocaust thematisiert wird, kommt moralische Empörung über den israelischen Umgang mit den Palästinensern zum Ausdruck. Eine oberflächliche Analyse solcher Äußerungen könnte schnell zu der Schlussfolgerung führen, dass es hier um neue Formen von Antisemitismus gehe. Im selben Atemzug sprechen die Interviewten – zum Teil trotz ihres eigenen Einsatzes für die Alliierten während des Zweiten Weltkriegs – empört über die amerikanische Politik der Gegenwart. Dabei geht es aus unserer Sicht weniger um die Stigmatisierung von Israelis oder Amerikanern, sondern im Kern um zwei andere, für die Befragten wichtige Dinge: eine sympathisierende Haltung gegenüber Minderheiten, die unter dem Druck einer dominanten Macht

stehen, und die ambivalente Erkenntnis, dass immer etwas Schlechtes im Guten steckt und etwas Gutes im Schlechten. Mit einer solchen Perspektive werden Widersprüchlichkeit und Diskontinuität stets miteinander verbunden. Historische Diskontinuitäten können in die anthropologische Kontinuität des Menschenbildes eingebunden werden. Die Tradierung von Vergangenheit ist in den Niederlanden vor allem die Tradierung der Überzeugung, dass Gutes und Schlechtes nicht säuberlich voneinander zu trennen sind, dass die Menschen widersprüchlich sind, und dass Geschichte keine Eindeutigkeit hat, sobald man sie näher anschaut.

Fazit

Auf den ersten Blick kann das, was die niederländischen Familien über ihre Erinnerungen an den Zweiten Weltkrieg in Geschichten erzählen, mit einem Satz aus Martin Walsers umstrittenem Roman »Ein springender Brunnen« zusammengefasst werden: »Jetzt sagen wir, dass es so und so gewesen sei, obwohl wir damals, als es war, nichts von dem wussten, was wir jetzt sagen.« Ein solches Denken wird Menschen leicht übel genommen, jedenfalls in der deutschen Erinnerungskultur. Abgesehen davon, dass der niederländische politisch-historische Kontext faktisch nicht denselben Sprengstoff enthält wie der deutsche, ist die Erinnerungskultur überhaupt weniger kontrovers und viel konsensueller. In den Niederlanden wird akzeptiert, dass nicht jeder während des Zweiten Weltkriegs alles wusste und nicht alles daransetzte, der deutschen Besatzung Widerstand zu leisten. Man wird höchstens etwas schief angeguckt, wenn man sich zu affirmativ verhalten hatte. Aber die anfängliche offizielle Teilung in »gute« und »falsche« Niederländer, die dazu führte, dass alle im Widerstand gewesen sein wollten, ist im Lauf der Zeit abgebröckelt und wird nunmehr ironisch verwendet, um deutlich zu machen, dass die eigene Familie genauso wie die Nation unterschiedliche Verhaltensweisen gezeigt hat.

Die drei Generationen, die wir unterschieden haben, zeigen das auf ihre eigene Art und Weise, wobei die Zeitzeugen dazu neigen, so lapidar und unspektakulär wie möglich zu erzählen, die Kindgeneration eine leichte Neigung zur Heroisierung hat und die Enkelgeneration vor allem ausgehend vor dem Hintergrund universeller Menschenrechte argumentiert. Das alles ist relativ unverbunden, und tatsächlich gehen die Angehörigen der verschiedenen Generationen in den Familiengesprächen auch nicht besonders aufeinander ein. Man könnte sagen, dass diese wechselseitige Toleranz und lapidare Unaufgeregtheit der Vergangenheit gegenüber der kommunikative Modus ist, in dem sich Niederländer über die Geschichte von Besatzung, Kollaboration und Widerstand verständigen – konfliktfrei, unaufgeregt, gelegentlich ironisch, aber nicht sonderlich engagiert.

Diese gelassene Haltung führt naturgemäß kaum zu Debatten über Verantwortung und Moral, geschweige denn zu harten, konfrontativen Diskussionen. Sicher hat die Forschung in den letzten Jahren dazu beigetragen, die damalige Haltung der Niederländer gegenüber der jüdischen Bevölkerung zu problematisieren.[44] Obwohl diese Auseinandersetzung sehr kritisch ist, hat sie in den Medien und in der öffentlichen Meinung jedoch keine vergleichbare Erschütterung bewirkt, wie es in Deutschland der Fall gewesen wäre. Die Frage ist in den Niederlanden nämlich, wer sich – abgesehen von der Besatzungsmacht – eigentlich angesprochen fühlen soll oder muss. Man verweist dann nur allzu gern auf die jeweils anderen Gruppen: die Katholiken, die Protestanten, die Sozialisten oder Kommunisten, die »Oranjemänner« oder den NSB, die Arbeiter, die »hohen Herren«, den Westen der Niederlande oder die Landbevölkerung.

Es gibt wenig Kollektivität im niederländischen historischen Narrativ, außer in zwei Hinsichten: Das Böse während des Zweiten Weltkriegs kam von außen und ist und bleibt Deutschland. Und: Gut und Böse sind nicht so einfach zu unterscheiden.

Symbolisch ausgedrückt findet sich diese konsensuelle Ambivalenz in einem Artikel für Fußballfans, der im Januar 2006 auf den niederländischen Markt gekommen ist und schnell viele Tausend Käufer gefunden hat. Er ist eigens für die Weltmeisterschaft in Deutschland entworfen und besteht in einem orangefarbenen, dem Helm der deutschen Wehrmacht nachempfundenen Plastikhelm, auf den die holländische Fahne und wahlweise »Hup Holland Hup« (»los, Holland, los«) oder in schlechtem Deutsch »Jetzt gehts Losssss« gedruckt sind. Hier fließen gleich mehrere nationale Stereotype in ironischer Weise ineinander, und der Helm bringt als vieldeutiges Symbol einmal mehr ein Nationalbewusstsein zum Ausdruck, das in einer eigentümlichen ironischen Distanz sich selbst gegenüber besteht.[45]

Anmerkungen

1 Siehe für die Nazifizierung: J. H. C. Blom, Ausbeutung und Nazifizierung. Die NS-Bezatzungspolitik in den Niederlanden und ihr historischer Stellenwert, in: N. Fasse/J. Houwink ten Cate/H. Lademacher (Hg.), Nationalsozialistische Herrschaft und Besatzungszeit. Historische Erfahrung und Verarbeitung aus niederländischer und deutscher Sicht, Münster, New York, München, Berlin 2000.

2 Für eine Analyse auf Gemeindeebene: Siehe Marnix Croes/Peter Tammes, »Gif laten wij niet voortbestaan« Een onderzoek naar de overlevingskansen van joden in de Nederlandse gemeenten 1940–1945, Amsterdam 2004.

3 Frank van Vree, In de schaduw van Auschwitz. Herinneringen, beelden, geschiedenis, Groningen 1995.

4 Ebd.

5 Vor allem durch Jacques Pressers Buch, Ondergang. De vervolging en verdelging van het Nederlandse jodendom 1940–1945, Den Haag 1965 (Untergang. Die Verfolgung und Vernichtung des niederländischen Judentums 1940–1945), wurde der Zweite Weltkrieg mit der Judenverfolgung und -vernichtung in Zusammenhang gebracht und in diesen Begrifflichkeiten gedacht.

6 Eine Diskussion, die durch zwei Reden von Historikern initiiert wurde, nämlich J. C. H. Blom, In de ban van goed en fout. Wetenschappelijke geschiedschrijving over de bezettingstijd in Nederland, Bergen 1983; Jan Bank, Oorlogsverleden in Nederland, Baarn 1983.

7 Chris van der Heijden, Grijs verleden. Nederland en de Tweede Wereldoorlog, Amsterdam/Antwerpen 2002.

8 Erinnerungstheoretisch interessant ist hier die Frage, inwieweit das medial vermittelte nationale Erinnerungsnarrativ über den Hungerwinter 1944–45 in den Niederlanden eine einflussreiche Rolle für die Vorstellung des Zweiten Weltkriegs spielt. Siehe für einen ähnlich dominanten Einfluss der Medien und Historiografie: Marilyn Silverman & P. H. Gulliver über die große Hungersnot in Irland, Historical anthropology and the ethnographic tradition: a personal, historical, and intellectual account; ders. (Hg.), Approaching the past. Historical anthropology through Irish case studies. New York 1992.

9 Zwangsarbeit war insbesondere nach 1942 für rund 350000 Menschen der Hauptgrund unterzutauchen.

10 Neben diesen Begriffen kommt auch der Term »illegal«, »illegale« und »Illegalität« vor, und zwar 18-mal in acht Interviews. Es betrifft hier hauptsächlich Adjektive: »illegales Radio«, »illegale Zeitung«, »illegales Milieu«, »illegales Schwein«, »illegale Arbeit«. Einmal wurde es benutzt um anzugeben, dass jemand »wegen der Illegalität im Gefängnis« gesessen hat, und einmal, um das illegale Schlachten von Vieh und das illegale Produzieren von Lebensmittelkarten anzudeuten. Während des Zweiten Weltkriegs und direkt danach wurden die Begriffe Widerstand und Illegalität als Synonyme benutzt. In der Geschichte ist der Unterschied zwischen Widerstand und Illegalität allerdings von Belang. Vgl. Lou de Jong, Verzet en illegaliteit 1940–1945, Amsterdam 1976; Coen Hilbrink, Vogelvrij verleden. Oud-illegalen na de oorlog, Amsterdam 2001. Da der Begriff Illegalität in den Interviews nicht als gängige Andeutung von Widerstand oder Untergrundarbeit benutzt wird, haben wir ihn nicht weiter ausgearbeitet.

11 Selbstverständlich ist der Einfluss, den die Interviewer möglicherweise auf den Gebrauch der Begriffe gehabt haben können, bei der Analyse berücksichtigt. Nur in einem Fall (Enkelkind Fasen) bringt der Interviewer durch das Fragen nach Geschichten über den Widerstand das Thema als Erster zur Sprache. In allen übrigen Interviews thematisieren die Interviewten den Widerstand von sich aus. In einem anderen Fall (Man) wird eindringlich nachgefragt, da das Enkelkind über seinen Opa, der im Widerstand war, wenig zu erzählen hat, und das Thema zu verschwinden droht. Dass die Themen Widerstand und Untergrund nicht von den Interviewern ins Spiel gebracht werden, zeigt sich am deutlichsten in den Familiengesprächen, in denen sie keine prominente Rolle spielen.

12 NLF19F, 471–487.

13 NLF19F, 488–515.

14 Es geht hierbei um »De ontdekking« (Die Entdeckung) von Eric Heuvel, ein Comic, der 2003 von der Anne-Frank-Stiftung und dem Widerstandsmuseum Friesland zum Gedenken an den Zweiten Weltkrieg herausgegeben wurde. Der Comic wurde vom Ministerium für Volksgesundheit, Wohlsein und Sport finanziert und kostenlos an Schüler verteilt.

15 NLF16K, 62.

16 NLF16F, 539–541.

17 NLF17F, 356–367.

18 NLF14F, 373.

19 NLF12F, 146.

20 NLF16Z, 43–46.

21 NLF16K, 2–5.

22 NLF16K, 25.

23 NLF16K, 62.

24 NLF16Z, 59.

25 Mit diesem Hinweis bezieht sie sich aller Wahrscheinlichkeit nach auf Untersuchungsberichte im Rahmen sogenannter »verzetsuitkeringen«, staatliche Zuwendungen an ehemalige Widerständler.

26 NLF16Z, 60–63.

27 NLF16E, 292–294.

28 NLF3F, 575–589.

29 NLF13F, 307–310.

29a NLF20Z, Gelderland.

30 NLF1Z, 59.

31 NLF19K, 131.
32 NLF3K, 9.
33 NLF18F, 6–16.
34 NLF5E, 194.
35 NLF6F, 158–178.
36 NLF2F, 541–570.
37 NLF13F, 186–187.
38 NLF13F, 216–217.
39 NLF8F, 37.
40 NLF9F, 283–288.
41 NLF17F, 786–827.
42 NLF9F, 332–338.
43 NLF9F, 338–370.
44 Ein Thema, das hier nicht behandelt werden konnte.
45 Der Helm ist übrigens durch den niederländischen Fußballbund verboten worden. Die Kriegserinnerung ist auf diese Weise abgebildet zum Objekt geworden. Der Erfinder bestreitet, dass er etwas mit Kriegserinnerungen zu tun habe. Dank an Kees Ribbens für diesen Hinweis.

Natalija Bašić

Wen interessiert heute noch der Zweite Weltkrieg?
Tradierung von Geschichtsbewusstsein in Familiengeschichten aus Serbien und Kroatien[1]

Der historische Hintergrund (1941–1945)

Das Königreich Jugoslawien bildete ein multiethnisches Gemeinwesen und wurde gleich zu Kriegsbeginn 1941 in drei territoriale Verwaltungseinheiten aufgeteilt. Dabei befand sich Serbien zunächst unter deutscher Besatzung; in Kroatien errichteten die faschistischen Ustaša unter Mitwirkung der Nationalsozialisten einen unabhängigen Staat (NDH). Der Unabhängige Staat Kroatien erstreckte sich nach und nach bis in die Vojvodina und über weite Teile Bosniens, zugleich gab es eine Aufspaltung des Landes auf Betreiben der italienischen Faschisten entlang der dalmatinischen Küste und auf Istrien. Teile des jugoslawischen bzw. serbischen Gebietes wurden Albanien angegliedert, andere Teile Bulgarien und Ungarn zugeschlagen.[2]
Jugoslawien war also bald nach Beginn des Zweiten Weltkrieges ein unter sechsfacher Herrschaft zerlegtes Land. Erhebliche Teile der Bevölkerung in Kroatien und Serbien wurden Opfer der nationalsozialistischen Expansion und Verbrechen, aber auch des innerjugoslawischen Bürger- und Befreiungskrieges. Nichts kennzeichnet die Weltkriegsjahre in Kroatien besser als der Umstand, dass der Ustaša-Staat analog zum Nationalsozialismus Rassegesetze erließ, die sich nicht nur gegen Juden und Roma, sondern auch gegen (ethnische) Serben richteten. Ziel der Verfolgungspraxis des NDH war in erster Linie die Zivilbevölkerung, wobei die serbisch-nationalistischen, königstreuen Četniks und kommunistisch geführten Partisanenverbände gegen die faschistischen Ustaše und die reguläre kroatische Armee (Domobrani) kämpften.[3] In Serbien kämpften die Četniks anfangs noch

zusammen mit den Partisanen gegen die Besatzer. Andererseits gab es diverse Milizen, die mit den deutschen Besatzern kollaborierten. Während der Partisanenkampf in erster Linie von Flucht- und Ausweichbewegungen bestimmt war, war die Partisanenbewegung zugleich die einzige Streitkraft mit einem zu dieser Zeit fest umrissenen ideologischen Konzept, dessen Wirkung sich ab 1944 in der Institution der Volksbefreiungsarmee deutlich spiegelt. Während des Krieges verübten die deutsche Wehrmacht, SS und Sicherheitsdienste, die Četniks und Ustaše zahlreiche Kriegsverbrechen an der Zivilbevölkerung im jugoslawischen Staatsgebiet.[4] Mit Hilfe der Alliierten schließlich konnte das Land befreit werden. In der Folgezeit kam es zu umfassenden Säuberungsaktionen seitens der Kommunisten und ebenso auch zu Partisanenverbrechen (z. B. das 1945 an Ustaša verübte Massaker auf dem Bleiburger Feld).
Schließlich wurde die Grenze zwischen Kroatien und Serbien im Jahre 1945 auf der Grundlage einer Kombination von geschichtlichen und ethnischen Merkmalen neu bestimmt. Nach dem Zweiten Weltkrieg wurde Jugoslawien auf föderativer Grundlage restrukturiert; die Grenzen zwischen den Teilrepubliken wurden dabei nicht mehr als Verwaltungs-, sondern als Staatsgrenzen bestimmt, da auch die Teilrepubliken laut Verfassung als Staaten definiert wurden.

Die neuen Helden in Kroatien und Serbien

Die jugoslawische Erinnerungskultur bestand in den 1950er und 1960er Jahren zumindest offiziell ausschließlich aus antifaschistischen Geschichtsbildern und aus dem Partisanenmythos, mithin einem Gedächtnis der Sieger, in dem vor allem eine spezifisch jugoslawische Dichotomie von Kollaboration und Widerstand dominierte. Der Volksbefreiungskrieg wurde glorifiziert, die Deutschen und ihre Helfer dämonisiert, der innerjugoslawische Bürgerkrieg ausgeblendet.[5] Der Partisanenmythos konstituierte einen Deutungsrahmen, der als Basiserzählung der jugoslawischen Gesellschaft gelten konnte und die Grenzen des Erinner- und Sagbaren definierte.[6] Diese Basiserzählung hatte in ihrer Fokussierung auf den Partisanen zugleich den Zweck, einen transethnisch gültigen Gründungsmythos von »Brüderlichkeit und Einheit« zu etablieren. In ihr wurde durchaus das Leiden während des Krieges thematisiert, aber negative Aspekte des Partisanenkriegs, etwa der willkürliche Umgang mit der Zivilbevölkerung oder die Methoden der kommunistischen Siegerjustiz, fanden in dieser Basiserzählung keinen Platz, übrigens ebensowenig wie die Verfolgung der jüdischen Bevölkerung.[7]

Diese Situation schien sich zu Beginn der siebziger Jahre kurzfristig zu ändern, als eine Gruppe jüngerer Dissidenten, die sich dem »Kroatischen Frühling« angeschlossen hatten, öffentlich thematisierten, dass man dem schwarzweißen Bild von Besatzung und Revolution ein »authentisch nationales« Bild gegenüberstellen müsse, was zu diesem Zeitpunkt deutlich gesellschaftskritisch gedacht war. Aus der darauf folgenden Repression in Form von Publikationsverboten und Anklagen sprach auf der Seite der staatlichen Erinnerungsagenten die Angst vor der nachlassenden Integrationskraft des Partisanenmythos.

Die offizielle Erinnerungskultur blieb jedenfalls weiterhin starr dem traditionellen Bild verpflichtet und versäumte es auf diese Weise, die problematischen und fallweise auch traumatischen Aspekte der sozialistischen Revolution thematisierungsfähig und integrierbar zu machen.[8] Seit Mitte der 1980er Jahre, einige Jahre nach Titos Tod, kam es dann zu offenen erinnerungspolitischen Auseinandersetzungen, die sich schnell radikalisierten. Insbesondere das nationalistische Lager begann die jugoslawische Gegenwart mit Rekurs auf die Vergangenheit scharf zu kritisieren,[9] wobei die gesamte erinnerungspolitische Debatte erhebliche Aufmerksamkeit in der Bevölkerung fand. In offiziellen wie persönlichen Begründungen für den Einsatz im Bürgerkrieg spielte denn auch der Rückgriff auf historische Traumatisierungen eine oft übersehene Rolle, was auf das Konfliktpotential erinnerungspolitisch motivierter Unterdrückungen von Gegenerinnerungen allgemein hinweist. Im zerfallenden Jugoslawien jedenfalls kam mit der erinnerungspolitischen Revision die revolutionäre Basiserzählung fast komplett unter die Räder, was im bis heute anhaltenden Nachkrieg für beträchtliche Orientierungsprobleme sorgt.[10]

Seit der Unabhängigkeitserklärung Kroatiens Anfang der 1990er Jahre gelten extrem rechte Parteien und Gruppen, die an die Tradition der Ustaša anknüpfen, als politikfähig;[11] die Verbrechen der Ustaša werden im offiziellen Kroatien zwar verurteilt, zugleich kommt ihren Angehörigen aber der positive Status von »Unabhängigkeitskämpfern« zu. Die Jugend- und Musikszene kokettiert mit dem Nationalismus; auch antisemitische Äußerungen und Aktionen gelten, ähnlich wie in Serbien, nicht durchgängig als indiskutabel. In Serbien wurden die Četniks im Jahr 2004 als Widerstandskämpfer den kommunistischen Partisanen gleichgestellt, also rechtlich und ideologisch rehabilitiert. Untersuchungen zur gegenwärtigen Erinnerungskultur in Kroatien und Serbien zeigen insgesamt, dass der Zweite Weltkrieg weiterhin großes Interesse in der politischen und medialen Öffentlichkeit findet, wobei die Ansichten über Kollaboration und Widerstand kontrovers sind und man kaum von einer konsensuellen Lesart der Vergangenheit sprechen kann, die imstande wäre, so etwas wie neue Basiserzählungen zu begründen. Das hängt gewiss damit zusammen, dass es den jungen Nationalstaaten gegenwärtig noch an einer stabilen zivilgesellschaftlichen Perspektive fehlt.[12]
Bevor ich im Einzelnen auf die Ergebnisse eingehen werde, noch einige Bemerkungen zum empirischen Vorgehen.

Das Material

Zwischen den Jahren 2002 und 2004 führten wir in Kroatien und Serbien, in den Städten wie auf dem Land bzw. in der Küstenregion, insgesamt 168 Familiengespräche, Einzelinterviews und Gruppendiskussionen durch.[13] Einbezogen wurden Familien, in denen die Angehörigen der Zeitzeugengeneration vor 1935 geboren, also zu Kriegsbeginn in Serbien und Kroatien mindestens sechs Jahre alt waren. Die befragten Kinder der Zeitzeugen waren in der Regel Nachkriegskinder. Die Mehrzahl der befragten Enkelkinder ist erst nach der Tito-Ära geboren und befand sich zum Gesprächszeitpunkt meist noch in der Ausbildung.

Befragt wurden Menschen verschiedener ethnischer Gruppen, das heißt, wir haben auch (ethnische) Serben in Kroatien und (ethnische) Kroaten in Serbien systematisch in die Befragung mit einbezogen; ebenso sind nationale Minderheiten (Juden, Roma, Slowaken, Volksdeutsche und Ungarn), Flüchtlinge aus Bosnien oder kolonisierte Serben aus Kroatien und Montenegro in unserem Sample berücksichtigt.

Über den Zweiten Weltkrieg im eigenen Land wird durchaus gesprochen, häufig wird aber betont, dass man sich nur ungern mit diesem Thema beschäftigt. Die Angehörigen der Zeitzeugengeneration bemerken nicht selten, dass sie ihren Nachkommen die Konfrontation mit dieser komplizierten und manchmal eben auch sehr brutalen Vergangenheit einfach ersparen wollten. So erscheinen rückblickend die Erzählungen der Großeltern nicht wie ein aufregendes und aufwühlendes Gespräch, sondern eher wie ein ritualisierter Trauergesang: »Die Worte, die sich ständig wiederholten, waren Schande, Unglück und Hunger und nichts weiter, keine Details«, bemerkt der 1974 geborene Aleksandar Pašić über die Art, in der seine Großmutter über die Vergangenheit spricht.[14]

Das Elend des Krieges und die existentiellen Gefährdungen erscheinen in den Gesprächen stereotyp und aus großer Distanz erzählt. Ereignisfolgen, Erlebnisse und das Verhalten der Bevölkerung werden kaum berichtet, die emotionale Dimension schreibt sich aber gewissermaßen durch die Erzählungen hindurch. Zu den ideologisch und erinnerungspolitisch bedingten Rahmen, die jede Auseinandersetzung mit der Vergangenheit mitbestimmen, kommen hier narrativ nicht integrierbare, traumatische Erfahrungen der Zeitzeugen hinzu, solche von Gewalt, Angst und Sehnsucht, Hunger und Schmerz. »Ich könnte von Glück reden, wenn ich den Krieg weder erlebt noch davon gehört hätte, oder mich daran erinnern würde«, gibt Pašićs Großmutter im Einzel- und Familiengespräch immer wieder zu verstehen, und steht mit dieser Art von Äußerung ganz und gar nicht allein da. Erinnerungen tauchen auf, die nur aus einem halb ausgesprochenen Wort, in wörtlicher Rede oder einem Bild bestehen, aber die Funktion von Chiffren, von Leitmotiven besitzen. Mit Worten wie

»schlimm«, »gruselig«, »entsetzlich«, »schrecklich«, »furchterregend« kommentieren die Zeitgenossen und Beteiligten der Ereignisse wie nebenbei. Die Verarbeitung der Traumata zieht sich dann unauffällig, aber wie ein roter Faden durch die Vorstellungswelt des Nachkriegs. Man hat den Eindruck, die traumatischen Erfahrungen bilden den Hintergrund auch von lebhaft erzählten Geschichten über die Aufbruchstimmung, den Wiederaufbau, die Schaffung von beruflichen und familiären Existenzen und sollen, das ist deutlich spürbar, zumindest auf der Ebene der Erzählung von ebendieser Realität befreien.

In den tradierten Schilderungen zu konkreten Erlebnissen aus dem Zweiten Weltkrieg fällt ebenfalls auf, dass sich Darstellungen von krassen Details und Bluttaten in Grenzen halten; sie seien nur vereinzelt und gelegentlich von Bekannten oder Verwandten preisgegeben worden.[15] Wenn man von grausamen Schilderungen beherrschte Geschichten in den Interviews mit den nachfolgenden Generationen findet, entsprechen sie nur selten dem, was die Zeitzeugengeneration selbst berichtet hatte; eher werden an solchen Stellen Dokumentar- oder Spielfilme über die Kämpfe 1941 bis 1945 zitiert. Hier zeigt sich hin und wieder ein ambivalentes Verhältnis zur Gewalt; die entsprechenden Schilderungen werden düster, scheinbar kritisch, in Wirklichkeit aber spektakulär-ästhetisierend dargeboten.[16]

Die Bedeutung von Filmen als erinnerungspräformierendes Medium erschließt sich auch noch in der Reflexion über ihre Funktion beim Umdeutungsprozess der Geschichte des Zweiten Weltkrieges. Die kroatische Studentin Tajana Škerlec, geboren 1980 in Zagreb, beschreibt das so:

Tajana Škerlec: »Über den Krieg, das war gerade das Fernsehen, das war nicht die Familie, die Familie hat nichts erzählt.«
Interviewer: »Und was für ein Bild hast Du bekommen durch das Fernsehen?«
Tajana Škerlec: »[Lachen] Na das war, das war so heldenhaft, heldenhafter Widerstand den bösen Nazis gegenüber und ... den bösen Ustaše gegenüber, das war das, die waren alle böse und wir haben dann gegen die gekämpft, und am Ende haben wir sie fertig gemacht. Das war dieses Bild [Lachen].«

Tajana beschreibt hier zunächst das schematische jugoslawische Vergangenheitsbild, das vor dem Staatszerfall bestand und das nun, im Rückblick, stark vereinfacht und geradezu lächerlich erscheint. Dasselbe gilt für den Geschichtsunterricht in der Schule, der aber kaum Spuren hinterlassen zu haben scheint, zumal die wirkliche Veränderung der Geschichte durch den Krieg in ihre Schulzeit fiel:

Interviewer: »Und in der Schule?«
Tajana Škerlec: »Na, das war so halt, nur so das Übliche, Geschichte, Daten ... Ich erinnere mich nicht, so wirklich gut erinnere ich mich nicht, verstehst Du, als ich so ... diese vier Klassenstufen, da haben sie ja schon angefangen, da hat der Krieg in Kroatien angefangen, da gab's 'ne komplette Veränderung der Perspektive. So dass mir das, das ist ziemlich verwickelt, die älteren Versionen, in denen, in denen die roten Sterne gut waren, und dann später sind sie die Bösewichte.«

Man sieht schon hier sehr deutlich, wie die reale Erfahrung der neuerlichen kriegerischen Gewalt direkt in die Vergangenheitsvorstellungen hineinwirkt und wie mit ihr die tradierten Geschichtsbilder plötzlich für ungültig erklärt und durch andere ersetzt werden. Dass solche Revisionen freilich Skepsis gegenüber Geschichtsbildern überhaupt erzeugen, zeigt sich auch an dem leicht spöttischen Ton, in dem Erfahrungen dieser Art nicht nur von dieser Enkelin vorgetragen werden.

Die Geschichte des Zweiten Weltkrieges ist für die Enkelgeneration nicht besonders interessant; und seit der Neugründung der jugoslawischen Nachfolgestaaten sowohl in Kroatien als auch in Serbien ist sie ohnehin kein als notwendig empfundener Bestandteil von Allgemeinbildung mehr. Das Thema kommt im Geschichtsunterricht landesweit je erst ab dem 7. Schuljahr vor (und das in extrem reduzierter und neoideologisierter Form).[17]

Demgegenüber erscheinen die Kriege der 1990er Jahre (1991–1992 und 1995 Krieg in Kroatien; 1999 Bombardierung Serbiens), weil man sie selbst miterlebt hat, als nationale und lokale Anschlussereignisse für alle befragten Generationen weit bedeutsamer. Allerdings scheinen sie retroaktiv wiederum eine besondere Sensibilität für den letzten Weltkrieg evoziert zu haben, der dann durchaus an Aktualität gewinnen konnte, und zwar in der Form des Vergleichs. Der 1976 geborene Tome Jukić, Kroate aus Osijek, erzählt das so:

»Ich gehe jeden, jeden zweiten, dritten Tag zur Oma; ich sitze dann da so rum, und weil sie gern redet, schweige ich meist, und sie erzählt, was ihr so in den Sinn kommt, das kommt dann darauf an: Früher, früher, früher hat sie mehr vom Zweiten Weltkrieg erzählt, als der letzte Krieg war, hat sie ohne Unterlass Vergleiche angestellt (Aha), wie es damals war. Und dabei, erinnere ich, hat sie hauptsächlich von den Deutschen erzählt, wie schlimm das war, und dass es hier noch schlimmer mit den Partisanen wurde.«[18]

Die Vorstellung vom Zweiten Weltkrieg ist rückblickend bestimmt durch die Gegenwartsvergleiche, die sich auf die 1990er Jahre beziehen. In den Generationen der Kinder und Enkelkinder scheint man Wahrnehmungen und Lesarten des Zweiten Weltkrieges, die von der sozialistischen Version abwichen, in den meisten Fällen zum ersten Mal während der jugoslawischen Auflösungsperiode entdeckt zu haben. Dass die Renaissance des Negativbildes vom Partisanen, die der Vergleich mit dem Verhalten der Deutschen im Zweiten Weltkrieg dynamisiert, eine tief liegende Disposition bei manchen Jugendlichen getroffen hatte, denen die offiziellen Mythen des früheren Jugoslawien schal und unglaubwürdig geworden waren, ist dann auch noch während der Mobilisierung für die jugoslawischen Kriege sichtbar geworden, als das Nationale verherrlicht und alle Gegenstimmen verdrängt wurden.[19]

Man kommt um die schlichte, aber gravierende Feststellung nicht herum, dass alle Befragten in Kroatien und Serbien, jung und alt, mindestens einen Krieg und einen Systemumbruch persönlich erlebt haben, was sie von der Mehrheit unserer Befragten in den anderen europäischen Ländern strikt unterscheidet. Obwohl der Zweite Weltkrieg noch in den Auseinandersetzungen der 1990er Jahre eine erhebliche Rolle spielte und zur Legitimation von Interventionen und Aggressionen herangezogen wurde, wird heute vor allem im Privaten eher wenig Geschichtsinteresse gezeigt. Von dem Augenblick an, in dem wir uns für die Darstellung des Zweiten Weltkrieges auf der Grundlage von Familiengeschichten interessierten, haben sich die Befragten – der Gedanke war ihnen grundsätzlich ja nicht fremd – in der

Mehrzahl eindringlich mit Erfahrungen des Zweiten Weltkrieges auseinandergesetzt. Die Teilnahme an einem Forschungsinterview erfüllte die meisten Befragten mit Stolz und zugleich mit einem Gefühl der Verpflichtung, dem allerdings nicht immer leicht nachzukommen war. Der bereits erwähnte Enkel Aleksandar Pašić »erinnerte« insofern auch immer auffälliger und immer schroffer: »Wir sprechen über kaum etwas, geschweige denn über den Zweiten Weltkrieg.«[20]

Von damals bewaffneten, meist männlichen Kriegsteilnehmern gab es nur noch sehr wenige Stimmen; die meisten Weltkriegsveteranen sind schon während der jugoslawischen Auflösungsperiode gestorben. Dennoch wird von einer Reihe der Befragten (am Krieg beteiligten Frauen, Geschwistern, Kindern) über die Verstorbenen und die Erzählungen aus den früheren Tagen berichtet. Zu den wichtigsten befragten Zeitzeugen des Zweiten Weltkrieges gehört, wie schon angedeutet, aufgrund der Altersstruktur der Bevölkerung im heutigen Kroatien und Serbien, die Generation der überlebenden Kriegskinder. Daneben gibt es im Sample einen starken Frauenanteil, der Bilder von Hilfsaktionen und der Not leidenden Zivilbevölkerung vermittelt und dabei gelegentlich eher Rollenklischees als historischer Korrektheit verpflichtet scheint. Das Ableben von Zeitgenossen und Beteiligten des Zweiten Weltkrieges (Bekannte, Freunde, Nachbarn eingeschlossen) scheint ein weiterer Anlass zum Erinnern, zum Nachforschen und Fragen zu sein. Das Erinnern an die Toten scheint zu den höchst wirkungsvollen Katalysatoren der Traditionsbildung, übrigens auch in der (Propaganda-) Geschichte der jugoslawischen Kriege, zu zählen.[21]

Charakteristisch für die Tradierungsprozesse in Serbien und Kroatien ist mehr die Verarbeitung der unterbrochenen Traditionen durch die vielen einander relativ schnell abwechselnden verschiedenen Systeme in dieser Region, als ein gemeinsamer intergenerationeller Bezugspunkt. Das ist im Übrigen auch der Grund, weshalb Söhne nicht zwingend ihren Vätern folgen, Brüder gegenteilige Standpunkte vertreten, und schließlich die Frontlinien sich zum Teil mitten durch die Familien ziehen.

Heterogenes Geschichtsbewusstsein oder: Was ist eigentlich unsere Geschichte?

Sehr bald nach dem gewaltförmigen Untergang des sozialistischen Jugoslawien ist deutlich geworden, mit welcher Konsequenz Bezugnahmen auf den Zweiten Weltkrieg die Entstehung, Entwicklung und Aushandlung ethnischer Konflikte beeinflussen können. Das Aufblühen einer nationalen Vergangenheitsdeutung des Zweiten Weltkrieges in Kroatien und in Serbien war eng verbunden mit einem Prozess der Selbstfindung dieser Republiken, der aus den verschiedensten politischen Richtungen instrumentalisiert wurde und in den militärischen Konflikten in den 1990er Jahren kulminierte, aber bis heute als Geschichtsbewusstsein vom »Krieg der Erinnerungen« artikuliert wird. Dazu beispielhaft der Rückblick der zum Gesprächszeitpunkt 22-jährigen Journalistin Mina Jovanović aus Belgrad, Serbien:

Mina Jovanović: »Ich bin damit überhaupt nicht fertig geworden... Puuh... Zum Beispiel 1992/in den 1990er Jahren, was wir da alles mitmachen mussten, unser engerer Familienkreis befand sich in einem ... ziemlich angespannten, man kann schon sagen, in einem angespannten Zustand. Plötzlich fing es an, mit diesen nationalen Zuordnungen, was uns absolut fremd war. Das war uns schlichtweg unbekannt, etwas, womit wir zuvor nichts zu tun hatten, wir hatten keine Ahnung davon. Und es war völlig... nichts davon in unserem Bewusstsein, auch bei Iva [der Schwester], absolut unbegreiflich, wie man jemanden oder sich selbst danach einordnet, sich auch noch auf eine Vergangenheit, irgendeine Geschichte beruft ... Ähm, so ja, ... Četniks, Ustaše, die Variante, einmal abgesehen von den Deutschen, der deutschen Besatzung, Četniks und Ustaše, das waren für mich persönlich immer... der Inbegriff für Unmenschen, also für mich sind das Unmenschen, für die Hass und Vernichtungswille gegenüber anderen charakteristisch ist. Wer diese anderen sind, ist an dieser Stelle unwichtig. Iva ist auch so aufgewachsen. Also, völlig... ohne einen Gedanken daran, ob jemand Kroate, Serbe, Muslim ist oder nicht, sondern inwiefern er ein Mensch ist oder eben nicht. Also entstand in diesem Sinne bei uns allen plötzlich Verwunderung darüber, wovon eigentlich die Rede ist, was denn passiert. Was soll das jetzt mit dieser so genannten nationalen Grundlage... Da das also etwas ist, was in unserem Leben praktisch nicht vorkam, wir so auch nicht erzogen wurden, also unseren Lebtag brauchten wir keinerlei Klassifikationen, und jetzt beruft man sich auf die ... ob jemand Četniks oder Ustaše, oder ob er bei den Partisanen war. Für uns waren die Partisanen ... diejenigen, die für die Befreiung unseres Landes gekämpft haben! Und da gab es keine Diskussion darüber, ob es so war oder nicht. Für mich persönlich bleibt das auch weiterhin so was wie meine irgendwie eigene Tatsache ... Vermutlich, ähm, sehr parteiisch und subjektiv, da ich in so einer Familie aufgewachsen bin. Und meine Leute waren mit Leib und Seele bei allem, was sie taten, dabei, also die Eltern und ihr Umfeld. Erst sehr viel später begegnete ich auch Menschen, deren Familie Probleme hatte, also, wo mal einer als soundso Verräter auf die Insel Goli Otok verbannt wurde, oder wohin auch immer, büßen musste für, ähm ... irgendeinen Kult, Unterstellungen ... der Partei und so ... Ich glaube, dass es ganz schön hart zuging damals, aber ich hatte früher keine Vorstellung davon, und habe mich damit auch nicht sonderlich beschäftigt. Also, für mich gab es diese Wahrheit, und jede andere war Unsinn.«[22]

Mina Jovanović, die mit den in Jugoslawien herrschenden Verhältnissen ganz offensichtlich kein Problem hatte und daher auch selbst keine Repressionen zu spüren bekam, unterscheidet sich von anderen Befragten auch darin, dass für sie die neuen Geschichtsbilder »unmoralisch« sind, ja geradezu eine Katastrophe, und keinen Ansatzpunkt zur Identifikation bieten; um so stärker scheint vor diesem Hintergrund die Rolle und Erfahrung der eigenen Familie zu sein. Dieser Bezug auf »das Eigene« angesichts der in Verwirrung geratenden Geschichts- und Gegenwartsbilder ist charakteristisch für viele Darstellungen des Erlebens des Staatszerfalls.[23]
Das Beispiel zeigt auch, dass Jovanović zwar die historischen Fakten geläufig sind, ihr nachträglich erworbenes Wissen aber nichts an ihren Vorstellungen über heldenhafte Partisanen änderte. Jovanović bleibt dabei, denn erstens würde die Anerkennung der Position der Četniks und Ustaša nahelegen, dass Partisanen möglicherweise auch »unmenschlich« gehandelt haben. Zweitens stellt auch in anderen Gesellschaften die emotional bedeutsamere Familiengeschichte den Rahmen dafür bereit, wie erlerntes Wissen gedeutet und gebraucht wird. Die Wahrheitskriterien für eine solche Geschichtskonstruktion sind auch hier an familiale Loyalitätsverpflichtungen und Notwendigkeiten der Identitätsbildung gebunden – Jovanović selbst weist im Interview mehrmals drauf hin.

Allerdings entwickelt Mina Jovanović heute auch Verständnis für diejenigen, denen das neu gewonnene Geschichtsbild etwas bedeutet, nämlich jenen, die familiär bedingt den Volksbefreiungskrieg und die sozialistische Revolution als Belastung empfunden haben. Ihre Schilderung ist ganz und gar kein Sonderfall in der postjugoslawischen Tradierungsgeschichte, gerade im Festhalten an früheren Tradierungsbeständen und dem Registrieren neuerer Lesarten. In gewisser Weise konturiert sich hier ein pluralistisches Geschichtsbild, das aber – anders als die Basiserzählungen in anderen Gesellschaften – keine oder allenfalls eine negative Orientierungsfunktion bereitzustellen vermag. Die Darstellung ihrer eigenen Vergangenheitsvorstellung beinhaltet die unterschiedlichen Involvierungen Kroatiens und Serbiens in den Zweiten Weltkrieg und die nationalsozialistische Expansion – ebenso wie persönlich tradierte Erfahrungen des Zweiten Weltkrieges in ihrem Verhältnis zur sozialistischen Geschichts- und Verfolgungspolitik, die seit dem Untergang des früheren Jugoslawien erstrebte Integration des antikommunistischen Widerstandes in das kollektive Gedächtnis und die Neubewertung der Kollaboration.

Ebenso komplex und gebrochen zeigt sich die Tendenz zur Heroisierung und Viktimisierung; Täter und Opfer scheinen nicht so einfach zu kontrastieren wie im deutschen Geschichtsbewusstsein. Der tradierte Sieger- und Widerstandsmythos, der mit dem Ableben des früheren Jugoslawien jeweils nationalisiert wurde, mag noch so etwas wie eine Heroisierung zulassen, aber eingeschachtelt in solche Vorstellungen sind immer wieder Geschichten, die von Verfolgten, Unterdrückten, Zu-kurz-Gekommenen, Opfern der sozialistischen Gesellschaft handeln – und sehr oft auch von den Erfahrungen der letzten Kriege. Dies alles differenziert die in Kroatien und Serbien geführten Familien- und Einzelgespräche erheblich von denen aus den westeuropäischen Gesellschaften.

Jeder ist seines Glückes Schmied.
Die Moral des Seitenwechsels

Wie schon bemerkt, bildet die Neubewertung von Kollaboration und Widerstand ein zentrales Problem der öffentlichen Erinnerung sowohl in Kroatien als auch in Serbien. Dabei ist vor allem eine Rehabilitierung nationaler und faschistischer Akteure deutlich geworden. Interessanterweise werden von den in Kroatien Interviewten nicht selten auch Familienangehörige, die einst Ustaša, also Kollaborateure und Mitglieder einer verbrecherischen Bewegung waren, zu Helden stilisiert. Dies geschieht zum Beispiel im Rahmen von Geschichten, die vom Überleben in diffusen Zeiten, vom Wechsel der Fahne und vom Austricksen der Obrigkeit handeln.

Exemplarisch lässt sich dies anhand der nachfolgenden Sequenz verdeutlichen, wenn der bereits zitierte und 1976 in Osijek geborene Gerichtsdiener Jukić im weiteren Verlauf seiner Schilderung eine Bilanz zieht. Er und seine Familie fallen gleichzeitig durch ihre ausgeprägte Nazifreundlichkeit und Ustaša-Beziehungen auf. Über die Großmutter, die für seine Begriffe sehr redselig ist, habe er über den bereits Ende der 1980er Jahre verstorbenen Großvater vieles erfahren, unter anderem, dass dieser während des Zweiten Weltkrieges Rekrut der Ustaša war und auf Serben – die für ihn per se Četniks sind – in der benachbarten Siedlung geschossen habe. Tome Jukić folgert mit Blick auf das Kriegsende ganz pragmatisch:

Tome Jukić: »Das einzig Gute ist gewesen, dass Opa Waffenschmied war und gleich die Seite wechseln konnte, als sich die Situation änderte [Lachen], er diente erst der einen und dann der anderen Seite, war beiden von Nutzen. Er war halt ein Meister seines Handwerks.«[24]

Diese Beschreibung zeigt gerade in ihrer ironischen Zuspitzung nicht nur eine augenzwinkernde Zustimmung zu dem Pragmatismus des Großvaters, sondern gewiss auch eine gegenwartspolitische Dimension. Jukić hätte vor 10 oder 20 Jahren so eine Geschichte nicht erzählt, und schon gar nicht als eine zustimmungsfähige Erfolgsgeschichte. Die Überlebensleistung des Großvaters besteht im flexiblen

Seitenwechsel, wobei ihm zugute kam, dass er Waffenschmied war und als solcher nützlich für alle Seiten, die am Krieg beteiligt waren. Jukić's Großvater hat, obwohl er erklärter Faschist war, ohne Probleme die Fahne gewechselt, und kann gerade mit diesem Verhalten, das ist das Bemerkenswerte, die Anerkennung seines Enkels finden. Nicht der Großvater diskreditiert sich durch solches Verhalten in der Sicht seines Enkels; es ist vielmehr das sozialistische Regime, von dessen Naivität der Großvater, der kurz zuvor noch Ustaša und damit zu dieser Zeit Volksfeind war, extrem profitieren konnte, als er sich mit seiner Konversion jeder Art von Strafe oder Verfolgung als Täter entziehen konnte.

Ein solches Narrativ blendet die politische Dimension der sich ablösenden Machtverhältnisse weitgehend aus und feiert die Cleverness und taktische Begabung des Großvaters, die gerade jenseits von politischen Überzeugungen überhaupt erst erfolgreich wird. Das ist die familiale Lehre aus der Vergangenheit: Faschismus wie Sozialismus charakterisieren sich vor allem durch den Druck, den sie auf die Menschen ausüben, denen man aber, wenn man es schlau genug anstellt, entgehen kann. Kategorien wie Moral, Schuld oder Verantwortung spielen in solch einer Betrachtung der Geschichte keine Rolle; was am Großvater bewundernswert bleibt, ist, wie er sich allen politischen und moralischen Fragen zugunsten seines eigenen Überlebens entzieht.

Wirklich »gut« an ihm scheint letztlich (wie sich am gemeinsamen Lachen zeigt, sowohl für den Interviewten wie für den Interviewer) zu sein, dass der Opa weder als Verbrecher noch als Gescheiterter aus der Geschichte herauskommt, sondern sich immer auf einer persönlichen Siegerseite befindet.

Die Großmutter hatte allerdings eine andere Version der Geschichte erzählt. Der Großvater, ihr Ehemann also, sei zwar Ustaša gewesen, habe aber zugleich einem Cousin geholfen, der damals bei den Partisanen war, und den er, gerade weil er Ustaša war, gut verstecken konnte. Die Moral dieser Geschichte lautet: Wenn man zu allen Seiten gute Beziehungen hatte, wenn ein Verwandter bei den Ustaša, der andere bei den Partisanen war, hatte man alle Chancen auf »Glück im

Unglück«. Gute Beziehungen zu allen Seiten helfen, wenn es darauf ankommt. Und insofern sei man geschickt gewesen, weil man ja nur so habe überleben können.
Die Geschichte geht weiter: Derselbe Cousin, der bei den Partisanen war, und den ausgerechnet der Opa noch wenig zuvor vor den Ustaše versteckt haben soll, wollte ihm nach Kriegsende, als die Partisanen die Macht ergriffen, seinerseits nicht helfen. Es kommt zu einem heftigen Streit, der in einem filmreifen Showdown endet, wie die 1921 geborene Großmutter Jelka berichtet:

»Ja, sein Cousin, [...] der sagte dann »Verflucht sei deine Ustaša-Mutter!« und Andrija (der Großvater) sagte »Verflucht sei deine serbische Mutter, habe ich dich etwa nicht versteckt, als du bei den Četn/Partisanen warst?«, und dann zog der die Pistole, Andrija riss sich das Hemd auf und schrie »Schieß doch, du Hurensohn!«[25]

In dieser Geschichte zeigt sich, dass die Familienbande fragil werden, wenn sich die politischen Kräfteverhältnisse ändern. Die historische Erfahrung, die nunmehr zur Geltung kommt, besteht in der Unverlässlichkeit von solidarischen Normen – am Ende läuft alles auf die eine Vorstellung zu, dass eben jeder seines eigenen Glückes Schmied ist und die Überlebenswahrscheinlichkeit sich danach bemisst, wie wenig Vertrauen man Verhältnissen und Personen entgegenbringt und wie geschmeidig man die Seiten wechseln kann, wenn es nötig ist. Der Mut, den der Großvater in der Geschichte seiner Ehefrau gezeigt hat, ist dann folgerichtig auch einer, der sich nur auf sich selbst bezieht. Er gewinnt die Konfrontation, weil er dem Gegner die Brust bietet, wie in einem Western (was nicht zuletzt ein tradierungsmächtiges Bild ist; man denke nur an das ikonische Foto aus dem »Prager Frühling«, auf dem ein Zivilist vor einer Panzerkanone sein Hemd aufreißt und die Brust entblößt). Auch das Thema vom »Bruderkrieg« findet hier eine höchst konkrete und sinnfällige Darstellung.[26]

In der serbisch-montenegrinischen Familie Kalajdžija ist die Strategie des Seitenwechsels bzw. des kooperativen Agierens von Familienmitgliedern auf beiden Seiten zu einer hohen Kunst entwickelt worden, über die im Familiengespräch nicht ohne Stolz berichtet wird:

Milan Kalajdžija: »Die einen waren bei den Četniks, und die anderen bei den Partisanen. Und die haben sich gegenseitig beschützt, sofern sie sich kannten.«
Uroš Kalajdžija: »Sofern sie sich überhaupt gegenseitig beschützen konnten.«
Milan Kalajdžija: »Aber bis 43 ... Aber bis 43, als es zu dem totalen Zerfall und Krieg untereinander kam. Aber bis 43 haben sie kooperiert. Da machte es keinen Unterschied, ob jemand bei den Partisanen oder bei den Četniks war.«
Interviewer: Und wie viele der Četniks sind dann zu den Partisanen gewechselt?«
Uroš Kalajdžija: »Schwer zu sagen. Die Seite gewechselt haben sie. Das war ja ganz normal zugleich bei den Partisanen und bei den Četniks zu sein. Es gibt Leute, die bei Kriegsende Partisanen waren, aber bis 42, 43 bei den Četniks waren.«[27]

Auch die Enkeltochter der Lišević s, die 1976 geborene Ivana, kennt eine Geschichte vom Seitenwechsel:

»Von Papa weiß ich, dass Opa beim italienischen Militär war, eine gewisse Zeit, relativ kurz, dass er beim italienischen Militär war und später zu den Partisanen abgehauen ist.«[28]

In der Familie Stanković wird noch der Zeitpunkt erinnert, zu dem klar wurde, welche Seite schließlich die siegreiche sein würde. Dazu die Tochter Olga:

»Und Mama hat erzählt, dass Opa gesagt hat, dass die Partisanen gewinnen würden, weil sie diszipliniert sind, keine Frauen belästigen, oder wie auch immer sie das damals formuliert hat, diese Geschichte habe ich jedenfalls gehört, und, dass die Četniks nicht ernst zu nehmen seien, verantwortungslos und so ähnlich, usw. Heute streitet sie das ab, dass sie mir das erzählt hat. Aber ich erinnere mich sehr gut daran.«[29]

Das Fahnenwechseln kann auch tragische Helden hervorbringen, wie das folgende Beispiel zeigt. Über die verhängnisvolle Taktik seines Onkels formuliert der zum Gesprächszeitpunkt 90-jährige Miroljub Petrović, der selbst als Erwachsener die Zeit des Zweiten Weltkriegs erlebt hat, das Folgende:

Miroljub Petrović: »Na ja, sieh mal, der Onkel war ... alle, alle Leute hier, nicht nur der Onkel, alle Leute ... von hier etwa anderthalb Kilometer weit entfernt ist ein Wald (Aha) ... ähm, da hat sich eine Einheit formiert, aber die waren Četniks (Aha), denn es gab ja noch keine Partisanen (Aha) das heißt, ...

die ersten, die sich formierten in dieser Gegend hier ... von P., das waren Četniks. (Aha) Hier gab es Leute, die zu sogenannten Kriegern der ersten Stunde erklärt wurden, aber, aber sie waren bei den Četniks, einige waren da auch sehr lange, weil... bei den Četniks, ähm,... haben dann, als man zu den Partisanen abkommandiert wurde, sind noch einige da geblieben, bei den Četniks, [Aha] auf Befehl der Partisanen, allerdings. (Aha) Und die haben dann auch Familienbeziehungen genutzt, weil sie auch Angehörige bei den Četniks hatten, von früher schon, die bei den Četniks waren, bevor es die Partisanen gab. (Aha) So auch mein Onkel. Das heisst, der konnte sich nicht den Partisanen anschließen, sondern ging zuerst zu den Četniks. Erst später, erst nach einigen Monaten tauchten die Partisanen auf. (Aha) Und dann versammelten sie sich erneut hier im Wald, weil sie merkten, dass ihnen die Leute schon wegliefen, und stellten die Leute vor die Wahl: »Wer will, geht zu den Partisanen, wer nicht will, kann bleiben.« Und da mein Onkel auch Anhänger der Partei war, ist er mit den anderen mit. Aber dann kam er zurück zu den Četniks, weil ein Kommandant der Četnik-Division wiederum ein Cousin war. Die Partisanen wollten das so! (Aha) So dass er für die Partisanen gearbeitet hat, während er bei den Četniks war. (Aha) Das war hier allgemein bekannt, es gab also fünf, sechs Leute aus K., die bei den Četniks waren, und zu den Partisanen wechselten [...] Es gab zwar Geschichten, aber man weiß es nicht, wer es war. Es gab aber hier schon auch Leute, die für die Deutschen gearbeitet haben.[...] Die Leute haben das auch für Geld gemacht. [...] Ja, und jemand hat ihn dann verraten. [...] Die Deutschen haben ihn auf dem Weg, er wollte fliehen, erschossen.«[30]

Der vergangenheitspolitische Rahmen spielt auch hier eine ganz wesentliche Rolle. Es ist kein Tabu mehr, darüber zu sprechen, dass ein Verwandter, und sei es nur bedingt, taktisch oder vorgetäuscht, kollaboriert hat, zumal den Četniks eine maßgebliche Rolle im antifaschistischen Widerstand zugesprochen wird. Aber aus Petrovićs Sicht gewann dieser Prozess eine zirkuläre Dimension, die letztlich die Frage offenlässt, wie viel Anpassung noch als Widerstand ausgegeben werden kann und umgekehrt. Aber solange diese Frage sich im Rahmen des Zirkels von den Partisanen zu den Četniks und zurück abspielt, scheint noch nichts besonders problematisch. Erst wo die Kollaboration in Form des bezahlten Dienens für die Deutschen ins Spiel kommt, wird das Wechseln der Seiten gefährlich. Am Ende geht das Spiel des Onkels nicht auf; er wird verraten und erschossen, wobei füglich offenbleibt, wer ihn denunziert hatte – und warum.

Kollaborateure waren in der politischen und medialen Öffentlichkeit des früheren Jugoslawien alle, die Widerstand gegen die sozialistische Revolution geübt hatten. In dieser Sicht gab es nur zwei Personengruppen: diejenigen, die für die Revolution waren und im Untergrund arbeiteten, oder diejenigen, die für die Besatzer und ihre Helfer arbeiteten, also Volksfeinde waren. Die Definition »Volksfeind« war recht weit gefasst; sie bezog schon Personen ein, die eine andere Politik als die offiziell propagierte für tolerabel oder akzeptabel hielten. Solche Personen galten als Feinde, als Komplizen, Verräter und Kriminelle, und wurden während des sozialistischen Regimes ausgegrenzt oder verfolgt. Eine historische Aufarbeitung dieser Geschichte hat, wie gesagt, bislang nicht stattgefunden. Auf der privaten Ebene freilich finden sich durchaus freundliche Lesarten von kollaborativem Verhalten.

Hierzu die Ausführungen eines Angehörigen der Enkelgeneration, Zoran Vlajković, Arzt, geboren 1965 in Belgrad:

Interviewer: »Wie haben sie sich, hat sie [die Großmutter] Dir erzählt, wie sie sich, wovon sie gelebt haben?«

Zoran Vlajković: »Na soviel ich mich erinnere, hat mein Opa weitergemacht, nachdem er sich in Belgrad niedergelassen hatte, er hatte vor dem Krieg ein Malergeschäft und er hat weitergemacht, er hat also weitergemacht, also, mit, mit der Arbeit... Normal. Es gab zwar nicht viel zu tun, aber soviel ich weiß, gab es Arbeit, die Leute haben ihre Wohnungen gestrichen, Wände, Türen, Fensterrahmen. Er hatte also gar keine Probleme mit den Deutschen. Er hatte nach 1945 Probleme.«

Interviewer: »Deswegen?«

Zoran Vlajković: »Deswegen. Dann hatte er deswegen Probleme weil, beinahe, also beinahe, ich weiß nicht, ich glaube, er war sogar eine kurze Zeit sogar in einem Gefängnis, aber er war nicht verurteilt, weil er angeblich während der Besatzung gearbeitet hat. Dieser Mann hat nichts besonderes geleistet für die Deutschen, der Mann hat als Handwerker gearbeitet, um zu überleben. Er hatte so ein Papier, noch aus der Zeit des alten Jugoslawien, das war so eine Niederlassungsbewilligung oder so, also, über das Geschäft. Diese Bewilligung, also rechtlich betrachtet, haben die Deutschen keine Fragen gestellt, dann haben aber die hier, sie wollten ihn tatsächlich verurteilen, also nach seiner Erzählung, für die Zusammenarbeit mit dem Besatzer. Er war einige Zeit im Gefängnis, aber er hatte einen Freund, den Maler Sergej, der ein Kommunist war und den er einige Zeit in Belgrad versteckt hatte, so ein wenig, der war so eine Art, ob nun Illegaler, Kommunist, und der hat ihn vermutlich irgendwie gerettet nach der Befreiung, damit er nicht im Zuchthaus stecken bleibt. Aber ich weiß nicht, wenn er war, dann war er vielleicht ungefähr ein halbes Jahr im Zuchthaus.«[31]

Der Enkel der Familie Vlajković scheut sich nicht, von der Kollaboration zu sprechen, für die sein Großvater ins Gefängnis gehen musste. Auch hier sind die Verhältnisse verzwickt. Moralisch sieht der Enkel keinerlei Problem im Verhalten des Großvaters, der ja lediglich sein Handwerk ausgeübt habe, aber gewiss nicht zufällig weist er auch darauf hin, dass die Gefängnisstrafe aufgehoben wurde, weil der kollaborierende Großvater früher jemanden versteckt hatte, der dann später auf der richtigen Seite stand und seinerseits helfen konnte. Hier tauchen also das Motiv des kooperativen Seitenwechsels und die Gleichgültigkeit der jeweiligen politischen Orientierung wieder auf. Die Moral der Geschichte lautet wiederum, dass nur das am eigenen Überleben und Wohlergehen orientierte Verhalten es ermöglicht habe, sowohl die Besatzungszeit als auch alles, was danach kam, unbeschadet zu überstehen.

Die Geschichte, die der Enkel erzählt hatte, spielt auch im Familiengespräch[32] eine Rolle:

Interviewer: »Mich interessiert etwas anderes, was ich von Zoran gehört habe, dass Ihr Mann, nach dem Krieg Probleme hatte, weil er während des Krieges als Maler gearbeitet hatte. [. . .]«
Nadežda Vlajković: »Er war im Gefängnis, der Opa (Zoran Vlajković: wirklich), aber das war wegen irgendwelchem Baumaterial«
Ljubinka Vlajković: »Nein, das hat doch nichts damit zu tun, das ihm einer/«
Zoran Vlajković: »Nein, nein, nein, nach der Befreiung.«
Ljubinka Vlajković: »Nach der Befreiung.«
Zoran Vlajković: »So hat er mir das erzählt, das war deshalb, weil er während der Okkupation gearbeitet hat, nicht wahr, weil er während der Okkupation gearbeitet hat.«
Ljubinka Vlajković: »Doch nicht deshalb.«
Nadežda Vlajković: »Nein, nicht deshalb.«
Zoran Vlajković: »Und wieso dann?«
Nadežda Vlajković: »Er wurde eingesperrt, weil ihn irgendjemand verraten hat, dass er irgendwelches Material gekauft hat, das er gestohlen hat.«
Ljubinka Vlajković: »Einer hat das Material gestohlen, das war sofort nach

der Befreiung, einer hat dieses Material gestohlen, und dieses Material wurde gefunden, und mein Vater hatte es von dem gekauft.«
Nadežda Vlajković: »Aber er wusste nicht, dass es gestohlen war.«
Ljubinka Vlajković: »Er hat nicht gewusst, dass es gestohlen war (Lachen) (aha, aha)«
Zoran Vlajković: »Warte mal, ich kenne die Geschichte, dass ihn von der Gefängnisstrafe dieser Sergej gerettet hat. Ob er ihn versteckt hat? Hat er ihn versteckt?«
Ljubinka Vlajković: »Der Vati hat Sergej versteckt [...]. Da gibt's wohl eine konkrete Geschichte, aber wir kennen wir die Einzelheiten nicht genau. Dieses Baumaterial hat eigentlich ein Deutscher gestohlen, der ein Häftling war, und hat es diesem Mann verkauft, der, nach der Befreiung gab es viele deutsche Häftlinge in unseren Gefängnissen und dieser Deutsche hatte es dem verkauft, der es dem Opa verkauft hat, und so war es wohl irgendwie damit verbunden, aber das ist nach der Befreiung passiert, nicht während des Krieges, nach der Befreiung, und dann hat eigentlich Sergej bewiesen/«
Zoran Vlajković: »Nein, aber gut, besser weiß es sicher die Oma, was passiert ist.«[33]

Wie sich hier zeigt, waren die Ereignisse, die zur Inhaftierung des Großvaters führten, eher krimineller Natur und standen nur sehr vermittelt im Zusammenhang mit der Kollaboration. Insofern ergibt sich nunmehr ein komplexeres Bild: Der Großvater hatte einfach Pech, dass er gestohlenes Material gekauft hatte (wobei das gemeinsame Lachen durchaus einen Hinweis darauf gibt, dass er so unwissend vielleicht nicht war). Der ganze Zusammenhang hat nun eigentlich mit Politik überhaupt nichts mehr zu tun, aber die Teilgeschichte, dass Sergej, der Kommunist, den Großvater gerettet hat, weil dieser ihm seinerseits geholfen hatte, bleibt erhalten. Wir finden also von Seiten des Enkels eine Umerzählung der ursprünglichen Geschichte vor, die der heutigen Relativierung der normativen Bewertung des damaligen Verhaltens unter der Besatzung folgt. Die zugrunde liegende Originalgeschichte hat einen anderen Kern, hält aber das Motiv durch, dass es das persönliche Verhalten ist, dass einem am Ende hilft, den Kopf aus der Schlinge zu ziehen. Heute darf alles gesagt werden, aber die Tochter kann das nicht so recht annehmen. Festzuhalten ist, dass die Enkelversion zwar nicht inhaltlich, wohl aber emotional mit der Erzählung der Zeitzeugin und ihrer Tochter übereinstimmt.

Eine andere augenzwinkernd erzählte Diebstahlsgeschichte, die ebenfalls den Zeitzeugen in Bedrängnis brachte, wird in der auf der Insel Vis lebenden Familie Ribić erzählt. Der heute 86 Jahre alte kroatische Herr Ribić hatte bei einer Materiallieferung etwas beiseite geschafft, wurde jedoch ertappt und von der italienischen Militärjustiz zur Rechenschaft gezogen – allerdings folgenlos.

Interviewer: »Also Sie haben dicht gehalten und waren drei Tage im Gefängnis, weil/«
Marinko Ribić: »Ja ja ja. Ja. Im Ernst! Ich sagte ihnen einmal ›keine Ahnung‹, ›keine Ahnung‹, und ›keine Ahnung‹, und fertig. Und, wenn sie mich umbringen wollen, dann sollen sie mich halt umbringen. Das waren zwei Soldaten, sie/«
Interviewer: »Haben die Ihnen denn damit gedroht? Und hat man Sie verurteilt als/«
Marinko Ribić: »Nichts davon! Sie fragten bloß ›wer hat das gestohlen?‹ ›Ich weiß es nicht, ich weiß nicht, wer das war‹. Dabei hatte ich geholfen, das Material auszuladen, und musste es ja wissen [Beide lachen]«[34]

Auch hier wird also das Austricksen der Besatzungsmacht als gute Geschichte erzählt, wobei dem jungen Interviewer die Situation offenbar gefährlicher scheint als dem Erzähler selbst.
Das Motiv des Diebstahls übrigens taucht auch im Zusammenhang von Partisanengeschichten oft auf, dann aber jeweils, um das Verhalten der Partisanen massiv zu kritisieren. Da heißt es, dass man »sogar für eine gestohlene Kartoffel!« oder eine Pflaume oder einen Apfel die Leute bestraft hätte, um gegen mangelnde Disziplin und gegen Plünderungen vorzugehen.
Die Beteiligung am antifaschistischen Befreiungskampf brachte vielen ehemaligen Kämpfern im Nachkrieg Ansehen und Privilegien, und war natürlich auch der Karriere förderlich. Das nimmt aus heutiger Sicht mehr und mehr anrüchigen Charakter an – die Privilegierung einzelner Personen erscheint als besonders negatives Merkmal der sozialistischen Revolution, weshalb die ehemaligen Partisanen in unserem Sample und ihre Nachkommen auch um eine stärkere Differenzierung zwischen Partisanenkämpfern und sozialistischen Repressionsorganen bemüht sind. Vielleicht ist in dieser Perspektive der Wunsch, einen guten Großvater in einer positiven historischen Rolle

zu zeichnen, am deutlichsten zu sehen. Die Großväter, die in der unmittelbaren Nachkriegszeit eine politische Rolle zu spielen beginnen, steigen nämlich aus, wenn diese Rolle mit ungerechten Handlungen einherzugehen droht.

Dazu passt gut die folgende Sequenz – sie betrifft die Enteignung, die staatlich und militärisch organisiert war. Der 1972 geborene Enkel von Sime Petrović, Srđan erzählt von der Geschichte seines Großvaters, dem man eine solche Aufgabe übertragen hatte:

»Als er aus der Gefangenschaft kam, bekam er gleich, da sein Bruder ein Volksheld war, der, den die Deutschen hingerichtet haben, ähm, also nahmen sie ihn gleich in diesen Rat auf, der ... die umhergingen und von den Leuten ... weißt du, diese Enteignung ... genau ... das hat er dann gemacht ein paar Tage lang, bis er merkte, dass den Menschen auch noch das letzte Hemd aus den Häusern weggenommen wird, da ist er ausgestiegen, und wollte er nichts mehr ... und dann hat er einfach in seinem Beruf weitergemacht, er war ja Schmied.«[252]

Der Enkel sieht seinen Großvater als moralisch integre Person, der Machtmissbrauch und Ungerechtigkeit nicht mitzutragen bereit ist. Der Großvater habe die Maßnahmen gegen die Bevölkerung schon bald nicht mehr verstanden oder gar gutheißen können und den Revolutionären den Rücken gekehrt. Statt eine politisch-institutionelle Karriere zu machen, kehrt er in seinen Zivilberuf zurück.

Eine strukturell ähnliche Geschichte erzählt Josip Šostarič über seinen Vater, der Kriegsverbrechern einen schnellen Prozess machen sollte, um sich zu bewähren, da er selbst ebenfalls unter Kollaborationsverdacht gestanden hatte:

»Aber er hatte auch Probleme, nachdem er das aufgegeben hatte, weil er in der Situation war, einige zum Tode zu verurteilen, und als er das getan hatte, ist er ausgestiegen, das hatte ihn zu sehr belastet, das hatte ihn belastet, er war ja ein ehrlicher Mann, es hatte ihn zu sehr belastet.«[36]

Selbst der äußere Zwang liefert keine hinreichenden Bedingungen für den Vater des Erzählers, gegen seine eigenen moralischen Überzeugungen zu verstoßen. Interessant ist auch hier wieder, dass nicht die

Kollaboration negativ konnotiert ist, sondern das Verhalten der Revolutionäre, die nun die ehemaligen Kollaborateure gegeneinander ausspielen.

Als Zwischenfazit lässt sich formulieren, dass sich die Tradierungsformen bei Kroaten und Serben nicht besonders unterscheiden. Drei Linien lassen sich jeweils voneinander differenzieren: Da ist einmal die Position, die das Durchschlagen und Austricksen betont, das sich jenseits von Politik und Macht abspielt; dann gibt es eine eher revisionistische Gruppe, die die Verbrechen der Partisanen und der sozialistischen Revolution stark betont und narrativ die einstigen Kollaborateure und nationalistischen Akteure rehabilitiert, was mit der Relativierung der Verbrechen und der Ausblendung der Opfergruppen einhergeht. Drittens schließlich und zahlenmäßig am schwächsten vertreten, gibt es die Erinnerungsgemeinschaft der Partisanenbewegung, die sich gegen die Diffamierungen und das Entwerten ihrer Taten und Helden wehrt und die Tradition der Partisanenmythen und des bedingungslosen Widerstandes hochhält. Diese Haltung ist sogar bei Angehörigen der Kindergeneration zu verzeichnen, die hier aber mit einer nostalgischen Sehnsucht nach klareren Weltbildern verbunden ist:

»In der Schule, in der Schule war mir am liebsten das, was wir über die Partisanen gelernt haben, wie aus einer Hand voll unorganisierter Leute, Freiheitskämpfer, eine starke organisierte Armee empor wuchs, wie sich Brüderlichkeit, Einheit und so breit machten. Das war die Geschichte, als wir noch klein waren. Das schönste daran war die Idealisierung der Volksbefreiungsbewegung, insofern, als dass man auch mit wenig viel erreichen kann, wenn man mutig ist, entschlossen ist, im Sinne von ›gemeinsam sind wir stark‹ und wenn wir uns zusammen organisieren, können wir auch den Feind besiegen und so. Aber später sind auch andere Fakten ans Licht gekommen, es sei nicht so, sondern so oder doch so gewesen, was weiß ich. Auch die Geschichte von Tito, den während meiner Schulzeit alle verherrlicht haben, wie er Volksheld wurde, wie er die Armee organisiert hat und wie wir uns letztlich befreit haben. Das alles erinnere ich am stärksten und am liebsten.«[37]

Der Partisanenmythos, der als warme, freundliche und heile Sicht der Vergangenheit in der Kindheit erinnert wird, ist heute, was der Erzähler mit Bedauern anerkennt, als Konstrukt entlarvt. Diese Dekonstruktion löst auch bei den Veteranen des Zweiten Weltkrieges, leicht nachvollziehbar, einige Empörung aus.[38] Bei Anhängerinnen und Anhängern des Partisanenmythos gibt es vielleicht am klarsten so etwas wie ein Tradierungsbewusstsein. Der 1949 in Split (Kroatien) geborene Bubi Peraso, viele Jahre KPJ-Mitglied aus Überzeugung, Journalist, betrachtet die Problematik so:

»Ich denke, dass die Partisanenbewegung trotz allem eine positive Entwicklung Kroatiens, Jugoslawiens war, schon allein deswegen, weil sie im Unterschied zur anderen Seite, die wiederum auch ihre eigenen Gründe für den Kampf um die Unabhängigkeit und so weiter hatte, aber sie hatten in ihrem System, in ihren Erklärungen, dieser sagen wir mal rechten Seite, um jetzt nicht Ustaše und die alle aufzuzählen, steht was von Säuberung und Internierung und Lager und so, die hatten das also in ihre Programme aufgenommen. Hingegen wurde bei den Partisanen Brüderlichkeit und Einheit propagiert und Nächstenliebe und so, überhaupt, du sollst nicht pflücken, nicht stehlen, bloß nicht, das wurde streng und hart bestraft. Dennoch gab es auch schwere Ausfälle auf dieser Seite, da gab es vereinzelt schon auch Exzesse, jedoch anders als bei den anderen, bei den anderen war so etwas systematisch vorgesehen, in ihren Regeln verankert, als die Art und Weise der Kriegführung und des erwünschten Verhaltens im Krieg definiert. So sehe ich das.«[39]

Peraso betont hier eine spezifische Differenz der Haltungen und Weltbilder der gegnerischen Seiten: Bei den Partisanen waren Verbrechen die Ausnahme, bei den anderen das Programm. Umgekehrt waren bei den Partisanen Brüderlichkeit, Einheit und Nächstenliebe Praxis, bei den anderen wurde das genaue Gegenteil nicht nur propagiert, sondern auch praktiziert. Diese Position Perasos muss auch als Gegenposition zu der in der Gegenwart verbreiteten Kritik am sozialistischen Geschichtsbild gelesen werden, und daran, dass die sozialistische Revolution viele unschuldige Opfer gefordert hat. Seine Schilderung ist also nicht nur eine Auseinandersetzung mit dem Zweiten Weltkrieg, sondern gerade auch mit der post-jugoslawischen Gegenwart. Der Interviewer bemerkt diesen Bezug und fragt, wann Peraso von den Verbrechen der Partisanen erfahren habe:

»Gegen Ende des Studiums, vielleicht auch schon etwas früher, aber später, gut, Ende der 1970er Jahre hatten mir bereits irgendwelche Verwandten was erzählt, ›hör mal, weißt du, was in Bleiburg passiert ist?‹ Dass es 500 000 Tote gegeben haben soll, so in der Art. Und später hatte ich dann selbst auch mehr Interesse entwickelt und gefragt, obwohl eher darüber geschwiegen wurde, nur mein Onkel hat mir ein bisschen davon erzählt, so dass ich auch diese andere Seite kennen gelernt habe. [...] Erst kürzlich las ich etwas darüber, dass die nach dem Krieg in Pula zurückgebliebenen Italiener vertrieben werden sollten, dass die Partisanen oder die linke Seite einen Bombenanschlag verübt haben, auf deren Treffpunkt... Die ersten 25 Jahre meines Lebens waren es die Partisanen, und später erfahre ich, häppchenweise, auch andere Geschichten, so dass ich nun besser urteilen kann, aber alles in allem, vielleicht kommt das auch durch die Familie, diese Linke, die Seite der Partisanen scheint mir doch anständiger und menschlicher als alle andern.«[40]

Interessant ist hier, dass Peraso keinen Widerspruch empfindet zwischen den Informationen, die er über die Taten der Partisanen bekommt und akzeptiert, und dem Festhalten an der positiven Bedeutung der Bewegung. Hier bildet sich die Parallelexistenz eines wissensbasierten »Lexikons« über die Geschichte und dem privaten »Album« ab, das die emotional grundierten Bilder der Vergangenheit beinhaltet. Der Kampf gegen eine Veränderung der Vergangenheitsvorstellungen ist hier zugleich ein Kampf gegen die gegenwärtigen politischen Verhältnisse – zwei Seiten derselben Medaille.

Das Bild von den deutschen Besatzern

Die Darstellung der Kollaboration findet im Rahmen eines spezifischen politischen Interaktionszusammenhangs statt, in dem die Integration des antikommunistischen und antijugoslawischen Widerstands (Četniks, Royalisten, Domobrani, Ustaša) mit der nachträglichen Stigmatisierung des Volksbefreiungskampfes im kollektiven Gedächtnis zusammenwirken. Dabei lässt sich auch eine bemerkenswerte Umdeutung der Rolle der deutschen Wehrmacht verzeichnen.

Wie wir bereits gesehen haben, gilt die intelligente Anpassung an die Verhältnisse durchaus als etwas, was mit einer gewissen Bewunderung erzählt werden kann. Wer sich den Deutschen unterworfen oder

gar für sie »gearbeitet«, also kollaboriert hat, der hatte nichts zu befürchten. Im Gegenteil, er konnte sich reproduzieren, lebensbedrohliche Auseinandersetzungen meiden und später auch noch stolz darauf sein, den oder die Gegner ausgetrickst zu haben. Offensiver Widerstand erscheint in dieser Perspektive als völlig unnötig, ja geradezu als absurd. Denn erst in Übereinstimmung mit den geltenden Regeln, so zeigen die Beispiele, sei es möglich gewesen zu überleben und zu helfen, Not und Schlimmeres zu verhindern.
Vor diesem Hintergrund werden der Widerstand und der Partisanenkampf als moralisch unzulässig wahrgenommen, weil er zu einer Bedrohung der Bevölkerung führte. Ein Befragter aus der Kindergeneration, der 1966 geborene Mirko Milošević, erzählt dazu:

Mirko Milošević: »Die einzigen, die hier in unserer Gegend Massenerschießungen durchgeführt haben, waren die Deutschen, aber wenn, wir wussten ja, dass man gegen eine Streitmacht wie die Deutschen nichts ausrichten konnte, und hätte man sie nicht provoziert, dann wären auch Kragujevac und Kraljevo nicht passiert, wenn man keine Deutschen umgebracht hätte.«[41]

In der Figur einer Täter-Opfer-Umkehrung wird den Partisanen eine Mitschuld an den Massenerschießungen der Nazis vorgeworfen; womit zugleich die Schuldfrage relativiert wird und der rassistische und ideologische Kontext des Vernichtungskrieges an dieser Stelle völlig ausgeblendet wird. In dieser Sicht gilt das Handeln der Deutschen lediglich als Vergeltungsmaßnahme und Reaktion auf Sabotageakte bzw. auf die Ermordung von deutschen Soldaten aus dem Hinterhalt. Solche Vorstellungen weisen Berührungspunkte zu Geschichtsmythen rechtsextremer Geschichtsrevisionisten auf.[42]

Dieses Bild ist freilich nicht durchgängig anzutreffen, wie das folgende Beispiel zeigt. Die verwitwete Zeitzeugin Dragica Protič ist schon sehr alt und erzählt kaum mehr etwas; ihr Sohn Srećko ist Kommunist und bleibt trotz der erinnerungskulturellen Entwertung des Volksbefreiungskrieges auf der Seite der Partisanen:

Srećko Protić: »Die Deutschen hatten das Land okkupiert, und jetzt wird gesagt, die Partisanen seien schuld, weil sie töteten. Ich weiß nicht, wie man sonst die Deutschen hätte bekämpfen können. Wenn man sich nicht wehrt,

keinen Widerstand leistet, kann man auch nicht gewinnen. Das ist eine schlichte Tatsache.«
Interviewer: »Und, was hat der Sieg gebracht?«
Srećko Protić: »Was hat man davon/«
Dragica Protić: »Freiheit!«
Srećko Protić: »Warum haben wir uns denn gegen die Türken gewehrt? Das ist mir unverständlich/«
Dragica Protić: »Für die Freiheit!«
Srećko Protić: »Warum haben wir uns denn überhaupt gegen die Türken gewehrt? Wir lebten 500 Jahre unter türkischer Herrschaft; das hätte ja auch bis heute so bleiben können. Warum sind wir nicht einfach Teil des osmanischen Reichs geblieben? Ich denke, wir müssen eine Sache begreifen: dass die hiesige Bevölkerung nichts duldet. Das will ich sagen, was hat man davon. Zumindest weiß ich aus der Geschichte, so wie wir diese Geschichte gelernt haben, dass die hiesige Bevölkerung sich niemals mit Unterdrückung hat abfinden können.«[43]

Während in der etwas provokativen Frage des jungen Interviewers das veränderte postjugoslawische Geschichtsbild durchscheint, begründet Srećko Widerstand mit dem Nationalcharakter: Die Bevölkerung befindet nicht über die Qualität einer Fremdherrschaft, sondern lehnt diese grundsätzlich ab. Widerstand begründet sich in dieser Sicht gleichsam aus sich selbst heraus, wobei diese Perspektive bemerkenswerterweise von der Zeitzeugin geteilt wird: Freiheit, deklamiert sie regelrecht, sei ein selbstevidenter Zweck, Fragen danach, warum und wogegen man Widerstand leisten solle, stellen sich vor diesem Hintergrund gar nicht.
Die Ćujićs, eine Familie aus einem kroatischen Dorf nahe dem Konzentrationslager Jasenovac, repräsentieren das genaue Gegenteil dieser Haltung. Sie haben die Deutschen seinerzeit mit Begeisterung begrüßt. Ihr Heimatort galt, wie die Tochter noch heute mit Stolz erzählt, »als Legende, die letzte unbesiegbare Ustaša-Bastion«, ein Widerstandsort besonderer Art. Die Ćujićs sprechen auch heute mit Bewunderung von den Ustaša, den kroatischen Faschisten, und den nationalsozialistischen Besatzern während des Zweiten Weltkrieges. Diese Faszination wird dargelegt, während man zugleich darauf hinweist, dass die Frauen des Ortes Juden auf dem Weg ins nahegelegene KZ Wasser gegeben und Obst zugesteckt haben.[44]

Auch die alten Ćujićs kamen im sozialistischen Jugoslawien unbeschadet davon, weil sie einen Bürgen hatten, der bei den Partisanen gekämpft und sich später für die Familie eingesetzt habe. Später erzählt die Tochter noch eine Geschichte vom »Widerstand gegen den Widerstand« aus der Zeit des Kriegsendes, wo die Deutschen ihren Vater vor den Partisanen retten. Hier findet glatte Heroisierung der Deutschen durch die Tochter statt, die nun als Lebensretter gesehen werden: »Ihnen alle Ehre!«, wie sie sagt.[45]
Bei den Klajićs aus Zagreb ergeht sich der Großvater im Einzelinterview in zahlreichen Negativschilderungen über die deutschen Besatzer. Sein Sohn dagegen hält das alles für eine ziemlich abstruse Vorstellung und sagt über die Deutschen: »Die waren nicht aggressiv, keine Bösewichte!« Überdies vermögen die deutschen Tugenden Disziplin, Straffheit und Organisiertheit auch heute noch durchaus Faszination zu erwecken. Der zum Gesprächszeitpunkt 27 Jahre alte Danijel Lehpamer aus dem kroatischen Dorf G. liefert nach einer abwertenden Darstellung der »roten Bande« sogleich das folgende Bild der Deutschen:

»Ja, ich denke mal, denn. die haben es geschafft, so eine Maschinerie in Gang zu setzen, wie wir wissen, weil sie so fanatisch zum Führer hielten, die waren ziemlich gut organisiert, jedenfalls eine Armee, die gut funktionierte, ne.«[46]

Auch in einer Familie, die sich dem Widerstand und dem Partisanenkampf zurechnet, findet sich das Bild von den »anständigen Deutschen«, das mit dem der »teuflischen Peiniger«, nämlich der Četniks, kontrastiert. Dazu der 1980 geborene Student Vuk Kaćanski:

»Sie [die Četniks] haben alle der Reihe nach gemordet, auch die eigenen Leute. Da hatte ja die Wehrmacht noch mehr Anstand.«[47]

In vielen Schilderungen der Situation in den besetzten Orten und in der Wahrnehmung der deutschen Besatzer finden sich zahlreiche Beispiele für das gepflegte Auftreten und Aussehen der deutschen, vor allem aber auch der italienischen Besatzer. So meint der Enkel der Familie Antić, der 1980 in Split geborene Kellner Ante:

»Aber mir scheint heute, dass es noch Schlimmere gab, dass die Deutschen während des Zweiten Weltkrieges doch ziemlich... Die Deutschen wirken auf mich anständig, obwohl ich weiß, dass sie es nicht waren, dass es anders war, dass sie alles Mögliche gemacht haben, dass sie gemordet haben, auch Zivilisten und Kinder und alles – aber wahrscheinlich wie jede andere Armee auch.«

Der Enkel der Familie Ernst, der 1960 in Osijek geborene Designer Jet, weiß zu berichten:

»Meine Mutter hat nur erzählt, wenn sie von ihrer Kindheit erzählte: die Kinder bekamen von den Deutschen Schokolade, die deutschen Soldaten spielten mit den Kindern, also alles ganz wunderbar nett und süß.«[48]

Und der bereits zitierte Sohn der Familie Milošević:

»Eigentlich erinnere ich mich eher daran, dass in den Geschichten, die damals erzählt wurden, die alten Leute eine stärkere Aversion gegenüber der russischen Armee hatten als gegenüber den Deutschen. Sie erzählten nämlich davon, dass die deutschen Soldaten außerordentlich kultiviert waren, während die Russen Säufer waren, die vergewaltigt haben, dass die Russen geplündert haben, dass sie, obwohl sie Bündnispartner waren, dass die russischen Soldaten mehr Unheil angerichtet haben als die Deutschen. Daran erinnere ich mich konkret, dass man nichts zu befürchten hatte, wenn man den Deutschen nicht zu nahe trat.«[49]

Und der 1988 geborene Enkel der Familie Bratić fasst bündig zusammen:

»Die Deutschen waren zivilisierte Leute!«[50]

Sogar kommunistisch orientierte Zeitgenossen erinnern sich gerne daran, dass die Besatzer doch eher freundlich auftraten, kultiviert und hilfsbereit waren. Die damaligen Kriegskinder fügen jedoch meistens hinzu, dass diese Erfahrung eine moralisch-kritische Einstellung zu den Verbrechen der Faschisten und Hitlers keineswegs ausschließe.

Zusammenfassung

Die Einzel- und Familiengespräche in den nach-jugoslawischen Gesellschaften zeigen ein verwirrendes Bild. Man bemerkt insbesondere im Vergleich zu den westeuropäischen Ländern, dass von *einer* Erinnerungskultur überhaupt nicht gesprochen werden kann. Sie scheint angesichts der neueren historischen Erfahrungen mit Krieg und Staatsbildung regelrecht zersplittert in generationell höchst differente Erinnerungskulturen, die aber auch in sich keine geschlossenen Bilder ergeben. Eine Basiserzählung, die – wie etwa in den skandinavischen Ländern –, mit modernisierten, skeptischen Narrativen zu amalgamieren und auf diese Weise für die individuelle Identitätsbildung zu gebrauchen ist, gibt es hier nicht mehr. Der Zerfall Jugoslawiens hat zugleich seinen Ursprungsmythos, den siegreichen und schließlich revolutionären Partisanenkrieg, zerfallen lassen, weil besonders für die Enkel die Orientierungen obsolet sind, die noch die Zeitzeugen- und die Kindergeneration aus der Figur des Partisanen ziehen konnten.

Grundsätzlich läßt sich sagen, dass die Kriegserfahrung *nach* dem Zweiten Weltkrieg nicht nur neue Gesellschaften hervorgebracht hat, die weder ökonomisch, noch politisch, noch sozialpsychologisch bereits als konsolidiert gelten könnten, sondern eine völlig veränderte und nicht nur national oder regional präformierte Sicht auf den Zweiten Weltkrieg und die Familienmitglieder erzeugt haben, die in ihm eine Rolle spielten. Fast jedem Interview ist abzulesen, das heroisierbare Bilder der Großeltern durch die jüngeren, und das heißt dann auch: eigenen Kriegserfahrungen gefiltert werden. Die Täter, Opfer und Helden des Zweiten Weltkriegs antworten nicht auf die Orientierungsbedürfnisse, die die Gegenwart erzeugt: Genau deshalb tritt die Figur desjenigen, der sich clever, verschmitzt und wendig durch die Verhältnisse schlägt und so sein Glück macht oder wenigstens sein Leben rettet, in den Geschichten an die Stelle ehemals heldenhafterer Gestalten.

Dieser Befund wirft einmal mehr Licht auf den Umstand, dass historische Vorbildfiguren und Idealisierungen nachträglich konstruiert werden: So wie der Typus des Helden nicht im, sondern nach dem Zweiten Weltkrieg, unter dem Eindruck der physischen und psychischen Verheerungen, von der historischen Bühne abtrat, so tritt der Überlebenskünstler in den serbischen und kroatischen Familiengeschichten vor dem Hintergrund der heute unübersichtlichen Verhältnisse auf.

Zudem ist durch den Zusammenbruch des Sozialismus der eng an die Revolution gekoppelte Partisanenmythos schwer in Mitleidenschaft gezogen worden; deshalb nimmt es nicht wunder, dass in den Gesprächen nicht selten auf die Verbrechen von Partisanen hingewiesen wird, obwohl ihnen ihre maßgebliche Rolle bei der Befreiung des Landes von den deutschen Besatzern nach wie vor hoch angerechnet wird.

Die Erfahrungen des Bürgerkriegs und des unübersichtlichen Nachkriegs, der noch lange nicht vorbei ist, haben aber vor allem eine praktische Entwertung tradierbarer Erfahrungen aus dem Zweiten Weltkrieg mit sich gebracht. Fast alles, was die Generation der Zeitzeuginnen und Zeitzeugen im Zweiten Weltkrieg und im sozialistischen Jugoslawien gelernt hatte, wurde durch den Bürgerkrieg und die nachfolgenden ethnischen Sortierungen gegenstandslos und ungültig. Ihre Erfahrungen boten keine Handlungsorientierung mehr, sondern konnten sich geradezu als gefährlich erweisen, wie das folgende Beispiel (aus einer anderen Studie)[51] zeigt:

Hier berichtet der ehemalige junge Soldat Stevan Kovačević, dessen militärische Ausbildung mit dem Zusammenbruch Jugoslawiens und der rapiden Ethnisierung zusammenfiel. Aus der Ausbildung wurde ein Fronteinsatz. An einer Episode aus dieser Zeit zeigt sich in aller Deutlichkeit, dass die intergenerationellen Lernbeziehungen nicht mehr funktionierten, weil die Älteren diejenigen waren, die nicht verstanden, dass sich die Verhältnisse geändert hatten und man sich mit den tradierten Wissensbeständen blitzschnell in Gefahr begeben konnte:

Stevan Kovačević: »Den Leuten war überhaupt nicht bewußt, was da geschah. Einige begreifen es auch heute nicht, wie ein Nachbar von mir. Er war politischer Kommissar bei den Partisanen im Krieg 1941 bis 1945. Er glaubt noch immer daran, dass die Deutschen Krieg führen, dass die Partisanen Krieg führen. Daran sieht man, wie realitätstüchtig die Leute sind. Mein Vater auch, der hat auch überhaupt keine Ahnung davon gehabt, was los war. Da kommt er nach 11 Monaten zu mir an die Front, weil wir uns 11 Monate nicht gesehen hatten. Also kamen sie, um mich zu besuchen.«

Interviewer: »Zu Besuch an die Front?«

Stevan Kovačević: »Ja, mit dem Auto. Und eben mit diesem Nachbarn. Der Nachbar war aktiver Offizier, aber eben Muslim. Und mein Vater brüllte einfach durch die Gegend: ›Muhamed, komm wir gehen!‹ Und ich mußte ihm sagen: ›Mann, brüll das doch nicht so, sonst bringt uns hier noch jemand um!‹ Die Leute waren sich überhaupt nicht darüber im Klaren, was geschah!«

Wirken also die tradierten Erfahrungen, Erinnerungen und Verhaltensweisen der älteren Generationen wenig orientierungstauglich oder, wie in diesem Beispiel, sogar gefährlich, fällt umgekehrt das Bild der deutschen Soldaten im Zweiten Weltkrieg überraschend positiv aus. Sie geben kaum ein Feindbild ab; Bilder nationalsozialistischer Gewalt bleiben schwach ausgeprägt. Entsprechend fällt die Dichotomie von Kollaboration und Widerstand heute schwächer aus als zu sozialistischen Zeiten. Kollaboration erscheint in unseren Gesprächen zunehmend neutralisiert und entpolitisiert. Sie wird als Anpassungsleistung und Überlebensstrategie in einem schwierigen politischen Umfeld gedeutet und differenziert.

Umgekehrt erscheint der Partisan leicht ins Barbarische und Kriminelle gerückt. Wer die Kommunisten austrickste, gilt nun als Held, nicht als Täter, nicht mal als Schwindler oder Opportunist. Was vom tradierten Bild des Widerstandskampfes noch übrig bleibt, sind eben die Elemente der Findigkeit, vielleicht noch die der Aufopferungsgabe und des Mutes. Die Erinnerung an den Zweiten Weltkrieg schließt aber nunmehr selbst den »Widerstand gegen Widerstand« mit ein, der in ideologischer Opposition zu dem im früheren Jugoslawien geltenden Partisanenmythos steht und versucht, daraus ein individualisiertes, veralltäglichtes Heldentum zu entwickeln. So handeln die meisten Schilderungen vom Existenz- und Überlebenskampf der Bevölkerung und knüpfen wenigstens damit noch an die sozialistische Tradition an. Die Familienerinnerungen sind heute insgesamt gewaltärmer und weniger abenteuerlich als früher, und das ist eigentlich gut so.

Wir finden also besonders bei den Enkelinnen und Enkeln ein changierenderes, widersprüchlicheres, entpolitisiertes, aber auch friedfertigeres Bild von den eigenen Angehörigen im Krieg vor. Kennzeichnend bleibt dabei das Fehlen einer orientierenden Basiserzählung. Es sieht so aus, als erfänden die sich konstituierenden Gesellschaften im Privaten neue Geschichten über die Vergangenheit – solche, die sie gebrauchen können.

Anmerkungen

1 Mein besonderer Dank für Kritik und Anregungen gilt Ivan Brčić, Holm Sundhaussen, dem Südosteuropa-Kolloquium der Universität Leipzig und Wolfgang Höpken.

2 Jozo Tomasevich, War and Revolution in Yugoslavia, 1941–1945. Occupation and Collaboration, Stanford 2001; John R. Lampe, Yugoslavia as history. Twice there was a country, Cambridge u. a. 2000; Holm Sundhaussen, Okkupation, Kollaboration und Widerstand in den Ländern Jugoslawiens 1941–1945, in: Bundesarchiv Koblenz (Hg.), Europa unterm Hakenkreuz. Die Okkupationspolitik des deutschen Faschismus (1938–1945), Ergänzungsband 1: Okkupation und Kollaboration (Red. W. Röhr), Berlin/Heidelberg 1994, S. 349–365; ders., Experiment Jugoslawien. Von der Staatsgründung bis zum Staatszerfall, Mannheim u. a. 1993; ders., Geschichte Jugoslawiens 1918–1980, Stuttgart 1982.

3 Holm Sundhaussen, Der Ustascha-Staat: Anatomie eines Herrschaftssystems, in: Österreichische Osthefte 37 (1995), S. 497–533; Martin Broszat/Ladislaus Hory, Der kroatische Ustascha-Staat 1941–1945, Stuttgart 1964; Slavko Goldstein, Der Zweite Weltkrieg, in: D. Melčić (Hg.), Der Jugoslawienkrieg. Handbuch zu Vorgeschichte, Verlauf und Konsequenzen, Opladen/Wiesbaden 1999, S. 167–184; Waclaw Długoborski, Kollektive Reaktionen auf die deutsche Invasion und die NS-Besatzungsherrschaft. Ein Prolegomenon, in: W. Benz/J. Houwink ten Cate/G. Otto (Hg.), Anpassung, Kollaboration, Widerstand. Kollektive Reaktionen auf die Okkupation, Berlin 1996, S. 11–24.

4 Walter Manoschek, »Serbien ist judenfrei«. Militärische Besatzungspolitik und Judenvernichtung in Serbien 1941/42, München 1995 (2. Aufl.).

5 Drago Roksandić, Nationale Konflikte in Titos Jugoslawien – Ein Tabu?, in: P. Bettelheim/R. Streibel (Hg.),Tabu und Geschichte. Zur Kultur des kollektiven Erinnerns, Wien 1994, S. 100–127; Wolfgang Höpken, Kriegserinnerung und Kriegsverarbeitung auf dem Balkan. Zum kulturellen Umgang mit Kriegserfahrungen in Südosteuropa im 19. und 20. Jahrhundert, in: Südosteuropa-Mitteilungen 41/4, 2001, S. 371–389; ders., Vergangenheitspolitik im sozialistischen Vielvölkerstaat: Jugoslawien 1944–1991, in: P. Bock/E. Wolfrum (Hg.), Umkämpfte Vergangenheit, Göttingen 1999, S. 210–243.

6 Natalija Bašić, Jeder Tag war »Allgemeine Volksverteidigung« (ONO). Zur militaristischen Kultur und Gewalterziehung im sozialistischen Jugoslawien (SFRJ) 1945–1990, in: Jahrbücher für Geschichte und Kultur Südosteuropas 4, 2002,

S. 69–90; Wolfgang Höpken, Der Zweite Weltkrieg in den jugoslawischen und postjugoslawischen Schulbüchern, in: ders. (Hg.), Öl ins Feuer? Schulbücher, ethnische Stereotypen und Gewalt in Südosteuropa, Hannover 1996 (Studien zur internationalen Schulbuchforschung, 89), S. 159–178.

7 Wie lange Zeit auch in vielen anderen osteuropäischen Ländern, kam gleichzeitig dem Holocaust und den Erfahrungen der Juden und Roma, aber auch den vertriebenen Deutschen aus der Region im kollektiven Gedächtnis kein gesonderter Platz zu. Die Entwicklung einer Historiographie des Holocaust wird nun aber durch den Nationalismus in Kroatien und Serbien behindert. Einen wichtigen Beitrag zur Konfrontation mit dem Holocaust in der Region leistete insbesondere: Slavko Goldstein, Holokaust u Zagrebu, Zagreb 2001.

8 Holm Sundhaussen, Der Ustascha-Staat: Anatomie eines Herrschaftssystems, in: Österreichische Osthefte 37 (1995), S. 497–533; ders., Okkupation, Kollaboration und Widerstand in den Ländern Jugoslawiens 1941–1945, in: Bundesarchiv Koblenz (Hg.), Europa unterm Hakenkreuz. Die Okkupationspolitik des deutschen Faschismus (1938–1945), Ergänzungsband 1: Okkupation und Kollaboration (Red. W. Röhr), Berlin/Heidelberg 1994, S. 349–365.

9 In diesem Sinne hat Wolfgang Höpken auch von der »Rückkehr der Geschichte« gesprochen, der eine »Rückkehr der Erinnerung« vorausgegangen war, um schließlich im »Krieg der Erinnerungen« größte Bedeutung zu erhalten; vgl. Höpken 1996.

10 Todor Kuljić, Historiographic Revisionism in Post-Socialist Regimes, Belgrad 2002 (e-Ms.)

11 Wolf Oschlies, Das kroatische KZ Jasenovac. Das »balkanische Auschwitz«, auf: www.shoa.de/content/view/231/46/; Zugriff am 19. 3. 2007. David Bruce MacDonald, Comparing genocides: ›numbers games‹ and ›holocausts‹ at Jasenovac and Bleiburg, in: ders., Balkan Holocausts? Serbian and Croatian Victim-Centered Propaganda and the War in Yugoslavia, Manchester, New York 2002, S. 160–182. Holm Sundhaussen, Jasenovac 1941–1945. Diskurse über ein Konzentrationslager als Erinnerungsort, in: G. R. Ueberschär (Hg.), Orte des Grauens. Verbrechen im Zweiten Weltkrieg, Darmstadt 2003, S. 49–59; ders., Das Konzentrationslager Jasenovac (1941–1945): Konstruktion und Dekonstruktion eines Kriegsverbrechens und Weltkriegsmythos, in: W. Wette/G. R. Ueberschär (Hg.), Kriegsverbrechen im 20. Jahrhundert, Darmstadt 2001, S. 370–381; ders., Jugoslawien, in: W. Benz (Hg.), Dimension des Völkermords. Die Zahl der jüdischen Opfer des Nationalsozialismus, München 1991, S. 311–330; Robert M. Hayden, Balancing Discussion of Jasenovac and the Manipulation of History, in: East European Politics and Societies, Berkeley 2002, S. 207–218.

12 In Serbien gibt es eine lang anhaltende Diskussion über die Rolle der Volksbefreiungsbewegung. In der serbischen Öffentlichkeit wurde der – inzwischen wohl eher gescheiterte – Versuch unternommen, sich auf die unehrenhafte Rolle und Verbrechen der Partisanen zu einigen. Vgl. Milan Ristović, Kolaboracija u Drugom Svetskom ratu, in: T. Bremer (Hg.), Religija, društvo i politika. Kontroverzna tumačenja i približavanja, Bonn 2002, S. 10–25; zu Kroatien vgl. Darko Dukovski, Kolaboracija i otpor u Hrvatskoj 1941–1945, in: T. Bremer (Hg.), Religija, društvo i politika. Kontroverzna tumačenja i približavanja, Bonn 2002, S. 26–39.

13 Aufgrund der kulturellen Zugehörigkeit haben einheimische Kolleginnen und Kollegen die Interviews geführt und transkribiert; an der Auswertung waren einige Studierende des Osteuropa-Institutes der FU und der HU (Berlin), Stipendiaten der Humboldt-Stiftung sowie des Erasmus-Programms beteiligt. Mein Dank richtet

sich insbesondere an Bojan Aleksov, Betty Bogdanovska, Ivan Brčić, Maja Brkljačić, Kruno Kadrov, Tihana Migić, Jelena Mitić, Veronika Mitro, Petra Rodik, Ruža Tokič, Kruno Vrbat.

14 SBAF15-Pašić(4), 27.

15 Wir können also der Einschätzung der Schriftstellerin und Essayistin Slavenka Drakuličnicht folgen, dass das Erzählen von Gräuelgeschichten üblich gewesen sei; vgl. Slavenka Drakulič, Oni ne bi ni mrava zgazili, Split 2003, S. 9–11.

16 Natalija Bašić, Der Zweite Weltkrieg im Fernsehen. Filmpartisanen im kroatischen und serbischen Familiengedächtnis, in: Ethnologia Balkanica, Vol. 8 (2004), S. 62–63.

17 Wolfgang Höpken, Der Zweite Weltkrieg in den jugoslawischen und post-jugoslawischen Schulbüchern, in: ders. (Hg.), Öl ins Feuer? [wie Anm. 6], S. 156–178; Dubravka Stojanović, Die Konstruktion historischen Bewußtseins. Zum Umgang mit Geschichte in serbischen Schulbüchern, in: Irina Šlosar (Hg.), Verschwiegenes Serbien. Stimmen für die Zukunft?, Klagenfurt 1997, S. 224–242.

18 HRKVF6E(4)Jukić, 11–15.

19 Natalija Bašić, Krieg als Abenteuer. Feindbilder und Gewalt aus der Perspektive exjugoslawischer Soldaten 1991–1995, Gießen 2004.

20 SBAF15FPašić(4), 11–12.

21 Bogosavljevic, Srdjan, Der unaufgeklärte Genozid, in: Thomas Bremer/Nebojša Popov/Heinz-Günther Stobbe (Hg.), Serbiens Weg in den Krieg: kollektive Erinnerung und ideologische Aufrüstung, 1998, S. 63–74; Hannes Grandits, Über den Gebrauch der Toten der Vergangenheit als Mittel der Deutung der Gegenwart – Betrachtungen zum Krajina-Konflikt 1991–1995, in: Sonja Heyer/Jan Koehler (Hg.), Anthropologie der Gewalt, 1998, S. 179–186; David Bruce Macdonald, Balkan Holocaust? Serbian and Croatian victim-centered propaganda and the war in Yugoslavia, Manchester/New York 2002.

22 SBAF10E(4)Jovanović , 13–48.

23 Siehe auch Bašić, Krieg als Abenteuer [wie Anm. 19], insbesondere S. 279–285.

24 HRKVF6E(4)Jukić, 3–4.

25 HRKVF6F(4)Jukić, 340–344

26 Zum Partisanenfilm als Western-Ersatz siehe auch Bašić, Filmpartisanen [wie Anm. 16], S. 57–77.

27 SNBF1FKalajdžija(4), 101–126.

28 HRPRF5ELišević (4), 12–13.

29 SNBAF13Stanković (4), 24–27.

30 SNBF2ZPetrović(4), 40 – 51.

31 SBAF14EVlajković (4), 39–48.

32 Am Familiengespräch waren also der bereits zitierte Enkel Zoran, die Großmutter Nadežda, geb. 1922, und ihre Tochter Ljubinka, geb. 1939, beteiligt.

33 SBAF14FVlajković (4), 135–161.

34 HRKVF11FRibić(4), 31–38.

35 SNBF2EPetrović(4), 77–77.

36 SBAF8-Šostarić (4), 170–171.

37 HRKRF5ESkerlec(4), 24–26

38 Holm Sundhaussen, Jugoslawien und seine Nachfolgestaaten: Konstruktion, Dekonstruktion und Rekonstruktion von »Erinnerungen« und Mythen, in: M. Flacke (Hg.), Mythen der Nationen: 1945 – Arena der Erinnerungen, Bd. 1, Berlin 2004, S. 373–426.

39 HRPR2KPeraso(4), 65–68
40 HRPRF2KPeraso(4),19–22.
41 SNBF3KMilošević(4), 4–9.
42 Wolfgang Benz/Peter Reif-Spirek, Geschichtsmythen. Legenden über den Nationalsozialismus, Berlin 2003.
43 SBAF15FProtić(4), 28–57.
44 Im Material zeigt sich insgesamt eine spezifische Ausblendung der jüdischen Opfergeschichte zugunsten der Schilderung der anderen vielschichtigen Verbrechen in dieser Region. Wichtige Fragen zum Verhalten der Lokalbevölkerung während des Zweiten Weltkrieges sind nach wie vor umstritten. Bedenkt man, dass antijugoslawische, antikommunistische und nationalistische Interpretationen des Zweiten Weltkrieges die gegenwärtige Erinnerungskultur dominieren, wird man genauer klären müssen, inwiefern die Lokalbevölkerung der Vernichtungspolitik der Besatzer gefolgt ist und wie sie ihre Kollaboration herunterspielt.
45 HRKVF3KĆujić(4), 169.
46 HRPRF1ELehpamer(4), 66–67.
47 SBAF9EKaćanski(4), 29.
48 HRKVF7KErnst(4), 77–77.
49 SNBF3KMilošević(4), 99–100.
40 HRKKF1EBratić(4), 17.
51 Bašić, Krieg als Abenteuer [wie Anm. 19], S. 32 ff.

Nicole Burgermeister

Ein Mythos im Umbruch

Gespräche mit Schweizerinnen und Schweizern über den Zweiten Weltkrieg und die Zeit des Nationalsozialismus

Historischer Überblick

Im Gegensatz zu den meisten europäischen Ländern blieb die Schweiz während des Zweiten Weltkrieges von einer Besatzung durch die deutsche Wehrmacht verschont. In der Vorstellung der meisten Schweizerinnen und Schweizer war dies auf die militärische Abwehrbereitschaft, den Widerstandswillen des Volkes und auf den Erfolg der außenpolitischen Neutralitätspolitik der Schweiz zurückzuführen. Der Mythos vom Schweizer »Alpen-Reduit« als Insel des Widerstandes und der Humanität inmitten des kriegsgeschüttelten Europa hielt sich so hartnäckig, dass der Beginn des Zweiten Weltkrieges noch 50 Jahre danach für die Schweiz offiziell Anlass für eine Selbstglorifizierung großen Stils war: Im Rahmen der so genannten Diamant-Feiern, mit Wanderausstellungen, Veteranentagung und Gedenkfeiern wurde 1989 die Mobilmachung der Schweizer Armee und damit der Kriegsausbruch als Auftakt zu einer nationalen Bewährungsprobe zelebriert.

Die stark auf den Kriegskontext und die Bedrohungssituation ausgerichtete helvetozentrische Perspektive führte nicht nur zu einer – teilweise bis heute andauernden – positiven Bewertung der damaligen Zeit, sondern vor allem auch zu einer Ausklammerung jener Aspekte aus der offiziellen Erinnerungskultur, die mit dem heroischen Selbstbild nicht übereinstimmen.[1] Dazu ist primär der restriktive und diskriminierende Umgang mit den von Verfolgung und Vernichtung bedrohten jüdischen Flüchtlingen an den Schweizer Grenzen zu zählen, der dem sorgfältig gehegten Bild der humanitären Schweiz widerspricht. Aber auch die vielfältigen wirtschaftlichen Verflechtungen mit dem »Dritten Reich«, die profitable Funktion der Schweiz als Drehscheibe für den Devisenhandel, die Geschäfte mit Raubgold sowie ein auch auf politischer Ebene häufig allzu kooperationswilliges Entgegenkommen gegenüber den Nationalsozialisten entsprechen nicht der so gerne präsentierten Rolle der Schweiz als unbeteiligter Zuschauerin und als moralisch überlegenem Sonderfall der europäischen Geschichte.[2]

Dass sich die Schweiz Mitte der 1990er Jahre im Scheinwerferlicht der Weltöffentlichkeit plötzlich mit Fragen von Mitschuld und Verantwortung beschäftigen müsste, hätte sich noch 1989 kaum jemand vorstellen können. Kontroversen um nachrichtenlose Vermögen[3] auf Schweizer Banken und Goldtransaktionen zwischen der Schweizerischen Nationalbank und NS-Deutschland brachten das Land weltweit ins Kreuzfeuer der Kritik und entfachten heftige und meist sehr emotional geführte Debatten über die Rolle der Schweiz im Zweiten Weltkrieg. Dabei war das traditionelle, von Heldenmut und moralischer Exklusivität erzählende Bild von der Schweiz als neutraler und humanitärer Schicksalsgemeinschaft schon seit 1989 zusehends brüchiger geworden. Alternative Deutungsansätze der Gründe, weshalb die Schweiz vom Krieg verschont blieb, gewannen an Einfluss. Diese rückten weniger die so lange Zeit glorifizierte militärische Widerstandsfähigkeit der »Aktivdienstgeneration« als vielmehr die Lage der Schweiz im strategischen toten Winkel Deutschlands und die zahlreichen Anpassungsleistungen ins Blickfeld, die in einer Mischung aus Überlebenskalkül und Profitinteresse dazu genutzt worden waren, Deutschland von der Unattraktivität eines militärischen Angriffs zu überzeugen.

Dass die Schweiz während des Zweiten Weltkrieges auf ganz unterschiedliche Weise mit dem »Dritten Reich« verstrickt und in die deutsche Rüstungs- und Kriegsindustrie integriert war, als Finanzplatz für die Nationalsozialisten eine wichtige Rolle spielte und auch in Bereichen profitierte, die, wie im Falle des Raubgoldes, in direktem Zusammenhang mit der Verfolgung von Opfern standen[4], war spätestens nach Abschluss der Arbeit der »Unabhängigen Expertenkommission

Schweiz – Zweiter Weltkrieg« (UEK) nicht länger zu leugnen. Die UEK – nach ihrem Präsidenten Jean-François Bergier auch »Bergier-Kommission« genannt – war 1996 von Parlament und Regierung offiziell zum Zweck der wissenschaftlichen Aufarbeitung der damaligen Rolle der Schweiz eingesetzt worden, als die Debatten um Raubgold und nachrichtenlose Vermögen im Zuge US-amerikanischer Klagen gegen Schweizer Banken einen Höhepunkt erreicht hatten.

Die mit der Einsetzung der Historikerkommission signalisierte Bereitschaft zu einer kritischeren Auseinandersetzung mit der Vergangenheit kann nur vor dem Hintergrund internationaler Entwicklungen verstanden werden. In einem erinnerungspolitischen Klima, in dem Diskussionen um Schuld und Verantwortung immer mehr auch jene Länder zu tangieren begannen, die sich bisher wie die Schweiz frei von solchen Fragen gewähnt hatten,[5] wäre die Fortführung der bisherigen Vergangenheitspolitik nicht mehr möglich gewesen, ohne international massiv an Glaubwürdigkeit zu verlieren. Wie auch in anderen europäischen Ländern rückten neue, universalistisch ausgerichtete Fragestellungen und Perspektiven in den Vordergrund und ließen die noch bis 1995 dominierende nationale Frage, wie die Schweiz es geschafft hatte, unversehrt den Krieg zu überstehen, zusehends an Bedeutung verlieren.[6] Relevanter wurden Themen wie der Beitrag der Schweiz zur internationalen Zusammenarbeit, die Respektierung der Menschenrechte oder ihre Rolle hinsichtlich der auf globaler Ebene immer wichtiger werdenden rechtlichen und moralischen Fragen von Restitution und Wiedergutmachung.[7] Nicht nur die Zeit zwischen 1933 und 1945 trat auf diese Weise unter veränderten Gesichtspunkten ins öffentliche Bewusstsein, sondern auch die Frage nach dem Umgang mit der eigenen Geschichte, worunter nicht zuletzt die »verweigerte Erinnerung« an die Opfer der nationalsozialistischen Vernichtungspolitik und die während Jahrzehnten kaum stattfindende Anerkennung begangenen eigenen Unrechts fielen.[8] Weder dem Holocaust noch den Erfahrungen der Jüdinnen und Juden war bisher im kulturellen Gedächtnis der Schweiz ein Platz zugekommen.

Bis heute fand eine Auseinandersetzung mit der Geschichte des Antisemitismus in der Schweiz und den Zusammenhängen, in denen diese möglicherweise zum Schicksal der europäischen Jüdinnen und Juden stehen könnte, nur beschränkt statt.[9] Dabei hatten sowohl der Bericht der UEK als auch verschiedene andere Studien betont, dass Antisemitismus als ein »wichtiger Grund« dafür betrachtet wird, dass »die Verfolgung der Juden entweder nicht wahrgenommen wurde oder aber aus dem Wissen keine Konsequenzen zugunsten der Opfer gezogen wurden«.[10] Weder die Abweisung von mindestens 25 000 zumeist jüdischen Flüchtlingen an den Schweizer Grenzen noch die in vorauseilendem Gehorsam erfolgte »Arisierung« von Schweizer Firmen und deutschen Tochtergesellschaften, oder der 1938 gemachte Vorschlag seitens des eidgenössischen Justiz- und Polizeidepartements, man solle zum Zwecke der Identifizierung der jüdischen Flüchtlinge einen »J-Stempel« einführen, können verstanden werden, wenn man sie als die bedauerlichen Einzelfälle begreift, als die sie noch heute oft dargestellt werden.

So spielten beispielsweise beim im August 1942 gefassten Beschluss, die Grenzen für »nur aus Rassegründen« verfolgte Flüchtlinge ganz zu schließen, weder die Ernährungslage noch militärischer oder politischer Druck die entscheidende Rolle. Auch das Argument der fehlenden Informationen über das Schicksal, das den an der Grenze abgewiesenen und teilweise den Nationalsozialisten direkt überstellten Jüdinnen und Juden drohte, erweist sich als historisch nicht haltbar.

1995 entschuldigte sich im Rahmen einer Gedenkveranstaltung erstmals ein Mitglied der Schweizer Landesregierung – der damalige Bundespräsident Kaspar Villiger – offiziell bei den Überlebenden der Shoah, nicht ohne allerdings bei dieser Gelegenheit ausführlich auf all die Opfer hinzuweisen, die die Schweiz während des Zweiten Weltkrieges selber habe erbringen müssen.[11] Auch im Falle der Schweiz handelt es sich also bei der Entwicklung von einer nationalen hin zu einer universalisierten Erinnerungsperspektive um einen widersprüchlichen Prozess.

So läuft diese Entwicklung zwar in vieler Hinsicht parallel mit einer – zumindest teilweisen – Ablösung heroischer durch skeptischere Narrative. Dass jedoch Versatzstücke traditioneller Erzählungen weiterhin ihren Platz im offiziellen Erinnerungsdiskurs haben und auch eine universalisierte Opferperspektive durchaus Anknüpfungspunkte für (re-)nationalisierte Formen von Erinnerung bietet, wurde an den Gedenkfeierlichkeiten zum 60. Jahrestag des Kriegsendes vom 8. Mai 2005 deutlich.[12] Während die Bundeskanzlerin Annemarie Huber-Hotz in ihrer offiziellen in Schaffhausen gehaltenen Rede mit dem programmatischen Titel »Der 8. Mai: Vergangenes erinnern – Zukunft gestalten« darauf hinwies, dass die Schweiz »kein Sonderfall« sei und für eine »wahrhaftige Auseinandersetzung« mit »unserer Geschichte« plädierte[13], sah der rechtskonservative Bundesrat Christoph Blocher in seiner Ansprache im zürcherischen Rafz den wichtigsten Grund für die Kriegsverschonung weiterhin in der »inneren Haltung« der Schweizerinnen und Schweizer und in ihrem »Widerstandswillen«[14]. Sowohl Huber-Hotz und Blocher als auch Bundesrat Samuel Schmid – der am gleichen Tag im Schweizer Fernsehen zur Nation sprach[15] – wiesen zwar auf gemachte Konzessionen an die Achsenmächte und die Abweisung von Flüchtlingen hin. Alle drei betonten allerdings, dass man, der humanitären Tradition entsprechend, neben »Tausenden« abgewiesenen Flüchtlingen eben auch »Hunderttausende« aufgenommen habe.

Auffallend war die Wahl der Gedenkorte: Sowohl über Schaffhausen als auch über Rafz waren während des Zweiten Weltkriegs – aus Versehen – alliierte Bomben abgeworfen worden, die zivile Schweizer Opfer gefordert hatten. Dieser Opfer wurde denn auch in besonderer Weise gedacht – selbst Blocher leitete seine Rede nicht mehr mit einem Lob über die Heldentaten der Armee ein, sondern »stellvertretend« für alle Opfer des Zweiten Weltkrieges mit einer Schweigeminute für die Familie Sigrist-Schweizer, die in Rafz mit ihren fünf Kindern durch die Bomben ums Leben gekommen war.

Jakob Tanner hat im Hinblick auf den Umgang der Schweiz mit ihrer Rolle im Zweiten Weltkrieg auf eine Tendenz hingewiesen, die er als »bewährte Strategie der Selbstviktimisierung«[16] bezeichnet – bewährt insofern, als man sich in erster Linie als Opfer weltgeschichtlicher Entwicklungen begreife. Was in den Gedenkveranstaltungen zum 8. Mai 2005 zum Ausdruck kommt, kann durchaus als Weiterführung dieser Strategie betrachtet werden, wenn auch in modernisierter bzw.

universalisierter Form: Es ist nun eine *internationale* Gemeinschaft von Opfern, in die man sich einreiht.

Als Großvater an der Grenze stand

Darüber, was für Spuren der erinnerungskulturelle Wandel der letzten Jahre im Bewusstsein von Schweizerinnen und Schweizern hinterlassen hat, wie jenseits der öffentlichen Debatten mit den Themen Zweiter Weltkrieg und Nationalsozialismus umgegangen wird und welche Wahrnehmungs- und Deutungsmuster hinsichtlich jener Zeit vorhanden sind, ist bisher erstaunlich wenig bekannt.[17] Um diesen Fragen nachzugehen, wurden zwischen Januar 2004 und August 2005 im Raum Zürich acht Gruppendiskussionen mit insgesamt 44 Teilnehmerinnen und Teilnehmern unterschiedlicher Altersgruppen, Berufs- und Bildungshintergründe durchgeführt und hermeneutisch-einzelfallanalytisch sowie qualitativ-inhaltsanalytisch ausgewertet.[18] Gruppendiskussionen ermöglichen insofern einen Zugang zu gesellschaftlichen Kommunikationsprozessen, als davon ausgegangen werden kann, dass in ihnen auf soziale Deutungs- und Argumentationsmuster, Erklärungsansätze und Stereotype zurückgegriffen wird.[19] Die verschiedenen, in öffentlichen Debatten präsenten Erinnerungsperspektiven – von traditionell national-heroischen bis hin zu universalisiert-skeptischen – lassen sich denn auch in den acht bisher durchgeführten Gruppengesprächen auffinden. Dabei bewegen sich die Teilnehmenden auf sehr unterschiedliche Art und Weise in einem Spannungsfeld zwischen solchen Erinnerungsperspektiven.

Traditionelle Narrative spielen vor allem in den beiden Gruppendiskussionen, die mit Zeitzeugen[20] geführt wurden, eine zentrale Rolle. Erlebnisse in der Armee, die Darstellung von Kriegsereignissen, die Bedrohungssituation und die Nahrungsmittelknappheit, immer wieder aber auch Faszination und Stolz auf den damaligen Widerstandswillen und den nationalen Zusammenhalt, nehmen in den Zeitzeugenerzählungen viel Raum ein. Die Arbeit der UEK dagegen wird heftig kritisiert, obwohl keiner der Teilnehmenden den Bericht gelesen hat. Aus Sicht der Zeitzeugen ist es ungerecht, wenn im Nachhinein über die Vergangenheit Urteile gefällt werden, von Leuten »welche diese Jahre nicht hautnah erlebt haben«, wie Moritz Wipf (Jg. 1931) erklärt. Wipf findet es »einfach unfair, wenn man heute alles einfach so herunterreisst«.[21] Seinem Kollegen Max Hotz (Jg. 1931) zufolge sei es nur darum gegangen, die Aktivdienstgeneration »zur Sau zu machen«.[22]

Von allen 13 an den beiden Gruppendiskussionen beteiligten Zeitzeuginnen und Zeitzeugen wird die damalige Schweiz, mit der sich die Teilnehmenden denn auch explizit identifizieren, vehement verteidigt. Zwar werden beispielsweise die Geschäfte mit Rüstungsgütern oder politische Sympathien von einzelnen Politikern zu den Nationalsozialisten durchaus kritisiert. Wenn also von der Schweizer Bevölkerung als ganzer oder von der Armee die Rede ist, überwiegen die glorifizierenden Darstellungen. An der entschlossenen Wehrbereitschaft der Schweizer und den humanitären Verdiensten der Schweiz, darin sind sich die Teilnehmenden in beiden Gruppendiskussionen einig, gibt es nichts zu rütteln. Von der Interviewerin auf die damalige Flüchtlingspolitik angesprochen, führen die Zeitzeugen diese auf die Zwänge zurück, die damals bestanden hätten:

Karl Stäubli (Jg. 1922): »Also, Sie wollten mehr darüber wissen, wie man sich zur Flüchtlingspolitik der Schweiz stellt.«
Interviewerin (Jg. 1979): »Ja, das würde mich noch interessieren.«
Karl Stäubli: »Ja, natürlich/ es ist bedauerlich, dass man so gehandelt hat und zum Teil so hat handeln müssen, vielleicht.«
Moritz Wipf: »Ja, ein gewisser Zwang war auch, dass man so gehandelt hat. Du kannst immer sagen/ du wirst dann überschwemmt.«
(Zustimmung von allen)
Max Hotz: »Man hat dann halt gesagt, das Boot ist voll, oder. Man konnte doch da nicht noch 100 000 hereinlassen!«
Moritz Wipf: »Nein, das/ wenn du schon selbst kämpfen musst und man hat jeden Fussballplatz, jedes Plätzchen hat man umgeackert.«[23]

Vereinzelt äußern zwar Teilnehmende – wie hier Karl Stäubli – Bedauern über die damalige Flüchtlingspolitik. Insgesamt überwiegen in den Darstellungen der Teilnehmenden aber traditionelle Narrative vom vollen Rettungsboot sowie den humanitären Verdiensten der Schweiz:

Moritz Wipf: »Ich meine, wir hatten es auch nicht so gespeckt[24], in diesen vier, fünf Jahren während des Krieges. Wir hatten Lebensmittelkarten, man musste ja auch schauen, wie man durchkommt.«
Max Hotz: »Das Boot ist voll.«
Walti Schneider (Jg. 1922): »Ja.«
Max Hotz: »Oder war voll. Damals.«
Lisbeth Konrad (Jg. 1919): »Eben, ich möchte dazu noch etwas sagen. Sie haben vom Roten Kreuz nach dem Krieg gesammelt. Und dann haben diese Schweizer Frauen/ konnten massenhaft Geflicktes, Bettwäsche geben und Leibwäsche. Und das war alles geflickt und zusammengesetzt. Nach dem Krieg. Das waren Schweizer Frauen.«[25]

Während sich die Zeitzeugen nach wie vor sehr stark am Narrativ der widerstandswilligen, humanitären Nation ausrichten und – ihrem eigenen Erleben entsprechend – eine auf die Ereignisse in der Schweiz zentrierte Perspektive einnehmen, sind in den übrigen Gruppendiskussionen neben nationalen auch transnationale Erzählungen und Deutungsmuster präsent. Solche Perspektiven korrespondieren häufig mit einer gegenüber der traditionellen Basiserzählung skeptischen Sichtweise, wodurch andere Aspekte als in den Erinnerungen der Zeitzeugen zum Gegenstand der Diskussion werden. So werden Faszination für militärische Fragen, die Armee, deren Widerstand oder den nationalen Zusammenhalt zumindest in den vier Gruppendiskussionen, die mit Angehörigen der Jahrgänge 1962 und jünger durchgeführt wurden, kaum mehr geäußert. Der Vorstellung, die Kriegsverschonung der Schweiz – sofern darüber überhaupt gesprochen wird – sei der Schweizer Armee zu verdanken, begegnen die meisten Teilnehmenden mit Skepsis. In einer Diskussion, die mit einer Gruppe von Studierenden der Universität Zürich[26] durchgeführt wurde, meint der 26-jährige Fabian Stoll (Jg. 1978):

Fabian Stoll: »Was mir vorher noch eingefallen ist, das ist einfach, dass ich nur vom wirtschaftlichen etwas gehört hab von meinen Grosseltern; einfach, dass das schlecht ging, dass man überall Kartoffeln angebaut hat und, und eben dass, dass äh, der Großvater eben glorios an der Grenze gestanden ist. Aber von seinen Eindrücken, die er hatte an dieser Grenze, dass er vielleicht irgendwelche Flüchtlinge abweisen musste, oder, ich weiß nicht, ob er das gemacht hat. Ich hab einfach nichts mitbekommen von dieser, also von diesen Sachen.«[27]

Fabian Stoll vermutet, dass das, was die Großeltern erzählt haben – eine Geschichte, die die meisten Schweizerinnen und Schweizer aus den Erzählungen ihrer Großeltern kennen dürften –, nur *ein* Teil der Geschichte war, und es andere Aspekte gab, die in diesen Erzählungen nicht thematisiert wurden. Die Darstellung seines Großvaters, der »glorios an der Grenze gestanden« sei, verweist mittels der ironisierenden Verwendung des Begriffs »glorios« auf den mittlerweile als mythologisch betrachteten Charakter der traditionellen Basiserzählung. Selbst wenn Fabian Stoll es durchaus in Erwägung zieht, dass sein Großvater an der Grenze Flüchtlinge zurückgewiesen hat, bleibt vieles unklar: Der Enkel erklärt, nicht zu wissen, ob der Großvater irgendwelche Flüchtlinge hätte abweisen »müssen«, falls ja, erschiene eine solche Handlung jedenfalls als unfreiwillig.

Im Gespräch mit einer Gruppe junger Angestellter[28] wird die Schweiz vom 26-jährigen Lageristen Dani Frey (Jg. 1977) kritisiert:

Dani Frey: »Also, was ich das Schlimmste finde: Die Rolle der Schweiz in diesem Zweiten Weltkrieg. Was ich gehört habe – ich war ja nicht dabei –, ist aber die humanitäre Rolle, einfach/ das find ich eine Katastrophe. Die Schweiz hat ja niemanden hereingelassen und die haben gewusst, was abgeht in Deutschland mit diesen Leuten. Oder. Das find' ich eigentlich schon sehr schlimm.«[29]

Nicht nur auf die Flüchtlingspolitik, auch auf die wirtschaftlichen Verflechtungen wird von vielen jüngeren Teilnehmenden Bezug genommen; allerdings häufig erst, nachdem die Interviewerin explizit nachgefragt hat, was die Teilnehmenden von den Debatten um die Rolle der Schweiz während des Zweiten Weltkrieges mitbekommen haben. Wie sich zudem in den Gruppendiskussionen mit den Jüngeren gezeigt hat, kann nicht einfach von einer Ersetzung heroischer Narrative durch skeptische ausgegangen werden. Vielmehr erweist sich der von öffentlichen Debatten angestoßene Prozess der Delegitimierung traditioneller Narrative als ein höchst komplexer und widersprüchlich verlaufender Prozess. Inwiefern, soll im Folgenden entlang verschiedener Themenfelder aufgezeigt werden.

Geschichten von der »guten Schweiz«

Dass Versatzstücke aus traditionellen Erzählungen in Gruppendiskussionen, in denen der Basiserzählung mehrheitlich mit Skepsis begegnet wird, durchaus weiterhin Platz haben, zeigt sich unter anderem im Gespräch mit einer Gruppe von Teilnehmenden der Jahrgänge 1958–1974.[42] Die Interviewerin hat die fünf Teilnehmenden auf die Rolle der Schweiz angesprochen, worauf eine kurze Diskussion in Gang kommt, bei der Aspekte wie die Grenzschließung, die wirtschaftliche Zusammenarbeit mit den Nationalsozialisten, die Profite der Banken kritisiert und die Neutralität der Schweiz in Frage gestellt werden. Daraufhin ergreift die Laborantin Katrin Utz (Jg. 1962) das Wort:

Katrin Utz: »Grad zum Beispiel haben sie den Juden ja schon, mehr oder weniger im Vergleich zu anderen Ländern die Türen schon relativ lange aufgemacht. Und klar haben sie nachher schon zugemacht, weil sie zu viele wurden. So genannt ›Das Boot ist voll‹, ich weiß nicht, wie voll es wirklich war. Aber andererseits haben sie von den Deutschen, die Regierung indirekt auch wieder mit Geld und Bank und Sicherheit unterstützt, sie haben sozusagen also einfach allen gedient. Und ich meine, ich habe einfach mitbekommen, von meinen Großeltern her noch, wie groß die Angst da war vor diesen Deutschen, ich meine ich kann es nachvollziehen, wenn ich diese Bilder sehe und aus dieser riesigen Angst heraus haben sie irgendwie auch vieles gemacht, emotional, was wir vielleicht gar nicht mehr verstehen können.«[31]

Katrin Utz kritisiert zwar die wirtschaftlichen Verflechtungen mit Deutschland, nimmt aber gleichzeitig positiv auf die traditionellen Argumente Bezug, indem sie auf das angeblich »volle Boot« und die Opfersituation der Schweiz hinweist. Das Schließen der Grenzen erscheint in ihrer Darstellung als ein verständlicher und ansatzweise auch legitimer Akt. Als die Teilnehmenden daraufhin das Thema der Kriegsverschonung aufgreifen und dabei das traditionelle Deutungsmuster in Frage stellen, nennt Katrin Utz die wirtschaftlichen Beziehungen als mögliche Ursache für die ausbleibende Besetzung durch die Deutschen. Zwei Teilnehmende reagieren darauf mit der Behauptung, dass das »einfache Volk« von solchen Verflechtungen vermutlich nichts gewusst hätte:

Yves Moser (Jg. 1971): »Ja, die Leute haben das vielleicht schon auch nicht gewusst, muss man auch sagen.«
Sonja Fontana (Jg. 1969): »Das einfache Volk hat das sicher nicht.«[32]

Dass man über das Ausmaß der nationalsozialistischen Verbrechen, die Verwicklungen der Schweiz mit dem »Dritten Reich«, die Abweisung von Flüchtlingen oder deren Schicksal nichts habe wissen können, wird in den Gruppendiskussionen oft betont. So meint die 59-jährige Christa Müller (Jg. 1944), Teilnehmerin an einem Gespräch mit einer Gruppe von Nachbarn[33] der Alterskohorte 1934–1957, im Anschluss an eine gleich zu Beginn des Gesprächs stattfindende Diskussion darüber, dass damals »Informationen« generell gefehlt haben:

Christa Müller: »Ja, ich weiß auch nicht, ob jemand, ob meine, also meine Mutter das Ganze genau gewusst hat. Sie hat damals schon vom Krieg erzählt, aber eigentlich eher, was sie erlebt haben, da in der Schweiz, oder. Also ich meine, die haben ja auch gelitten.«[34]

Auch Christa Müller fühlt sich veranlasst, die damalige Generation gleichsam vorauseilend zu entschuldigen, indem sie auf das unvollständige Wissen der eigenen Mutter sowie das Leiden der Bevölkerung in der Schweiz verweist.

Die beiden Gruppendiskussionen, die mit Angehörigen der Jahrgänge 1934–1957 geführt wurden, verlaufen hinsichtlich der eingenommenen Erinnerungsperspektiven widersprüchlich. Ein gewisser Stolz, Faszination für militärische Themen und Bewunderung für die Aktivdienstgeneration sind hier im Gegensatz zu den Gesprächen mit den jüngeren Teilnehmenden weiterhin anzutreffen. Stehen private Erinnerungen im Vordergrund, wird denn auch häufig eher eine nationale Perspektive eingenommen, traditionellen Narrativen weiterhin Legitimität zugesprochen. Dezidiert skeptische Positionen hinsichtlich der Flüchtlingspolitik und der wirtschaftlichen Verflechtungen kommen aber ebenso vor.
Der Prozess der Aufarbeitung der damaligen Ereignisse wird von den Teilnehmenden zum Teil begrüßt, zum Teil aber auch kritisiert. Man-

che bekunden, »etwas Mühe mit diesen Aufarbeitungen, da überall« zu haben oder sind der Ansicht, »dass man mal einen Schlussstrich ziehen«[35] sollte. Es gibt aber auch bei dieser Altersgruppe Teilnehmende, die die Arbeit der UEK loben, wie der 60-jährige Versicherungsexperte Paul Widmer (Jg. 1943) aus der Nachbarsgruppe, der der Meinung ist: »Ich finde, das ist eine gute Arbeit.«[36] Für ihn ist offenbar gerade die Tatsache, dass der Bericht geschrieben wurde, eine Leistung, auf die die Schweiz stolz sein kann:

Paul Widmer: »Aber dass man den gemacht hat, das ist vorbildlich. Es gibt nicht viele Länder, die ihre Geschichte vom Zweiten Weltkrieg derart exakt aufgearbeitet haben.«
Christa Müller: »Außer Deutschland, glaube ich.«
Alois Müller (Jg. 1947): »Ja, Deutschland schon.«[37]

Vergangenheitsaufarbeitung wird in diesem Gesprächszusammenhang klar positiv bewertet und die Schweiz neben Deutschland als Nation mit Vorbildcharakter betrachtet.

Auch im Gespräch mit einer Gruppe 30- bis 42-jähriger Bankangestellter[38] sind die Positionen im Hinblick auf den Prozess der Vergangenheitsaufarbeitung unterschiedlich. Die 30-jährige Tanja Stöckli (Jg. 1974) erklärt, Mühe damit zu haben, dass »wir so viel in der Vergangenheit grübeln«. Das mache sie ein bisschen sauer, da man heute ja nicht wissen könne, wie »unsere Grosseltern sich damals gefühlt« hätten.[39] Sie betont:

Tanja Stöckli: »Das ist es, wo ich manchmal ein bisschen Mühe habe. In dieser Situation/ was hätte man machen sollen? Diese kleine Schweiz, Großdeutschland, hallo, ich meine, Überleben war da noch alles, was man gedacht hat. So wie wir gehandelt haben, so hätten auch andere gehandelt. Das finde ich manchmal, das macht mich manchmal ein bisschen ranzig. So ein ein bisschen/«
Conny Zaugg (Jg. 1967): »Ja. [nickt]«
Tanja Stöckli: »Die Leute nachträglich zu beschuldigen, von denen man gar nicht weiß, wie die sich damals gefühlt haben.«
Conny Zaugg: »Gut, es ist sicher gut, dass man es weiß, dass man es aufzeigt.«
Tanja Stöckli: »Das ganz sicher.«

Conny Zaugg: »Dass man sagt, das und das ist passiert, es hat aber auch viele Leute gegeben, die Leute bei sich untergebracht haben, aufgenommen haben und geschützt haben vor Verfolgung.«[40]

Kurz darauf betont Conny Zaugg noch einmal, dass es auch »viele Schweizer« gegeben habe, die »da mitgeholfen« und Leute bei sich untergebracht hätten, obwohl sie sich dadurch in Gefahr gebracht hätten. Sie habe auch »ein bisschen Mühe, wenn man zu sehr übertreibt und findet, ihr müsst jetzt bluten dafür«.[41] Ihrer Meinung nach gebe es noch andere, die dann auch »bluten« müssten. Darauf, dass es gut sei, gewisse Dinge aus der Vergangenheit zu wissen und aufzuzeigen, können sich Conny Zaugg und Tanja Stöckli aber offenbar einigen. Verständigen können sich die Teilnehmenden zudem darauf, dass es wohl nicht der Widerstand des Militärs war, aufgrund dessen die Schweiz vom Krieg verschont wurde, sondern vielmehr ihre Nützlichkeit als Finanzdrehscheibe. Dass man sich arrangiere, wird aber von allen übereinstimmend als nachvollziehbar und normal empfunden. Auffallend ist am Gesprächsbeitrag von Tanja Stöckli auch, dass sie sich mit der Wendung »wie wir gehandelt haben« offenbar eindeutig mit der damaligen »kleinen Schweiz« identifiziert.

Auslassungen und Leerstellen

Die Beschäftigung mit der Verfolgung und Vernichtung der jüdischen Bevölkerung und die Auseinandersetzung mit allfälligen Bezügen der Schweizer Geschichte zu diesen Verbrechen und möglicherweise dahinter liegenden antisemitischen Motiven nimmt in den Gruppengesprächen wenig Raum ein. Es sind andere Themen, die die Teilnehmerinnen und Teilnehmer beschäftigen. Je nach Gruppe ist es die Auseinandersetzung mit weltweitem Elend, Gewalt und Konflikten überhaupt, die Thematisierung fehlender und zuverlässiger Informationen über die damaligen wie heutigen gesellschaftlichen Ereignisse und die Schwierigkeit, solche Ereignisse zu durchschauen. Das Verhältnis der Schweiz zu den Deutschen – das einige jüngere Teilnehmende sehr interessiert – sowie teilweise antisemitische Erörterungen des angeblichen Wesens und Verhaltens der jüdischen Bevölkerung sind ebenfalls zentrale Gegenstände verschiedener Gespräche.

Findet eine Auseinandersetzung mit den nationalsozialistischen Verbrechen statt, dann in der Regel auf einer sehr abstrakten und allgemeinen Ebene, ohne dass viel konkretes Geschichtswissen über die historischen Ereignisse und Zusammenhänge zum Ausdruck kommt. In den Gesprächen wird sowohl in Bezug auf die Wortwahl – die Ereignisse werden häufig mit dem Begriff »Krieg« umschrieben – als auch hinsichtlich der damit verbundenen Assoziationen wiederholt ein Bild von der nationalsozialistischen Vergangenheit gezeichnet, in dem diese in erster Linie als eine Zeit des Krieges erscheint. Dabei werden Vorstellungen aus ganz unterschiedlichen Kontexten miteinander vermischt. Die 22-jährige Melanie Kunz (Jg. 1982) beispielsweise, Teilnehmerin am Gespräch mit den jungen Angestellten, verwendet in einem Gesprächszusammenhang, in dem es um den Holocaust geht, folgendes Bild: »Ich meine, dass du einfach durch die Strassen laufen kannst, mit Panzern irgendwie und Tausende von Menschen abknallen (...).«[42] Die bereits erwähnte Conny Zaugg umschreibt die Ereignisse folgendermaßen: »Es gibt immer wieder solche Sachen, dass ein gewisser Bevölkerungsteil irgendwie vertrieben wird und es auch Massentötungen gibt.«[43] Jüdische Opfer finden in den Gesprächen kaum Erwähnung; falls sie, wie in der Darstellung von Conny Zaugg, doch genannt werden, dann als eine Opfergruppe unter vielen, die von Krieg, Verfolgung und Diskriminierung betroffen ist. Wenn über Antisemitismus gesprochen wird – was meist erst auf Nachfragen der Interviewerin geschieht –, dann wird er entweder als marginales, aus früheren Zeiten stammendes Problem dargestellt, oder das Thema wird schnell wieder gewechselt. Oder er wird – wie wir weiter unten sehen werden – mit dem Verhalten »der Juden« selbst in Verbindung gebracht.

Die Flüchtlingspolitik der Schweiz wird zwar wiederholt thematisiert und mitunter auch skandalisiert, von den meisten Teilnehmenden aber nicht als antisemitisch, sondern als antihuman dargestellt.

Selbst wenn also traditionelle Narrative wie dasjenige vom glorreichen Widerstand der Schweizer ihre Legitimität eingebüßt haben und ergänzt werden um skeptischere Erinnerungsperspektiven, die Aspekte wie die Flüchtlingspolitik oder die Rolle der Banken und der Schweizer Wirtschaft in den Vordergrund rücken: Es zeigt sich, dass das Vordringen von neuen Erinnerungsperspektiven ein widersprüchlicher Prozess ist, der geprägt ist von spezifischen Akzentuierungen und Auslassungen, und in dem Versatzstücke traditioneller Erzählungen weiterhin Spuren hinterlassen.

Wie die jüdischen Banken angeblich den Krieg finanzierten

Auf welch bizarre Weise offenbar verschiedene Diskurse assoziativ miteinander verknüpfbar sind, wird im Gespräch mit den der damaligen Rolle der Schweiz gegenüber eher skeptisch eingestellten jungen Angestellten deutlich. Die Interviewerin erkundigt sich nach dem Erleben der Debatten um die Rolle der Schweiz, worauf die 22-jährige Coiffeuse Céline Schmid (Jg. 1982) das Wort ergreift.

Interviewerin (Jg. 1979): »Habt ihr auch irgendetwas, ein bisschen etwas mitbekommen, es gab ja diese Diskussionen um die Rolle der Schweiz im Zweiten Weltkrieg, so Nazigold und so weiter, ähm, es ist ja noch nicht so lange her, ist euch davon etwas geblieben? Die Schweiz war ja schon auch verwickelt in das Ganze.«
Céline Schmid: »Also so viel ich weiß, haben wir sehr viele jüdische Banken in der Schweiz, von… reichen Juden. Glaub, die meisten Gelder, irgendwie Schwarzgelder ist, oder so… Dass damit auch der Krieg unterstützt wurde. Keine Ahnung, irgendwie. Aber das ist schon etwas, die Schweiz ist nicht/ mit ihren Banken und so.«
Stefan Huser (Jg. 1980): »Das ganze Geld ist natürlich in die Schweiz geflossen, das die Deutschen alles den Juden weggenommen haben.«
Céline Schmid: »Ah ja, genau, ja. Genau.«[44]

Die Vermischung von Versatzstücken aus einem schweiz-kritischen Diskurs mit Elementen einer antisemitischen Verschwörungstheorie, die Céline Schmid hier vornimmt, wird möglicherweise vor dem Hintergrund verständlicher, dass im Zuge der Debatten um die Rolle der Schweiz im Zweiten Weltkrieg gerade bei Vertretern eines traditionellen Geschichtsbildes antisemitische Argumente häufig waren. Die

Vorstellung, dass die kleine, rechtschaffene Schweiz von den habgierigen reichen Juden aus Amerika erpresst werde, fand vom Stammtisch über die Leserbriefseiten bis hin zu den Voten hochrangiger Politiker regen Zuspruch.[45] Man mag Céline Schmids Beitrag als Ausrutscher einer vielleicht in dem Moment von der Frage etwas überforderten Teilnehmerin ansehen, der dann von ihrem Kollegen richtiggestellt wird. Aber die Tatsache, dass es im Rahmen einer Gruppendiskussion zu solchen Verknüpfungen kommen kann, verweist doch auf die Existenz gesellschaftlich-diskursiver Räume, in denen »Sinn«-Produktionen dieser Art möglich sind.

Gegenwartsvergleiche

In allen Gruppendiskussionen lassen sich Deutungsmuster finden, die den Holocaust mit anderen Ereignissen – seien es Kriege, Konflikte oder Diskriminierung – generell parallelisieren oder gar gleichsetzen. Im Gespräch mit der Nachbarsgruppe ist diese Tendenz besonders ausgeprägt:

Alois Müller: »Ja, die sind natürlich auch so hingezüchtet worden, in dieser Hitlerjugend (…) Es ist verrückt, also dass man auch nichts gelernt hat aus dem. Das ist eigentlich wahnsinnig.«
Vreni Widmer (Jg. 1943): »Es wiederholt sich immer noch.«
Fränzi Braun (Jg. 1947): »Es kommt immer wieder. Das wird nie aufhören.«
Hans Braun (Jg. 1945): »Ich meine diese Vernichtungslager, die sie da gemacht haben. Serben, in Bosnien.«
Vreni Widmer: »Ja, ja.«
Hans Braun: »Das ist doch genau dasselbe, die haben auch so Internierungslager gemacht.«
Christa Müller: »Grauenhaft.«
Hans Braun: »Es ist grausam. Das ist, wie du gesagt hast, es wiederholt sich. Es ist immer präsent. Das ist das Verrückte.«[46]

Die sechs Teilnehmenden wiederholen während des Gesprächs immer wieder ihre Empörung und Verständnislosigkeit angesichts der zahlreichen schrecklichen Ereignisse, die bis heute auf der Welt geschehen würden. Als aktuelle Beispiele werden u. a. der Irak und Afrika

genannt. Die Formulierung »genau gleich«, beziehungsweise »genau gleich schlimm«, taucht in verschiedenen Gruppendiskussionen und mit Bezug auf unterschiedlichste Themen auf. So sind in der Bankangestelltengruppe die Teilnehmenden übereinstimmend der Ansicht, dass die Amerikaner »genau gleich« wie die damaligen Deutschen seien bzw. diese im Grunde »brave Leute« gewesen seien im Vergleich zu den Verbrechen, die heute begangen würden.[47]
Hinweise auf die angebliche Macht- und Geldgier des Menschen, seine Neigung zu Gewalt und die Instrumentalisierung und Manipulation der Bevölkerung durch böse Führerfiguren dienen vielen Teilnehmenden als Erklärungen für das Zustandekommen des Nationalsozialismus wie für Krieg generell. Konkrete historische Ereignisse und Orte werden in beliebige andere Kontexte übertragen: Im obigen Beispiel werden die Vernichtungslager zu »Internierungslagern«; Verbrechen wie die des »Dritten Reiches« erscheinen im Sinne einer anthropologischen Konstante als ein immer wiederkehrender Teilaspekt von Krieg und Konflikten.
Die Vorstellung, aus der Erfahrung des Holocaust seien Lehren für die Zukunft hinsichtlich der Respektierung von Menschenrechten und für weltweite Toleranz zu ziehen, wird nicht nur von Alois Müller geäußert, sondern taucht auch im Gespräch mit den jungen Angestellten mehrmals auf:

Dani Frey (Jg. 1977): »Das ist ja eh himmeltraurig im Prinzip, eben das ist, so lange ist das noch nicht her, oder. Und was die Menschheit davon gelernt hat, ist im Prinzip gar nichts, oder. Weil es geht heute tagtäglich, an vielen Orten der Welt genauso ab, oder, also ja, nicht ganz in dem Ausmaß, aber ich denke, dass... es werden immer noch aus den genau gleichen Gründen Leute um/ Leute umgebracht.«[48]

Woraufhin Melanie Kunz (Jg. 1982) auf die Schrecken des Krieges generell sowie den Hunger in der Welt zu sprechen kommt und sich empört darüber, dass »Millionen von Leuten« dabei einfach wegschauen würden.[61] Gemeinsam machen sich die Teilnehmenden Gedanken über die Gründe für solche »Ereignisse« und finden diese in der Religion, im Geld und im Streben »des Menschen« nach Macht. Kontrastiert man diese Gruppendiskussion mit denjenigen der Zeitzeugen, wird deutlich, wie unterschiedlich die Perspektiven hinsichtlich der Wahrnehmung und Deutung der Zeit des Zweiten Weltkriegs sind. Das Narrativ der widerstandswilligen Nation wird von den jüngeren Teilnehmenden kaum mehr aufgegriffen. Die Rolle der Schweiz wird zwar thematisiert, insgesamt überwiegt aber eine universalisierende Sicht auf die Ereignisse während des Zweiten Weltkrieges sowie auf das weltweite Geschehen überhaupt. Anthropologisierende Deutungsmuster spielen dabei eine große Rolle.

Opferkonstruktionen

Werden Familienangehörige erwähnt, werden diese in allen Gruppendiskussionen eher viktimisiert als heroisiert, indem sie als Teil der in Angst, Armut und Unwissenheit lebenden Schweizer Bevölkerung dargestellt werden, die mit den kritisierten problematischen Aspekten der Schweizer Vergangenheit nichts zu tun hatte. Während militärische Widerstandshelden in den Erzählungen der Jüngeren nicht mehr auftauchen, erscheinen die Schweizerinnen und Schweizer in erster Linie als Leidende unter dem Krieg wie unter den damaligen Verhältnissen überhaupt. Dies ist nicht zuletzt deswegen interessant, weil das Erleben der Nahrungsknappheit und Bedrohungslage (sowie der vorhandenen Informationen über die Ereignisse in NS-Deutschland) von den Zeitzeugen selbst, gerade wenn in ihren Erinnerungen konkrete Erlebnisse im Vordergrund stehen, sehr widersprüchlich dargestellt wird. Auf die Angst vor dem Einmarsch der Deutschen, die Nahrungsknappheit und auf fehlendes Wissen wird vor allem dann Bezug genommen, wenn sich die Sprechenden gegenüber Kritik an der Schweiz positionieren. Wenn dagegen Erlebnisse aus dieser Zeit erzählt oder wiedergegeben werden, findet sich wenig Bedrohliches, und die Ernährungssituation wird von den Zeitzeugen zuweilen sogar als sehr gut dargestellt: Die Versorgung sei »hervorragend rationiert« gewesen, man habe, Moritz Wipf zufolge, »nie einen Mangel, Milch oder Brot gehabt«, erzählt wird von Speisekammern »voller Speck« und es wird die gute Gesundheit der Schweizerinnen und Schweizer hervorgehoben.[50]

Auch in der Gruppendiskussion mit den jungen Angestellten wird auf die schwierige Situation der Eltern und Großeltern hingewiesen. Tina Weber meint im Anschluss an einen Dialog zwischen Melanie Kunz und Céline Schmid, in dem es darum geht, wie schlimm Krieg sei und was für eine »krasse« Zeit die Eltern und Großeltern erlebt hätten:

Tina Weber (Jg. 1980): »Ja, vor allem auch die Wirtschaftslage und alles. Ich meine, ob wir jetzt dabei waren oder nicht, wir haben auch darunter gelitten, so ein bisschen alle nebenbei.«[51]

Die zweimalige Verwendung des Personalpronomens »wir« sowie die überraschend in Anspruch genommen Teilhabe an einer kollektiven Leidenserfahrung unterstreicht, wie sehr sich Tina Weber mit der Schweiz und der damaligen Situation ihrer Einwohner identifiziert. Die Thematisierung des Leidens der Menschen überhaupt nimmt in den verschiedenen Gruppendiskussionen viel Raum ein: Es stehen weniger Geschichten von Helden im Vordergrund als vielmehr solche von Opfern, und zwar nicht in erster Linie von jüdischen Opfern. Katrin Utz beispielsweise erzählt gleich zu Beginn des Gesprächs, an dem sie teilnimmt, vom Schicksal ihres Vaters, der als Auslandschweizer offenbar aus Italien hatte flüchten müssen. Auch vom harten Leben der damaligen Generation und von der Angst, in der man während des Krieges gelebt habe, ist in dieser Gruppendiskussion viel die Rede. »Damals mussten wir auch zittern«, betont eine Teilnehmerin.[52]

Alois Müller erzählt im Gespräch mit seinen Nachbarn ebenfalls eine Fluchtgeschichte; von seinem Vater, der als Schweizer mit Beginn des Zweiten Weltkrieges aus Frankreich habe flüchten müssen. In dramatischer Weise schildert er, wie sein Vater verfolgt worden, nach einer langen und gefährlichen Flucht schließlich in der Schweiz angekommen sei und bemerkt: »Wenn ihn die Deutschen erwischt hätten, hätten sie ihn/ aber dass äh, sie jetzt da irgendetwas von Juden/ hat er uns nie erzählt.«[65] Überhaupt hätten es ja nicht nur die Juden schwer gehabt:

Alois Müller: »Da kann man jetzt auch immer sagen, die Juden und so. War ja sicher schlimm, was die mitgemacht haben, aber auch viele andere Leute hatten es schwierig. Eben, mein Vater musste alles dort lassen.«[54]

Universalisiertere Formen von Erinnerungen scheinen nationale Perspektiven also nicht einfach zu ersetzen, vielmehr scheinen sie nationale Narrative auch neu zu strukturieren; insofern, als manche Aspekte der herkömmlichen Basiserzählung in den Hintergrund rücken, andere hingegen wichtiger werden. Wir haben gesehen, dass auf bestimmte Elemente traditioneller Narrative durchaus weiterhin Bezug genommen wird, etwa auf die Argumentation mit den Zwängen, die Hinweise auf die schwierige Situation, Armut, Angst und Unwissenheit der damaligen Bevölkerung. Dass Antisemitismus als wichtiger Faktor der damaligen Flüchtlingspolitik nicht vorkommt, entspricht einer traditionellen Leerstelle in der nationalen Basiserzählung.

Auffallend ist, dass gerade in den Gesprächen mit jüngeren Teilnehmenden auch in Darstellungen, die die Situation der Deutschen zum Gegenstand haben, häufig Opfergeschichten erzählt werden. So thematisiert beispielsweise Sonja Fontana gleich zu Beginn des Gesprächs, an dem sie teilnimmt, das Leiden der deutschen Bevölkerung:

Sonja Fontana: »Es erschüttert einen doch immer wieder aufs Neue, also es ist einfach ...Auch gerade das [verweist auf Bild 3], vielleicht Berlin, so ausgebombt. Ich merke immer/ es ist ja gar noch nicht so lange her, 60 Jahre, und doch hat man das Gefühl, man kann es sich nicht vorstellen, also dass es 60 Jahre her ist und so, so unfassbar, das Leid, das da, was die erlebt haben.«[55]

Auch im Gespräch mit den Bankangestellten wird überraschend großes Verständnis für die deutsche Bevölkerung geäußert; die Unterstützung des nationalsozialistischen Regimes wird auf Zwang und Not zurückgeführt. Conny Zaugg betont, dass die Deutschen ebenfalls unter der Situation gelitten hätten: »Aber die Deutschen mussten da auch darunter leiden.«[56]

In der Gruppe mit den Studierenden werden gleich zu Beginn des Gesprächs von drei verschiedenen Teilnehmenden Geschichten erzählt, in denen das Schicksal von Deutschen – die als Großväter von Verwandten und Bekannten vorgestellt werden – so geschildert wird, als seien auch sie in erster Linie Opfer der damaligen Ereignisse. So wird beispielsweise deren schwierige Situation in der russischen Kriegsgefangenschaft beschrieben, von der »Belastung« erzählt, unter der die entsprechenden Personen litten und von der Schwierigkeit, das Erlebte zu »verarbeiten«.[57] In verschiedenen Gruppendiskussionen problematisieren die Teilnehmenden das angeblich belastete Verhältnis zu den Deutschen und weisen auf die Gefahr von antideutschen Vorurteilen hin. Die 23-jährige Geschichtsstudentin Lisa Obrecht (Jg. 1981) beispielsweise überlegt sich, ob die Antipathien, die sie selbst und ihre Familie gegenüber den Deutschen hätten, »auch schon eine Art von Rassismus« seien.[58]

Holocaust in Palästina

Besonders häufig kommen in den Gruppendiskussionen Gegenwartsvergleiche vor, die den Nahostkonflikt zum Thema haben. In sechs von acht durchgeführten Gruppendiskussionen wird die aktuelle Politik Israels mit den Verbrechen der Nationalsozialisten parallelisiert oder gleichgesetzt. Häufig geschieht dies, nachdem die Interviewerin ein Gespräch über das Thema Antisemitismus anregen wollte.

Melanie Kunz: »Ich meine, es gibt heute noch viele Leute, die die Juden hassen.«
Tina Weber: »Das sind auch eher zurückgezogene Leute.«
Dani Frey: »Ja gut, das ist ein anderes Thema. Aber ich meine, was in Israel abläuft, find' ich auch nicht okay, und was sie dort machen. Also. Gerade ein Volk, das so, das so geschändet worden ist, im Prinzip. Und ja, einfach nicht einsichtig wird, irgendwie. Das find ich schon ein bisschen verrückt.«
Stefan Huser: »Sie nennen sich ja auch Volk von Jerusalem, Volk Jesu. Was da unten abgeht, das ist einfach gleich schlimm wie das, was dort passiert ist.«[59]

Der Gesprächsbeitrag von Melanie ist einer der wenigen, in denen Antisemitismus als ein ernst zu nehmendes Problem dargestellt wird. Der Verlauf, den das Gespräch dann allerdings nimmt, entspricht einem Argumentationsmuster, das quer durch alle Altersgruppen hindurch in verschiedenen Gruppendiskussionen anzutreffen ist: Kaum wird das Thema Antisemitismus von der Interviewerin oder einem anderen Teilnehmer eingebracht, kommen die Teilnehmenden auf »die Juden« selbst zu sprechen. Hervorgehoben wird dabei häufig deren angebliches Verhalten, das, wie hier bei Dani Frey, als »auch nicht okay« beschrieben wird.[60] »Die Juden« erscheinen zudem als diejenigen, die in besonderer Weise etwas aus ihrem Schicksal hätten lernen sollen. Eine Auffassung, die auch andere vertreten: So stört sich beispielsweise Katrin Utz daran, dass man in jüdischen Familien als Nicht-Jüdin angeblich nicht willkommen und weniger wert sei. Sie ist der Meinung, dass es sich dabei auch um eine »Selektion« handle:

Katrin Utz: »Sie müssten auch ein bisschen etwas lernen aus dieser Geschichte raus, indem sie vielleicht weniger arrogant sind (...) und das ist natürlich auch eine Selektion, die/ die diese machen, nur vielleicht nicht so eine brutale, wie es jetzt im Zweiten Weltkrieg passiert ist.«[61]

Worauf andere Teilnehmende zustimmend nicken und eine Diskussion über die orthodoxen Juden entsteht, darüber, wie »fremd« diese erscheinen, und dass sie Angst und Ressentiments auslösen würden.[62] Auf die Tendenz vieler Teilnehmerinnen und Teilnehmer, Versatzstücke aus einer – vermutlich immer massenmedial transportierten – »Holocaust-Erzählung« nach dem Baukastenprinzip in andere zeitliche und örtliche Kontexte zu versetzen und neu zusammenzubauen, wurde bereits hingewiesen. So beliebig, wie es möglicherweise erscheinen mag, sind die Orte und Personengruppen, die gewählt werden, offenbar nicht: Vielmehr sind es spezifische Opfer-Täter-Umkehrungen, die vorgenommen werden. Im folgenden Beispiel aus einer der beiden Zeitzeugen-Diskussionen wird der Holocaust als Ganzes auf die Situation in Palästina übertragen:

Walti Schneider: »Aber sie sind ja selbst schuld, wenn man das alles anschaut, da in, wie sie da, in Palästina, oder.«
Moritz Wipf: »Jetzt, jetzt, wir wollen jetzt nicht das/«
Max Hotz: »Ja, nein (erregt) dort unten ist auch Holocaust in Palästina, was die da treiben! Mit Panzer und Kampfflugzeugen am Tag und in der Nacht. Diese Leute abschießen!«[63]

Daraufhin äußern Moritz Wipf und Karl Stäubli Unbehagen über den Diskussionsverlauf. Während Max Hotz auf seiner Position beharrt, leitet Karl Stäubli das Gespräch wieder zurück auf den Zweiten Weltkrieg. Walti Schneider betont, dass damals alle gelitten hätten:

»Nein, aber diese Kriegsjahre, da haben eigentlich alle gelitten darunter, oder. Wir vor allem auch. Oder.«[64]

Damit ist die von der Interviewerin initiierte Diskussion darüber, ob es damals Antisemitismus auch in der Schweiz gegeben habe, erst einmal abgeschlossen.
Auffallend ist auch hier die Dynamik: Vom Thema Antisemitismus, auf das nur ganz kurz eingegangen wird, bewegt sich das Gespräch hin zum Nahostkonflikt, wo Jüdinnen und Juden nicht als Opfer von Antisemitismus und nationalsozialistischer Vernichtungspolitik, sondern als die eigentlichen Täter erscheinen. Mit einem Umweg über die palästinensischen Opfer landen die Zeitzeugen wieder bei den leidenden Schweizerinnen und Schweizern, bzw. ihnen selbst, die »vor allem« gelitten hätten in jener Zeit.

Die angebliche Mitschuld der Jüdinnen und Juden

Auf die Argumentation, dass Jüdinnen und Juden selbst schuld seien an den Ressentiments, mit denen ihnen die Gesellschaft begegne, trifft man in den Gruppendiskussionen häufig. So wird von verschiedenen Teilnehmerinnen und Teilnehmern auf eine gewisse »Angst« verwiesen und auf ein Gefühl von Unbehagen und Bedrohung, das Juden hervorrufen würden. Dabei werden ihnen Attribute wie »reich«, »clever«, »einflussreich«, »hochgestochen«, »arrogant« und »fremd« zugeschrieben. In der Regel wird von einem klar erkennbaren Kollektiv ausgegangen, das immer als dasselbe erscheint, sei es als Opfer der nationalsozialistischen Vernichtungspolitik, als Täter im Nahostkonflikt oder als Bevölkerungsteil jüdischen Glaubens in Zürich. Die Behauptung, sie separierten sich von der Mehrheitsgesellschaft, ist dabei ein gängiger Vorwurf an Jüdinnen und Juden.

Dass antisemitische Deutungsmuster durchaus auch bei jüngeren Schweizerinnen und Schweizern auf Resonanz stoßen, zeigt sich in der Gruppendiskussion mit den jungen Angestellten. Immer wieder ist die Rede von Juden als reichen und erfolgreichen Geschäftemachern, sie werden als »hochgestochen«, »extrem« bezüglich ihres Glaubens und Angst auslösend beschrieben; als Personengruppe, die sich selbst abgrenzt, was sich, wie Stefan erklärt, unter anderem darin zeigt, dass sie »gar nicht Deutsch«, sondern nur »Hebräisch« reden wollten.[65] Auch andere Stereotype wie das von den »reichen Juden« in Amerika – »Immobilien und so, das gehört alles den Juden irgendwie«[66] – oder von den parasitären, die rechtschaffenen Bürger ausnützenden Juden tauchen auf. So erzählt Stefan, wie seine Mutter jeweils samstags bei ihren jüdischen Nachbarn das Licht habe an- und ausmachen müssen, wobei er sich empört darüber gibt, dass diese jüdischen Nachbarn andere für eine Tätigkeit »anstellen« würden, die sie selbst nicht hätten ausführen wollen.[67] Dass das Verhalten »der Juden« damals in Deutschland Hass ausgelöst hat, scheint Stefan durchaus nachvollziehbar:

Stefan Huser: »Der Hass kommt recht schnell, wenn du siehst, dass jemand mehr verdient als du, der gar nicht hierhin gehört. Und du lebst irgend/ musst kämpfen um ein Butterbrot, du siehst den anderen, der kommt hier rein, drei vier Jahre hat er schon sein Geschäft und du musst dann dort einkaufen gehen, bei den Reichen einkaufen gehen und das schürt den Hass auch.«
Tina Weber: »Ja, das ist aber noch lange kein Grund zu morden, oder.«
Melanie Kunz: »Ja.«
Stefan Huser: »Nein, das schon nicht. Aber es ist natürlich, Hitler war ein genialer Mensch, der konnte genial reden.«
Tina Weber: »Der hat alle manipuliert.«[68]

Selbst wenn gerade die jüngeren Teilnehmenden tradierte Geschichtsbilder und damit auch herkömmliche nationalisierte Selbstbilder in Frage stellen: Es gibt offenbar spezifische Selbst- und Fremdbilder, die auch bei diesen jüngeren Schweizerinnen und Schweizern weiterhin präsent sind: Vor und während des Zweiten Weltkrieges war die Vorstellung vom »Juden« als dem per se Fremden, der sich in der Schweiz breitmacht, auf nicht ganz nachvollziehbare Weise zu seinem Geschäft kommt und dem es auf Kosten rechtschaffener Bürger wohl ergeht, sehr verbreitet. In diesem Punkt scheinen die Debatten um den Holocaust und die Rolle der Schweiz wenig Spuren hinterlassen zu haben: Für viele der an den Gruppendiskussionen beteiligten Schweizerinnen und Schweizer sind »Juden« nach wie vor »die Anderen«. Menschen, die, wie Alois Müller im Nachbarsgespräch erklärt, »in einem Land sind, wo sie einfach nicht hingehören«.[69]

Die angebliche Fremdheit der Juden scheint etwas zu sein, auf das sich Teilnehmende unterschiedlicher Altersgruppen schnell einigen können. Im Gespräch mit den Angehörigen der Altersjahrgänge 1958–1974 ist das »Fremdsein« der jüdischen Bevölkerung in der Schweiz ein Thema, dem sich die Teilnehmenden ausführlich widmen. Mehrmals ist von der »Angst« die Rede, die diese Personengruppe auslösen würde. Dabei wird wiederholt auf den Topos der jüdischen Weltverschwörung zurückgegriffen. Katrin Utz etwa stellt sich als Expertin bezüglich der Frage dar, wie »die Juden« seien, da sie in einem jüdischen Viertel aufgewachsen sei. Sie geht auf die Frage der Interviewerin, welche Rolle der Antisemitismus während des Zweiten Weltkrieges gespielt habe, folgendermaßen ein: Juden seien eine Gruppe mit viel Macht und Einfluss, seien sehr intelligent und clever, verfügten über große Netzwerke und kontrollierten gewisse Wirtschaftsbereiche.[70] Mit ihrer Arroganz, dem Betonen ihrer Auserwähltheit und dem angeblich von ihnen forcierten Konkurrenzkampf hätten sie damals bei den Deutschen Hass ausgelöst. Widerspruch erhält Katrin Utz von ihrer Gruppe nicht, vielmehr endet die Diskussion zum Thema Antisemitismus, die die Interviewerin initiieren wollte, in einem Gespräch über die orthodoxen Juden, die Unbehagen auslösten. Dabei seien die Juden, so die Teilnehmerin Sonja Fontana, fremder als beispielsweise »die Tamilen«, die als »freundlich und offen« dargestellt werden, während sich die Juden »ja selbst so ausgrenzen« würden.[71] Als Katrin Utz kurz darauf weiter an ihrer Verschwörungstheorie webt, erntet sie, wenn auch in unterschiedlicher Intensität, wiederum Zustimmung:

Katrin Utz: »Aber warum sagt Amerika nicht, jetzt ist fertig? Weil sie auch Angst haben vor den Juden!«
Sonja Fontana: »Nein, sie haben einfach, ganz viele reiche Juden sind in Amerika und die/«
Philipp Good (Jg. 1972): »Sie sind natürlich/«
Sonja Fontana: »Sie brauchen die, um den Präsidenten zu wählen.«
Katrin Utz: »Nicht nur das!«
Sonja Fontana: »Ein Bush wäre nie/«
Yves Moser: »Ist der Vorposten und alles.«
Katrin Utz: »Sie haben auch genau wieder wahnsinnig großen Respekt vor den Juden. Das hat auch wieder mit einer Macht zu tun in Amerika, von den Juden, das ist so, also das ist/ das ist/ man muss es einfach sagen. Grad direkt. Leider.«[72]

Ganz ähnliche verschwörungstheoretische Argumente werden auch in anderen Gruppendiskussionen vorgebracht. So ist beispielsweise Paul Widmer aus der Nachbarsgruppe der Ansicht, die Juden säßen »nach wie vor (...) an gewissen Schalthebeln der Wirtschaft und der Politik«. Worauf sein Nachbar Alois Müller ihm zustimmt, auf die Rolle der Juden im Nahostkonflikt hinweist und diese als verständliche Ursache für die ihnen begegnenden Ressentiments darstellt.[73]
Jene Formen des Antisemitismus, die in den Gruppendiskussionen im Rahmen von Täter-Opfer-Umkehrungen oder der Behauptung, »die Juden« riefen selbst antisemitische Ressentiments hervor, sichtbar werden, kennt man vor allem aus dem deutschen Kontext als Ausdruck von Bedürfnissen der Erinnerungs- und Schuldabwehr.[74] Wie ist nun die Vehemenz, mit der sich manche Teilnehmerinnen und Teilnehmer solcher antisemitischer Argumentationen bedienen, in einem schweizerischen Kontext zu erklären? »Europäisieren« sich angesichts universalisierter Formen von Erinnerung an den Holocaust möglicherweise nicht nur Fragen von (Mit-)Schuld und Verantwortung, Restitution und Wiedergutmachung, sondern vielleicht viel mehr noch das Bedürfnis nach Entlastung von einer plötzlich belastenden Vergangenheit, die das nationale Selbstverständnis der Schweizerinnen und Schweizer zutiefst zu erschüttern drohte? Oder erfüllt Antisemitismus zu einem Zeitpunkt erodierender nationaler Gewissheiten und schwer durchschaubarer und beunruhigender ge-

sellschaftlicher Transformationsprozesse einmal mehr seine Funktion als sinnstiftendes Orientierungsprinzip und Anknüpfungspunkt für einfache Welterklärungen?
Einer im Jahr 2000 durchgeführten repräsentativen Umfrage zufolge stimmten 16 Prozent ganz sowie 60 Prozent der Schweizerinnen und Schweizer partiell mit Aussagen überein, dass Jüdinnen und Juden einen zu großen Einfluss in der Schweiz und auf die Welt hätten sowie die Erinnerung an den Holocaust ausnutzten.[75] Einer aktuellen Nationalfonds-Studie zufolge sind 18 Prozent der Schweizerinnen und Schweizer der Meinung, Jüdinnen und Juden hätten zu viel Einfluss in der Schweiz; 24 Prozent vertreten die Auffassung, die Jüdinnen und Juden seien mitschuldig an ihren Verfolgungen.[76] Die Psychoanalytikerin Madeleine Dreyfus hat Zvi Rex' bekannte These, dass die Deutschen den Juden Auschwitz nicht verzeihen würden, für die Schweiz treffend umformuliert: »Die Schweizer werden den Juden die Rückweisungspolitik übler nehmen, je entschiedener diese dafür Anerkennung verlangen.«[77] Ergibt sich allerdings die Möglichkeit, sich selbst in die internationale Gemeinschaft der Leidenden einzureihen – was, wie wir gesehen haben, sowohl in öffentlichen Diskursen als auch in den Gruppendiskussionen geschieht –, kann zwar nicht das historische Selbstverständnis als Ganzes, aber zumindest das gute Gewissen der Nation ins 21. Jahrhundert hinübergerettet werden.

Fazit

Der im Rahmen öffentlicher Debatten stattfindende erinnerungskulturelle Wandel hinsichtlich nationaler und transnationaler Erinnerungsperspektiven hat auch in den Erzählungen von Schweizerinnen und Schweizern Spuren hinterlassen. Nicht nur, indem traditionelle Narrative wie dasjenige vom heroischen Widerstand der Schweiz als Hauptgrund für die Kriegsverschonung des Landes an Legitimität eingebüßt haben und Aspekte wie die wirtschaftlichen Verflechtungen, die Rolle der Banken oder die Flüchtlingspolitik stärker ins Geschichtsbewusstsein getreten sind. Sondern auch, indem neben nationalen immer häufiger auch transnationale Erzählungen und Deutungsmuster sowie eine generell universalisiertere Perspektive im Bezug auf die Erinnerung an die Zeit des Zweiten Weltkrieges und des Nationalsozialismus ihre Wirkungen entfalten. Dies zeigt sich nicht nur darin, dass vor allem jüngere Teilnehmende andere Themenschwerpunkte setzen als im Rahmen traditioneller Narrative üblich, sondern auch in der in verschiedenen Gruppendiskussionen vertretenen Auffassung, dass der Holocaust als ein Ereignis zu begreifen sei, das der Welt zugestoßen ist und aus dem die Menschheit etwas lernen solle. Auch die Häufigkeit von Gegenwartsvergleichen und die assoziative Übertragung von konkreten Ereignissen und Bildern aus der Zeit des Nationalsozialismus in verschiedenste andere Kontexte – und umgekehrt – kann als Ausdruck dieser Perspektive verstanden werden.

Anhand der durchgeführten Gruppendiskussionen konnte gezeigt werden, dass es sich beim Vordringen neuer Erinnerungsperspektiven um einen widersprüchlichen Prozess handelt, der geprägt ist von spezifischen Akzentuierungen und Auslassungen und in dem Versatzstücke traditioneller Erzählungen weiterhin Spuren hinterlassen. Nationale Erinnerungen werden nicht einfach durch universalisierte ersetzt; vielmehr werden sie durch hinzukommende Perspektiven neu strukturiert – insofern, als jene Aspekte traditioneller Erzählungen integriert werden, die mit einer universalisierteren Ausrichtung von Erinnerung eher in Einklang zu bringen sind. Nicht mehr die alten nationalen Helden stehen im Mittelpunkt der Erzählungen; nun sind es Opfer, die in den Vordergrund der Erinnerungen rücken. Allerdings sind das nicht primär Jüdinnen und Juden; als Opfer erscheinen in den Gruppendiskussionen alle; selbst die Deutschen werden mögliche Objekte von Opferkonstruktionen. Als Leidende werden primär auch die Schweizerinnen und Schweizer dargestellt.

Geschichten, in denen die Schweizer Bevölkerung in erster Linie als Leidende angesichts von Krieg, Armut und Not, angeblich ohne Wissen über die nationalsozialistischen Verbrechen oder über das tatsächliche Ausmaß an Verwicklungen der Schweiz mit dem Dritten Reich gezeichnet werden, lassen sich denn gerade auch in Gruppendiskussionen mit überwiegend skeptischen Positionierungen feststellen. Dies korrespondiert mit einer Wahrnehmung und Darstellung der Zeit des Nationalsozialismus, in der trotz des wachsenden Einflusses skeptischer Geschichtsdeutungen weiterhin traditionelle Auslassungen und Leerstellen bestehen bleiben. Auch in den Erzählungen der Teilnehmenden dominiert eine Art des Sprechens über die Zeit des Nationalsozialismus, in der die Vernichtung vorwiegend als Teilaspekt von Krieg und Konflikten generell dargestellt wird. In Bezug auf die Situation in der Schweiz herrscht eine Wahrnehmung vor, die Ereignisse wie die damalige Flüchtlingspolitik als bedauerliche Abweichungen von einer insgesamt humanitären Grundhaltung interpretiert. Erschreckend ist die in fast allen Gruppendiskussionen offen zutage tretende Präsenz antisemitischer Stereotype und Deutungsmuster. Dass dies gerade in einem Gesprächskontext, in dem es um die Verfolgung und Vernichtung der jüdischen Bevölkerung geht, der Fall ist, wirft umso mehr Fragen auf. Allein die Beobachtung, dass in den Gesprächen durchgehend mehr von jüdischen Personen, denen in irgendeiner Form eine »Täterrolle« zugeschrieben wird, die Rede ist als von jüdischen Opfern, lässt aufhorchen. Auffallend ist die in den Gruppendiskussionen sichtbar werdende Verschränkung von primärem und sekundärem Antisemitismus sowie der Bezugspunkt, den der Nahostkonflikt für – gerade auch sekundär – antisemitische Deutungsmuster offenbar herstellt.[78] Es stellt sich die Frage, inwiefern sich in den Gruppengesprächen eine Problematik manifestiert, wie sie zur Zeit auch im Zusammenhang mit der Auseinandersetzung um einen »neuen«, auf globaler Ebene Wirkung entfaltenden Antisemitismus diskutiert wird.[79] Anlass für eine weitergehende Auseinandersetzung bieten die Ergebnisse dieser Studie auf jeden Fall – auch im Hinblick auf geschichtspädagogische Fragestellungen.

Anmerkungen

1 Studien belegen sogar, dass im Zuge einer gezielten Vergangenheitspolitik der Zugang zu wichtigen Quellen verhindert wurde, um Forschung zu verunmöglichen.Vgl. Sacha Zala, Gebändigte Geschichte. Amtliche Historiographie und ihre Malaise mit der Geschichte der Neutralität 1945–1961, Bern 1998.

2 Vgl. Unabhängige Expertenkommission Schweiz – Zweiter Weltkrieg, Die Schweiz, der Nationalsozialismus und der Zweite Weltkrieg. Schlussbericht, Zürich 2002.

3 Mit nachrichtenlosen Vermögen werden in diesem Zusammenhang Vermögenswerte von Verfolgten des NS-Regimes bezeichnet, die diese vor ihrer Deportation auf Schweizer Banken angelegt hatten.

4 Vgl. Jakob Tanner, Geschichtswissenschaft und moralische Ökonomie der Restitution: Die Schweiz im internationalen Kontext, in: Zeitgeschichte (5) 2003. S. 268–280, hier S. 272.

5 Vgl. Daniel Levy/Natan Sznaider, Erinnerung im globalen Zeitalter. Der Holocaust, Frankfurt/M. 2001, S. 84–87; Elazar Barkan, The Guilt of Nations. Restitution and Negotiating Historical Injustices, Baltimore 2000.

6 Vgl. Georg Kreis, Zur Bedeutung der 1990er Jahre für den Ausbau der schweizerischen Zeitgeschichte, in: Schweizerische Zeitschrift für Geschichte (52) 2002. S. 494–517, S. 516.

7 Vgl. Barbara Bonhage, Gesetzgebung und Historiografie. Schweizerische Perspektiven auf die Opfer des Holocaust (1945–2003), in: Traverse (1) 2004, S. 87–98.

8 Vgl. Thomas Maissen, Verweigerte Erinnerung. Nachrichtenlose Vermögen und Schweizer Weltkriegsdebatte 1989–2004, Zürich 2005; Jakob Tanner/Sigrid Weigel, Gedächtnis, Geld und Gesetz in der Politik mit der Vergangenheit des Zweiten Weltkriegs und des Holocaust, in: dies., Gedächtnis, Geld und Gesetz. Vom Umgang mit der Vergangenheit des Zweiten Weltkrieges, Zürich 2002; Jacques Picard, Über den Gebrauch der Geschichte: Die UEK im Kontext schweizerischer Vergangenheitspolitik, in: Jüdische Lebenswelt Schweiz – Vie et culture juives en Suisse, Zürich 2004, S. 391–406.

9 Vgl. zum schweizerischen Umgang mit Antisemitismus nach 1945 Christina Späti, Kontinuität und Wandel des Antisemitismus und dessen Beurteilung in der Schweiz seit 1945, in: Schweizerische Zeitschrift für Geschichte (55) 2005. S. 419–440.

10 Vgl. Unabhängige Expertenkommission Schweiz – Zweiter Weltkrieg, Die Schweiz und die Flüchtlinge zur Zeit des Nationalsozialismus, Zürich 2001, S. 472; Birgit R. Erdle, Das Gedächtnis der Geste. Kristallisationen kultureller Erinnerung und Tradierung nach der Shoah, in: S. Weigel/B. Erdle (Hg.), Fünfzig Jahre danach. Zur Nachgeschichte des Nationalsozialismus. Zürich 1996, S. 233–277, hier S. 267; Jacques Picard, Die Schweiz und die Juden. 1933–1945, Zürich 1994; Patrick Kury, Über Fremde reden. Überfremdungsdiskurs und Ausgrenzung in der Schweiz 1900–1945. Zürich 2003; Gaston Haas, »Wenn man gewusst hätte, was sich drüben im Reich abspielte...«. 1941–1943. Was man in der Schweiz von der Judenvernichtung wusste, Basel 1994.

11 Die Entschuldigung Villigers bezog sich zudem auf die Erfindung des J-Stempels und nicht auf die damalige Flüchtlingspolitik, wie sein Pressesprecher am Tag darauf betonte. Vgl. Erica Burgauer, Die Schweiz – die verfolgende Unschuld, in: Zeitschrift für Sozialgeschichte des 20. und 21. Jahrhunderts (2)1996, S. 111.

12 Vgl. Nicole Burgermeister/Alexander Hasgall, »Die Schweiz kann mit Stolz auf die Kriegsjahre zurückblicken« – 60 Jahre Kriegsende in der Schweiz, in: Context XXI, (3–4)/2005, S. 17–19
13 http://www.admin.ch/ch/d/bk/chanc/speek/hu20050508.html, Zugriff: 10. 12. 2005.
14 SVP-Pressedienst vom 9. Mai 2005. http://www.svp.ch, Zugriff: 10. 12. 2005.
15 http://www.bundespraesident.admin.ch/internet/president/de/home/redint/reden 2005/050508a.html., Zugriff: 10. 12. 2005.
16 Tanner, Geschichtswissenschaft [wie Anm. 4], S. 272
17 Zu erwähnen sind hier das Oral-History-Projekt »Archimob«, in dessen Rahmen Interviews mit Zeitzeugen geführt wurden. Vgl. Christoph Dejung/Thomas Gull/Tanja Wirz, Landigeist und Judenstempel: Erinnerungen einer Generation 1930–1945, Zürich 2002; sowie eine repräsentative Umfrage zu Antisemitismus, bei der den Befragten auch einige wenige Fragen bezüglich ihrer Einschätzung zur Rolle der Schweiz im Zweiten Weltkrieg gestellt wurden. Vgl. Claude Longchamp/Jeannine Dumont/Petra Leuenberger, Einstellungen der SchweizerInnen gegenüber Jüdinnen und Juden und dem Holocaust, Bern 2000.
18 Im Rahmen der Studie wurden Gruppendiskussionen mit Teilnehmern aus der deutschsprachigen Schweiz durchgeführt. Die Gespräche fanden auf Schweizerdeutsch statt und wurden anschließend ins Hochdeutsche übersetzt. Die Durchführung von Gruppengesprächen mit Teilnehmern aus der französischsprachigen und italienischsprachigen Schweiz ist vorgesehen. Die Namen sämtlicher Teilnehmenden wurden geändert.
19 Harald Welzer/Robert Montau/Christine Plass, »Was wir für böse Menschen sind.« Der Nationalsozialismus im Gespräch zwischen den Generationen. Tübingen, 1997. S. 25.
20 Im Falle des ersten Zeitzeugengesprächs handelte es sich um Mitglieder eines Chors: Ein Postbeamter, eine Schneiderin, ein Rechtsanwalt, ein Prokurist sowie ein Buchbinder. Das zweite Gespräch wurde mit der Veteranengruppe eines Berufsverbandes geführt; die vier Männer und vier Frauen waren im kaufmännischen Bereich tätig.
21 GDCH4, 675–679.
22 GDCH4, 571.
23 GDCH4, 917–927.
24 Es »gespeckt haben« (von Speck) bedeutet im Schweizer Kontext Wohlstand, ausreichend zu essen haben.
25 GDCH4, 863–872.
26 Die Gruppe setzte sich aus fünf Studierenden sowie einem Doktoranden zusammen, die Ethnologie, Geschichte, Kunstgeschichte, Ökonomie und Informatik studierten.
27 GDCH1, 118–123.
28 Am Gespräch nahmen eine Coiffeuse, eine Büroangestellte, ein Elektromechaniker, ein Lagerist sowie eine angehende Graphikerin teil.
29 GDCH3, 123–127.
30 An diesem Gespräch nahmen eine Pharma-Assistentin, ein Gastronom, ein Controller, eine Kaufmännische Angestellte sowie eine Laborantin teil.
31 GDCH6, 327–336.
32 GDCH6, 358–359.
33 Die Gruppe setzte sich aus drei Ehepaaren aus der gleichen Nachbarschaft zusammen, wovon mehrere Teilnehmende aus dem kaufmännischen Bereich kamen, die anderen im Sozialbereich sowie als Bauleiter bzw. als Versicherungsexperte tätig

waren. An einem zweiten mit der gleichen Altersgruppe durchgeführten Gespräch nahm eine Gruppe aus Verwandten und Bekannten teil: Ein Theologe, ein Elektroniker, eine Kaufmännische Angestellte, eine Sozialarbeiterin sowie eine Hausfrau.
34 GDCH2, 44–46.
35 GDCH2, 236–237.
36 GDCH2, 250–251.
37 GDCH2, 260–263.
38 Die Gruppe setzte sich aus vier in der gleichen Bank tätigen Arbeitskolleginnen und -kollegen zusammen.
39 GDCH8, 167–171.
40 GDCH8, 177–189.
41 GDCH8, 194–195.
42 GDCH3, 266–267.
43 GDCH8, 840–842.
44 GDCH3, 98–108.
45 Vgl. Andreas Gisler, »Die Juden sind unser Unglück«. Briefe an Sigi Feigel 1997–1998, Zürich 1999.
46 GDCH2, 143–158.
47 GDCH8, 388, 395.
48 GDCH3, 130–135.
49 GDCH3, 136.
50 GDCH4, 941–978.
51 GDCH3, 91–92.
52 GDCH6, 308.
53 GDCH2, 110–111.
54 GDCH2, 123–126.
55 GDCH6, 44–48.
56 GDCH8, 125–126.
57 GDCH1, 63–74.
58 GDCH1, 365.
59 GDCH3, 171–178.
60 GDCH3, 174.
61 GDCH6, 421–428.
62 GDCH6, 429–453.
63 GDCH4, 750–754.
64 GDCH4, 762–763.
65 GDCH3, 213–214.
66 GDCH3, 237.
67 GDCH3, 223.
68 GDCH3, 270–279.
69 GDCH2, 561.
70 GDCH6, 397–416.
71 GDCH6, 435–442.
72 GDCH6, 557–567.
73 GDCH2, 524–533.
74 Vgl. Wolfgang Benz, Was ist Antisemitismus? München 2004; Michael Klundt/Samuel Salzborn/Marc Schwietring/Gerd Wiegel, Erinnern, verdrängen, vergessen. Geschichtspolitische Wege ins 21. Jahrhundert, Giessen 2003.
75 Longchamp/Dumont/Leuenberger, Einstellungen der SchweizerInnen [wie Anm. 17].

Vgl. zur Auseinandersetzung um die Studie Späti, Kontinuität und Wandel [wie Anm. 9].

76 Sandro Cattacin/Brigitta Gerber/Massimo Sardi/Robert Wegener, Monitoring rightwing extremist attitudes, xenophobia and misanthropy in Switzerland. An explorative study. Research report – PNR 40+, Geneva 2005.

77 Madeleine Dreyfus, Entschuldigung und Rechtfertigung. Zum Rezeptionsmuster der antisemitischen Flüchtlingspolitik der Schweiz im Zweiten Weltkrieg, in: R. Ludewig-Kedmi/M. V. Spiegel/S. Tyrangiel (Hg.), Das Trauma des Holocaust zwischen Psychologie und Geschichte, Zürich 2002, S. 175–191, hier S. 188.

78 Vgl. Initiative Antisemitismuskritik (Hg.), Israel in deutschen Wohnzimmern. Realität und antisemitische Wahrnehmungsmuster des Nahostkonflikts, Stuttgart 2005.

79 Vgl. Doron Rabinovici/Ulrich Speck/Natan Sznaider (Hg.), Neuer Antisemitismus? Eine globale Debatte, Frankfurt/M. 2004; Detlev Claussen, Die Wandlungen des »Ja, aber-Antisemitismus«. Vorbemerkungen zur Neuausgabe, in: ders., Grenzen der Aufklärung. Frankfurt/M. 2005.

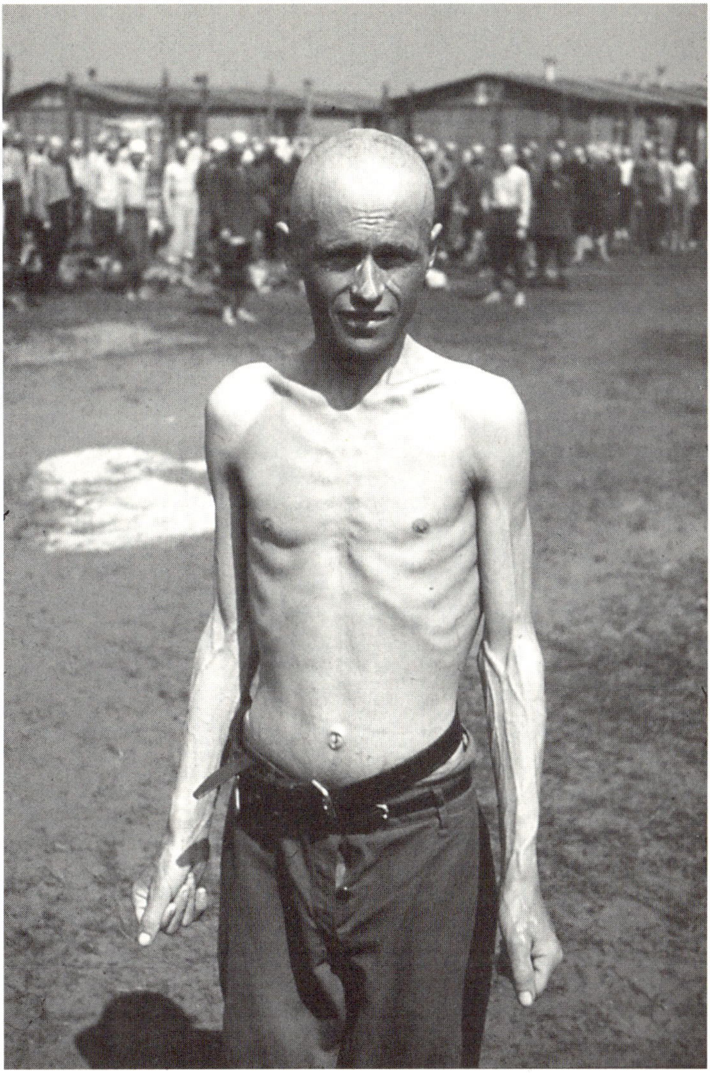

Abb.1: Sowjetischer Kriegsgefangener im Lager Stalag 326, Senne; Fotograf: Hugo Lill (LWL, Foto 121). Ausstellungskatalog: »Nach Einschätzung des Lagerarztes zeigt das Foto den durchschnittlichen körperlichen Zustand der ankommenden Kriegsgefangenen 1941/42.«

Abb. 2: Leichen (Hauptstaatsarchiv Hannover, Nds. 721, Acc. 97/99, Nr.8/14 Bild 15), »Friedhof« des Nebenlagers Adabasch im Herbst 1941.

Abb. 3: Bevölkerung auf der Flucht während der letzten Kämpfe in Berlin, Mai 1945 (Ria Nowosti: RIA 04-045160-3000).

Abb. 4: Start von deutschen Sturzkampfbombern (Stuka) Ju 87 von einem Feldflughafen in der Sowjetunion, 16. 8. 1941; Fotograf unbekannt (Bildarchiv Preußischer Kulturbesitz, Signatur: 30.026.815).

Abb. 5: Norwegen: Antisemitische Parole auf dem Schaufenster einer im Besitz eines Juden befindlichen Schneiderei, wahrscheinlich Frühjahr 1942 (Norges Hjemmefrontmuseum, Oslo).

Abb. 6: Dänemark: (Frihedsmuseet [Freiheitsmuseum], Kopenhagen). Das Bild wurde im Mai 1945 (wahrscheinlich nach dem 5. Mai, Genaueres lässt sich nicht sagen) in Korsør gemacht, von wo die Fähren über den Großen Belt abfuhren. Deutsche Truppen, die die Insel Seeland (auf der Kopenhagen liegt) über Fünen und Jütland verlassen mussten, nahmen hier die Fähre. Deshalb war Korsør ein hervorragender Ort, um zu kontrollieren, ob Dänen, die Verbindungen zu Deutschen hatten, nach Deutschland zu fliehen beabsichtigten. Das Bild zeigt eine dänische Frau, die versucht hat, sich mit einer deutschen Uniform zu verkleiden, aber entdeckt wurde. Fotograf: Poul Berthelsen (aus Korsør, vermutlich Hobbyfotograf, Näheres ist nicht bekannt). (Archiv Berthelsen, mit maschinengeschriebener Bildunterschrift).

Abb. 7: Niederlande: »Een groep propagandisten uit de buurt van Maarsseveen/ U. Hier werd krachtig gewerkt door vele niet-leden!« (deutsch: »Eine Gruppe von Propagandisten aus der Nähe von Maarsseveen/Provinz Utrecht. Hier wurde kräftig gearbeitet von vielen Nicht-Mitgliedern!« Fotograf und Umstände der Fotografie sind unbekannt. Aus: NSB-Zeitung »Volk en Vaderland« vom 27. April 1935 (Netherlands Institute for War Documentation, NIOD).

Abb. 8: Serbien: Straßenszene in Belgrad (Muzej Revolucije, Belgrad; internet-Publikation, Archiv Natalija Bašić)

Abb. 9: Kroatien: Jossip Tito (internet-Publikation; leider konnten Herausgeber und Verlag den Rechteinhaber nicht ausfindig machen).

Abb. 10: Aufmarsch im Stadtkreis Fürth. Fotograf: Ferdinand Vitzethum, Optiker, der seit 1930 eine Fürther Lokalzeitung belieferte, ohne Jahresangabe (Stadtarchiv Fürth).

Olaf Jensen und Sabine Moller

Streifzüge durch ein europäisches Generationengedächtnis

Gruppendiskussionen zum Thema Zweiter Weltkrieg im interkulturellen und intergenerationellen Vergleich

Wie kollektive Orientierungen in Gruppendiskussionen »gefunden« werden

In diesem Kapitel stehen nicht in erster Linie Familien und die innerfamiliäre Weitergabe von Erinnerungen im Mittelpunkt. Es geht vielmehr um Gruppendiskussionen mit Angehörigen unterschiedlicher Alterskohorten aus Ost- und Westdeutschland im Vergleich zu Gruppendiskussionen aus Dänemark, Norwegen und den Niederlanden.[1] Wir haben in jedem Land vier Gruppen mit ungefähr gleichaltrigen Teilnehmerinnen und Teilnehmern, die sich der Zeitzeugen-, Kinder-, Enkel- und zum Teil auch der Urenkelgeneration zurechnen lassen, über Bilder aus dem Kontext des Zweiten Weltkriegs diskutieren lassen.[2] Zwei der verwendeten Fotos entstammen dem Katalog zur zweiten »Wehrmachtsausstellung«, zwei sind dem Begleitband einer Ausstellung über den Krieg gegen die Sowjetunion entnommen.[3] Die Bilder erscheinen vertraut, aber es sind keine Ikonen in dem Sinne, dass sie sich unmittelbar historischen Geschehnissen zuordnen ließen. Wir hatten die Absicht, durch diese Vagheit eine Form des lauten Denkens herzustellen, d. h. die Diskussionsteilnehmer etwas darüber erzählen zu lassen, wie und anhand welcher Kriterien sie Bilder zuordnen und auf diese Weise mehr über die sozialen Bezugsrahmen der Erinnerung zu erfahren. In allen Ländern waren es (mit jeweils einer länderspezifischen Ausnahme) dieselben Fotos, die den Diskussionsteilnehmern vorgelegt wurden.[4] Die unbetitelten, nicht eindeutig zuzuordnenden Bilder funktionierten dabei in der Regel wie intendiert: Sie bildeten den Auftakt für Diskussionen, in denen sich ganz unterschiedliche Schwerpunktsetzungen ergaben. Man kann sagen, dass die Bilder in diesem Sinne in die jeweiligen generationell wie kulturell bedeutsamen kollektiven »Sinn-Rahmen« gestellt wurden.[5]

Im Folgenden stellen wir zunächst dar, wie dieser Prozess vonstatten geht, d. h. wie die Diskussionsteilnehmer gemeinsame Erfahrungen und Anhaltspunkte für gemeinsame Auffassungen sondieren, und wie hieraus Themenschwerpunkte entstehen, an denen sich kollektive Orientierungen ablesen lassen.[6] Daran anschließend geben wir für jede Generation einen Überblick über die von uns herausgearbeiteten Kernkategorien.

Identifiziert wurden diese, indem für jede Gruppendiskussion eine Fallvignette geschrieben und zusätzlich eine inhaltsanalytische Querschnittsauswertung aller Gruppendiskussionen durchgeführt wurde. Unsere Ergebnisse können aufgrund der Fallzahl (n = 21 Gruppendiskussionen) keine Repräsentativität im statistischen Sinn beanspruchen; die Stärke des Materials liegt allerdings in seiner (durch den fotografischen Grundreiz) besonders guten Vergleichbarkeit sowie in dem Umstand, dass sich unsere Befunde im Kontext der jeweiligen Länderstudien verankern lassen.

Dass Vergangenheitsdeutungen nicht einfach vorhanden sind, sondern jeweils kommunikativ ausgehandelt werden, lässt sich besonders gut an den Eingangssequenzen der Gruppendiskussionen demonstrieren, da sich bereits hier kulturelle und generationelle Besonderheiten deutlich artikulieren. Die erste hier vorgestellte Gruppe besteht aus Studierenden der Universität Leipzig, die alle in der DDR geboren wurden. Diese waren zum Zeitpunkt des Interviews im Durchschnitt 24 Jahre alt. Nach Aufforderung durch die Interviewerin beginnt der 1982 geborene Mirko Merz zu erzählen. Er nimmt das Bild, auf dem ein NS-Aufmarsch zu sehen ist, und versucht, es möglichst detailliert zu beschreiben und die Aufnahme zeitlich zuzuordnen. Unterstützt wird er nach wenigen Sätzen von Michael Schlosser:

Michael: »Naja, ich mein, am, das wird der Ortseingang sein, bei Bild 10 [Aufmarsch], Stadtkreis Fürth, und »Juden sind unser Unglück«, also das stand ja meines Wissens auf, äh, also an sehr vielen Ortschaften, äh/«
Mirko: »Dann muss das ganze doch nach '33 sein.«

Michael: »Dings/ [I: hmhm] Ja doch, auf jeden Fall. Vielleicht doch, vielleicht nach den Nürnberger Gesetzen [Mirko Merz: Ja] eventuell oder direkt nach '34 oder '35. Und, ja einer der berühmten Fahnenumzüge von den Nazis, also/ aber ich/ das war ja, das ist ja nicht nur von Nationalsozialisten, sagen wir mal, irgendwie, ja Kommunisten die haben ja alle auch diesen Fahnenkult gehabt eigentlich, äh.«[7]

Michael Schlosser weist zunächst auf das am Bildrand des Fotos sichtbare Ortsschild »Stadtkreis Fürth – Juden sind unser Unglück« hin, das Mirko Merz nur als Hinweis auf eine lokale Zuordnung aufgegriffen hatte. Dieser Hinweis veranlasst Mirko zu der Einschätzung, dass das Bild aus der Zeit nach 1933 stammen muss. Dies wird von seinem Tischnachbarn bestätigt, der nun seinerseits versucht, den Zeitpunkt weiter einzugrenzen, indem er sich an historischen Eckdaten (wie den NS-»Rassegesetzen«) orientiert. Michael tritt hier als Experte auf, der seine Einsichten durch historisches Wissen untermauern kann.
Er positioniert den Fahnenumzug einerseits im Feld des Antisemitismus, indem er sowohl auf die antisemitische Inschrift des Ortsschildes als auch auf die »Nürnberger Gesetze« verweist. Andererseits bezeichnet er das abgebildete Bild als einen »der berühmten Fahnenumzüge von den Nazis« und konzentriert sich damit auf die Ikonographie, d. h. auf die formale und nicht auf die inhaltliche Seite solcher Umzüge. Der zunächst überraschende Verweis auf die Kommunisten erscheint in seiner Herleitung ebenso wissenschaftlich und faktenorientiert wie das zuvor Gesagte. Auch unterstreicht Michael durch diese übergeordnete, systemvergleichende Perspektive erneut seinen Expertenstatus. Seine Ausführungen stoßen an dieser Stelle weder auf deutliche Ablehnung noch auf Zustimmung. Michael selbst scheint unsicher über seine Äußerung; sie bleibt umkommentiert im Raum stehen. Gleichwohl könnte sie auch der Versuch einer Perspektivenerweiterung sein. Es sind – wie sich im weiteren Verlauf des Interviews zeigt – seine eigenen Erfahrungen aus der DDR, die Michael hier in das Gespräch einzubringen versucht, denn das Bild hat bei ihm ebenso wie bei seinen Kommilitonen neben Assoziationen zum »Dritten Reich« vor allem Erinnerungen an die eigene Kindheit in der DDR wachgerufen.

Bevor es aber zu einer expliziten Thematisierung der DDR kommt, stehen zunächst die anderen Fotos, und mit diesen die NS-Verbrechen, im Fokus der Aufmerksamkeit. Etwas später jedoch wird das Bild mit dem Aufmarsch von einem weiteren Diskussionsteilnehmer aufgegriffen. Jens Becker stellt fest, dass er »als Kind, wenn die DDR-Maiparaden waren, auch so da gestanden« hat, wenn dort die »ganzen Flaggen und schönen Uniformen« gezeigt wurden. Für ihn »als Kind« sei das, wie er betont, »sehr faszinierend« gewesen, was von allen Diskussionsteilnehmern bestätigt wird, die nun ihrerseits an eigene Kindheitserinnerungen in der DDR anknüpfen. So wie Hannah Benz, die sagt: »Das muss man leider so sehen, dass das nämlich wirklich schön war.«[8] Im weiteren Verlauf des Interviews steht nun vor allem die DDR-Vergangenheit im Zentrum. Dabei geht es um den Geschichtsunterricht in der DDR und um dessen Unverständlichkeit und Lückenhaftigkeit. Es geht um die Widersprüchlichkeit von offizieller Geschichtsdarstellung und privater Überlieferung, um »double-talk« und heimliches »Westfernsehen«. Und es geht schließlich um die Involvierung der eigenen Familienangehörigen in das SED-System sowie deren Desillusionierung nach 1989.

Dieses Interview dokumentiert nicht nur, dass die Beschäftigung mit der NS-Vergangenheit in Ostdeutschland sehr eng mit der doppelten deutschen Diktaturgeschichte verknüpft ist, sondern darüber hinaus, dass dies auch für diejenigen gilt, die die DDR nur als Kinder erlebt haben.[9] Themen wie Verführung, Anpassung, Systemkriminalität und Widerstand provozieren in Ostdeutschland nicht nur Fragen nach der Geschichte der Großeltern, sondern auch nach jener der Eltern und nach eigenen Erfahrungen.

Bei einer Gruppendiskussion mit einem studentischen Seminar in Berlin, das sich aus westdeutschen Studenten mit und ohne ex-jugoslawischem Migrationshintergrund zusammensetzte, endet die Eingangssequenz ebenfalls mit einem signifikanten Statement. Zu den vorgelegten Bildern äußert die in Mazedonien geborene Suzanna Batic:

Suzanna Batic: »Ich find interessant, dass du alle, alle die Bilder kannst du in/ also siehst du auch heute noch mal. Das gleiche praktisch. [Conny Albrecht:

Naja, das/] Das hast du jetzt in den letzten Kriegen auch noch mal gesehen. So, Massaker [Kruno Kordic: hmhm], äh, »Flüchtling«
Interviewerin: »Bild 2 [Massengrab] ne«
Suzanna Batic: »Bild 2, Bild 3 [Flucht]. Das sowieso [zeigt auf Bild 1 [Häftling]. Das ist Bosnien.«[10]

Dass die Bilder aus dem Kontext des Zweiten Weltkriegs auch Assoziationen zu jüngeren Konflikten, wie jenen im ehemaligen Jugoslawien, hervorrufen, ist nicht erstaunlich. Zum einen befinden sich die Fotografien selbst in einem unauflösbaren medialen Verweisungszusammenhang, und die Bilder der NS-Verbrechen, die »Ikonen der Vernichtung«[11], sind längst zu einer dominanten Chiffre geworden, die die Wahrnehmung aktueller Gewaltprozesse rahmt oder schon den Kamerafokus der Fotografen lenkt.[12] Zudem finden sich Verweise auf Bosnien, Ruanda und andere Verbrechen nicht nur in dieser, sondern auch in vielen anderen unserer Gruppendiskussionen (s. u.).
Bemerkenswert an der Aussage von Suzanna Batic ist allerdings der definitive Charakter ihrer Zuschreibungen. Sie sagt nicht, »das erinnert mich an«, »das sieht aus wie« oder ähnliches, sondern: »Das ist Bosnien.« Dieser kurze Hinweis in der Eingangssequenz – ebenso wie in der ostdeutschen Diskussion – ist dabei als eine Vorstrukturierung des sozialen Feldes anzusehen, deren Bedeutsamkeit sich im weiteren Verlauf der Diskussion eindrucksvoll bestätigt. Im Fortgang der Berliner Diskussion zeigt sich, dass den postjugoslawischen Nachfolgekriegen von den Studierenden mit Migrationshintergrund eine höhere Bedeutung zugeschrieben wird als dem Zweiten Weltkrieg.[13] Sie setzen sich, zum Teil ganz bewusst, von den kritischen Selbstbefragungen der Familienvergangenheit ihrer westdeutschen Kommilitonen ab. Das wird »alles überdeckt« durch den »aktuellsten Krieg«, sagt Darco Baucic, und der in Split geborene Kruno Kordic ergänzt: »Was soll man da vom Zweiten Weltkrieg erzählen, wenn man so einen Krieg vor der Tür hat?«[14]

2. Die Enkelgeneration

Atmosphäre und Schwerpunkte

In Hinblick auf die Gesprächsatmosphäre in den Gruppendiskussionen mit den jüngsten Alterskohorten lassen sich zunächst zwei Extrembeispiele ausmachen. Während sich das Thema Nationalsozialismus bei der jüngsten Altersgruppe der nach 1975 Geborenen in *Westdeutschland* als Problemthema zeigt, so zeichnen sich beide Gespräche mit den Enkelgenerationen in den Niederlanden durch einen mindestens unverkrampft, gelegentlich sogar zynisch erscheinenden Umgang aus. Während sich die Studenten aus dem Ruhrgebiet sehr zaghaft der NS-Vergangenheit nähern, werden an der Universität Nijmegen, wie wir später sehen werden, Witze über den Zweiten Weltkrieg gemacht.

Die Teilnehmer und Teilnehmerinnen der Gruppendiskussion im Ruhrgebiet sind zum Interviewzeitpunkt im Durchschnitt 28 Jahre alt. Das Gespräch beginnt zögerlich; allen Beteiligten ist anzumerken, dass sie »nichts Falsches« sagen wollen.

Otmar Hilf: »Hhm. Also, vielleicht die ersten Assoziationen mal von, von meiner Seite, wenn jetzt ganz ungefiltert, äh; Foto 1 [Häftling], ähm, 'ne einzelne Person, wohl offensichtlich äh im, in 'nem Konzentrationslager oder, oder eben 'ne sehr abgehungerte Person; deswegen für mich die Assoziation vor allem mit der Gruppe im Hintergrund, die da verschwommen zu sehen ist, Konzentrationslager. Das Bild 2 [Massengrab], was ja hier dann, mehrere Tote ähm, ähm zeigt im Hintergrund mit Schützengräben oder vielleicht auch ausgegrebenen, äh ausgegrabenen Massengräbern – würde ich jetzt spontan assoziieren, vielleicht mit, mit ähm einer Wiederausgrabung von, von Toten, von 'nem frischem Massengrab. Ja jetzt [zeigt auf Bild 10, Aufmarsch], ja, ähm, was kann man dazu sagen? Is halt 'n Aufmarsch, 'n Umzug, mit NSDAP-Fahnen. [...].«
Nicole Müller: »Also, mir fallen irgendwie spontan zu den Fotos dann so Geschichten ein, die ich gehört hab, von meinem Opa zum Beispiel, der auch irgendwie auf den Ruhrwiesen lag, irgendwie im, im furchtbarsten Frost, als/ als Soldat in Gefangenschaft halt und der, also so. Diese Geschichten von irgendwie nur mit einem Mantel zugedeckt und den auch noch geteilt und ähm und wie sie nur irgendwie ihre Bibel dabei hatten und sich monatelang dann mit, mit so was echt total über Wasser und lebendig gehalten haben. [...] Also das sind dann mehr so familiäre Geschichten, weniger was jetzt aus 'm Ge-

schichtsunterricht oder so. Klar, man man kennt diese Dokumentationsfilmbilder, die sich ja allen natürlich unglaublich einprägen, diese Märsche ins KZ und da wo echt jedermann noch dasitzt und völlig geplättet ist. Aber das, was so zuerst kommt, sind/ sind so Geschichten.«[15]

Otmar Hilf (Jahrgang 1979) beginnt mit einer ausführlichen Analyse der vorgelegten Fotos. Seine Einleitung zu dieser Analyse ist geprägt durch eine deutlich spürbare Unsicherheit und Vorsicht im Umgang mit dem Thema Nationalsozialismus. Für Otmar ist es nicht einfach, über dieses Thema zu sprechen, da offenbar die Gefahr besteht, etwas Falsches, politisch »Unkorrektes« zu sagen. Er versucht, sich dem Thema – ähnlich wie Mirko und Michael in der ostdeutschen Diskussion – durch eine zurückhaltende wissenschaftliche Herangehensweise, also als Experte zu nähern. Nicole hingegen wählt nicht die »Expertenrolle«, sondern bezieht sich auf die ihr »spontan« in den Sinn kommenden »Geschichten« ihres Großvaters. Sie setzt also der kognitiven Analyseebene Otmars eine emotive entgegen. Ihre anschließende Erzählung handelt vom Leid des Großvaters in seiner Gefangenschaft auf den »Ruhrwiesen«. Diese Erinnerung wird von Nicole in einem Bild wiedergegeben, in dessen Mittelpunkt ein geteilter Mantel und die Bibel stehen. Dieser symbolstarken Geschichte liegt eine ganze Reihe von Interpretamenten zugrunde: Sie kündet zunächst von Leiden und Verzicht, aber auch von Gemeinschaft und Hoffnung, letztlich jedoch vor allem von der Opferschaft und Tapferkeit der eigenen Familienangehörigen während des Zweiten Weltkriegs.[16] Nicole erzählt also im Gegensatz zu Otmar das, was ihr biographisch am nächsten ist: die »familiären Geschichten«. Selbstverständlich sind auch ihr die Dokumentarfilme und Bilder über Konzentrationslager bekannt, »die sich (...) allen natürlich unglaublich einprägen«, die aber schwer kommunizierbar sind und daher eher sprachlos machen. In unserem Material artikuliert sich dieser Teil des Geschichtsbewusstseins daher vor allem in Form von Chiffren, wie: »KZ« »Auschwitz« oder »auschwitzartige Bilder« (s. u.).
Dieser Beginn eines Gruppengespräches macht deutlich, wie unter Mitgliedern der deutschen Enkelgeneration mit der Diskrepanz zwischen schulischer und familiärer Überlieferung gerungen wird. Auf

der einen Seite steht das Bemühen, mit Fakten korrekt umzugehen und sich auf sehr unsicherem und umkämpftem Terrain zu bewegen, auf der anderen Seite stehen Geschichten, die durch ihre symbolstarken Bilder auf eine Weise eindringlich sind, dass sie erzählbar werden und Anschlussmöglichkeiten für eigene Identitätsbedürfnisse bieten.

Im deutlichen Gegensatz zu dieser deutschen Herangehensweise an das Thema Zweiter Weltkrieg und Holocaust beginnt die Diskussion in den niederländischen Enkelgenerationen eher ausgelassen. Dies äußert sich darin, dass durchaus ernsthafte Beiträge immer wieder durch sarkastische Kommentare unterbrochen werden, die es in dieser Form in den anderen Gruppendiskussionen nicht gibt. In der Gruppe der jüngsten Befragten (Jg. 1975 und jünger), die sich ausnahmslos aus weiblichen Studierenden der Kulturanthropologie zusammensetzt, imitiert Maria Jansen (Jg. 1982), als Reaktion auf die Fotos, ihren Vater, der oft auf Deutsch »Jawohl, Herr Oberleutnant!« rufen würde, wenn ihm jemand sagt, was er tun soll. Hierzu deutet sie den »Hitlergruß« an, was von der Gruppe mit Gelächter aufgenommen wird.[17] Danach diskutiert die Gruppe mal ernst, mal weniger ernst die verschiedenen Fotos. Das Gespräch mit der älteren Enkelgruppe beginnt ebenfalls mit belustigenden Gesten und Kommentaren (Guido ten Brock: »Der ist witzig! Da fällt mir auch einer ein [Lachen]«). In der jüngeren Gruppe wird fast jedes Bild auf diese Weise kommentiert. Das Foto des Massengrabes wird in Hinblick auf die Frage diskutiert, warum alles so »unordentlich beisammen« liegt, wo doch die Deutschen normalerweise »viel ordentlicher mit ihren Leichen« waren.[18]
Durchaus ähnlich stellt sich der Umgang mit dem »Häftlings«-Foto in der zweiten Enkel-Diskussion dar. Hier kommt es allerdings zu einer Auseinandersetzung zwischen den Teilnehmern, als Sietse Teniers (Jg. 1971) kundtut, dass die Fotos sie nur »sehr wenig berühren« und ihr »sehr wenig sagen«. Diese Äußerung provoziert Widerspruch von Carla van Leeuwen, die dem entgegenhält, dass sie das »fürchterlich viel berührt«.[19] Als Begründung führt Carla aus, dass ihr Vater durch den Krieg geprägt worden sei und entfernte jüdische Verwandte (»da

hatten wir wenig mit zu tun«) deportiert worden seien. Mit ihren Ausführungen über die Familiengeschichte macht Carla allerdings zugleich deutlich, dass sie diese Geschichten nicht immer ganz »ernst« nimmt und dass sie sie früher auch ausgeschmückt und instrumentalisiert habe: »eine Kriegsvergangenheit haben, ist sehr interessant [...]. Ich habe das selber auch benutzt, das kannst du mir glauben.«[20]

Diese reflexive Ebene, die den eigenen Umgang mit der Familienüberlieferung immer gleich mitthematisiert, unterscheidet nicht nur die niederländischen, sondern auch die norwegischen und dänischen Interviews deutlich von den deutschen Gesprächen. Sie führt uns auch auf die Spur, warum die Niederländer einen so lässigen und scheinbar sarkastischen Umgang mit dem Thema pflegen. Es ist nicht einfach desinteressierte Nichtbetroffenheit, die sich hier artikuliert – das zeigt sich nicht zuletzt an der Reaktion auf die Äußerung von Sietse Teniers. Man ist betroffen von dem Thema, und die eigene Biographie ist in nicht unwesentlichem Ausmaß geprägt von der gesamtgesellschaftlichen wie innerfamiliären Aufarbeitungsgeschichte des Zweiten Weltkriegs.

Der ernst-unernste Umgang mit Krieg und Holocaust, der sich hier als verbindende Klammer unter den Enkeln zeigt, ist eine Form der Distanzierung, die das Sprechen erleichtert. Die Ironie mindert den Zwang, sich zu einem schwierigen Thema konkret zu verhalten. Zugleich erweitert der humorvolle Umgang den Raum des Sagbaren: Man kann nun auch politisch unkorrekt (z. B. von den »Homos« reden) oder sich offen dazu bekennen, dass man familiäre Geschichten hin und wieder ausschmückt. Die soziale Übereinstimmung im Umgang mit dem Zweiten Weltkrieg und dem Holocaust entpuppt sich dabei – anders als in den deutschen Gesprächen – als wichtiger als der Anspruch auf historische Korrektheit.

Vergleicht man diese Formen des Umgangs mit den beiden skandinavischen Ländern, die wir untersucht haben, dann stößt man wiederum auf die bereits für die Niederlande dargestellte reflexive Ebene, die den eigenen Umgang mit dem Zweiten Weltkrieg thematisiert. Allerdings erscheint der Blick auf die Vergangenheit hier selbstbewusster in dem Sinne, dass er auch einen höheren Grad an Konkretion zulässt als in den Niederlanden. Bei den dänischen Enkeln kommt ein durchaus reflektiertes Geschichtsbild zum Ausdruck, und die Befragten greifen auf ein breites Fundament an historischem Wissen zurück. Dabei ist allerdings zu berücksichtigen, dass für die dänische Haltung im Zweiten Weltkrieg mit dem Ausdruck »Zusammenarbeitspolitik« ein integrativer und konsensfähiger Topos für die damalige Politik existiert. Die Zusammenarbeitspolitik war demnach die historisch richtige Haltung – auch wenn aus heutiger Perspektive einiges an ihr problematisch erscheinen mag. Eine solche historische Selbstgewissheit macht es für die Interviewten einfacher, auch deutlich kritische Schlaglichter auf die eigene Geschichte zu werfen.

Die Familiengeschichte: zwischen Heroisierung, Viktimisierung und Reflexion

Mythen zu hinterfragen und kritisch mit der nationalen Vergangenheit ins Gericht zu gehen, steht mittlerweile in den meisten in den Zweiten Weltkrieg involvierten Ländern auf der erinnerungskulturellen Tagesordnung. So bezweifeln die Schweizer das lange gepflegte Neutralitätsimage ihres Landes, und die Dänen hinterfragen die Uneigennützigkeit der dänischen Fluchthilfe für verfolgte Juden.[21] Auf ähnliche Weise stößt man in allen Ländern auf Diskurse, in denen der frühere Umgang mit der Vergangenheit problematisiert wird.
Dass eine derartige Reflexion über das nationale Selbstbild nicht zwangsläufig ein Mehr an Wissen implizieren muss, zeigt das folgende Beispiel aus einer dänischen Gruppendiskussion:

Julie Schmidt: »Aber ich weiß nicht. Das ist vielleicht auch ein bisschen romantisch, dass es die Dänen waren … Sie waren gut und halfen den Juden … Es kann gut sein, dass das etwas naiv ist; aber ich weiß es nicht wirklich. Also so wie Karina, ich weiß darüber nicht wirklich etwas … Es ist nur so eine Ahnung, die ich habe.«[22]

Bei der jüngsten Gruppe der in Dänemark Befragten wird an mehreren Stellen des Interviews deutlich, dass sich ihr historisches Wissen oder das grobe »Bild«, das sie vom Zweiten Weltkrieg haben, aus

Zeitzeugenerzählungen einerseits sowie aus Kino und Fernsehen andererseits speist. Eine bedeutsame Rolle spielt hier die TV-Serie Matador, von der es im Interview wenig später emphatisch heißt: »Matador, so ist es wohl gewesen.«[23]

Fragt man hingegen in den skandinavischen Ländern nach kollaborierenden Familienmitgliedern, dann zeigt sich etwas, was dem deutschen Umgang mit der Vergangenheit nicht unähnlich ist. Es existieren regelmäßig »Referenzfiguren« – d. h. man weiß natürlich auch von »Nazis« und Kollaborateuren unter den eigenen Verwandten und Bekannten, nur gehörten diese in der Regel nicht zur Kernfamilie. So erklärt Benedikte Hivju aus Norwegen, dass es in ihrer Familie eine Frau gab, die mit einem »Nazi« verheiratet war. Nur habe man zu diesem Zweig der Familie keinen Kontakt gehabt: »Die waren Nazis«, wohingegen ihre unmittelbaren Vorfahren zu den – wörtlich – »good guys« gezählt hätten.[24] In dieser Wortwahl drückt sich allerdings eine ironische Distanzierung aus. Hier, wie an vielen anderen Stellen in den norwegischen Interviews, zeigt sich ein selbstreflexiver Blick, der das Bedürfnis nach einer guten Familiengeschichte in Rechnung stellt.[25] Dies bestätigt sich auch im weiteren Verlauf:

Rudolf Ossietzki: »Ja, das ist ganz eindeutig ein Tabu und man kann nicht glauben, dass es so ist, dass alle die, über die man etwas hört, im Wesentlichen auf der richtigen Seite standen und sich heroisch verhalten haben und sowas. Das war ja selbstverständlich nicht so. [...].«
Kari Andersen: »Ich glaube, man erzählt lieber von versteckten Radios und von dem und dem Widerstandsmann.«[26]

Das Beispiel illustriert, was bereits im Kapitel über das dänische Familiengedächtnis herausgearbeitet werden konnte: Das Bedürfnis nach einer heldenhaften Vergangenheit der eigenen Vorfahren wird offen angesprochen und so selbstreflexiv gebrochen. Am deutlichsten kontrastieren lässt sich dieser Umgang wiederum mit der deutschen Enkelgeneration. Hierzu ein Beispiel aus dem westdeutschen Sample. Die zwischen 1965 und 1972 geborenen Interviewteilnehmer kommen nach der Diskussion des fotografischen Grundreizes selbständig auf ihre Familiengeschichten zu sprechen:

Jule Martens: »Meine/ beide Familien hatten nichts damit zu tun, niemand war im Krieg, also niemand musste kämpfen, niemand ist gestorben.«
Susanne Jonas: »Bei mir auch nicht. Die kannten keine Juden, für die hat das echt nicht stattgefunden.«[27]

Gegenwartsvergleiche und Akteure

Die Einleitung hat gezeigt, wie sich über System- und Gegenwartsvergleiche spezifische Erinnerungsgemeinschaften konstituieren. Solche Vergleiche sind dabei nichts Ungewöhnliches, sondern mit der deutlichste Ausdruck für eine aktive Aneignung der Vergangenheit. Zugleich sind sie wertvolle Indikatoren für Veränderungen im Geschichtsbewusstsein. Geschichtsbewusstsein befindet sich qua definitionem in einem permanenten Wandel und lässt sich nur analytisch stillstellen.[28] Der historische Ort unserer Interviews im Hinblick auf den Holocaust ist entsprechend geprägt durch die postjugoslawischen Kriege und eine Phase verstärkter Bedrohung durch internationalen Terrorismus.

Als markante Koordinaten des Geschichtsbewusstseins lassen sich diese Ereigniskomplexe auch in Chiffren fassen: Die Gruppendiskussionen fanden nach »Bosnien« und nach »9/11« statt, und der Zweite Weltkrieg bzw. die Judenverfolgung werden häufig (allerdings mit ganz unterschiedlicher Intention) in einen Zusammenhang mit dem Nahost-Konflikt gestellt. Vergleiche mit den Kriegen in Ex-Jugoslawien finden in allen dänischen und niederländischen Gruppengesprächen statt. In Norwegen und der Schweiz werden sie jeweils in den Enkel- und Kindergenerationen thematisiert sowie in einem der westdeutschen Gruppengespräche. Vergleiche mit dem »Krieg gegen den Terror« (9/11, Irak, Islam, Afghanistan etc.) finden hingegen vor allem in den westdeutschen und dänischen Gesprächen statt, in den Niederlanden jeweils nur in Enkel- und Kindergeneration, in einer ostdeutschen Enkeldiskussion und in einem norwegischen Gespräch der zweiten Generation. In Dänemark finden wir diese Themen in Enkel- und Zeitzeugengeneration, in Norwegen in Enkel- und zweiter Generation und in einem ostdeutschen Enkelgespräch.[29] Wir werden diesen Punkt am Beispiel der Kinder- und Zeitzeugengeneration später noch vertiefen.

Ausgehend von den Reaktionen auf das Bild, das einen russischen Kriegsgefangenen zeigt (siehe Bildteil), möchten wir nun skizzieren, was in den Vorstellungen der Diskussionsteilnehmer ein »Opfer« ist. In der Regel wurde das Bild quer durch alle Generationen als Dokument eines nationalsozialistischen Konzentrationslagers betrachtet. Lediglich in den norwegischen Gruppendiskussionen, wo der Holocaust insgesamt nur eine untergeordnete Rolle spielt, wurde das Foto sofort sowohl in der Kinder- als auch in der Enkelgeneration mit russischen Kriegsgefangenen assoziiert. In den meisten anderen Gruppendiskussionen galt das Bild als Symbol für das jüdische Opfer schlechthin bzw. für »Lager«, »Auschwitz«, aber auch für die Befreiung. Meist bewegten sich die Äußerungen auf der Ebene von Chiffren oder Metaphern. Kam es zu Diskussionen, dann drehten sich diese zumeist um die Farbigkeit des Bildes, das vermutete Aufnahmedatum und die Identität des Häftlings. Das Bild selber machte eher sprachlos, denn wie der Berliner Student Darko Baucic es formuliert: »das ist so'n krass abschreckendes Foto, so, so'n Opferfoto eben«[30] oder wie die norwegische Studentin Iris Wollner es nennt: »das ist etwas Auschwitz-artiges an dem Ganzen.«[31] Besonders bei der Enkelgeneration werden durch dieses Bild andere »Ikonen der Vernichtung« aufgerufen, wie »Amerikaner mit Bulldozern [...], die Leichen wegschieben«[32] oder »die Männer in den Stockbetten«.[33] Dabei ist der Umgang mit diesen »Ikonen« – sei es im Fernsehen oder in Holocaustausstellungen – unter Tradierungsgesichtspunkten nicht unproblematisch, weil immer »eine Bestätigung des Objekthaften zurück[bleibt], in das die Täter die Opfer transformiert haben«.[34]
In einer Diskussion mit dänischen Lehramtskandidaten ist es die 23-jährige Karina Larsen, die als erste das Wort ergreift und sich zu dem Foto mit dem Lagerhäftling äußert:

Karina Larsen: »Dieses Bild hier Nummer 1 [Häftling]. Das ist wirklich so eins, wo man an den Zweiten Weltkrieg denkt, an so ein Konzentrationslager... Also das ist so... auf jeden Fall was ich denke, wenn ich an den Zweiten Weltkrieg denke, dann denke ich an das Schreckliche, was passiert ist, an Konzentrationslager. Und das ist so ein... typisches Bild [entschuldigendes Kichern] das so einen ausgemergelten Mann zeigt.«[35]

Karina Larsens Beschreibung des Bildes ist symptomatisch. Das Foto erscheint vertraut, es ist ein »typisches Bild«. Es ist ein Symbol für das »Schreckliche, was passiert ist« – wie die Konzentrationslager. Das Bild weckt bei Karina Larsen Betroffenheit und Empathie. Kontrastieren lässt sich diese Aussage der Lehramtskandidatin allerdings mit einer späteren Sequenz. Nach der Beschreibung und Diskussion der Fotos versuchen die Studenten, sich zu erklären, wie es zur Judenvernichtung kommen konnte. Bezogen auf die Täterseite fallen die Erklärungen dabei erstaunlich wohlwollend aus. Neben dem »wahnsinnigen« Hitler als Hauptverantwortlichem wird zur Verteidigung der »gewöhnlichen Deutschen« alles herangezogen, was ein entlastendes Deutungsrepertoire zu bieten hat: Zwang, Befehlsnotstand, Arbeitslosigkeit und Unwissenheit. In diesem Zusammenhang kommt Karina Larsen auf die jüdischen Opfer zu sprechen:

Karina Larsen: »Aber auch, dass es gleich/ Wenn es Juden sind, die allgemein gute Kaufleute sind und so allgemein vielleicht viel Geld haben, im Verhältnis zu vielleicht dem gewöhnlichen Deutschen, dass es dann leichter ist, die Bevölkerung mitzureißen gegen eine kleine Gruppe, weil ›Guck mal, wie gut die es haben. Die leben in Saus und Braus und ... Warum können wir das eigentlich nicht.‹ Und auf diese Weise waren es leichte Sündenböcke, glaube ich.«[36]

Während die Bilder aus dem Kontext des Vernichtungskrieges oder von der Befreiung Empathie einfordern, trägt der Antisemitismus Bilder in sich, die die Juden als Mächtige konstruieren, was Empathie an dieser Stelle von vornherein ausschließt. Die Assoziation von Juden und »Geschäftemachen« bzw. von Juden und Geld ist dabei auch in allen anderen Ländern ausgeprägt.[37]

Kindergeneration

Schwerpunkte und Atmosphäre

Die beiden deutschen Gruppendiskussionen unterscheiden sich in der Kindergeneration deutlich voneinander. Werden in der westdeutschen Gruppe von vier Frauen einer Rommé-Runde zuerst ausgiebig die vorgelegten Fotos betrachtet und im Lichte aktueller Diskurse besprochen, kommen die sechs Frauen einer Leipziger Familien-Selbsthilfegruppe unmittelbar auf die eigenen Erfahrungen in der Kriegs- und Nachkriegszeit zu sprechen. Dabei wird in langen Ausführungen der Zwangscharakter des NS-Regimes betont – die Mitgliedschaft in den Jugendorganisationen (»Man wurde dazu wirklich gezwungen.«) genauso, wie die »Pflicht«, die »Hakenkreuzfahne rauszuhängen« oder der Zwang, an der Front immer weiter kämpfen zu müssen.[38] Weitere Schwerpunkte sind der Bombenkrieg in all seinen Facetten und der Einmarsch der sowjetischen Armee am Ende des Krieges, verbunden mit Vergewaltigungen oder Kriegsgefangenschaft. Dabei wird jedoch auch darauf verwiesen, dass die Rote Armee durch ihr von den Deutschen zerstörtes Land vorrücken musste.

Im Gegensatz dazu liefert eine Teilnehmerin im westdeutschen Gruppengespräch schon nach wenigen Minuten die Einschätzung, auch heute würden Kinder wieder so grüßen (mit dem »Hitlergruß«), wie es auf einem der Fotos zu sehen ist, da sie ja auch noch »Soldaten« spielen würden. Manuela Lammert (Jg. 1953) ergänzt dies mit dem Hinweis auf den Film »Die Welle«.[39] Frau Schmidt (Jg. 1953) ist davon überzeugt, dass »die Masse genauso wieder reagieren würde«, wenn irgendjemand kommen und »weniger Arbeitslose« versprechen würde. Dies provoziert allerdings deutlichen Widerspruch von Frau Borchert (Jg. 1948) und Frau Siefers (Jg. 1956). Gegen Ende der Diskussion kritisiert Frau Borchert, dass aufgrund der Vergangenheit die Deutschen »immer zahlen, zahlen, zahlen« müssen, womit »irgendwo mal Schluss sein« müsste. Dies nimmt Frau Schmidt zum Anlass, eindeutige Ressentiments gegen russlanddeutsche Einwanderer zu formulieren, da diese ihrer Meinung nach immer bevorzugt würden.

Obwohl dieses Gespräch eine deutlich andere Dynamik hat als das ostdeutsche, kommen auch hier die Teilnehmerinnen sehr schnell auf die Opfer in der eigenen Familie und den Zwangscharakter des Regimes zu sprechen. Daneben ist die Form der Beschäftigung mit der Vergangenheit ein Thema, und die Mehrheit ist der Meinung, es wurde »totgeschwiegen« und »verdrängt«, höchstens über den Krieg wurde vereinzelt gesprochen. Der Krieg ist es auch, der den nachhaltigsten Eindruck bei den Teilnehmerinnen hinterlassen hat: Mit den präsentierten Fotos assoziieren sie zu allererst die Geräusche, die mit den abgebildeten Motiven einhergingen: Motorenlärm, Geschrei oder Marschtritte.[40]

Das niederländische Gespräch der zweiten Generation ist zwar sehr lebhaft, nicht aber durch die Unbefangenheit gekennzeichnet, die wir bei der Enkelgeneration gesehen haben. Bei der Diskussion der Fotos gehen bereits Bildbeschreibungen, Assoziationen und persönliche Geschichten ineinander über. Dabei wird deutlich, dass Ressentiments gegen und Entlastungsargumente für die deutschen Angreifer sich die Waage halten. Beispielsweise werden die Kriegsbilder sofort mit dem verheerenden Angriff auf Rotterdam 1940 assoziiert, wobei Einigkeit darüber herrscht, dass Rotterdam durch den unerwarteten Angriff »keine Chance hatte«.[41] Deshalb hätten viele Bewohner der Stadt nicht rechtzeitig fliehen können, im Gegensatz zu den Deutschen bei den alliierten Luftangriffen. Trotzdem wird aber auch Verständnis für die Deutschen – und für die holländischen »NSBler« – geäußert. Es wird der Zwangscharakter des NS-Regimes betont, der dafür sorgte, dass die Menschen »alle so [Hitlergruß] gestanden« haben, ohne »eine Ausnahme«, und wenn es einer nicht gemacht hat, »dann, peng, aus dem Weg geräumt« wurde.[42] Das heutige Verhältnis der Nachkriegsgenerationen beider Länder fasst der 1945 geborene Teddy Roosveld so zusammen: Die Deutschen hätten durch den Zweiten Weltkrieg ein »angeborenes Schuldgefühl« und die Niederländer ein »angeborenes Hassgefühl«.[43]

Am dänischen Gruppengespräch nehmen drei Frauen und drei Männer einer Gesangsgruppe aus Kopenhagen teil, fünf von ihnen haben einen Universitätsabschluss. Hier wird das Fluchtbild schnell mit deutschen Bombenopfern assoziiert, da Dänemark selbst nicht bombardiert wurde, es könnte aber auch »wherever« sein. Allerdings ist bei den Teilnehmerinnen und Teilnehmern sehr präsent, dass am 9. April 1940 plötzlich die »dunklen Vögel«[135] der Deutschen – so heißt es in einem Lied über die Besatzungszeit – am Himmel erschienen. Dic »Deutschenmädchen« auf dem länderspezifischen Foto werden kritisch kommentiert (»Spitzel«), jedoch wird sogleich eingestanden, dass sie nach der Befreiung »verdammt hart angepackt« wurden, zum Teil von »Freiheitskämpfern«, die in Wahrheit keine gewesen seien. Dies wird auch mit eigenen Beobachtungen von kahlgeschorenen (»skalpierten«) Opfern dieser Racheaktionen untermauert. Mehrere Teilnehmer verweisen darauf, dass sie Menschen kannten, die die Freiheitskämpfer unterstützten, oder dass Mitglieder der eigenen Familie sich geschickt dem Zugriff der Besatzungsmacht entzogen.[45]

Familiengeschichten: Zwischen Heroisierung, Rechtfertigung und Unwissenheit

Geben die Beteiligten Geschichten aus der eigenen Familie wieder, finden sich zumeist bereits bekannte Strukturmerkmale wieder.[137] So erzählt Ulla Lund aus Kopenhagen, Jahrgang 1947, die Geschichte ihres Vaters, der in Südjütland (das erst nach dem Ersten Weltkrieg zu Deutschland kam) in einer »dänisch gesinnten Clausenfamilie«[47] aufgewachsen ist. Er besuchte eine dänische Schule, wurde Musiker und hatte dadurch Kontakt zu deutschen Musikern und Komponisten. »Niemand« konnte aber nach Aussage von Ulla wissen, was »zum Teufel da eigentlich vor sich ging in Deutschland«. Sie fährt fort:

Ulla Lund: »Das ist etwas, das wir erst nach dem Krieg wissen. Die ahnten nichts davon... Aber dann im Laufe der 20er und 30er, da wurden diese Musiker und Schriftsteller und all so was, die wurden ja Kommunisten... Weil da ja wirklich Hoffnung in Sicht war in der Sowjetunion, nicht (Ja) ... dann während des Krieges musste ja der eine nach dem anderen untertauchen... und die versteckten Vater und Mutter ja... mit Kinderwagen und / die hatten drei Kinder außer mir... Sie versteckten die echt! Also... und dann wurde Vater zuletzt verraten, dann wurde er verhaftet im Frühjahr '45... von, von einigen Dänen. Und erst weg und ich weiß nicht was und.«
Interviewerin: »Also direkt vor der Befreiung.«
Ulla Lund: »Direkt vor der Befreiung, ja. Und dann kam er also wieder nach Hause. Und da hatten die Dreckskerle all seine Kippen geklaut. Aber er hatte doch da gesessen und auf Deutsch losgeschwafelt und ist charmant gewesen, ansonsten glaube ich nicht, dass er rausgekommen wäre (Nein). Ich weiß nicht warum.«[48]

Auf Nachfrage macht Frau Lund deutlich, dass diese Geschichte nicht von ihrem Vater, sondern ausschließlich von ihrer Mutter erzählt wurde, da diese »schreckliche Angst« um ihn hatte. Ihr Vater wuchs demnach in einer Familie auf, die den dänischen Faschisten nahestand, konnte aber ihrer Meinung nach nicht wissen, was »in Deutschland« »vor sich ging«. Wie in vielen Familiengeschichten bleibt auch hier einiges unplausibel, was in der direkten Kommunikationssituation nicht in Frage gestellt wird. Trotzdem fügt sich diese Geschichte recht umstandslos in die Reihe der Erzählungen über drangsalierte Helden ein, wie sie Matauschek und Breuer in ihrer Analyse der Interviews mit den dänischen Familien und der Veränderung des öffentlichen Erinnerungsdiskurses herausgearbeitet haben.

Untertauchen, Verstecken und cleveres Verhalten der eigenen Angehörigen finden sich auch in der niederländischen Gruppendiskussion. Kleintje Roosvelt (Jg. 1947) erzählt gegen Ende des Gesprächs, wie sich ihr Vater vor den Deutschen in einer Kiste versteckte, die mitten im Zimmer stand – und deshalb noch heute Erinnerungsgegenstand für sie ist:

Interviewerin: »Noch eine Erinnerung, die für dich sehr prägnant ist?«
Kleintje Roosvelt: »Nein, nur aus Geschichten und von anderen Menschen, ja eh...zum Beispiel, diese Kiste [K. R.: zeigt auf hölzerne Kiste, die im Zimmer steht], die/ da hat mein Vater dringelegen, als er, genau wie dein Vater [nickt D. K. zu], weggebracht werden musste, ins Arbeitslager. In dem Moment, als sie an der Tür klingelten, hat mein Vater in der Kiste, und das ist unglaublich, alle dachten, da gucken sie doch wohl rein. Sie haben das ganze Haus, alles haben sie abgesucht, meine Mutter sagte, »Vater ist nicht zu Hause«, und mein Vater saß in der Kiste.«
Interviewerin: »In der Kiste?« [zeigt auf die Kiste]
Kleintje Roosvelt: »Ja.«
Interviewerin: »Steht die Kiste darum hier?«
Kleintje Roosvelt: »Vielleicht darum, ja. Sie hat bei mir darum einen besonderen Wert, muss ich sagen. Ja. Ja. Ja. Ja. Die Kiste ist für mich aus diesem Grund sehr wertvoll.«[49]

Sind es in Deutschland häufig militärische Erinnerungsgegenstände, die von Familien aufgehoben werden – z. B. Messer, Granatsplitter,

Fotos, Briefe, Orden oder Patronen –,[50] ist es für Kleintje Roosvelt die Holzkiste, in der sich ihr Vater vor den Deutschen versteckte. Grundsätzlich spielt das Verstecken, das »Untertauchen« von holländischen Juden und Widerstandskämpfern eine sehr große Rolle im kulturellen Gedächtnis (man denke nur an »Anne Frank«)[51] und somit auch in unseren Interviews. Bemerkenswert ist, dass das Verstecken in diesen Erzählungen häufig wie bei Kleintje Roosvelt eine dramatisch-humorvolle Note besitzt: Das Versteck ist für alle weithin sichtbar, und man erwartet, dass die Verfolger sofort fündig werden, diese lassen sich aber mit einfachsten Tricks an der Nase herumführen.[52]

Wie von Matauschek und Breuer herausgearbeitet, ist die Judenverfolgung nur ein randständiges Thema in den dänischen Interviews. Weder die Verfolgung durch die Nazis noch die Flucht und Rettung nach Schweden sind mehr als beiläufig Thema der Gespräche.[53] Im dänischen Gruppengespräch mit der zweiten Generation gibt es wenigstens einen Hinweis darauf, dass der Holocaust nicht vollkommen unsichtbar war. Lisa Lönne, geboren 1938 in Fåborg, hat als Kind folgende Beobachtung gemacht:

Lisa Lönne: »Puppendoktor Schnabel, zu dem ich gleich gegenüber gehen konnte, er reparierte meine Puppe Jytte, die ging immer kaputt. Das letzte Mal, als ich ihn sah, war seine ganze Wohn. / Geschäft zusammengepackt, und da waren überall leere Wände und leere Regale und er war total steif, entsetzt in seinem weißen ... und in dieser Größe, das merkte ich ja, und ich glaube, ich habe noch nie jemandem davon erzählt.«[54]

Die beschriebene Szene hat sich vermutlich Ende 1943 abgespielt, als die deutsche Besatzungsmacht versuchte, die dänischen Juden zu deportieren, was ihr nur zum geringsten Teil gelang. Das Kindheitserlebnis, das Frau Lönne hier schildert, beschreibt eine Station der Judenverfolgung auf dem Weg zum Holocaust, der sich in vielen Ländern ähnlich abgespielt hat, in Dänemark aber durch die Rettung eines großen Teils der jüdischen Mitbürger und ihrer nicht-jüdischen Angehörigen nach Schweden ein positives Ende hatte. Umso bemerkenswerter ist es, dass keiner der Anwesenden anschließend näher auf das Gesagte eingeht, und weder das Schicksal von Puppendoktor

Schnabel, der Holocaust oder auch die Rettung der dänischen Juden angesprochen wird.

Gegenwartsvergleiche und Akteure

Bemerkenswert ist, wie häufig in einigen Gruppengesprächen artikuliert wird, dass den Deutschen im Grunde genommen keine Vorwürfe zu machen seien, denn so etwas wie Hitler und der Holocaust könne prinzipiell jeder Nation passieren. Dies äußert sich auch in den vielen Vergleichen mit anderen Kriegen und Völkermorden. Obwohl es mittlerweile in der Forschung durchaus üblich ist, strukturelle Gemeinsamkeiten und Unterschiede zwischen Diktaturen und Genoziden herauszuarbeiten, überrascht doch, wie schnell die Argumentation in den Gesprächen Entlastungs- und Nivellierungstendenzen zeigt. So führt beispielsweise im dänischen Gruppengespräch die Diskussion über »diese schrecklichen Nummern, die die Amerikaner und Engländer im Irak getan haben« und »die Serben«, die »neulich« dasselbe taten, zu den Finnen, denen nachgesagt wird, sie würden »bei der geringsten Provokation zum Messer greifen«.[55] Daraus wird die These abgeleitet, was »den Deutschen« passiert sei, könne auch allen anderen passieren. Der Massenmord an den europäischen Juden wird zu einem »unbändigen« und mehr oder weniger spontanen Phänomen, wie Ulla Lund (Jg. 1947) und Bent Karrebæk (Jg. 1952) hier feststellen:[56]

Ulla Lund: »Ja, ja! Und dann ganz plötzlich, dann passiert es/«
Bent Karrebæk: »Das ist es doch, das passiert doch uns allen.«
Ulla Lund: »Die unbändigsten Dinge!«
Bent Karrebæk: »Das passierte den Deutschen, und warum soll es uns nicht auch passieren?«
Ulla Lund: »Das kann uns allen passieren!«[57]

Auch in einer norwegischen Gruppendiskussion – einem Freundeskreis mit christlichem Hintergrund und durchgängig akademischer Ausbildung, der sich in regelmäßigen Abständen zum gemeinsamen Essen und Diskutieren trifft – wird geäußert, dass man »genau die gleichen Grausamkeiten«, die es im Zweiten Weltkrieg gab, auch im »vorigen Bürgerkrieg« in Serbien und Bosnien wieder gesehen habe. Die gleichen »Massenschlachtereien, Massengräber, das war genau

der gleiche Völkermord, der wieder um Rasse und Religion ging. Das ist nichts anderes«, sagt Stein Bjørnson (Jahrgang 1943).[58]
Ausgehend von dem Foto mit dem Schriftzug »Palästina Kaller!« (Palästina ruft!) wird zunächst konstatiert, dass es in Norwegen vor dem Krieg im Zusammenhang mit dem Anwachsen der »Nasjonal Samling« zu einer »Judenhetze« gekommen sei. Anschließend folgt eine sehr lange Diskussion über den israelisch-palästinensischen Konflikt, länger und intensiver als in allen anderen Gruppendiskussionen. Dabei wird unter anderem formuliert, dass die jüdischen Mitbürger in Norwegen »nicht ordentlich geschützt« und deswegen viele »gefangen« wurden. Auch aus diesem Grund, so Margarete Kofoed, lag »die ganze Sympathie« nach dem Krieg »bei den Juden«, dies habe sich aber nach dem so genannten Sechstagekrieg deutlich verändert. Seitdem erlebe man sie als »sehr feindselig« und »sehr arrogant«, wie Roger Engen findet. Und Margarete Kofoed ergänzt, dass man sich fragt, »wie sie zu Tätern werden« können, nachdem sie »so viel erlebt« haben.[59]

Zeitzeugengeneration

Schwerpunkte und Atmosphäre

An den deutschen Gruppendiskussionen lässt sich eindrucksvoll ablesen, wie sich die öffentliche Erinnerungskultur in den letzten Jahren verändert hat und wie aufmerksam diese Veränderungen von den betagten Zeitzeugen registriert wurden. Die öffentlichen Debatten über Vertreibung und Bombenkrieg sowie über deutsche Opfererfahrungen während des Zweiten Weltkrieges scheinen das Selbstbewusstsein der ehemaligen Volksgenossen gestärkt zu haben. Auch die niederländische Gruppendiskussion wird von der Erinnerung an den Bombenkrieg, besonders an die Bombardierung von Rotterdam, bestimmt. Diese Diskussion fällt dadurch auf, dass sie zwischen Ironie und Trauer changiert, zwischen Hass und einem versöhnlichen Blick auf die Deutschen.
Die Einschätzungen in der dänischen und der norwegischen Grup-

pendiskussion zeichnen sich durch ein ungewöhnlich positives Deutschenbild aus, wobei die dänische Diskussion ganz im Zeichen aktueller Ereignisse steht. Die Interviewten artikulieren vor allem ihre Furcht vor Terror mit islamistischem Hintergrund und die mögliche Gefahr, die dabei von muslimischen Einwanderern ausgeht. Dies stellt für sie eine deutlich größere Bedrohung dar als die damalige Besatzung durch die Deutschen.

Dass die Vergangenheit verdrängt oder verschwiegen wurde und es gilt, sie zu erinnern und aufzuarbeiten, ist hauptsächlich in den deutschen Gruppendiskussionen ein Thema. Zwar ist auch in den Gesprächen in den anderen Ländern die Rede von Tabus und von der Entideologisierung und Entmythologisierung der Erinnerung an den Zweiten Weltkrieg, doch nirgendwo ist dieser Diskurs über die Erinnerung derartig mit psychoanalytischem Vokabular durchsetzt wie in Deutschland. Dabei werden Alltagstheorien der Vergangenheitsbewältigung in den einzelnen Generationen mit ganz unterschiedlicher Intention in Anspruch genommen.

In der westdeutschen Zeitzeugengeneration kommt es zu einem exemplarischen Dialog, nachdem eine Gesprächsteilnehmerin die Frage aufgeworfen hat, wie die Zeit von Nationalsozialismus und Zweitem Weltkrieg wohl vergegenwärtigt werden wird, wenn die Zeitzeugen gestorben sind.

Frau Machner: »Und ich denke, es wird heute doch noch mehr behandelt, als gleich kurz nach'm Krieg. Da wurde es noch total totgeschwiegen.«
Herr Winter: »Ich bin sogar der Meinung, dass die heute heranwachsende Generation, unsere Enkelkinder, interessierter und wissbegieriger sind, als unsere eigenen Kinder waren.«
Frau Rosinke: »Da hast du recht.«
Frau Machner: »Ja, das meine ich.« [...]
Herr Winter: »Unser Enkel, der heute zwölf, zwölf Jahre alt ist, der fragt, und sagt, ›Opa, wie war das? Wat, wat war da passiert? Was is da los?‹ Äh wir sind mal beide ganz, ganz happy, wenn dann das aufn Tisch kommt, so dass man mal erzählen kann darüber.«
Frau Rosinke: »Das kann ich auch nur bestätigen. Die Kinder nicht, die anderen Kinder [Enkelkinder] ja. Die fragen und /«
Herr Winter: »Ganz unbefangen, ja die Kinder/«
Frau Rosinke: »Eben.«[60]

Dieses Beispiel zeigt, wie unhinterfragt heute davon ausgegangen wird, dass die Vergangenheit »totgeschwiegen« wurde.[61] In diesem Fall wird die Kindergeneration dafür verantwortlich gemacht, dass bestimmte Aspekte der deutschen Vergangenheit nicht thematisiert werden konnten bzw. können. Aus dieser Perspektive sind dies einerseits die Leiden der Deutschen – hier sehen sich die betagten Zeitzeugen besonders durch die »Bombenkriegsdebatte« bestätigt, die zum Interviewzeitpunkt die Medien beschäftigte, und der zum Teil ebenfalls der Tenor innewohnte, man habe die deutsche Opferschaft über Jahrzehnte tabuisiert.[62] Zum anderen sehen die Älteren die eigenen »guten Erinnerungen« an die NS-Zeit aus dem gegenwärtigen Geschichtsbild ausgeklammert.

Die Familiengeschichte: Zwischen Viktimisierung, Unwissenheit und Heroisierung

Im Gespräch mit den niederländischen Zeitzeugen bleibt es vielfach bei recht knappen Andeutungen von komplexen Geschichten. Die Bilder mit den Flüchtenden (Abb. 3) und den Stukas (Abb. 4, siehe Bildteil S. 219–228) werden mit der Bombardierung von Rotterdam assoziiert und rufen Erinnerungen wach. Auf seine persönlichen Erlebnisse in Rotterdam angesprochen, erzählt der 1911 geborene Zeitzeuge Wim Vuren, dass er nicht aufhören kann »zu hassen«, u. a. weil das Krankenhaus, in dem seine schwangere Frau lag, von der Deutschen Luftwaffe bombardiert wurde. Auch deutet er an, dass sein Schwiegervater von den Deutschen gefangengenommen, in Scheveningen eingesperrt und »fürchterlich behandelt« wurde, obwohl er »gar nichts getan« hatte.[63]

Das »Stuka«-Foto (Abb. 4) ruft Erinnerungen an die Bombardierung der Region Ypenburg hervor, in der einige Teilnehmerinnen und Teilnehmer damals lebten, aber auch an die Befreiung, da in der Nähe in Mierlo ein kleiner Flughafen lag, auf dem dann die Flugzeuge der Alliierten landeten und starteten und Lebensmittel brachten bzw. abwarfen.[64] Insgesamt weckt das Foto mit den Flugzeugen bei den Beteiligten viele Assoziationen und es wird recht mühelos in den niederländischen (Rotterdam) und darüber hinaus in den lokalen

(Mierlo) Kontext eingefügt. Dies unterstreicht den Zugang, den die holländischen Interviewten im Gegensatz zu den anderen Gruppen dieser Generation haben: Sie wollen nur Dinge erzählen, die sie genau wissen, und die Bilder nicht interpretieren oder über Zusammenhänge spekulieren. »Wissen« hat für sie ganz offensichtlich einen größeren Stellenwert als »Interpretation«, und sie fühlen sich in erster Linie ihrer Zeitzeugenschaft verpflichtet. Dies wird etwas später deutlich, als der Interviewer fragt: »Aber warum sagen die Fotos Ihnen nicht so viel?« und Anna Koren (Jg. 1923) antwortet: »Weil ich da kein Wissen/ Erinnerung dran habe, überhaupt nicht, an kein einziges.«[65] Durch das Foto, das niederländische Faschisten der NSB zeigt, entspinnt sich eine kurze Diskussion über die Kollaboration. Anna Koren bezeichnete die »NSBer« als »Schmierlappen«, Wim Vuren betont, dass diese »gezwungen« wurden, »Heil Hitler zu rufen«.[66] Angesprochen auf die Judenverfolgung reagieren die niederländischen Zeitzeugen ähnlich wie die deutschen: Anna Koren ist der Meinung, man hörte das »erst alles nach dem Krieg«, und Trees Bergen ergänzt, sie denke, in Mierlo hätte es gar keine Juden gegeben. Koosje Vuren-Kok wiederum hat »Fotos gesehen«, auf denen »die Juden abgeführt wurden«. Frau Bergen erzählt von der Unterstützung ihrer Familie für (nichtjüdische) Untertaucher.[67]
Das deutsche Gruppengespräch mit den Zeitzeugen zeichnet sich vor allem durch die überwiegend positive Rückbesinnung auf die Zeit des Nationalsozialismus aus und fügt sich damit auch acht Jahre nach unserer ersten Studie nahtlos in das damals herausgearbeitete Bild ein.[68] Auch in den damals geführten Gruppengesprächen wurden häufig die positiven Erfahrungen z. B. in der Hitlerjugend und im BDM und das damit verbundene »Gemeinschaftsgefühl« betont, bei gleichzeitiger Beteuerung, dass man von Judenverfolgung und Holocaust nichts gewusst habe – um dies meist im gleichen Atemzug durch Augenzeugenschilderungen zu widerlegen.
In der aktuellen Studie finden wir z. B. Aussagen wie die von Erich Daum (Jg. 1924), wonach er »als Soldat überhaupt gar nichts davon wusste«, dass Konzentrationslager »existieren«, mit der Begründung, dass er »dauernd draußen im Einsatz im Osten« war, und es komme

ihm »etwas spanisch vor«, dass die Interviewerin nun »solche Bilder zeige«.[69]

Gegenwartsvergleiche und Akteure

Auch wenn es vereinzelt Beispiele für das brutale Verhalten der deutschen Besatzungssoldaten gibt, überwiegt in der norwegischen Gruppendiskussion der Zeitzeugen ein überraschend positives Bild der deutschen Besatzungsmacht. Tine Tei, geboren 1929, antwortet beispielsweise auf die Frage, was sie ihren Kindern erzählt hat, dass diese »sehr früh über den Krieg zu hören« bekamen und es ihr und ihrem Mann sehr wichtig war zu betonen, dass sie »niemals Angst vor den Deutschen hatten«. Sie konnten damals »tagsüber rausgehen (...), ohne von irgendwem in irgendeiner Weise belästigt oder eingeschüchtert zu werden. (...) Und alleine das: Zehn- bis Zwölfjährige abends herumzuschicken, man hatte zwar feste Zeiten, nach Hause zu kommen, aber ich denke nicht, dass ich mich das mit meinen Kindern getraut hätte ... heutzutage.«[70]

Darüber hinaus wird der Respekt für die deutsche Besatzungsmacht und ihre Disziplin nicht nur betont, sondern sogar über die heutige Situation in Norwegen und über das damalige Verhalten der US-Soldaten gestellt, die sich nicht so diszipliniert verhalten hätten: Man fühlte sich sicher, wenn man abends nach Hause ging, und die Frauen wurden nicht belästigt. Lars Hole (Jg. 1912) erzählt zwar auch, dass seine Frau einen deutschen Soldaten dabei beobachtete, wie er »auf dem Kopf eines norwegischen Soldaten herumtrampelte, der schon fast tot war«[71], aber der positive Gesamteindruck der deutschen Besatzung wird sogleich von Ole Olsen bestärkt: »Besetzt zu sein, ist zwar nicht so schön, aber sie benahmen sich auf jeden Fall diszipliniert.«[72]

Bei den Gegenwartsvergleichen im dänischen Gespräch mit der Gruppe der Zeitzeugen fällt besonders auf, dass historische Ereignisse wie der Krieg zumeist passiv und ohne Subjekt dargestellt werden (»Das überrumpelt einen einfach, wenn es kommt«). Demgegenüber werden muslimische Migranten als aktive Bedrohung wahrgenommen, die das frühere Feindbild der »Nazis« verblassen lassen:

Dagny Nielsen: »Ja, beim Irak, da sind wir ja mit in den Krieg geraten.«
Rigmor Humlum: »Es kann gut ein 11. September für uns kommen.« (*Anna J.:* »Ja.«)
Dagny Nielsen: »Und die bedrohen uns, die Muslime in den anderen Ländern, die bedrohen uns doch auch.«
Anna Johansen: »Ja, und die meinen es ernst, das kann ich Dir wohl sagen.«
Dagny Nielsen: »Ja, das tun die.«
Interviewerin: »Erlebt ihr, wenn ihr sagt, dass die Muslime das Land bedrohen, ist das dann genau so eine Bedrohung wie der Nazismus eine Bedrohung war?« (*Dagny N.:* »Ja!«)
Anna Johansen: »Irgendwie vielleicht fast schlimmer, denke ich. Also, all so was, was die mit Religion haben, das ist ja scheißgefährlich, wenn man das so sagen darf [lacht].«
Dagny Nielsen: »Es ist ja schwer mit dem, was wir jeden Tag hören /«
Henning Østerberg: »Wir waren doch nicht bedroht von den Nazis, die standen doch einfach ganz plötzlich hier.«[73]

Dass Muslime hier als stärkere Bedrohung wahrgenommen werden, mag zunächst erstaunen. Es passt allerdings zu dem positiven Deutschenbild, das im Kapitel über die dänischen Familienerinnerungen herausgearbeitet wurde; und es bestätigt die immense Bedeutung, die die Auswirkungen von »9/11« und Irakkrieg gegenwärtig auf das Geschichtsbewusstsein bekommen. Daniel Levy und Natan Sznaider haben die Verwandlung der Holocausterinnerung in einen universalen »Container« beschrieben: Der Holocaust und damit auch der Zweite Weltkrieg werden zu einer Lektion der Geschichte, anhand derer sich grundsätzliche Fragen nach »gut und böse« in einer Zeit der Ungewissheit beantworten lassen.[74] Auf der Ebene öffentlicher Erinnerungskultur und offizieller Geschichtspolitik lässt sich dieser Vorgang gut nachvollziehen. In Dänemark wurde das eigene Engagement für den Irak-Krieg auch als Lehre aus der Besatzungszeit gerechtfertigt. In kritischer Absetzung von der »Zusammenarbeitspolitik« wollte man nun nicht mehr wie im Zweiten Weltkrieg andere für sich kämpfen lassen.[75]
Zu jener Zeit, als die Gruppendiskussionen durchgeführt wurden, hatten insbesondere die Terroranschläge in Madrid eine neue Dimension der Gefährdung (für die am Krieg beteiligten Parteien und damit auch

für Dänemark) aufgezeigt. Diese nunmehr als alltäglich und unsichtbar empfundene Bedrohung schwächt die Orientierungsfunktion des Holocaust offenbar ab. Bezogen auf die dänische Vergangenheit bedeutet dies, dass diese (im Sinne von Levy und Sznaider) sehr wohl als eine unheroische vergegenwärtigt wird. Anders als in offiziellen politischen Verlautbarungen wird dieses unheroische Verhalten heute allerdings (generationenübergreifend) als nationale politische Klugheit apostrophiert.

Fazit

In Bezug auf das Verhältnis von Familiengedächtnis und öffentlicher Erinnerungskultur hat unser Kapitel gezeigt, dass nicht nur in Deutschland, sondern auch in den anderen westeuropäischen Ländern ein Bedürfnis nach anständigen, vorbildlichen Vorfahren bei den Enkeln existiert. Allerdings – und das ist ein kaum zu unterschätzender qualitativer Unterschied – wird dieses Identitätsbedürfnis von den dänischen, norwegischen und niederländischen Enkelkindern in der Regel bewusster wahrgenommen und reflektiert. Dies drückt sich etwa darin aus, dass man ganz bewusst lieber von den »good guys« in der eigenen Familie spricht (wie im norwegischen Beispiel) oder die Geschichten »ausschmückt«, um sie wirkungsvoller zu machen (wie im niederländischen Fall).

Der Bezugsrahmen besteht dabei in einer entheroisierten Version der eigenen nationalen Vergangenheit. Unabhängig davon, wie ausgeprägt das eigene Geschichtswissen auch ist, weiß man, dass es in der Besatzungsgeschichte des eigenen Landes auch Leerstellen und dunkle Flecken gab. Das heißt allerdings nicht, dass die damalige Haltung von Regierung und Gesellschaft verworfen würde. Das Gegenteil ist viel eher der Fall: Generationenübergreifend wird die Geschichte des Zweiten Weltkriegs vor dem Hintergrund gegenwärtiger politischer, genozidaler und terroristischer Prozesse neu ausgeleuchtet. Und in dieser Hinsicht kann eben – wie im dänischen Beispiel – die damalige Haltung zwar durchaus Kritik erfahren, im Großen und Ganzen heute jedoch als die in Anbetracht der Umstände günstigste Handlungsoption erscheinen.

Darüber hinaus wird beispielsweise anhand der dänischen Kindergeneration deutlich, wie schnell die kritische Neubewertung (aufgrund von Kollaboration oder »falschen« Freiheitskämpfern) in eine überzeichnete Universalismus-Theorie münden kann: Letztlich kann niemand ein moralisches Urteil über Deutsche, Nazis oder Kollaborateure fällen, da es eben »allen« und »überall passieren« kann.

In Hinblick auf die Gegenwartsbezogenheit des Geschichtsbewusstseins sind die Beispiele der ostdeutschen und der Studenten mit jugoslawischem Migrationshintergrund anders gelagert. Hier haben die Ereignisse im Gefolge des Umbruchs in Osteuropa (»Wende« und Wiedervereinigung bzw. die postjugoslawischen Nachfolgekriege) die Sicht auf den Zweiten Weltkrieg grundlegend verändert. In Ostdeutschland führt dies zu einer empathischeren Annäherung an diese Zeit, bei den Studenten mit Migrationshintergrund lassen die Schrecken der jüngsten Kriege die Erinnerung an den Zweiten Weltkrieg blasser werden.

Dass es nicht allein konkrete historische Ereignisse sind, die den Blick auf den Zweiten Weltkrieg verändern können, zeigt das Beispiel der westdeutschen Zeitzeugen. Hier schlägt sich der Medien-Diskurs über die deutsche Opferschaft deutlich nieder.

Viele Überschneidungen zeigen sich in den einzelnen Ländern in Hinblick auf das Bild »der Deutschen« und »der Juden«. Während der Blick auf die ehemaligen Täter (in den westeuropäischen Ländern) in der Regel sehr wohlwollend und versöhnlich ausfällt, ist das Bild »vom Juden« vielfach von altem und neuem Antisemitismus geprägt.

Anmerkungen

1 Die Alterskohorten wurden für alle Länder identisch auf vier Gruppen verteilt: die Jahrgänge 1987–1975, 1974–1958, 1957–1934 sowie die vor 1933 Geborenen (bzw. diejenigen, die zu Kriegsbeginn mindestens sechs Jahre alt waren). Gruppendiskussionen wurden für alle Alterskohorten in West- und Ostdeutschland, in Serbien, Kroatien, Norwegen, Dänemark, den Niederlanden und der Schweiz veran-

staltet. Darüber hinaus wurde eine Gruppendiskussion mit Studierenden mit gemischt ethnischem Hintergrund in Berlin durchgeführt. Das vorliegende Kapitel bezieht die Gruppendiskussionen aus Serbien, Kroatien und der Schweiz nicht mit in die Analyse ein. Siehe hierzu die entsprechenden Länderbeiträge in diesem Band.

2 Genauere Angaben zur Stichprobe sowie zum methodischen Vorgehen finden sich im Kapitel von Olaf Jensen. Die der Diskussion zu Grunde gelegten Fotos sind auf S. 219–228 abgedruckt.

3 Vgl. Hamburger Institut für Sozialforschung (Hg.), Verbrechen der Wehrmacht. Dimensionen des Vernichtungskrieges 1941–1944 (Ausstellungskatalog), Hamburg 2002 (Bild: S. 241 »Massengrab«; S. 253 »Abgemagerter Häftling«); Der Krieg gegen die Sowjetunion 1941–1945. Eine Dokumentation zum 50. Jahrestag des Überfalls auf die Sowjetunion, Berlin 1991, S. 255 (Abb. 247) »Bevölkerung auf der Flucht«.

4 Dank gebührt hier den jeweiligen Länderbeauftragten (Nicole Burgermeister, Claudia Lenz, Isabella Matauschek, Natalija Bašić und Hans Marks), die auch an der Auswertung des hier vorgestellten Materials mitgewirkt haben. In diesem Zusammenhang möchten wir uns noch einmal ausdrücklich bei Lars Breuer, Helle Bjerg und Karen Steller-Bjerregard für die zum Teil sehr ausführlichen Gedächtnisprotokolle und Hinweise bedanken, die sie bei der Erhebung, Transkription und Übersetzung der dänischen Interviews angefertigt haben.

5 Vgl. zum Begriff des Rahmens Maurice Halbwachs, Das Gedächtnis und seine sozialen Bedingungen, Frankfurt am Main 1985 (zuerst 1925); Erving Goffman, Rahmenanalyse, Frankfurt/M. 1979.

6 Vgl. hierzu auch Peter Loos, Burkhard Schäffer, Das Gruppendiskussionsverfahren, Opladen 2001; Ralf Bohnsack, Gruppendiskussionen, in: U. Flick, E. v. Kardorff, I. Steinke (Hg.), Qualitative Forschung. Ein Handbuch, Reinbek bei Hamburg 2000, S. 369–384.

7 GD DO I, 5–9.

8 Ebd., 120–128.

9 Ausführlicher hierzu: Sabine Moller, Vielfache Vergangenheit. Öffentliche Erinnerungskulturen und Familienerinnerungen an die NS-Zeit in Ostdeutschland, Tübingen 2003; Nina Leonhard, Politik- und Geschichtsbewusstsein im Wandel. Die politische Bedeutung der nationalsozialistischen Vergangenheit im Verlauf von drei Generationen in Ost- und Westdeutschland, Münster 2002.

10 GD gem. Gruppe, 26.

11 Cornelia Brink, Ikonen der Vernichtung. Öffentlicher Gebrauch von Fotografien aus nationalsozialistischen Konzentrationslagern nach 1945, Berlin 1998.

12 Hanno Loewy schreibt hierzu: »Wenn heute Fotografen irgendwo in der Welt Gefangene ins Bild setzen, dann haben sie diesen Zaun [das heißt den Zaun von Auschwitz] im Kopf, dann sorgen sie dafür, dass man diesen Zaun hier auf ihren Bildern ahnt.« Hanno Loewy, Das Tor. Der Zaun. Der Ofen. Das Tor... Die Bilder, in: K. Dethlefsen/T. B. Hebler, Bilder im Kopf. Auschwitz – einen Ort sehen, Berlin 1997, S. 13. Dies gilt nicht zuletzt für die Kriege im ehemaligen Jugoslawien. Vgl. Roy Gutman, Augenzeuge des Völkermords. Reportagen aus Bosnien, Göttingen 1994. Grundlegend: Barbie Zelizer, Remembering to forget. Holocaust Memory through the camera's eye, Chicago, London 1998.

13 Vgl. auch Viola B. Georgi, Entliehene Erinnerung. Geschichtsbilder junger Migranten in Deutschland, Hamburg 2003.

14 GD gem. Gruppe, 288–289.

15 GD DW I, 4–7.
16 Vgl. Olaf Jensen, Geschichte machen. Strukturmerkmale des intergenerationellen Sprechens über die NS-Vergangenheit in deutschen Familien, Tübingen 2004.
17 GD NL II, 15–24.
18 Ebd., 612–802.
19 GD NL II, 143–146.
20 Ebd., 243–245.
21 Vgl. Monika Flacke (Hg.), Mythen der Nationen. 1945 – Arena der Erinnerungen (2 Bände), Berlin 2004.
22 GD DK I, 436–443.
23 Vgl. Matauschek und Breuer in diesem Band; GD DK I, 566.
24 GD N II, 142–144.
25 Vgl. Claudia Lenz/Sabine Moller, Die Gegenwart in der Vergangenheit: Gruppendiskussionen über den Zweiten Weltkrieg und den Holocaust in (Ost-)Deutschland und Norwegen, in: Psychologie & Gesellschaftskritik, (30) (2006), S. 57–81.
26 GD N II, 146–147.
27 DW GD II, 160–161.
28 Als Zusammenhang von Vergangenheitsdeutung, Gegenwartserfahrung und Zukunftserwartung, so die klassische Definition von Karl-Ernst Jeismann. Vgl. ders. Geschichtsbewusstsein – Theorie, in: K. Bergmann u. a. (Hg.), Handbuch der Geschichtsdidaktik, Seelze-Velber 1997, S. 42–44.
29 Diese Auswertung stützt sich auf eine quantitative und eine qualitative Inhaltsanalyse mit Hilfe von MAXqda. Dabei ergab sich, dass die Gruppendiskussionen mit den häufigsten Nennungen der entsprechenden Suchbegriffe (Israel, Palästina etc.) auch die höchste thematische Dichte aufwiesen – was nicht zwangsläufig so sein muss, weil Gegenwartsvergleiche nicht selten an mehreren Stellen der Interviews als Querverweise oder Chiffren auftauchen, die nicht weiter vertieft werden. Signifikante Beispiele stellen wir für die Kinder- und Zeitzeugengeneration weiter unten dar.
30 GD gem. Gruppe, 54.
31 NL GD I, 147.
32 DK GD I, 81.
33 NL GD I, 562.
34 Harald Welzer, Verweilen beim Grauen. Zum wissenschaftlichen Umgang mit dem Holocaust, Tübingen 1996, S. 46.
35 DK GD I, 22.
36 GD DK I, 210.
37 Vgl. hierzu insbesondere das Kapitel von Nicole Burgermeister in diesem Band. Zu der Herkunft der kulturellen Stereotype vgl. Wolfgang Benz, Bilder vom Juden. Studien zum alltäglichen Antisemitismus, München 2001.
38 GD DO III, 3–11.
39 Originaltitel: *The Wave*, USA 1981. Der Film handelt von einem Lehrer, der versucht, seinen Schülern zu zeigen, wie einfach es ist, Menschen zu disziplinieren und zu manipulieren, wie es im Nationalsozialismus der Fall war. Das Experiment mit den Schülern gerät beinahe außer Kontrolle.
40 GD DW III, 81–84.
41 GD NL III, 120.
42 Ebd., 77.
43 GD NL III, 626–675.

44 Vgl. Therkel Stræde, Die schwierige Erinnerung an Kollaboration und Widerstand, in: M. Flacke, Mythen der Nationen [wie Anm. 21], S. 127 ff.
45 GD DK III, 162.
46 Vgl. Jensen, Geschichte machen [wie Anm 16]
47 Fritz Clausen (1893–1945), Führer der dänischen Nazibewegung.
48 GD DK III, 266–270.
49 GD NL III, 1152–1163.
50 Vgl. Jensen, Geschichte machen [wie Anm. 16], S. 288 f., 292 f.; Welzer et al., »Opa war kein Nazi« Nationalsozialismus und Holocaust im Familiengedächtnis, Frankfurt am Main, 2002, S. 47 f.; vgl. auch Harry Walter, Eins zu eins. Ein Fotoalbum zum Wiederaufbau Deutschlands, in: H. Welzer (Hg.), Das Gedächtnis der Bilder. Ästhetik und Nationalsozialismus, Tübingen 1995, S. 115–163.
51 Vgl. Ellen Tops, Lebendige Vergangenheit, in: M. Flacke, Mythen der Nationen [wie Anm. 21], S. 438 ff.
52 Vgl. hierzu Welzer et al., Opa [wie Anm. 50], S. 61 ff.; 32 ff.
53 Vgl. Matauschek und Breuer in diesem Band.
54 GD DK III, 284.
55 DK III, 205–215.
56 Vgl. zur nationalen Grunderzählung in Dänemark, in der der Holocaust und die Judenrettung kaum eine Rolle spielt, Stræde, Schwierige Erinnerung [wie Anm. 44], S. 138 ff.
57 GD DK III, 202–215.
58 GD N III, 41–42.
59 GD N III, 79–86.
60 GD DW IV, 437–447.
61 Vgl. zum Nachkriegsdiskurs im Deutschland der 1950er Jahre, der sich vor allem mit der eigenen Opferschaft beschäftigte, Robert G. Moeller, War Stories. The Search for a Usable Past in the Federal Republic of Germany, Berkeley u. a. 2001.
62 Vgl. Norbert Frei, 1945 und wir. Das Dritte Reich im Bewusstsein der Deutschen, München 2005.
63 GD NL IV, 61–88.
64 Ebd., 208–290.
65 Ebd., 520.
66 Ebd., 453–504.
67 Ebd., 694–699.
68 Vgl. Harald Welzer et al., »Was wir für böse Menschen sind«, Tübingen 1997.
69 GD DW IV, 94–99.
70 GD N IV, 48–53.
71 *Lars Hole:* »Ein deutscher Soldat, der wirklich auf dem Kopf eines norwegischen Soldaten herumtrampelte, der also schon fast tot war. Und das hinterließ einen gewaltigen Eindruck. Sie [seine Frau], obwohl sie schon eine Krankenschwester war und schon ein bisschen von dem gesehen hatte. Sie hatte später jahrelang Probleme.« [GD N IV, 63].
72 GD N IV, 65.
73 GD DK IV, 476–490.
74 Daniel Levy/Natan Sznaider. Erinnerung im globalen Zeitalter. Der Holocaust, Frankfurt/M 2001.
75 Vgl. das Kapitel von Matauschek und Breuer in diesem Band.

Olaf Jensen

Zur Methode der vergleichenden Tradierungsforschung

In dieser Studie ging es darum, die Weitergabe von Vergangenheitsvorstellungen im Gespräch zwischen den Generationen in sieben europäischen Ländern zu untersuchen. Bei diesen Ländern handelt es sich um Deutschland, Dänemark, die Niederlande, Norwegen, Serbien, Kroatien und die Schweiz. Es ging besonders um die Frage, welche Gegenwartswirksamkeit Bilder und Vorstellungen von der nationalsozialistischen Expansion und vom Zweiten Weltkrieg haben, die in Erinnerungsgemeinschaften wie der Familie tradiert werden, und in welchem Verhältnis diese zum kognitiven Geschichtswissen stehen, wie es etwa in der Schule vermittelt wird.

Das Forschungsdesign der vorliegenden Studie »Vergleichende Tradierungsforschung« ist weitgehend identisch mit dem methodischen Vorgehen, das der deutschen Studie zur »Tradierung von Geschichtsbewusstsein« zugrunde lag, die 2002 unter dem Titel »Opa war kein Nazi« – Nationalsozialismus und Holocaust im Familiengedächtnis veröffentlicht wurde. Die Befunde dieser Studie, allen voran das Phänomen der »kumulativen Heroisierung« und die Feststellung einer tiefen Lücke zwischen offiziellem und privatem Gedächtnis, lieferten die Impulse für die Durchführung einer europäischen Vergleichsstudie. Im Mittelpunkt der Tradierungsforschung steht der Ansatz, Angehörige verschiedener Generationen einer Familie einzeln und gemeinsam zu interviewen und anschließend die verschrifteten Interviews daraufhin zu analysieren, wie Erzählungen, Geschichten, Anekdoten oder auch nur Versatzstücke von erlebter oder überlieferter Geschichte kommuniziert und weitergegeben werden. Die Familiengespräche liefern dabei Einblicke in die Gesprächsdynamik innerhalb der Familie, und es lässt sich direkt verfolgen, wie Geschichten im Gespräch verfertigt werden. Um eine Vergleichsmöglichkeit zu außerfamilialen Vergangenheitsdiskursen herstellen zu können, wurden in dieser Studie zusätzlich Gruppendiskussionen mit vier verschiedenen Alterskohorten aus der Zeitzeugen-, Kinder- und Enkelgeneration der beteiligten Länder durchgeführt.

Die theoretischen Grundlagen dieser Form der Tradierungsforschung sind damit bereits angedeutet. Bei der Analyse der Interviewtranskripte geht es weniger um die Ursachen, *warum* die Interviewten Geschichten in einer gewissen Weise erzählen oder nicht erzählen, als vielmehr darum, den *Prozess* aufzuzeigen und zu beschreiben, in dem sich das soziale Handeln des Sprechens über die Vergangenheit abspielt, wie die Beteiligten das Gehörte interpretieren, übernehmen, ablehnen, verändern, Leerstellen auffüllen und Quellen kombinieren etc.[1]

Dieser Ansatz beinhaltet aber auch, dass die Interviewerinnen und Interviewer grundsätzlich Akteure in einem sozialen Raum sind, der durch ihre Anwesenheit mitkonstituiert wird und der gleichzeitig auch ihr eigenes Verhalten beeinflusst.[2] Deshalb sind auch die Äußerungen der Interviewerinnen und Interviewer Gegenstand der Analyse.

Datenerhebung und Verschriftung

Das Projekt lässt sich schematisch darstellen, siehe folgende Seite.

Aus der Grafik geht hervor, dass das in West- und Ostdeutschland durchgeführte und bereits abgeschlossene Forschungsprojekt zur »Tradierung von Geschichtsbewusstsein« den theoretischen und methodologischen Ausgangspunkt der »Vergleichenden Tradierungsforschung« bildet. Für das vorliegende Projekt wurden also nicht erneut Familien in Deutschland interviewt, sondern lediglich acht ergänzende Gruppendiskussionen mit den vier Alterskohorten durchgeführt, wie sie auch in den anderen europäischen Ländern erhoben wurden. Die Schweiz kam erst zu einem recht späten Zeitpunkt zum Projekt hinzu, weshalb bislang lediglich Gruppendiskussionen durch-

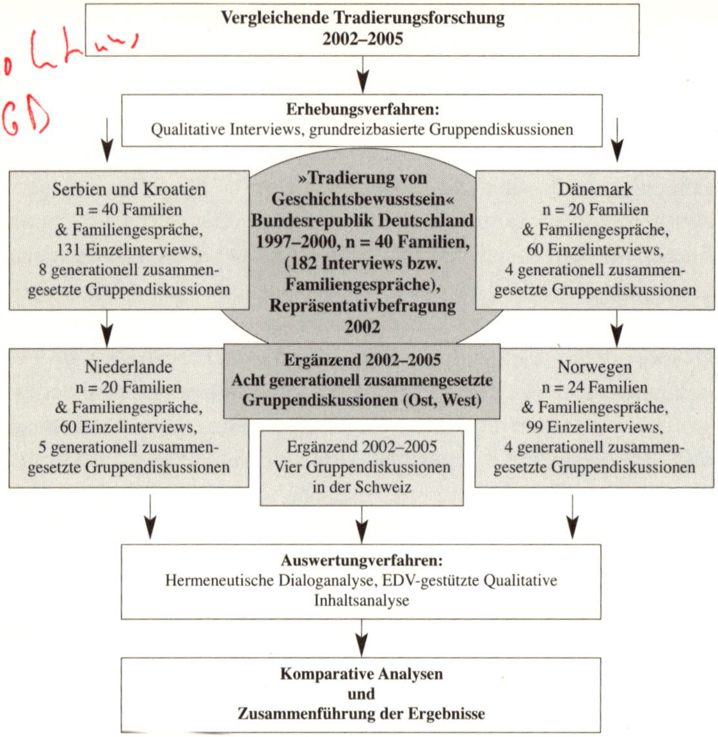

Projektkonstellation

geführt werden konnten. Entsprechend sind also in Serbien, Kroatien, den Niederlanden, Dänemark und Norwegen zwischen 2002 und 2005 Interviews mit jeweils 20 Familien und zusätzlich mindestens vier Gruppendiskussionen mit generationell zusammengesetzten Gruppen durchgeführt worden, um sie untereinander und mit den Ergebnissen der deutschen Studie zu vergleichen.[3]

Die Rekrutierung der Familien und der Teilnehmerinnen und Teilnehmer der Gruppendiskussionen fand nach dem »Schneeball«-Verfahren statt, d. h. die Probanden wurden durch die Weitergabe von Informationen über das Projekt und einer entsprechenden Interviewanfrage für eine Teilnahme gewonnen. Voraussetzung für den Einbe-

zug in die Familienstichprobe (Tab. 1) war, dass mindestens ein Zeitzeuge des Zweiten Weltkriegs bzw. der nationalsozialistischen Expansion und je eine Angehörige/ein Angehöriger der Kinder- bzw. Enkelgeneration zum Gespräch bereit war. Die Rekrutierung der Probanden für die Gruppendiskussionen erfolgte analog.[4]
Dieses Verfahren führt zwar zwangsläufig zu selektiven Stichproben, allerdings in geringerem Ausmaß, als das etwa bei einer Selbstrekrutierung von Probanden über Zeitungsinserate oder ähnlichem der Fall gewesen wäre. Familienstichproben können nicht nach den gängigen Schichtkriterien etc. zusammengesetzt werden, weil die Bildungsstände, die Wohnorte, die Geschlechterverteilung usw. über die Generationen hinweg variieren. Es hat sich aber bereits in vorangegangenen Projekten gezeigt, dass sich selbst in einer nach Bildungsstand und Geschichtsinteresse positiv verzerrten Stichprobe Vergangenheitsbilder und Heroisierungseffekte identifizieren lassen, die man angesichts des überrepräsentierten höheren Bildungsniveaus und Geschichtsbewusstseins der befragten Familien gerade nicht erwartet hätte. Daraus hatte sich ein zentraler Befund des Projekts ergeben: die Differenz von kognitivem Geschichtswissen und emotionaler Geschichtsgewissheit.

Tabelle 1: Teilstichproben

Interviewte/ Länder	**Familien**	**Angehörige Weltkriegsgeneration Jg. vor 1933**		**Angehörige Kindergeneration Jg. 1934 bis 1957**		**Angehörige Enkelgeneration Jg. 1958 bis 1975**		**Familiengespräche**	**Gruppendiskussionen (4 Koh., siehe Tab. 2)**
		M	W	M	W	M	W		
Dänemark	20	12	8	11	9	10	10	20	4
Niederlande	20	9	12	9	11	10	11	20	5
Norwegen	24	14	11	15	10	11	14	24	4
Serbien	20	14	9	14	8	14	10	20	4
Kroatien	20	6	15	10	11	15	5	20	4
Deutschland[5]	–	–		–		–		–	4 (west) 4 (ost) 1 (3. Ethnie)
Schweiz[6]	–	–	–	–	–	–	–	–	4
Gesamt	104	55	55	59	49	60	50	104	34

Tabelle 2: Gruppendiskussionen

	Land/ Kohorte	Jahrgang vor 1933 (ZZ) (EII)	Jahrgang 1934–1957 (Nach-) Kriegs-generation (KG)	Jahrgang 1958–1974 Enkel I	Jahrgang nach 1975 (EI)	Gesamt
1	Westdeutschland	1	1	1	1	4
	Ostdeutschland	1	1	1	1	4
	»3. Ethnie«	-	-	-	1	1
2	Serbien	1	1	1	1	4
3	Kroatien	1	1	1	1	4
4	Niederlande	1	1	1	1	4
5	Norwegen	1	1	1	1	4
6	Dänemark	1	1	1	1	4
7	Schweiz	1	1	1	2	5
	Gesamt	8	8	8	10	34

Um generationsspezifischen Wahrnehmungen und Deutungen verstärkt Rechnung zu tragen, haben wir zusätzlich in jedem Land Gruppendiskussionen mit je vier nach Alterskohorten zusammengesetzten Gruppen durchgeführt (Tab. 2). Hier ist im Unterschied zum genealogisch angelegten Generationenmodell der Familienstichprobe ein Sample von mindestens vier Gruppendiskussionen je Land angelegt worden, das nach den Altersgruppen 16–25 (geboren nach 1975; vierte Generation/Enkel I), 26–35 (Jg. 1958–1974; dritte Generation/Enkel II), 46–65 (Jg. 1934–1957; zweite Generation/Kinder), über 65 (Jg. vor 1933; Zeitzeugen) differenziert ist und jeweils ca. 6–8 Teilnehmerinnen und Teilnehmer umfasst. Die Auswertung erfolgt analog der Familienstichprobe.

Bei der Durchführung der Interviews und Diskussionen wurde kein Leitfaden verwendet, was sich methodisch damit begründet, dass eine möglichst alltägliche Gesprächsatmosphäre erzielt werden sollte, die sich, wie andere soziale Situationen auch, durch wechselseitige Kommunikation auszeichnet.[7] Wir sind uns darüber im Klaren, dass die Interviewsituation für die Beteiligten keine alltägliche Situation darstellt. Durch die Offenheit der Interviewführung und den Verzicht auf einen starren Leitfaden kommen wir besonders in den Einzelinterviews Alltagssituationen recht nahe. Entsprechend betrachten wir diese Interviews auch eher als *Gespräche unter Forschungsbedingungen*. Diese werden durch allgemeine Fragen eingeleitet wie: »Gibt es prägnante Erlebnisse aus dem Zeitraum des Zweiten Weltkrieges, an die Sie sich noch besonders erinnern?« bzw. »Gibt es prägnante Geschichten aus der Zeit des Zweiten Weltkrieges, die Dir Eltern oder Großeltern erzählt haben?« Ergänzt werden diese Erzählaufforderungen durch einen impliziten Leitfaden mit Fragen nach bestimmten Themenkomplexen bzw. markanten historischen Daten, die länderspezifisch ausgewählt wurden.

Für Deutschland waren dies Fragen wie: »Wie haben Sie den 9. November 1938 (die Pogromnacht/»Reichskristallnacht«) erlebt?«, »Waren Sie bei Aufmärschen/Massenveranstaltungen dabei?«, »Wie haben Sie den Kriegsbeginn erlebt?«, etc. In den weiteren beteiligten Ländern waren das Fragen wie: »Wie haben Sie den deutschen Überfall (Datum) erlebt?«, »In welcher Form hatten Sie Begegnungen mit Wehrmachtssoldaten?«, »Wie lässt sich der Alltag in der Besatzungszeit beschreiben?«, »In wieweit hatten Sie Kontakte zu Anhängern der lokalen Nazi-Bewegung?«, »In wieweit hatte Sie Kontakte zum politischen Widerstand?«, »Was haben Sie von der Verhaftung und Deportation der jüdischen Bevölkerung gesehen oder gehört?«, »Wie haben Sie das Kriegsende erlebt?«, »Was halten Sie vom Umgang mit der Besatzungszeit in der eigenen Familie?« und einige mehr.

Ein demographischer Fragebogen, der jeweils am Ende des Gesprächs ausgefüllt wird, enthält Informationen über Alter, Geburtsort, Familienstand, Schulbildung, Beruf, Kinderzahl und Wohnort der Befragten. Daneben werden, soweit möglich, Mitgliedschaften in Partei- und Militär-Organisationen erfasst. Anhand eines Familienbogens sind Datum und Reihenfolge der Interviews, Pseudonyme der Interviewpartner, Name der Interviewerin bzw. des Interviewers und die genealogische Struktur der Familie dokumentiert.

Die Familiengespräche und Gruppendiskussionen orientieren sich an dem von Friedrich Pollock bereits 1955 entwickelten Verfahren.[8] Die Gruppendiskussion hat in unserer Untersuchung im Wesentlichen die

Funktion, den Prozess der »Aushandlung« von Erinnerung, Deutung und Bewertung der Vergangenheit zu erfassen. In Abgrenzung zum Verfahren von Pollock fällt in unseren Familien- und Gruppengesprächen die Rolle des »Diskussionsleiters« nicht zwangsläufig der Interviewerin bzw. dem Interviewer zu.[9] Je nach Gruppengefüge konnte diese Aufgabe auch anderen Teilnehmerinnen oder Teilnehmern des Gesprächs zukommen. Die Gruppendiskussionen wurden grundreizbasiert durchgeführt: jeweils zu Beginn wurden fünf Fotos aus dem Zusammenhang des »Dritten Reiches« und je ein länderspezifisches Foto dargeboten, und die Beteiligten wurden aufgefordert, ihre Assoziationen zu diesen Fotos zu artikulieren.[10] In der zweiten Phase dieser Diskussion wurden die Beteiligten nach Erinnerungen und Geschichten aus und über die eigene Familie gefragt.[11]

Die Durchführung der Interviews im Europäischen Ausland oblag *native speakers*, die Auswertung erfolgte in Zusammenarbeit der sprachkundigen Länderbeauftragten mit den Interviewern bzw. den lokalen Research-Partnern. Für die vergleichende Analyse der Gruppendiskussionen wurden Übersetzungen der Transkripte erstellt. Die Interviews wurden größtenteils mit handelsüblichen Audiokassetten bzw. MiniDisk aufgenommen und anschließend verschriftet. Die bei der Transkription verwendeten Verschriftungsregeln sind ein Kompromiss zwischen Genauigkeit und Lesbarkeit des Interviewmaterials. Sie dokumentieren sämtliche sprachlichen und wichtige nichtsprachliche Äußerungen (z. B. Gesten, Klopfen auf den Tisch etc.). Die Interviewtexte sind von Beginn an anonymisiert, Namen von Großstädten oder Namen von öffentlich bekannten Personen sind nicht verändert.

Auswertung

Die Datenerhebung und Analyse des empirischen Materials orientiert sich am Stil der Grounded Theory,[12] kombiniert mit hermeneutischen und inhaltsanalytischen Verfahren. Die Auswertungskategorien wurden induktiv mit dem Verfahren der hermeneutischen Dialoganalyse gewonnen[13] und anschließend der Qualitativen Inhaltsanalyse zugrunde gelegt, mit deren Hilfe der gesamte Datenbestand ausgewertet wurde. Nützliche Hilfe war hierbei die Computersoftware MAXqda, die den Codierprozess vereinfacht und darüber hinaus als umfangreiche Datenbank dient.[14]

Die Auswertung erfolgte in einem gestuften Verfahren, bei dem bereits während der Erhebung damit begonnen wurde, mit der hermeneutischen Dialoganalyse ausgewählte Familien und Gruppendiskussionen der einzelnen Länder Feinanalysen durch Interpretationsgruppen zu unterziehen.[15] Die Auswahl der Familien bzw. Gruppendiskussionen erfolgte nach dem Prinzip der »maximalen Unterschiede«,[16] zum Beispiel danach, ob in einer Familie sehr wenige, und in einer anderen sehr viele tradierte Geschichten vorkommen. Diese Einzelfallanalysen generierten induktiv die Auswertungsperspektiven und (vorläufigen) Kategorien für die inhaltsanalytische Auswertung der gesamten Stichprobe. Dies waren z. B. »Antisemitismus«, »Gegenwartsvergleiche«, »Universalisierung des Holocaust« und ähnliches.

Im Zuge der qualitativen Analyse der Gesprächstranskripte wird die Interaktion aller Beteiligten mit ihren wechselseitig antizipierten Erwartungen, ihren gegenseitigen Beobachtungen und formalen wie inhaltlichen Interaktionsnormen in den Blick genommen. Das verwendete Interpretationsverfahren der hermeneutischen Dialoganalyse lässt sich als eine pragmatische Weiterentwicklung der objektiven Hermeneutik[17] beschreiben, aber im Unterschied zum Oevermannschen Verfahren werden bei der hermeneutischen Dialoganalyse die Beiträge aller Gesprächspartner, wie auch der der Interviewerinnen und Interviewer, ausgewertet.[18] Das qualitative Interview stellt eine soziale Situation dar, die in wesentlichen Merkmalen – der Unmittelbarkeit und Wechselseitigkeit von Kommunikation – als Gespräch definiert werden kann.[19] Ähnlich wie in Alltagssituationen gibt es auch in der Forschungssituation ein implizites und explizites Wissen darüber, auf welche Art und Weise mit einem Thema umgegangen werden kann: was tabuisiert ist, was offen gefragt werden kann, welches Wissen geteilt wird und mit welchen Begriffen es sich bezeichnen lässt.

Unabhängig vom Inhalt ist eine Interviewsituation durch zwei Grundbedingungen gekennzeichnet: Erstens kann man »nicht *nicht* kommunizieren«,[20] zweitens spricht man so, wie man erwartet, dass der andere erwartet, dass man sprechen wird. Gesprächssituationen oder Interviews sind demnach einmalige, nicht wiederholbare Situationen der gemeinsamen Verfertigung von Narrativen. In dieser intersubjektiven Konstellation werden in einem strengen Sinn keine Daten »erhoben«, sondern von den Beteiligten gemeinsam generiert.[21]

Für den Themenkomplex Nationalsozialismus, Zweiter Weltkrieg, Besatzung, Widerstand, Kollaboration und Holocaust gilt dies in besonderer Weise: Zum einen, da kaum ein Thema in den vergangenen Jahrzehnten so intensiv beforscht und diskutiert wurde, zum anderen, da fast alle Familien bzw. einzelne Familienangehörige direkt oder indirekt von dem historischen Geschehenszusammenhang betroffen waren. Hier wird die soziale und intersubjektive Konstitution besonders der biographischen Erzählungen der Zeitzeugen des Nationalsozialismus deutlich, denn es ist ihnen weder möglich, unabhängig von gesellschaftlicher Bewertung und Entwicklung zu berichten, noch sind die Interviewer situativ in der Lage, nicht-normativ mit diesen Erzählungen umzugehen, da die Themen Schuld und Verstrickung auf der einen, Anklage und Verurteilung auf der anderen Seite als wechselseitig antizipierte Interaktionserwartungen immer schon präsent sind. In den Interviews reproduzieren sich also notwendig genau jene Gesprächsrestriktionen, Stereotype und Tabuisierungen, die die gesellschaftliche Kommunikation über den Nationalsozialismus allgemein prägen.[22]

Durch das Verfahren der induktiven Kategorienbildung werden Material und Ziel der Analyse eindeutig definiert (1. Schritt), die Analyseeinheiten (Einzel- oder Familiengespräch bzw. Gruppendiskussion, Beginn und Ende der Textteile u. a.) festgelegt (2. Schritt). Das offene, axiale und dialoganalytische Codieren[23] während der Materialdurcharbeitung findet in Form der Analyse der inhaltstragenden Textstellen und des Vergleichs mit vorhandenen Kategorien statt (Bildung von Unterkategorien, Festlegen von Definitionen und Ankerbeispielen; Vergleichen und Korrelieren vorhandener Kategorien; Herausfiltern der Kernkategorien) (3. Schritt). Darauf folgt die Revision des ursprünglichen Kategorienschemas durch Integration der Kategorien

bzw. Bildung von Unterkategorien auf dem angestrebten Abstraktionsniveau nach ca. 30 Prozent eines Materialdurchgangs (4. Schritt), danach der vollständige Materialdurchgang (5. Schritt), anschließend die Überarbeitung des generierten Kategoriensystems und die Rücküberprüfung am Ausgangsmaterial (6. Schritt) sowie die Interpretation der gesammelten Textsegmente (7. Schritt).[24]
Die Ergebnisse dieser induktiven Kategorienbildung führten in den jeweiligen Ländern zur Entwicklung von Kategoriensystemen und Codierschemata, die dann der EDV-gestützten inhaltsanalytischen Auswertung mit dem Programm MAXqda zugrunde gelegt wurden.[25] Dieses Verfahren erlaubt es, auch im Rahmen qualitativer Untersuchungsstrategien relativ große Stichproben zu bewältigen und zugleich das Material »seine eigene Sprache« sprechen zu lassen. Außerdem können die Nachteile der mangelnden intersubjektiven Überprüfbarkeit und der nicht nachgewiesenen Validität der Ergebnisse vermieden werden, die häufig bei qualitativen Studien zu verzeichnen sind, da hier Transparenz, Regelgeleitetheit und eine Auswertung des Materials auf unterschiedlichen Datenniveaus (extensive Interpretation, Inhaltsanalyse, numerische Auszählungen, deskriptive Statistik) sichergestellt sind.

Qualitative Inhaltsanalyse

Das hier gewählte inhaltsanalytische Verfahren lässt sich als eine Kombination aus dem der Grounded Theory[26] zugrunde liegenden induktiven, offenen Forschungsstil und einem an der Qualitativen Inhaltsanalyse nach Mayring[27] orientierten regelgeleiteten Vorgehen skizzieren. Der »analytic style«[28] der Grounded Theory ist hierbei für uns Ausgangspunkt der Datenerhebung und -analyse, die vielfach diskutierten operationellen Schwächen der Grounded Theory[29] werden dabei durch das regelgeleitete Vorgehen der Qualitativen Inhaltsanalyse von Mayring vermieden.
Zentrale Forderung von Glaser und Strauss ist, dass Theorie »gegenstandsnah« und somit fest in den erhobenen Daten verankert (»grounded«) sein soll. Dies ist u. a. dadurch zu gewährleisten, dass Erhebung und Analyse in einem sich ergänzenden wechselseitigen

Prozess stehen.[30] Ein theoretisches Konzept sollte nach Glaser und Strauss mit klar erkennbaren Kategorien und Hypothesen arbeiten, die »von den untersuchten Daten nahegelegt werden und zwanglos auf sie anwendbar sein müssen«.[31] Hauptinstrument dieses Prozesses ist die »komparative Analyse«[32] von Daten innerhalb von Vergleichsgruppen. Dabei werden die aufgrund der Fragestellung interessierenden Phänomene oder Ereignisse miteinander verglichen und im Zuge des »offenen« und »axialen Codierens«[33] in zunehmend präzisere Kategorien überführt. Die Kategorien bzw. Codeworte behalten im Zuge unserer Analyse den Charakter von »In-Vivo-Codes«[34], d. h. auch auf der Ebene der Kategorien spricht das Material noch weitestgehend seine eigene Sprache. Bei den codierten Segmenten handelt es sich je nach Auswertungsperspektive um spezifische Dialogsequenzen der Sprecher. Dieser Analyse- und Codiervorgang kann insgesamt als »selektive Feinanalyse«, ähnlich dem »selective Coding«[35] der Grounded Theory, bezeichnet werden. Dabei geht es schließlich nicht mehr darum, den gesamten Text detailliert auszudeuten, sondern »Kernkategorien«[36] herauszuarbeiten.

Der Kategorienbildungsprozess ist nach der induktiven Kategoriengenerierung anhand der Einzelfallanalysen auch bei der qualitativen Inhaltsanalyse des gesamten Textcorpus weiterhin ein induktives Vorgehen und enthält die Option, auch im laufenden Codierprozess weiter (Sub-)Kategorien zu erfassen. Dieses Vorgehen lässt sich durch die qualitative Inhaltsanalyse nach Mayring dahingehend systematisieren bzw. integrieren, dass genau definiert wird, welches Material Grundlage der Analyse und Kategorienentwicklung ist, und auf welchem Abstraktionsniveau die Kategorien angesiedelt werden sollen. Zudem werden die Kategorien in regelmäßigen Abständen überarbeitet und verfeinert.

Die EDV-gestützte Umsetzung und Organisation der Auswertung erfolgte mit dem Computerprogramm MAXqda.[37] Dieses Softwaretool ist im Grunde genommen ein komfortables virtuelles »cut-and-paste«-Werkzeug, in dem Textpassagen manuell Kategorien bzw. Codeworten zugeordnet werden. In dieser Untersuchung wurden die Interviews zuerst auf Papier codiert und die Ergebnisse dann in einem

zweiten Schritt und von einer anderen Person überprüft und in MAXqda übertragen. Dadurch war bereits hier ein qualitativer Validierungsschritt eingebaut. Zudem werden Transparenz und intersubjektive Überprüfbarkeit im Analyseprozess mit MAXqda im Gegensatz zur traditionellen Methode u. a. noch dadurch erhöht, dass Definitionen von Kategorien, Ankerbeispiele, Memos, Kontextinformationen zu Textstellen usw. jeweils mit eingegeben werden und dadurch unmittelbar zusammenhängen, also jederzeit zugänglich sind. Das bedeutet auch, dass bei jedem Bearbeitungsschritt die Interviewtexte lediglich einen »Mausklick« entfernt sind. Ein Fragmentieren des Materials wie bei der klassischen »Cut-and-Paste«-Methode findet nicht mehr statt. Zudem können einzelne Interviews mitsamt Kategorienschema bzw. ganze Interview- und Kategorienarchive untereinander ausgetauscht und z. B. per Teamworkfunktion wechselseitig bearbeitet werden. Außerdem fungiert MAXqda als umfangreiche Datenbank, in der der demographische Fragebogen, umfangreiche Memos und Kontextinformationen zu einzelnen Textstellen zusammen mit den Interviews abgespeichert und archiviert werden können.[38]
Sehr hilfreich für die Auswertung von großen Datenmengen ist auch, dass die Codierungen in MAXqda sogleich gezählt werden und die Häufigkeiten der Kategorien bzw. Codeworte unmittelbar einer explorativen und heuristischen Analyse zugänglich sind. Anhand der Häufigkeiten von Haupt- bzw. Subkategorien, die gesondert ausgegeben und auch zu einem Statistikprogramm (z. B. SPSS) exportiert werden können, ist es möglich, jederzeit Schwerpunkte im Material aufzuspüren und umfangreiche deskriptive Analysen durchzuführen. Dadurch kann auch bei quantitativen Analyseschritten zu jedem Zeitpunkt geprüft werden, was sich qualitativ hinter den Zahlen »verbirgt«.
Ausgehend von der beschriebenen induktiven Kategoriengenerierung, bedeutet der nachfolgende inhaltsanalytische Auswertungsschritt mit MAXqda einen »selektiven« Codierdurchlauf, bei dem die Kernkategorien axial und vertikal weiter ausgearbeitet werden und neu auftretende Phänomene hinzugenommen werden können. Schwerpunkte im empirischen Material können jederzeit recht ein-

fach durch gezieltes »Aktivieren« von Interviewtexten und Codeworten in Form der codierten Textsegmente »sichtbar« gemacht werden. So kann die Analyse entlang der Kategorie, der Generation bzw. Kohorte oder den Familien (bzw. jeder möglichen Kombination) durchgeführt werden, ohne dass die Gefahr besteht, den Überblick zu verlieren. Die Produktivität dieser Methodenkombination lässt sich an den Länderdarstellungen ablesen.

Anmerkungen

1 Peter L. Berger/Thomas Luckmann, Die gesellschaftliche Konstruktion der Wirklichkeit, Frankfurt/M. 1980; Thomas Luckmann, Das Gespräch, in: K. Stierle/R. Warning (Hg.), Das Gespräch (S. 49–63). München 1984.
2 Georges Devereux, Angst und Methode in den Verhaltenswissenschaften, München 1967; Alfred Schütz, Gesammelte Aufsätze I. Das Problem der sozialen Wirklichkeit, Den Haag 1971.
3 Siehe Jensen und Moller in diesem Band.
4 Vgl. die jeweiligen Länderberichte in diesem Band.
5 Die Studie wurde bereits von 1997–2000 durchgeführt.
6 Bisher wurden keine Mehrgenerationeninterviews in Familien durchgeführt.
7 Vgl. Paul Watzlawick, Janet H. Beavin, Don D. Jackson, Menschliche Kommunikation. Formen, Störungen, Paradoxien, Bern, Stuttgart, Wien 1972 (1969).
8 Friedrich Pollock, Gruppenexperiment. Ein Studienbericht, Frankfurt/M. 1955; Werner Mangold, Gegenstand und Methode des Gruppendiskussionsverfahrens, Frankfurt/M. 1960.
9 Pollock, Gruppenexperiment [wie Anm. 8], S. 38 f.
10 Die Fotos nebst Quellenangaben finden sich auf S. 219–228; vgl. Peter Loos/Burkhard Schäffer, Das Gruppendiskussionsverfahren, Opladen 2001; Ralf Bohnsack, Gruppendiskussionen, in: U. Flick u. a. (Hg.), Qualitative Forschung. Ein Handbuch, Reinbek bei Hamburg 2000, S. 369–384.
11 Vgl. Jensen und Moller in diesem Band.
12 Vgl. Barney G. Glaser/Anselm L. Strauss, Grounded Theory. Strategien qualitativer Forschung, Bern, Göttingen, Toronto, Seattle 1998; Anselm L. Strauss/Juliet Corbin, Basics of Qualitative Research. Grounded Theory Procedures and Techniques, London 1990.
13 Harald Welzer, Transitionen. Zur Sozialpsychologie biographischer Wandlungsprozesse, Tübingen 1993.
14 Philipp Mayring, Qualitative Inhaltsanalyse. Grundlagen und Techniken, Weinheim 1997; ders., Analytische Schritte bei der Textinterpretation, in: G. L. Huber (Hg.), Computereinsatz in der Sozialforschung, Oldenbourg 1992, S. 11–41; Udo Kuckartz, Computerunterstützte Analyse Qualitativer Daten. Eine Einführung in Methoden und Arbeitstechniken, Opladen 1999; Udo Kuckartz, Heiko Grunenberg, Andreas Lauterbach (Hg.), Qualitative Datenanalyse – computergestützt. Methodische Hintergründe und Beispiele aus der Forschungspraxis, Wiesbaden 2004.

15 Vgl. Strauss/Corbin, Basics [wie Anm. 12], S. 52, S. 83.
16 Vgl. Glaser/Strauss, Grounded Theory [wie Anm. 12], S. 69; Strauss/Corbin, Basics [wie Anm. 12], S. 186.
17 Ulrich Oevermann/Tilman Allert/Elisabeth Konau/Jürgen Krambeck, Die Methodologie einer objektiven Hermeneutik und ihre allgemeine forschungslogische Bedeutung in den Sozialwissenschaften, in: H-G. Soeffner (Hg.), Interpretative Verfahren in den Sozial- und Textwissenschaften. Stuttgart 1979, S. 352–434.
18 Vgl. Olaf Jensen, Nationalsozialismus im familialen Dialog. Qualitative Inhaltsanalyse von Drei-Generationen-Interviews mit MAXqda, in: Kuckartz/Grunenberg/Lauterbach (Hg.), Qualitative Datenanalyse [wie Anm. 14], S. 109–126; ders. Induktive Kategorienbildung als Basis qualitativer Inhaltsanalyse, in: P. Mayring/M. Gläser-Zikuda (Hg.), Die Praxis der Qualitativen Inhaltsanalyse, Weinheim 2005, S. 255–275.
19 Luckmann, Das Gespräch [wie Anm. 1], S. 58.
20 Watzlawick u. a., Menschliche Kommunikation [wie Anm. 7], S. 51, Herv. im Orig.
21 Vgl. Olaf Jensen, Zur gemeinsamen Verfertigung von Text in der Forschungssituation. Forum Qualitative Sozialforschung/Forum: Qualitative Social Research (Online Journal).Verfügbar über: http://qualitative-research.net/fqs 2000, 1, 32 Absätze.
22 Vgl. Harald Welzer/Robert Montau/Christine Plaß, »Was wir für böse Menschen sind!«. Der Nationalsozialismus im Gespräch zwischen den Generationen, Tübingen 1997, S. 35.
23 Vgl. Strauss/Corbin, Basics [wie Anm. 12]; Welzer, Transitionen [wie Anm. 13].
24 Vgl. Mayring, Qualitative Inhaltsanalyse [wie Anm. 14], S. 60, 75; Olaf Jensen, Geschichte machen. Strukturmerkmale des intergenerationellen Sprechens über die NS-Vergangenheit in deutschen Familien, Tübingen 2004; Jensen, Induktive Kategorienbildung [wie Anm. 18].
25 Vgl. Jensen, Verfertigung [wie Anm. 21]; Jensen, Geschichte machen [wie Anm. 24].
26 Glaser/Strauss, Grounded Theory [wie Anm. 12]; Anselm L Strauss, Qualitative Analysis for Social Scientists, Cambridge, New York, u. a. 1987; Strauss/Corbin, Basics [wie Anm. 12].
27 Mayring, Qualitative Inhaltsanalyse [wie Anm. 14]
28 Strauss, Qualitative Analysis [wie Anm. 26], S. xiv.
29 Vgl. Mayring, Qualitative Inhaltsanalyse [wie Anm. 14], S. 75; Siegfried Lamnek, Qualitative Sozialforschung, Bd. I, Methodologie, Weinheim 1995, S. 128; Welzer, Transitionen [wie Anm. 13], S. 89; Uwe Flick, Qualitative Forschung. Theorie, Methoden, Anwendung in Psychologie und Sozialwissenschaften, Reinbek 1998, S. 205; Udo Kelle, Empirisch begründete Theoriebildung. Zur Logik und Methodologie interpretativer Sozialforschung, Weinheim 1994, S. 333 ff; Franz Breuer (Hg.), Qualitative Psychologie. Grundlagen, Methoden und Anwendungen eines Forschungsstils, Opladen 1996, S. 16 ff.
30 Vgl. Glaser/Strauss, Grounded Theory [wie Anm. 12], S. 52; S. 83.
31 Ebd., S. 13.
32 Ebd., S. 31.
33 Strauss/Corbin, Basics [wie Anm. 12], S. 72 ff.
34 Strauss, Qualitative Analysis [wie Anm. 26], S. 33.
35 Strauss/Corbin, Basics [wie Anm. 12], S. 94.
36 Strauss, Qualitative Analysis [wie Anm. 26], S. 34.

37 Kuckartz, Computerunterstützte Analyse [wie Anm. 14]; Jensen, Nationalsozialismus im familialen Dialog [wie Anm. 18], S. 109–126.

38 In der neuesten Version von MAXqda ist es bereits möglich, graphisches und auditives Material (z. B. Fotos und MP3-Files der Interviews) direkt einzubinden und abzuspeichern, was eine kompakte Lagerung und Archivierung umfangreicher Forschungsprojekte außerordentlich erleichtert.

Bibliographie

Andenæs, Johannes, Det vanskelige oppgjøret. Oslo 1998.

Assmann, Aleida, Kollektives Gedächtnis und kulturelle Identität, in: Jan Assmann/Tonio Hölscher (Hg.), Kultur und Gedächtnis, Frankfurt am Main 1988, S. 9–19.

Bak, Sofie Lene, Forfølgelsen af de danske jøder. Forestillinger om oktober 1943 i forskning og offentlighed, Kopenhagen 2001.

Bak, Sofie Lene, Dansk antisemitisme 1930–1945, Kopenhagen 2004.

Bank, Jan, Oorlogsverleden in Nederland, Baarn 1983.

Barkan, Elazar, The Guilt of Nations. Restitution and Negotiating historical Injustices, Baltimore 2000.

Bašić, Natalija, Jeder Tag war »Allgemeine Volksverteidigung« (ONO). Zur militaristischen Kultur und Gewalterziehung im sozialistischen Jugoslawien (SFRJ) 1945–1990, in: Jahrbücher für Geschichte und Kultur Südosteuropas 4, 2002, S. 69–90.

Dies., Krieg als Abenteuer. Feindbilder und Gewalt aus der Perspektive ex-jugoslawischer Soldaten 1991–1995, Gießen 2004.

Dies., Der Zweite Weltkrieg im Fernsehen. Filmpartisanen im kroatischen und serbischen Familiengedächtnis, in: Ethnologia Balkanica, Vol. 8 (2004), S. 57–77.

Beck, Ulrich/Grande, Edgar, Kosmopolitisches Europa, Frankfurt am Main 2004.

Benz, Wolfgang, Bilder vom Juden. Studien zum alltäglichen Antisemitismus, München 2001.

Ders./Reif-Spirek, Peter, Geschichtsmythen. Legenden über den Nationalsozialismus, Berlin 2003.

Ders., Was ist Antisemitismus? München 2004.

Berger, Peter L./Luckmann, Thomas, Die gesellschaftliche Konstruktion der Wirklichkeit, Frankfurt am Main 1980.

Bogosavljevic, Srdjan, Der unaufgeklärte Genozid, in: Thomas Bremer/Nebojša Popov/Heinz-Günther Stobbe (Hg.), Serbiens Weg in den Krieg: kollektive Erinnerung und ideologische Aufrüstung, 1998, S. 63–74.

Blom, Hans, In de ban van goed en fout. Wetenschappelijke geschiedschrijving over de bezettingstijd in Nederland, Bergen 1983.

Ders., Ausbeutung und Nazifizierung. Die NS-Besatzungspolitik in den Niederlanden und ihr historischer Stellenwert, in: Norbert Fasse/Johannes Houwink ten Cate/Horst Lademacher (Hg.), Nationalsozialistische Herrschaft und Besatzungszeit: historische Erfahrung und Verarbeitung aus niederländischer und deutscher Sicht, Münster, New York, München, Berlin 2000.

Bohn, Robert, Reichkommissariat Norwegen. »Nationalsozialistische Neuordnung« und Kriegswirtschaft. München 2000.

Bonhage, Barbara, Gesetzgebung und Historiografie. Schweizerische Perspektiven auf die Opfer des Holocaust (1945–2003), in: Traverse (1) 2004, S. 87–98.
Bohnsack, Ralf, Gruppendiskussionen, in: Uwe Flick/Ernst von Kardorff/Ines Steinke (Hg.), Qualitative Forschung. Ein Handbuch, Reinbek bei Hamburg 2000, S. 369–384.
Borland, John, Graffiti, Paraden und Alltagskultur in Nordirland, in: Harald Welzer (Hg.), Das soziale Gedächtnis. Geschichte, Erinnerung, Tradierung, Hamburg 2001, S. 276–295.
Breuer, Franz (Hg.), Qualitative Psychologie. Grundlagen, Methoden und Anwendungen eines Forschungsstils, Opladen 1996.
Brink, Cornelia, Ikonen der Vernichtung. Öffentlicher Gebrauch von Fotografien aus nationalsozialistischen Konzentrationslagern nach 1945, Berlin 1998.
Broszat, Martin/Hory, Ladislaus, Der kroatische Ustascha-Staat 1941–1945, Stuttgart 1964.
Bruner, Jerome S., Sinn, Kultur und Ich-Identität. Zur Kulturpsychologie des Sinns. Heidelberg 1997.
Bryld, Claus, Hvilken befrielse: fortælling fra en opvækst i nazismens og retsopgørets skygge, Kopenhagen 1995.
Bryld, Claus/Warring, Anette, Besættelsestiden som kollektiv erindring, Historie- og traditionsforvaltning af og besættelse, Roskilde1998.
Buckser, Andrew, Rescue and Cultural Context during the Holocaust: Grundtvigian Nationalism and the Rescue of the Danish Jews, in: Shofar (2) (2001), S. 1–25.
Bundgård Christensen, Claus/Poulsen, Niels Bo/Scharff Smith, Peter, Under hagekors og Dannebrog: danskere i Waffen SS, Kopenhagen 1998.
Burgauer, Erica, Die Schweiz – die verfolgende Unschuld, in: Zeitschrift für Sozialgeschichte des 20. und 21. Jahrhunderts (2) 1996.
Burgermeister, Nicole/Alexander Hasgall, »Die Schweiz kann mit Stolz auf die Kriegsjahre zurückblicken« – 60 Jahre Kriegsende in der Schweiz, in: Context XXI, (3–4)/2005, S. 17–19.
Cattacin, Sandro/Gerber, Brigitta/Sardi, Massimo/Wegener, Robert, Monitoring right-wing extremist attitudes, xenophobia and misanthropy in Switzerland. An explorative study. Research report – PNR 40+, Geneva 2005.
Claussen, Detlev, Die Wandlungen des »Ja, aber-Antisemitismus«. Vorbemerkungen zur Neuausgabe (2005), in: Ders. Grenzen der Aufklärung. Frankfurt am Main 2005.
Croes, Marnix/Tammes, Peter, »Gif laten wij niet voortbestaan« Een onderzoek naar de overlevingskansen van joden in de Nederlandse gemeenten 1940–1945, Amsterdam 2004.
Dahl, Hans Fredrik/Larsen, Stein Ugelvik m.fl. (red.) (1995), Norsk Krigslexikon 1940–45, Oslo (nett-utgaven: www.norgeslexi.com/krigslex/krigslex.html).
Dejung, Christoph/Gull, Thomas/Wirz, Tanja, Landigeist und Judenstempel: Erinnerungen einer Generation 1930–1945, Zürich 2002.
Devereux, Georges, Angst und Methode in den Verhaltenswissenschaften, München 1967.
Długoborski, Waclaw, Kollektive Reaktionen auf die deutsche Invasion und die NS-Besatzungsherrschaft. Ein Prolegomenon, in: Wolfgang Benz (u. a.) (Hg.), Anpassung, Kollaboration, Widerstand. Kollektive Reaktionen auf die Okkupation, Berlin 1996, 11–24.
Drakulić, Slavenka, Oni ne bi ni mrava zgazili, Belgrad 2004.

Dreyfus, Madeleine, Entschuldigung und Rechtfertigung. Zum Rezeptionsmuster der antisemitischen Flüchtlingspolitik der Schweiz im Zweiten Weltkrieg, in: Revital Ludewig-Kedmi/Mirjam Victory Spiegel/Silvie Tyrangiel (Hg.), Das Trauma des Holocaust zwischen Psychologie und Geschichte, Zürich 2002, S. 175–191.

Drolshagen, Ebba, Nicht ungeschoren davongekommen. Das Schicksal der Frauen in den besetzten Ländern, die Wehrmachtssoldaten liebten, Hamburg 1998.

Dukovski, Darko, Kolaboracija i otpor u Hrvatskoj 1941–1945, in: Thomas Bremer (Hg.), Religija, društvo i politika. Kontroverzna tumačenja i približavanja. Bonn 2002, S. 26–39.

Erdle, Birgit R., Das Gedächtnis der Geste. Kristallisationen kultureller Erinnerung und Tradierung nach der Shoah, in: Sigrid Weigel/Birgit Erdle (Hg.), Fünfzig Jahre danach. Zur Nachgeschichte des Nationalsozialismus. Zürich 1996, S. 233–277.

Eriksen, Anne, Det var noe annet under krigen. 2. Verdenskrig i norsk kollektivtradisjon. Oslo 1995.

Dies., Historie, Minne og Myte, Oslo 1999.

Fiedler, Florian, Bildersturm in Osteuropa. Die Denkmäler der kommunistischen Ära im Umbruch, München 1995.

Flacke, Monika (Hg.), Mythen der Nationen. 1945 – Arena der Erinnerungen (2 Bände), Berlin 2004.

Flick, Uwe, Qualitative Forschung. Theorie, Methoden, Anwendung in Psychologie und Sozialwissenschaften, Reinbek bei Hamburg 1998.

Frei, Norbert, 1945 und wir. Das Dritte Reich im Bewusstsein der Deutschen, München 2005.

Fure, Odd-Bjørn, Kampen mot glemselen. Kunnskapsvakuum i mediesamfunnet. Oslo 1997.

Ders., Norsk okkupasjonshistorie. Konsensus, berøringsangst og tabuisering, in: Stein Ugelvik Larsen (red.), I krigens kjølvann. Nye sider ved norsk krigshistorie og etterkrigstid. Oslo 1999, S. 31–46.

Georgi, Viola B., Entliehene Erinnerung. Geschichtsbilder junger Migranten in Deutschland, Hamburg 2003.

Gergen, Klaus, Erzählung, moralische Identität und historisches Bewußtsein, in: Jürgen Straub (Hg.), Erzählung, Identität und historisches Bewußtsein. Frankfurt am Main 1998, S. 170–202.

Gisler, Andreas, »Die Juden sind unser Unglück«. Briefe an Sigi Feigel 1997–1998, Zürich 1999.

Glaser, Barney G., Strauss, Anselm L., Grounded Theory. Strategien qualitativer Forschung, Bern, Göttingen, Toronto, Seattle 1998.

Goffman, Erving. Rahmenanalyse. Frankfurt am Main 1979.

Goldstein, Slavko, Der Zweite Weltkrieg, in: Dunja Melčić (Hg.), Der Jugoslawienkrieg. Handbuch zu Vorgeschichte, Verlauf und Konsequenzen, Opladen/Wiesbaden 1999, 167–184.

Ders., Holokaust u Zagrebu, Zagreb 2001.

Grandits, Hannes, Über den Gebrauch der Toten der Vergangenheit als Mittel der Deutung der Gegenwart – Betrachtungen zum Krajina-Konflikt 1991–1995, in: Sonja Heyer/Jan Koehler (Hg.), Anthropologie der Gewalt, 1998, S. 179–186.

Grubb, Ulrik/Hemmersamm, Karl-Johann/Jørgensen, Jørgen Riskær, Matador – den vellykkede historiske fiktion, in: Netmagasinet Historie-nu.dk, im Internet unter http://www.historie-nu.dk/matador1.pdf, abgerufen am 28. 10. 2005.

Gutmann, Israel/Jäckel, Eberhard/Longerich, Peter/Schoeps, Julius H. (Hg.), Enzyklo-

pädie des Holocaust. Die Verfolgung und Ermordung der europäischen Juden, München/Zürich 1998.
Gutman, Roy, Augenzeuge des Völkermords. Reportagen aus Bosnien, Göttingen 1994.
Haas, Gaston, »Wenn man gewusst hätte, was sich drüben im Reich abspielte…«. 1941–1943. Was man in der Schweiz von der Judenvernichtung wusste, Basel 1994.
Halbwachs, Maurice, Das kollektive Gedächtnis. Frankfurt am Main1985.
Ders., Das Gedächtnis und seine sozialen Bedingungen, Frankfurt am Main 1985.
Hamburger Institut für Sozialforschung (Hg.), Verbrechen der Wehrmacht. Dimensionen des Vernichtungskrieges 1941–1944 (Ausstellungskatalog), Hamburg 2002.
Initiative Antisemitismuskritik (Hg.), Israel in deutschen Wohnzimmern. Realität und antisemitische Wahrnehmungsmuster des Nahostkonflikts, Stuttgart 2005.
Heijden, Chris van der, Grijs verleden. Nederland en de Tweede Wereldoorlog, Amsterdam/Antwerpen 2002.
Heuvel, Eric, De ontdekking, Amsterdam 2003.
Hilbrink, Coen, Vogelvrij verleden. Oud-illegalen na de oorlog. Amsterdam 2001.
Höpken, Wolfgang, Der Zweite Weltkrieg in den jugoslawischen und post-jugoslawischen Schulbüchern, in: Ders. (Hg.), Öl ins Feuer? Schulbücher, ethnische Stereotypen und Gewalt in Südosteuropa, Hannover 1996 (Studien zur internationalen Schulbuchforschung, 89), S. 159–178.
Ders., Vergangenheitspolitik im sozialistischen Vielvölkerstaat: Jugoslawien 1944–1991, in: Petra Bock/Edgar Wolfrum (Hg.), Umkämpfte Vergangenheit, Göttingen 1999, S. 210–243.
Ders., Kriegserinnerung und Kriegsverarbeitung auf dem Balkan. Zum kulturellen Umgang mit Kriegserfahrungen in Südosteuropa im 19. und 20. Jahrhundert, in: Südosteuropa-Mitteilungen 41/4, 2001, S. 371–389.
Hobsbawm, Erik/Ranger, Terence (Hg.), The Invention of Tradition, Cambridge 1983.
Jeismann, Karl-Ernst, Geschichtsbewusstsein – Theorie, in: Klaus Bergmann u. a. (Hg.), Handbuch der Geschichtsdidaktik, Seelze-Velber 1997.
Jensen, Olaf, Geschichte machen. Strukturmerkmale des intergenerationellen Sprechens über die NS-Vergangenheit in deutschen Familien, Tübingen 2004.
Ders., Induktive Kategorienbildung als Basis qualitativer Inhaltsanalyse, in: Philipp Mayring/Michaela Gläser-Zikuda (Hg.), Die Praxis der Qualitativen Inhaltsanalyse, Weinheim 2005, S. 255–275.
Ders., Nationalsozialismus im familialen Dialog. Qualitative Inhaltsanalyse von Drei-Generationen-Interviews mit MAXqda, in: Udo Kuckartz, Heiko Grunenberg, Andreas Lauterbach (Hg.), Qualitative Datenanalyse: computergestützt. Methodische Hintergründe und Beispiele aus der Forschungspraxis, Wiesbaden 2004, S. 109–126.
Ders., Zur gemeinsamen Verfertigung von Text in der Forschungssituation… Forum Qualitative Sozialforschung/Forum: Qualitative Social Research (Online Journal).Verfügbar über: http://qualitative-research.net/fqs2000, 1, 32 Absätze.
Jong, L. de, Het Koninkrijk der Nederlanden in de Tweede Wereldoorlog, 14 Teilen, Den Haag 1969–1991.
Ders., Verzet en illegaliteit 1940–1945, Amsterdam 1976.
Kåre Olsen, Vater: Deutscher. Das Schicksal der norwegischen Lebensbornkinder und ihrer Mütter von 1940 bis heute; aus dem Norwegischen von Ebba D. Drolshagen; Campus Verlag, Frankfurt am Main, New York 2002.
Kelle, Udo, Empirisch begründete Theoriebildung. Zur Logik und Methodologie interpretativer Sozialforschung, Weinheim 1994.

Keppler, Angela, Tischgespräche. Frankfurt am Main 1994.

Kirchhoff, Hans, Augustoprøret. Samarbejdspolitikkens fald, Bd. I–III, Kopenhagen 1979.

Kirchhoff, Hans/Lauridsen, John T./Trommer, Aage (Hg.), Gads Leksikon om dansk besættelsestid, Kopenhagen 2002.

Klundt, Michael/Salzborn, Samuel/Schwietring, Marc/Wiegel, Gerd, Erinnern, verdrängen, vergessen. Geschichtspolitische Wege ins 21. Jahrhundert, Giessen 2003.

Kreis, Georg, Zur Bedeutung der 1990er Jahre für den Ausbau der schweizerischen Zeitgeschichte, in: Schweizerische Zeitschrift für Geschichte (52) 2002. S. 494–517, S. 516.

Kreth, Rasmus/Mogensen, Michael, Flugten til Sverige. Aktionen mod de danske jøder oktober 1943, Kopenhagen 1995.

Kuckartz, Udo, Computerunterstützte Analyse Qualitativer Daten. Eine Einführung in Methoden und Arbeitstechniken, Opladen 1999.

Kuckartz, Udo/Heiko Grunenberg/Andreas Lauterbach (Hg.), Qualitative Datenanalyse: computergestützt. Methodische Hintergründe und Beispiele aus der Forschungspraxis, Wiesbaden 2004.

Kuljič, Todor, Historiographic Revisionism in Post-Socialist Regimes, Belgrad 2002 (e-Ms.).

Kury, Patrick, Über Fremde reden. Überfremdungsdiskurs und Ausgrenzung in der Schweiz, 1900–1945. Zürich 2003.

Lagrou, Pieter, The Legacy of Nazi-occupation. Patriotic Memory and National Recovery in Western Europe, 1945–1965, Cambridge 2000.

Lamnek, Siegfried, Qualitative Sozialforschung, Bd. I, Methodologie, Weinheim 1995.

Lampe, John R., Yugoslavia as history: twice there was a country, Cambridge u. a. 2000.

Larsen, Stein Ugelvik (Hg.), I krigens kjølvann. Nye sider ved norsk krigshistorie og etterkrigstid. Oslo 1999.

Lassen, Mikke Thrane, Bag duggede ruder, in: Netmagasinet Historie-nu.dk, im Internet unter http://www.historie-nu.dk/bagduggederuder.pdf, abgerufen am 28. 10. 2005.

Lauridsen, John T., Samarbejde og modstand: Danmark under den tyske besættelse 1940–45: en bibliografi, Kopenhagen 2002.

Lenz, Claudia, »Das ist ein deutsches Problem.« Das Wehrmachtsbild und die Rezeption der Ausstellung Vernichtungskrieg in Norwegen, in: Michael Th. Greven/Oliver v. Wrochem (Hg.), Der Krieg in der Nachkriegszeit. Der 2. Weltkrieg in Politik und Gesellschaft der Bundesrepublik, Opladen 2000. 255–270.

Dies., Haushaltspflicht und Widerstand. Erzählungen norwegischer Frauen über die deutsche Besatzung 1940–45 im Lichte nationaler Vergangenheitskonstruktionen, Tübingen 2003.

Dies./Matauschek, Isabella, Geschichtspolitik und Erinnerungskultur in Dänemark und Norwegen aus der Perspektive intergenerationeller Tradierung, in: Wissenschaftszentrum Nordrhein-Westfalen/Kulturwissenschaftliches Institut Essen (Hg.). Jahrbuch 2004, S. 65–78.

Dies./Moller, Sabine, Die Gegenwart in der Vergangenheit: Gruppendiskussionen über den Zweiten Weltkrieg und den Holocaust in (Ost-)Deutschland und Norwegen, in: Psychologie & Gesellschaftskritik, (30) (2006), S. 57–81.

Leonhard, Nina, Politik- und Geschichtsbewusstsein im Wandel. Die politische Bedeutung der nationalsozialistischen Vergangenheit im Verlauf von drei Generationen in Ost- und Westdeutschland, Münster 2002.

Levy, Daniel/Sznaider, Natan, Erinnerung im globalen Zeitalter. Der Holocaust, Frankfurt am Main 2001.

Dies., Memory Unbound: The Holocaust and the Formation of Cosmopolitan Memory, in: European Journal of Social Theory, 5(1), 2002 S. 87–106.

Loewy, Hanno, Das Tor. Der Zaun. Der Ofen. Das Tor... Die Bilder, in: Knut Dethlefsen/Thomas B. Hebler, Bilder im Kopf. Auschwitz – einen Ort sehen, Berlin 1997.

Longchamp, Claude/Dumont, Jeannine/Leuenberger, Petra, Einstellungen der SchweizerInnen gegenüber Jüdinnen und Juden und dem Holocaust, Bern 2000.

Loos, Peter/Schäffer, Burkhard, Das Gruppendiskussionsverfahren, Opladen 2001.

Luckmann, Thomas, Das Gespräch, in: Karlheinz Stierle & Rainer Warning (Hg.), Das Gespräch (S. 49–63). München 1984, S. 49–63.

Macdonald, Bruce David, Comparing genocides: »numbers games« and ›holocausts‹ at Jasenovac and Bleiburg, in: Ders., Balkan Holocausts? Serbian and Croatian Victim-Centered Propaganda and the War in Yugoslavia, Manchester, New York 2002, S. 160–182.

Ders., Balkan Holocaust? Serbian and Croatian victim-centered propaganda and the war in Yugoslavia, Manchester/New York 2002.

Maissen, Thomas, Verweigerte Erinnerung. Nachrichtenlose Vermögen und Schweizer Weltkriegsdebatte 1989–2004, Zürich 2005.

Mangold, Werner, Gegenstand und Methode des Gruppendiskussionsverfahrens, Frankfurt am Main 1960.

Manoschek, Walter, »Serbien ist judenfrei«. Militärische Besatzungspolitik und Judenvernichtung in Serbien 1941/42, München 1995 (2. Aufl.).

Markowitsch, Hans J./Welzer, Harald, Das autobiographische Gedächtnis. Hirnorganische Grundlagen und biosoziale Entwicklung, Stuttgart 2005.

Mayring, Philipp, Analytische Schritte bei der Textinterpretation, in: Günter L. Huber (Hg.), Computereinsatz in der Sozialforschung, Oldenbourg 1992, S. 11–41.

Ders., Qualitative Inhaltsanalyse. Grundlagen und Techniken, Weinheim 1997.

Meyer, Frank, Norwegen – nationalsozialistische Revolution von oben, in: Wolfgang Benz (Hg.), Anpassung. Kollaboration. Widerstand. Kollektive Reaktionen auf die Okkupation, Berlin 1996.

Moeller, Robert G., War Stories. The Search for a Usable Past in the Federal Republic of Germany, Berkeley, u. a. 2001.

Moller, Sabine, Vielfache Vergangenheit. Öffentliche Erinnerungskulturen und Familienerinnerungen an die NS-Zeit in Ostdeutschland, Tübingen 2003.

Oevermann, Ulrich/Allert, Tilman/Konau, Elisabeth/Krambeck, Jürgen, Die Methodologie einer objektiven Hermeneutik und ihre allgemeine forschungslogische Bedeutung in den Sozialwissenschaften, in: Hans-Georg Soeffner (Hg.), Interpretative Verfahren in den Sozial- und Textwissenschaften. Stuttgart, 1979, S. 352–434.

Oschlies, Wolf 2006, Das »balkanische Auschwitz«, www.shoa.de.

Picard, Jacques, Die Schweiz und die Juden. 1933–1945. Zürich 1994.

Ders., Über den Gebrauch der Geschichte: Die UEK im Kontext schweizerischer Vergangenheitspolitik, in: Jüdische Lebenswelt Schweiz – Vie et culture juives en Suisse. Zürich 2004, S. 391–406.

Pollock, Friedrich, Gruppenexperiment. Ein Studienbericht, Frankfurt am Main 1955.

Presser, Jacques, Ondergang. De vervolging en verdelging van het Nederlandse jodendom 1940–1945, Den Haag 1965.

Rabinovici, Doron/Speck, Ulrich/Sznaider, Natan (Hg.), Neuer Antisemitismus? Eine globale Debatte, Frankfurt am Main. 2004.

Reisel, Berit B./Bruland, Bjarte, The Reisel/Bruland report on the confiscation of Jewish property in Norway during World War II: part of Official Norwegian Report 1997.
Ristović, Milan, Kolaboracija u Drugom Svetskom ratu, in: Thomas Bremer (Hg.), Religija, društvo i politika. Kontroverzna tumačenja i približavanja, Bonn 2002, S. 10–25.
Roksandić, Drago/Nationale Konflikte in Titos Jugoslawien – Ein Tabu?, in: Peter Bettelheim/Robert Streibel (Hg.), Tabu und Geschichte: Zur Kultur des kollektiven Erinnerns, Wien 1994, S. 100–127.
Rürup, Reinhard (Hg.), Der Krieg gegen die Sowjetunion 1941–1945. Eine Dokumentation zum 50. Jahrestag des Überfalls auf die Sowjetunion, Berlin 1991.
Schütz, Alfred, Gesammelte Aufsätze I. Das Problem der sozialen Wirklichkeit, Den Haag 1971.
Silverman, Marilyn/Gulliver P. H., Historical anthropology and the ethnographic tradition: a personal, historical, and intellectual account, in: Ders. (Hg.) Approaching the past. Historical anthropology through Irish case studies, New York 1992.
Skodvin, Magne (hovedred.), Norge i krig. Fremmedåk og frihetskamp 1940–1945, Bd. 1–8, Oslo 1984–1987.
Späti, Christina, Kontinuität und Wandel des Antisemitismus und dessen Beurteilung in der Schweiz seit 1945. In: Schweizerische Zeitschrift für Geschichte (55) 2005, S. 419–440.
Stræde, Therkel, Die schwierige Erinnerung an Kollaboration und Widerstand, in: Monika Flacke, Mythen der Nationen, Bd. I, Berlin 2004.
Stevnsborg, Henrik, Politiet 1938–1947. Bekæmpelse af spionage, sabotage og nedbrydende virksomhed, Odense 1992.
Stojanović, Dubravka, Die Konstruktion historischen Bewußtseins. Zum Umgang mit Geschichte in serbischen Schulbüchern, in: Irina Slosar (Hg.), Verschwiegenes Serbien. Stimmen für die Zukunft?, Klagenfurt 1997, S. 224–242.
Strauss, Anselm L, Qualitative Analysis for Social Scientists, Cambridge, New York, u. a. 1987.
Strauss Anselm L./Corbin, Juliet, Basics of Qualitative Research. Grounded Theory Procedures and Techniques, London 1990.
Sundhaussen, Holm, Geschichte Jugoslawiens 1918–1980, Stuttgart 1982.
Ders., Jugoslawien, in: Benz, Wolfgang (Hg.), Dimension des Völkermords. Die Zahl der jüdischen Opfer des Nationalsozialismus, München 1991, S. 311–330.
Ders., Experiment Jugoslawien. Von der Staatsgründung bis zum Staatszerfall, Mannheim u. a. 1993.
Ders., Okkupation, Kollaboration und Widerstand in den Ländern Jugoslawiens 1941–1945, in: Bundesarchiv Koblenz (Hg.), Europa unterm Hakenkreuz. Die Okkupationspolitik des deutschen Faschismus (1938–1945), Ergänzungsband 1: Okkupation und Kollaboration (Red. W. Röhr), Berlin/Heidelberg 1994, S. 349–365.
Ders., Der Ustascha-Staat: Anatomie eines Herrschaftssystems, in: Österreichische Osthefte 37 (1995), S. 497–533.
Ders., Das Konzentrationslager Jasenovac (1941–1945): Konstruktion und Dekonstruktion eines Kriegsverbrechens und Weltkriegsmythos, in: Wolfram Wette/Gerd R. Ueberschär (Hg.), Kriegsverbrechen im 20. Jahrhundert, Darmstadt 2001, S. 370–381.
Ders., Jasenovac 1941–1945. Diskurse über ein Konzentrationslager als Erinnerungsort, in: Gerd R. Ueberschär (Hg.), Orte des Grauens. Verbrechen im Zweiten Weltkrieg, Darmstadt 2003, S. 49–59.
Ders., Jugoslawien und seine Nachfolgestaaten: Konstruktion, Dekonstruktion und Re-

konstruktion von »Erinnerungen« und Mythen, in: Monika Flacke (Hg.), Mythen der Nationen: 1945 – Arena der Erinnerungen, Bd. 1, Berlin 2004, S. 373–426.
Tamm, Ditlev, Retsopgøret efter besættelsen, Odense 1984.
Tanner, Jakob/Weigel, Sigrid, Gedächtnis, Geld und Gesetz in der Politik mit der Vergangenheit des Zweiten Weltkriegs und des Holocaust, in: dies., Gedächtnis, Geld und Gesetz: vom Umgang mit der Vergangenheit des Zweiten Weltkrieges, Zürich 2002.
Tanner, Jakob, Geschichtswissenschaft und moralische Ökonomie der Restitution: Die Schweiz im internationalen Kontext, in: Zeitgeschichte (5) 2003. S. 268–280. S. 272.
Tomasevich, Jozo, War and Revolution in Yugoslavia, 1941–1945. Occupation and Collaboration, Stanford 2001.
Tops, Ellen, Lebendige Vergangenheit, in: Monika Flacke, Mythen der Nationen, 2004.
Unabhängige Expertenkommission Schweiz – Zweiter Weltkrieg, Die Schweiz und die Flüchtlinge zur Zeit des Nationalsozialismus, Zürich 2001.
Unabhängige Expertenkommission Schweiz – Zweiter Weltkrieg, Die Schweiz, der Nationalsozialismus und der Zweite Weltkrieg. Schlussbericht der Unabhängigen Expertenkommission Schweiz – Zweiter Weltkrieg, Zürich 2002.
Vree, Frank van, In de schaduw van Auschwitz. Herinneringen, beelden, geschiedenis, Groningen 1995.
Walser, Martin, Ein springender Brunnen, Frankfurt am Main 1998.
Walter, Harry, Eins zu eins. Ein Fotoalbum zum Wiederaufbau Deutschlands, in: Harald Welzer (Hg.), Das Gedächtnis der Bilder. Ästhetik und Nationalsozialismus, Tübingen 1995, S. 115–163.
Warring, Anette, Tyskerpiger – under besættelse op retsopgør, Kopenhagen 1994.
Watzlawick, Paul, Beavin, Janet H., Jackson, Don D., Menschliche Kommunikation. Formen, Störungen, Paradoxien. Bern, Stuttgart, Wien 1972 (1969).
Welzer, Harald, Transitionen. Zur Sozialpsychologie biographischer Wandlungsprozesse, Tübingen 1993.
Ders./Montau, Robert/Plaß, Christine, »Was wir für böse Menschen sind!«. Der Nationalsozialismus im Gespräch zwischen den Generationen, Tübingen 1997.
Ders., Verweilen beim Grauen. Zum wissenschaftlichen Umgang mit dem Holocaust, Tübingen 1996.
Ders. (Hg.), Das soziale Gedächtnis. Geschichte, Erinnerung, Tradierung. Hamburg 2001.
Ders., Familiengedächtnis. Über die Weitergabe der deutschen Vergangenheit im Gespräch zwischen den Generationen, in: WerkstattGeschichte, 30 (2001), H. 30, S. 49–52.
Ders./Moller, Sabine/Tschuggnall, Karoline, »Opa war kein Nazi«. Nationalsozialismus und Holocaust im Familiengedächtnis, Frankfurt am Main 2002.
Ders., Über Engramme und Exogramme. Die Sozialität des autobiographischen Gedächtnisses, in: Harald Welzer & Hans J. Markowitsch (Hg.): Warum Menschen sich erinnern können. Fortschritte der interdisziplinären Gedächtnisforschung, Stuttgart 2006, S. 111–128.
Westlie, Bjørn, Oppgjør. I skyggen av Holocaust, Oslo 2002.
Yahil, Leni, The rescue of Danish Jewry: Test of a democracy, Philadelphia 1969.
Zala, Sacha, Gebändigte Geschichte. Amtliche Historiographie und ihre Malaise mit der Geschichte der Neutralität. 1945–1961, Bern 1998.
Zelizer, Barbie, Remembering to forget. Holocaust Memory through the camera's eye, Chicago und London 1998.

Zimmermann, Moshe, Mythen der Verfolgung im israelischen Alltag, in: Harald Welzer (Hg.)(2001). Das soziale Gedächtnis. Geschichte, Erinnerung, Tradierung Hamburg 2001, S. 296–320.

Zølner, Mette, Re-imagining the nation: debates on immigrants, identities and memories (Europe plurielle – Multiple Europes; Band 11), Brüssel, Bern 2000.

Dies., Remembering the Second World War in Denmark: The Impact of Politics, Ideology and Generation«, in: Bo Stråth (Hg.), Myths and Memory in the Construction of Community, Historical Patterns in Europs and Beyond, Multiple Europes No. 9, Brüssel: P. I. E.-Peter Lang 2000, S. 351–373.

Die Mitarbeiterinnen und Mitarbeiter des Bandes

Natalija Bašić, geboren 1968, Dr. phil., 1996–2001 wissenschaftliche Mitarbeiterin am Hamburger Institut für Sozialforschung; 2002–2005 wissenschaftliche Mitarbeiterin am Osteuropa-Institut der FU Berlin. Forschungsgebiete: Westbalkan, multiethnische Gesellschaften, Gewaltforschung, Geschichtsbewusstsein. Lehrbeauftragte am Osteuropa-Institut der FU und macht eine Untersuchung zum Gedächtnis der »Dritten Ethnie«. Veröffentlichung u. a. Krieg als Abenteuer. Feindbilder und Gewalt aus der Perspektive ex-jugoslawischer Soldaten.

Lars Breuer, geboren 1972, Mag. Art., Studium der Kulturwissenschaften, Politikwissenschaften und Soziologie in Lüneburg, Roskilde und Berlin. Arbeitsschwerpunkte: Nationale Identität, Erinnerungspolitik und Antisemitismus. 2004–2006 Mitarbeiter im Forschungsprojekt »Vergleichende Tradierungsforschung« am Kulturwissenschaftlichen Institut Essen/Universität Witten-Herdecke. Derzeit Dissertationsprojekt zu »Selbst- und Fremdzuschreibungen im Kontext europäischer Erinnerungs- und Tradierungskulturen«.

Nicole Burgermeister, geb. 1979, lic. phil., Studium der Soziologie, Ethnologie, Geschichte und Sozialpsychologie in Zürich und Hannover. 2004–2006 Wissenschaftliche Mitarbeiterin im Forschungsprojekt »Vergleichende Tradierungsforschung« am Kulturwissenschaftlichen Institut in Essen. Arbeitsschwerpunkte: Kollektive Identitäten, Antisemitismus und Fremdenfeindlichkeit, Geschlechterverhältnisse, soziale Ungleichheiten.

Christian Gudehus, geb. 1968, Dr. phil, wissenschaftlicher Geschäftsführer des Center for Interdisciplinary Memory Research am Kulturwissenschaftlichen Institut in Essen. Forschungsthemen sind Tradierungs- und Rezeptionsforschung mit dem Schwerpunkt auf Museen, Gedenkstätten und Film. Ein zweites Forschungsfeld betrifft Aspekte kollektiver Gewalt. Veröffentlichung u. a.: Dem Gedächtnis zuhören. Führungserzählungen über NS-Verbrechen und ihre Repräsentation in deutschen Gedenkstätten (2006).

Olaf Jensen, geb. 1965, Dr. phil., Sozialwissenschaftler, Lecturer in Holocaust Studies und stellvertretender Direktor des Stanley Burton Centre for Holocaust Studies, University of Leicester, UK. Von 1997 bis 2000 Mitarbeiter im Forschungsprojekt »Tradierung von Geschichtsbewusstsein« am Psychologischen Institut der Universität Hannover; 2000–2001 Stipendiat der Universität Hannover und von 2001 bis 2005 Mitarbeiter in verschiedenen Forschungsprojekten zur Tradierungs- und Erinnerungsforschung am Center for Interdisciplinary Memory Research (CMR) am Kulturwissenschaftlichen Institut (KWI) in Essen. Veröffentlichung u. a.: Geschichte machen. Strukturmerkmale des intergenerationellen Sprechens über die NS-Vergangenheit in deutschen Familien (2004).

Claudia Lenz, geb. 1968, Dr. phil., Politologin, Gastforscherin am Center for Studies of Holocaust and Religious Minorities in Norway, Oslo. 2002–2005 Mitarbeiterin der Forschungsgruppe »Vergleichende Tradierungsforschung« am Center for Interdisciplinary Memory Research (CMR) am Kulturwissenschaftlichen Institut (KWI) in Essen. Seit 2004 Projektleitung im Netzwerk »Das Erbe des Nationalsozialismus in Nord(west)europa – Memorialkulturen, Verarbeitungsformen und intergenerationelle Vermittlung im Vergleich«, KZ-Gedenkstätte Neuengamme. Veröffentlichung u. a.: Haushaltspflicht und Widerstand. Erzählungen norwegischer Frauen über die deutsche Besatzung 1940–45 im Lichte nationaler Vergangenheitskonstruktionen (2003).

Hans Marks, Ethnologe und Assistant Professor für sozialwissenschaftliche Methoden an der Radboud University Nijmegen, Niederlande. Aktuell leitet er das vergleichende Forschungsprojekt »Kinship and Social Security« am Max Planck Institut für Social Anthropology, in Halle/Saale, und ist Mitarbeiter der Forschungsgruppe »Vergleichende Tradierungsforschung« am Center for Interdisciplinary Memory Research (CMR) im Kulturwissenschaftlichen Institut (KWI) in Essen. Er forscht vorwiegend zu Proletarisierungsprozessen, sozialer Sicherheit, Verwandtschaft und kollektiver Erinnerung in den Niederlanden und Schweden. Veröffentlichung u. a.: Serving Servants. The experience and imagination of social inequality in the Dutch Brickyard Industries 1920–1970 (2000).

Isabella Matauschek, geboren 1970, Dr. Mag., Studium der Geschichte, Sozialwissenschaften und Germanistik in Wien und Kopenhagen. Promotion am Europäischen Hochschulinstitut in Florenz. Assistentin für interkulturelle Kommunikation an der Johannes Kepler Universität Linz. 2002–2005 Wissenschaftliche Mitarbeiterin am Forschungsprojekt »Vergleichende Tradierungsforschung« am Kulturwissenschaftlichen Institut Essen/Universität Witten-Herdecke. Zuvor als wissenschaftliche Mitarbeiterin an der Österreichischen Akademie der Wissenschaften, der Universität Wien und der Universität Oxford tätig. Arbeitsschwerpunkte: Zeitgeschichte Nordwest- und Nordeuropas, Österreich; Tradierungsforschung; Beziehungen zwischen Europa und Südostasien; Medien und Nationalsozialismus. Veröffentlichung u. a.: Kinder ins Ausland. Die niederländische und dänische Hilfsaktion für österreichische Kinder im Anschluss an den Ersten Weltkrieg (2002).

Sabine Moller, geb. 1971, Dr. phil., Dipl.-Sozialwissenschaftlerin. Wissenschaftliche Mitarbeiterin am Institut für Geschichte der Carl von Ossietzky Universität Oldenburg. 2002–2005 Projektkoordinatorin der Forschungsgruppe »Vergleichende Tradierungsforschung«. Veröffentlichungen u. a.: Die Entkonkretisierung der NS-Herrschaft in der Ära Kohl. Die Neue Wache, das Denkmal für die ermordeten Juden

Europas, das Haus der Geschichte der Bundesrepublik Deutschland (1998); Vielfache Vergangenheit. Öffentliche Erinnerungskulturen und Familienerinnerungen an die NS-Zeit in Ostdeutschland (2003).

Friederike Pfannkuche, Studium der Kulturanthropologie an der Radboud Universiteit Nijmegen, Niederlande, Assistenz im Forschungsprojekt »Vergleichende Tradierungsforschung«, Magisterarbeit »Ostdeutsches Kabarett nach der Wende als Erinnerungspraxis an die DDR« (2007, in Vorbereitung).

Harald Welzer, geb. 1958, ist Direktor des Center for Interdisciplinary Memory Research am Kulturwissenschaftlichen Institut in Essen sowie Forschungsprofessor für Sozialpsychologie an der Universität Witten/Herdecke und forscht über Erinnerung, Tradierung und Gewalt. Veröffentlichungen u. a. Verweilen beim Grauen. Essays zum wissenschaftlichen Umgang mit dem Holocaust (1997), Das soziale Gedächtnis. Geschichte, Erinnerung, Tradierung (Hg., 2001), »Opa war kein Nazi«. Nationalsozialismus und Holocaust im Familiengedächtnis (mit S. Moller u. K. Tschuggnall, 2002), Das kommunikative Gedächtnis. Eine Theorie der Erinnerung (2005), Das autobiographische Gedächtnis. Hirnorganische Grundlagen und biosoziale Entwicklung (m. H. J. Markowitsch, 2005), Täter. Wie aus ganz normalen Menschen Massenmörder werden, 2005).

Danksagung

Das Forschungsprojekt »Vergleichende Tradierungsforschung«, dessen Ergebnisse in diesem Buch dokumentiert sind, hatte eine große Zahl von Förderern, Kontaktpersonen, Gatekeepern, Mitarbeiterinnen und Mitarbeitern in den beteiligten Ländern.

Ich danke der Volkswagenstiftung, besonders Herrn Dr. Wolfgang Levermann, für Förderung, Beratung und Unterstützung sowie der Hamburger Stiftung zur Förderung von Wissenschaft und Kultur für ihre großzügige und unbürokratische Förderung. Der Universität Witten/Herdecke und besonders Frau Petra Böhm danke ich ganz herzlich für die Betreuung und Verwaltung des Projektes, ebenso wie dem Kulturwissenschaftlichen Institut in Essen, hier besonders Herrn Gunther Conrad, und der Freien Universität Berlin und unserem Kooperationspartner Herrn Prof. Dr. Holm Sundhaussen für die hervorragende Zusammenarbeit.

Besonders möchte ich allen jenen danken, die sich für Interviews bereit gefunden und uns ihre Zeit geopfert haben. Die dänischen Interviews wurden von Helle Bjerg und Karen Steller Bjerregaard durchgeführt, die auch intensiv an der Auswertung beteiligt waren. Daneben bekamen wir in Dänemark starke Unterstützung von Maria Dohlmann und Henrik Lundbak sowie von Torsten Wagner und von Prof. Dr. Anette Warring.

In Deuschland hat uns die Arbeiterwohlfahrt Essen beim Finden von Interviewpartnerinnen und -partnern im Ruhrgebiet geholfen; in Leipzig haben uns dabei Prof. Dr. Alfons Kenkmann und Andreas Vogt unterstützt. Meine Studierenden aus Witten/Herdecke haben mit großem Engagement Gruppendiskussionen geführt und ausgewertet – beson-

ders danken möchte ich hier Noreen Paetzelt, Erika Siersch, Oliver Herber und Jens Roser.
In den Niederlanden bekamen wir Hilfe und Unterstützung von Bart Vink, Dr. Kees Ribbens und Lonneke Roodnat. Für die Schweiz lieferten Prof. Dr. Jacob Tanner sowie Sandra Arndt, Mirjam Pulver, Angela Zimmermann, Alexander Hasgall, Erica Burgauer und Nicole Peter wertvollen Support. In Norwegen halfen Prof. Odd-Bjørn Fure, Katusha Otter Nilsen und Maria Rosvoll, sowie Erik Gulseth, Camilla Birkthoft Pedersen, Kyrre Kverndokk, Rita Knutsen Ims und Espen Darefjeld.
Für die serbischen und kroatischen Teilstudien waren Bojan Aleksov, Betty Bogdanovska, Ivan Brčić, Maja Brkljačić, Kruno Kadrov, Dr. Predrag Marković, Tihana Migić, Jelena Mitić, Veronika Mitro, Petra Rodik, Ruža Tokić und Kruno Vrbat eine unverzichtbare und großartige Unterstützung.
Unsere Ergebnisse sind auf einer Bilanztagung des Projektes von Prof. Dr. Christhard Hoffmann, Prof. Dr. Wolfgang Höpken, Prof. Dr. Daniel Levy, Prof. Dr. Jan-Philipp Reemtsma, Prof. Dr. Jacob Tanner, Prof. Dr. Wara Wende und Prof. Dr. Mette Zöllner kommentiert worden. Für dieses Engagement bedanke ich mich sehr herzlich.
Last but not least geht ein großer Dank an Heidi Borhau, Anita Jantzer und Prof. Dr. Walter H. Pehle vom S. Fischer Verlag, unter anderem dafür, dass am Ende die Seriosität obsiegte und wir uns gemeinsam dazu durchgerungen haben, dieses Buch nicht »Opa in Europa« zu nennen.

Essen, im März 2007
Harald Welzer

Register

Harald Welzer

Täter

Wie aus ganz normalen Menschen
Massenmörder werden
336 Seiten. Gebunden

Über den Holocaust ist viel geschrieben worden, aber die wichtigste Frage ist bis heute nicht beantwortet: Wie waren all die »ganz normalen Männer« imstande, massenhaft Menschen zu töten? Es gab keine Personengruppe, die sich der Aufforderung zum Morden verschlossen hätte, weshalb alle Erklärungsansätze, die sich auf die Persönlichkeiten der Täter, ihre Charaktereigenschaften, ihre psychische Verfassung richten, nicht weiterführen. Harald Welzer untersucht Taten aus dem Holocaust – und auch aus anderen Genoziden (z. B. in Vietnam, Serbien, Kroatien, Bosnien und Ruanda) – in ihrem jeweiligen sozialen und situativen Rahmen und zeigt, wie das Töten innerhalb weniger Wochen zu einer Arbeit hatte werden können, die erledigt wurde wie jede andere auch.

Mit seiner sozialpsychologischen Studie öffnet Welzer eine Perspektive auf die Täter, die auf beunruhigende Weise erhellt, wie Tötungsbereitschaft erzeugt wird, und wie wenig unseren moralischen Überzeugungen zu trauen ist.

Götz Aly

Macht Geist Wahn

Kontinuitäten deutschen Denkens

Band 13991

Mit dem zentralen Ansatz in diesem Band (»Willige Historiker. Bemerkungen in eigener Sache«) wurde bewirkt, dass sich der 42. Deutsche Historikertag in Frankfurt am Main endlich mit der Frage beschäftigte, welche Rolle die Vergangenheit des eigenen Fachs in der Zeit des Nationalsozialismus gespielt hat.

»Als Journalist und Historiker
zerstört Aly manche liebgewonnene Legende.
Besonders delikat sind seine Funde in der Abteilung
›Ostforschung‹ der deutschen Historikerzunft. (...)
Wir dürfen von dem Historiker Aly sicher auch weiterhin
Aufsehenerregendes erwarten.«
Süddeutsche Zeitung

Fischer Taschenbuch Verlag

fi 13991 / 2

Christian Gerlach und Götz Aly

Das letzte Kapitel

Der Mord an den ungarischen Juden 1944-1945

Band 15772

Sie hatten kaum eine Chance: Im Frühjahr 1944 beendeten deutsche Besatzer, darunter das ›Kommando Eichmann‹, und ungarische Rechte in Regierung, Verwaltung und Polizei schlagartig die scheinbar halbwegs sichere Existenz der ungarischen Juden. Von Mitte Mai 1944 an wurden binnen sieben Wochen mehr als 400000 von ihnen nach Auschwitz deportiert. Wie konnte es so kurz vor der deutschen Niederlage noch dazu kommen? Die Autoren sind der Spur dieses Völkermordes gefolgt und gelangen zu einer Fülle neuer Ergebnisse.

»[...] eine Studie, die durch ihren methodischen Zugriff, durch differenzierte Argumente auf überaus breiter Quellengrundlage und namentlich durch ihre Bewertung der ungarischen Beteiligung Maßstäbe setzt.«
Thomas Sandkühler, Neue Zürcher Zeitung

Fischer Taschenbuch Verlag

fi 15772 / 1

Tadeusz Sobolewicz

Aus der Hölle zurück

Von der Willkür des Überlebens
im Konzentrationslager

Band 14179

Der Autor war 1941 als polnisch-katholischer Widerstandskämpfer von der Gestapo verhaftet worden. Er berichtet über seine Odyssee durch sechs Konzentrations- bzw. »Außenlager« und schließlich über seine Flucht auf einem der berüchtigten Todesmärsche durch Bayern. Ebenso sachlich wie bewegend schildert er den »Alltag« in den Lagern und die ständige Gratwanderung zwischen Leben und Tod.

Mit seinem Lebensbericht gibt uns Tadeusz Sobolewicz ein überaus wertvolles historisches Zeugnis eines politisch Verfolgten.

Fischer Taschenbuch Verlag

fi 14179 / 1

Ernst Klee

Auschwitz, die NS-Medizin und ihre Opfer

Band 14906

»Die Machthaber des Dritten Reiches boten Medizinern etwas unerhört Verlockendes, in der Welt bis dahin Einmaliges: Statt Meerschweinchen, Laborratten und Versuchskaninchen konnten sie Menschen massenhaft zu Versuchszwecken benutzen.«

Ernst Klee

Für dieses Buch, das auf Platz 1 der Sachbuch-Bestenliste stand, erhielt Ernst Klee den Geschwister-Scholl-Preis.

»Man könnte Klees Buch zur NS-Medizin auch wie einen aktuellen Kommentar zur heutigen Entwicklung, zu den Möglichkeiten der Genforschung lesen. Gewiß, nichts wiederholt sich. Aber eine Medizin, die einem biologistischen Menschenbild anhängt, gibt Anlaß, mißtrauisch zu sein. [...] Tatsache ist, daß Ernst Klee – von seinem siebten Sinn gesteuert oder aus ihm selbstverständlicher Hartnäckigkeit, egal wie – die richtigen Fragen stellt und so eine Menge frommer Lügen aufgedeckt hat. Klee ist einer, der sich noch empören kann, der wirklich noch fassungslos sein kann über die Gräßlichkeiten, die geschehen sind.«

Elisabeth Bauschmid, Süddeutsche Zeitung

Fischer Taschenbuch Verlag

fi 14906 / 2

Raul Hilberg

im S. Fischer und Fischer Taschenbuch Verlag

»Raul Hilberg, Emigrant aus Wien, war einer der ersten, der sich systematisch mit der Geschichte des Holocaust befasste. 1948 wählte er dieses Thema für seine Dissertation aus, nicht ahnend, dass es sein künftiges Leben bestimmen sollte. Auf Grund der von den USA beschlagnahmten deutschen Akten legte er 1961 seine umfassende Darstellung der Genozidpolitik Hitlers und seiner Mittäter vor, mit der er zunächst allein da stand: ›Die Vernichtung der europäischen Juden‹. Sein großes Werk, in dem er den bürokratischen Charakter des Vernichtungsprozesses und die überwiegend passive Rolle der jüdischen Opfer betont, ist bis heute ein unentbehrliches Standardwerk geblieben. Seine folgenden Publikationen haben immer wieder die Forschung fruchtbar beeinflusst.« *Hans Mommsen*

Die Vernichtung der europäische Juden
Aus dem Amerikanischen
von Christian Seeger,
Harry Maor, Walle Bengs
und Wilfried Szepan
Band 24417

Täter, Opfer, Zuschauer
Die Vernichtung der Juden
Aus dem Amerikanischen
von Hans Günter Holl
Band 13216

Die Quellen des Holocaust
Entschlüsseln und Interpretieren
Aus dem Amerikanischen
von Udo Rennert
256 Seiten. Gebunden
S. Fischer

Unerbetene Erinnerung
Der Weg eines
Holocaust-Forschers
Aus dem Amerikanischen
von Hans Günter Holl
175 Seiten. Gebunden
S. Fischer

S. Fischer

fi 666 020 / 1

Stephan Malinowski

Vom König zum Führer

Deutscher Adel und Nationalsozialismus

Band 16365

Die erste umfassende Analyse des Niedergangs einer jahrhundertealten Herrschaftselite, welche die Bastion ihrer sozialen und kulturellen Macht selbst innerhalb der industriellen Moderne hartnäckig und nicht ohne Erfolg verteidigt hat. Den Mittelpunkt des Buches bildet die Selbstzerstörung adliger Traditionen und Werte, die im späten Kaiserreich mit der Annäherung an rechtsradikale Bewegungen beginnt und mit der widersprüchlichen Annäherung an die NS-Bewegung endet.

»Dieses Buch hat seit
seinem Erscheinen vor einem Jahr
Furore gemacht. Denn der Autor räumt
konsequenter als irgendein Historiker vor ihm
mit einer Legende auf. [...] Nun liegt das Werk, das 2004
mit dem erstmals vergebenen Hans-Rosenberg-Preis
ausgezeichnet wurde, in einer erschwinglichen
Taschenbuch-Ausgabe vor.«
Volker Ullrich, Die Zeit

Fischer Taschenbuch Verlag

fi 16365 / 1

Cioma Schönhaus

Der Passfälscher

Die unglaubliche Geschichte eines jungen Grafikers,
der im Untergrund gegen die Nazis kämpfte

Band 16446

»›Frechheit siegt nicht immer‹ ist ein Kapitel des Buches überschrieben, aber sie hilft weiter, wie dieses Buch aufs Schönste zeigt.«

DIE ZEIT

»Schönhaus erzählt seine Geschichte, sechzig Jahre nach den Ereignissen, auf eine sehr direkte, anschauliche Art, ohne Pathos, ohne leidenschaftlich anklägerischen Gestus. Der Leser wird einfach mitgenommen auf eine sehr persönliche Erinnerungsreise.«

Tages-Anzeiger, Zürich

»In jeder Passage seines Buches schildert Schönhaus einen an Spannung kaum zu überbietenden Überlebenskampf und damit zugleich die sadistischen Mechanismen eines auf totale Vernichtung ausgerichteten Regimes. [...] Auch heikelste Situationen beschreibt er selbstironisch, distanziert und aus der Sicht eines lebenslustigen 20-jährigen, wobei die Leidensgeschichte seines Volkes zu keiner Zeit vergessen wird.«

Das Parlament, Berlin

Fischer Taschenbuch Verlag

fi 16446 / 1

Walter H. Pehle (Hg.)

Der Judenpogrom 1938

Von der »Reichskristallnacht« zum Völkermord

Mit Beiträgen von
Uwe Dietrich Adam, Avraham Barkai, Wolfgang Benz, Hermann Graml, Konrad Kwiet, Trude Maurer, Hans Mommsen, Jonny Moser, Abraham J. Peck und Wolf Zuelzer

Band 4386

In der Nacht zum 10. November 1938 brannten fast alle noch verbliebenen 400 Synagogen kontrolliert ab – kontrolliert von der Feuerwehr, die darauf zu achten hatte, daß das Eigentum »arischer« Nachbarn keinen Schaden nahm, in Brand gesteckt von bierseligen Parteigenossen auf höheren Befehl. In derselben Nacht wurden an die 100 Menschen ermordet, nur weil sie Juden waren. Rund 30000 wohlhabende Juden wurden aus ihren Häusern geprügelt und in Konzentrationslager verschleppt; viele von ihnen kamen nicht mehr zurück. Und in derselben Nacht wurden an die 7500 Geschäfte jüdischer Mitbürger demoliert und vielfach geplündert.

Diese Ereignisse, für die das Attentat des 17jährigen H. Grynszpan in der deutschen Botschaft in Paris den Vorwand lieferte, mit dem zynischen Begriff »Reichskristallnacht« zu belegen, heißt, Mord, Totschlag, Brandstiftung, Raub, Plünderung und Sachbeschädigung zu einer funkelnden, glänzenden Veranstaltung umzuinterpretieren und einer bösartig verharmlosenden Erinnerung Vorschub zu leisten.

Dieser Band betrachtet den Judenpogrom 1938 nicht isoliert als Einzelphänomen, sondern im Gesamtzusammenhang der Geschichte der nationalsozialistischen Zeit als eine Etappe auf dem Weg zur »Endlösung der Judenfrage«.

Fischer Taschenbuch Verlag

fi 577 / 5